## 光盘界面

## 案例欣赏

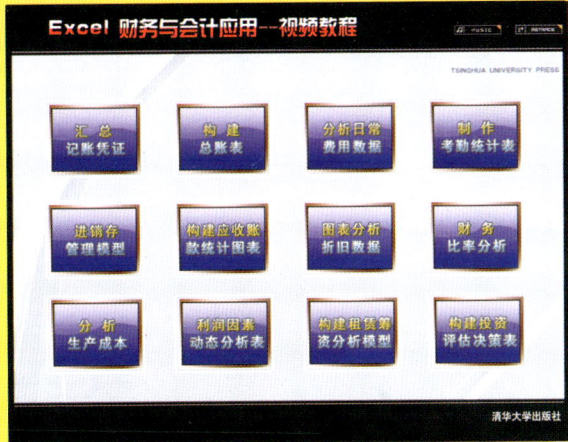

## 案例欣赏

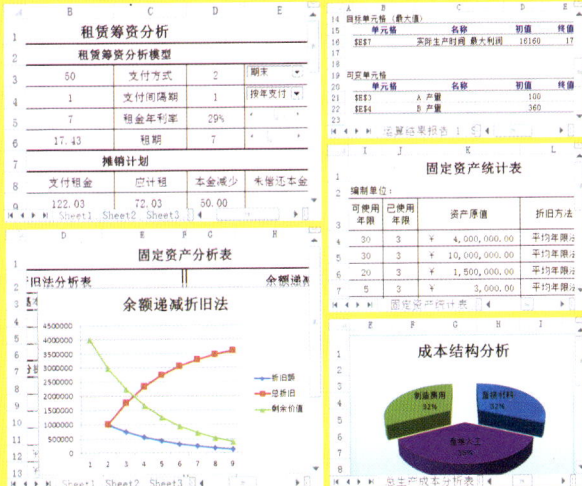

## 视频文件

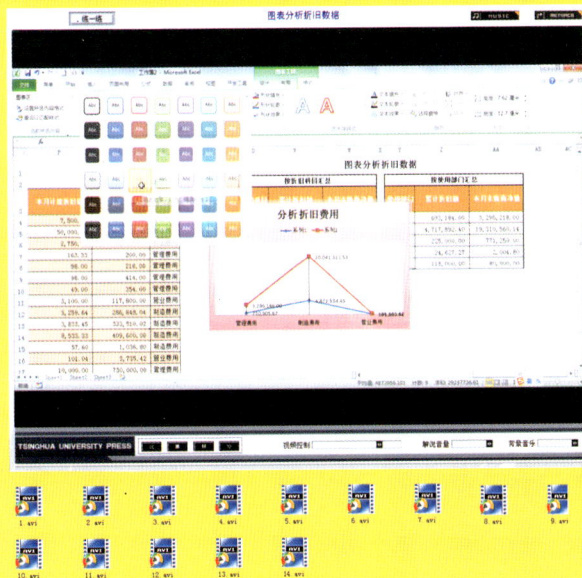

## 素材下载

# 案例欣赏

## 分析利润因素
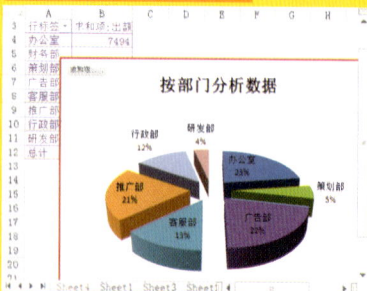

## 财务比率分析
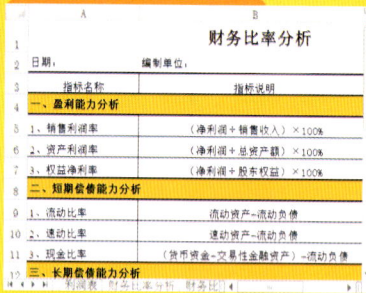

## 存货管理
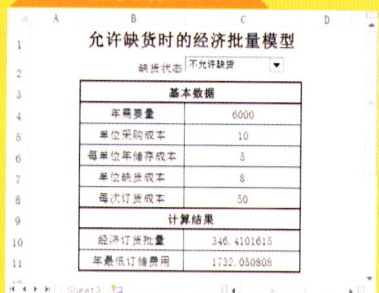

## 分析日常费用数据
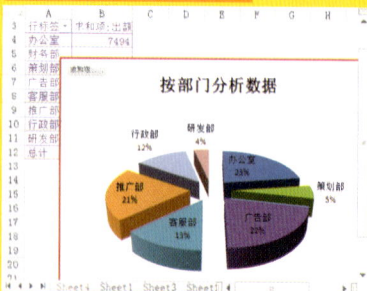

## 分析资产负债表

## 分析生产成本
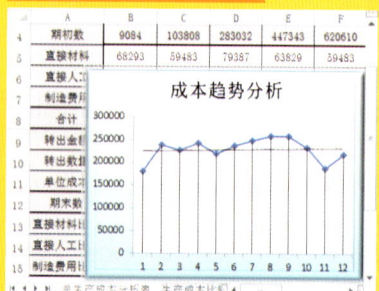

## 汇总分析折旧数据
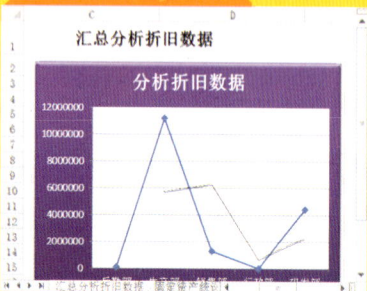

## 图表分析折旧数据
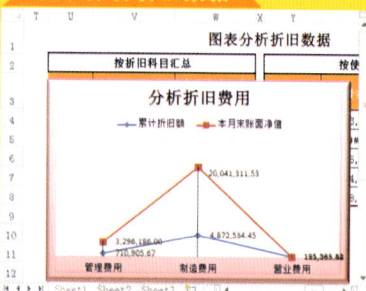

## 固定资产查询表

## 应收账款统计图表
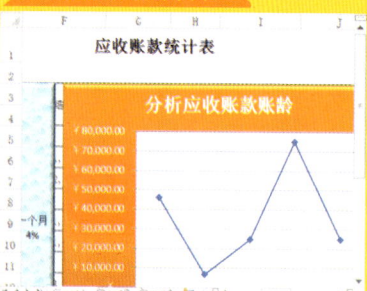

## 业绩统计表
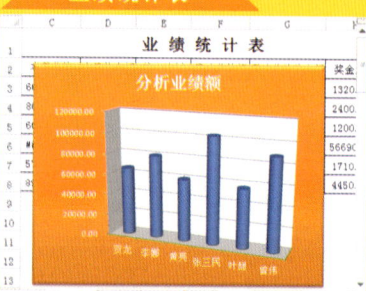

## 销售管理

## 应收账款决策模型
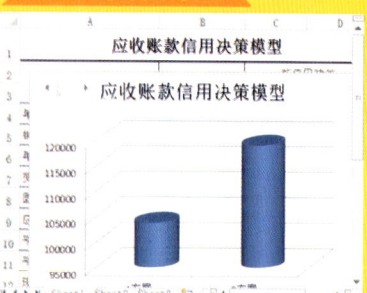

## 预测生产成本

## 预测销售额
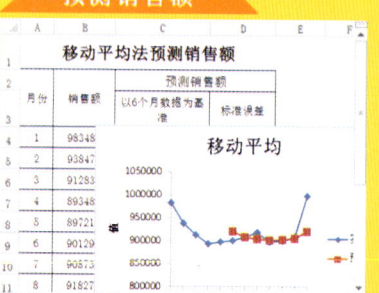

清华
电脑学堂

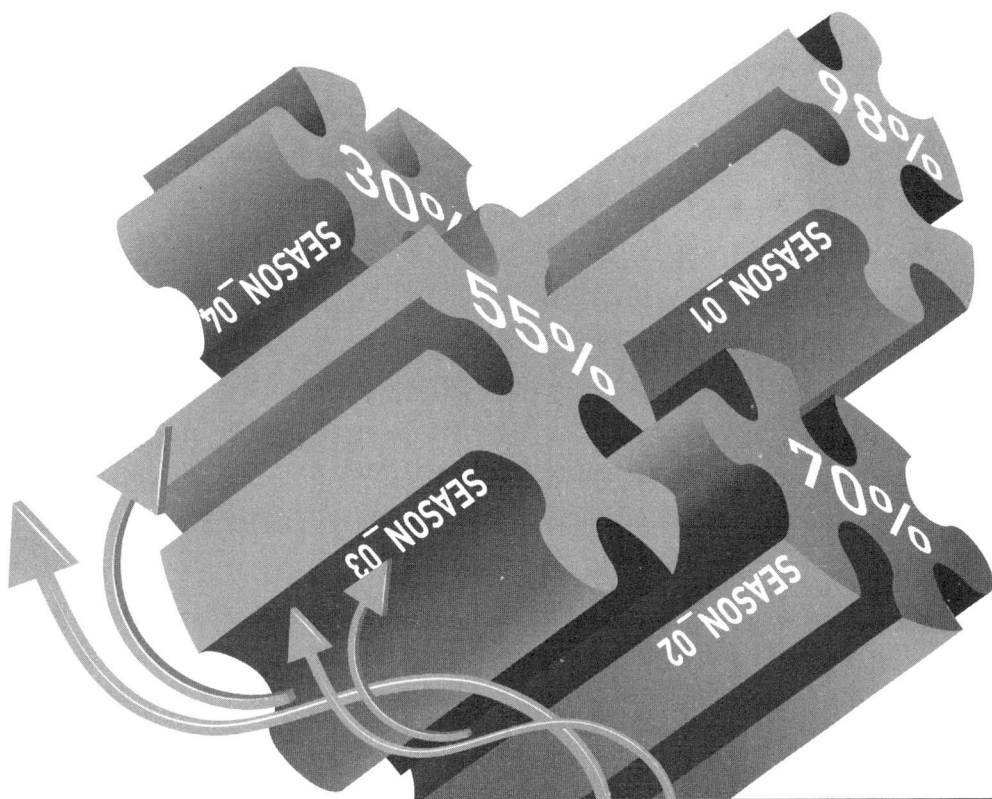

# Excel 财务与会计应用

## 标准教程（第2版）

■ 王菁 景丽 等编著

清华大学出版社

北　　京

# 内 容 简 介

本书全面介绍了 Excel 在财务管理和会计中的应用。全书共分为 13 章，内容涵盖了设置会计凭证、设计会计账簿、日常费用管理、薪酬管理、进销存管理、流动资产管理、固定资产管理、分析财务报表、成本分析、利润分析、筹资决策分析、投资决策分析等，其中还包括了足够多的富有实用性和可操作性的范例。本书结构编排合理，步骤清晰、图文并茂，实例丰富，每章都有相应的实验指导及适当的思考练习，用来帮助用户巩固所学知识，以提升在财务和会计实践中应用的 Excel 水平。同时，本书光盘中提供了本书实例中的完整素材文件和全程配音教学视频文件。

本书适合企业行政人员、财务管理人员、办公自动化人员，在校大中院校师生及计算机培训人员使用，同时也是 Excel 爱好者的必备参考书。

**图书在版编目（CIP）数据**

Excel 财务与会计应用标准教程/王菁等编著. —2 版. —北京：清华大学出版社，2014
（清华电脑学堂）
ISBN 978-7-302-33141-4

Ⅰ. ①E…　Ⅱ. ①王…　Ⅲ. ①表处理软件-应用-财务管理-教材　②表处理软件-应用-会计-教材
Ⅳ. ①F275-39　②F232

中国版本图书馆 CIP 数据核字（2013）第 159133 号

责任编辑：冯志强
封面设计：吕单单
责任校对：胡伟民
责任印制：杨　艳

出版发行：清华大学出版社
　　　　　网　　　址：http://www.tup.com.cn，http://www.wqbook.com
　　　　　地　　　址：北京清华大学学研大厦 A 座　　　　邮　　编：100084
　　　　　社 总 机：010-62770175　　　　　　　　　　　邮　　购：010-62786544
　　　　　投稿与读者服务：010-62776969，c-service@tup.tsinghua.edu.cn
　　　　　质 量 反 馈：010-62772015，zhiliang@tup.tsinghua.edu.cn
印 刷 者：清华大学印刷厂
装 订 者：三河市新茂装订有限公司
经　　销：全国新华书店
开　　本：185mm×260mm　印　张：21.75　插页：1　字　　数：546 千字
　　　　　（附光盘 1 张）
版　　次：2010 年 9 月第 1 版　　2014 年 5 月第 2 版　　印　　次：2014 年 5 月第 1 次印刷
印　　数：1～4000
定　　价：44.50 元

产品编号：054922-01

# 前　　言

Excel 2010 是微软公司推出的数据处理软件，不仅可以快速、有效地计算与汇总各种数据，而且还可以准确、形象地分析与显示数据的变化趋势。其强大的数学、财务、统计、日期等函数，为财务人员提供了统计数据的便利条件。同时，丰富与专业的数据表、规划求解、单变量求解与分析工具库，为财务人员提供了统计分析与辅助财务决策的数据依据。目前，Excel 2010 已被广泛应用到财务、数学计算、日常工作处理等方面。

本书从财务管理与会计基础知识入手，采用知识点讲解与上机练习相结合的方式，详细介绍了在 Excel 2010 中进行财务管理与分析的使用方法与操作技巧。本书的每一章中，都结合了大量实例，并配合丰富的插图说明，使用户能够迅速上手，轻松掌握功能强大的 Excel 2010 在财务与会计中的应用知识。

## 1. 本书内容介绍

全书系统全面地介绍了财务与会计的应用知识，每章都提供了课堂练习，用来巩固所学知识。本书共分为 13 章，内容概括如下：

第 1 章：财务与会计应用概述，对 Excel 2010 中的函数、图表与数据分析进行简单的介绍。

第 2 章：全面讲解了设置会计凭证的应用知识，介绍了设置会计科目表、设置总账科目表、制作收款凭证、制作付款凭证、制作转账凭证、制作凭证目录的基础知识和操作方法。

第 3 章：全面讲解了设置会计账簿的应用知识，介绍了会计账簿的类型、设置总分类账、设置科目汇总表、设置试算平衡表，以及设置会计账簿首页的应用知识和操作方法。

第 4 章：全面讲解了日常费用管理的应用知识，介绍了借款单、差旅费用报销单的制作内容，以及日常费用统计表的构建与分析内容。

第 5 章：全面讲解了薪酬管理的应用知识，介绍了员工信息表、考勤统计表、业绩统计表与应扣应缴统计表的制作方法，以及制作薪酬表与分析薪酬数据的技巧与操作方法。

第 6 章：全面讲解了进销存管理的应用知识，介绍了编制商品类别表、采购统计表的方法，以及销售管理、库存管理、销售与成本分析的构建与分析的操作技巧与分析方法。

第 7 章：全面讲解了流动资产管理的应用知识，介绍了流动资产管理的特点与内容、现金管理的分析模式与存货模式、应收账款管理的决策模型，以及存货管理的经济批量模型、存在数量折扣的经济批量模型等内容。

第 8 章：全面讲解了固定资产管理的应用知识，介绍了固定资产管理的概念与分类，以及编制固定资产管理表、固定资产折旧管理与固定资产查询系统的操作方法与技巧。

第 9 章：全面讲解了分析财务报表的应用知识，介绍了财务报表的分析方法与原则，资产负债表、利润表、现金流量表的编制与分析方法，以及财务比率分析的指标与方法。

第 10 章：全面讲解了成本分析的应用知识，介绍了生产成本分析的概念、成本分析方法，以及生产成本预测、生产成本月汇总分析、生产成本年汇总分析与生产成本年度分析的操作方法与技巧。

第 11 章：全面讲解了利润分析的应用知识，介绍了最大化利润分析中的规划求解最大利润、不同约束条件下的最大利润，以及预测销售额、分析利润因素与利润敏感性分析的操作方法与技巧。

第 12 章：全面讲解了筹资决策分析的应用知识，包括长期借款筹资概述、租赁筹资概述等内容，以及长期借款筹资分析、租赁筹资分析、长期借款与租赁筹资比较分析中的操作方法与技巧。

第 13 章：全面讲解了投资决策分析的应用知识，包括资本投资的概念、资产投资的基本原理、资产评价的基本方法，以及投资决策模型、固定资产折旧分析、固定资产更新决策的操作方法与技巧。

### 2. 本书主要特色

❑ **系统全面**　本书提供了 20 多个办公案例，通过实例分析、设计过程讲解 Excel 在财务与会计中的应用知识，涵盖了 Excel 2010 中的各个主要功能。

❑ **课堂练习**　本书各章都安排了课堂练习，全部围绕实例讲解相关内容，灵活生动地展示了 Excel 2010 在财务与会计中的灵活应用。课堂练习体现本书实例的丰富性，方便读者学习。每章后面还提供了思考与练习，用来帮助读者检查对本章内容的掌握程度。

❑ **全程图解**　各章内容全部采用图解方式，对图像均做了大量的裁切、拼合、加工，信息丰富，效果精美，读者阅读体验轻松，上手容易。

❑ **随书光盘**　本书使用 Director 技术制作了多媒体光盘，提供了本书完整的实例素材文件和全程配音教学视频文件，便于读者自学和跟踪练习图书内容。

### 3. 本书使用对象

本书从财务与会计应用基础知识入手，全面介绍了 Excel 2010 面向应用的知识体系。本书制作了多媒体光盘，图文并茂，能有效帮助读者学习。本书适合作为高等院校相关专业教材，也可作为计算机办公应用用户深入学习 Excel 2010 的培训和参考资料。

参与本书编写的人员除了封面署名人员之外，还有王海峰、马玉仲、席宏伟、祁凯、徐恺、王泽波、王磊、张仕禹、夏小军、赵振江、李振山、李文才、李海庆、王树兴、何永国、李海峰、王蕾、王曙光、牛小平、贾栓稳、王立新、苏静、赵元庆、郭磊、何方、徐铭、李大庆等人。由于时间仓促，水平有限，疏漏之处在所难免，敬请读者朋友批评指正。

编　者

# 目　　录

Excel 财务与会计应用标准教程（第 2 版）

# 第1章

## 财务与会计应用概述

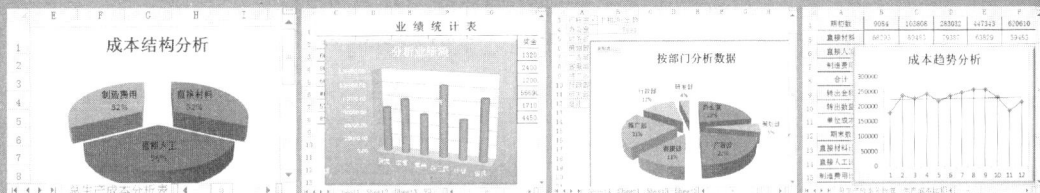

Microsoft Excel 2010 是微软公司开发的数据处理软件，已被广泛应用到各行各业中。在财务与会计应用当中，可以运用 Excel 2010 中的函数、图表或数据分析工具，进行财务数据统计、报表分析、投资决策分析与筹资决策分析等财务管理。另外，运用 Excel 2010 进行财务管理，不仅可以轻松建立财务分析与管理模型，而且还可以使财务管理理论与实践相结合，从而可以提高企业财务的管理与分析水平。

**本章学习目标：**

➢ 财务会计概述

➢ 财务管理概述

➢ Excel 2010 公式与函数

➢ Excel 2010 图表分析

➢ Excel 2010 数据分析

➢ Excel 2010 数据管理

# 1.1 财务会计概述

会计的职业发展是伴随着经济的发展而发展的，经济越发达的地方，会计也越被重视。在进行财务与会计应用学习之前，还应先了解一下会计的概念、会计的基本假设、会计要素与工作职能等会计基础原理。

## 1.1.1 什么是会计

会计是以货币为主要计量单位，按照专门的技术方法，对各类企事业单位的经济活动进行连续、系统、完整的登记，以及核算、监督、控制并参与决策的一种经济活动。

会计属于经济管理的一个重要组成部分，其特点是进行价值管理，主要是利用货币量度对经济过程中使用的财产物质、劳动耗费、劳动成果进行系统的记录、计算、分析、检查，以达到加强管理的目的。同时，还可以对经济活动进行有效地组织、控制、调节与指导，从而促使人们比较得失，权衡利弊，追求相应的经济效益。

会计所核算的内容被称为会计要素，是构成企业经济活动的必要因素，主要包括资产、负债、所有者权益、收益、费用与利润6个要素。

另外，财务会计确认和计量的最终成果是向财务报告使用者提供与企业财务状况、经营成果和现金流量等有关的会计信息，它是沟通企业管理层与外部信息使用者之间的桥梁。

## 1.1.2 会计基本假设

会计基本假设是指组织会计核算工作应具备的前提条件，也是会计准则中规定的各种程序和方法适用的前提条件。一般情况下，会计假设包括会计主体、持续经营、会计分期和货币计量等内容。

### 1. 会计主体

会计主体是在明确会计所提供的信息的前提下，指企业会计确认、计量和报告的空间范围。典型的会计主体是企业，但是会计主体不同于法律主体的概念，它既可以是一个独立的法律主体，也可以不是一个独立的法律主体，或者是由多个企业法人组成的企业集团。

### 2. 持续经营

持续经营是指在可以预见的未来，企业的经营活动可以按照既定的经营方针和目标继续进行经营，不会大规模地消减企业，也不会面临破产而进行核算。另外，会计核算具有非清算和清算2种基础，大部分企业的会计处理方式和程序都处于正常状态下，也就是以非清算为基础的。

Excel 财务与会计应用标准教程（第2版）

### 3．会计分期

会计分期是指在企业持续不断的经营过程中，人为划分的一个个连续的、长短相同的期间，并分期结算账目和编制财务报告。一般情况下，会计期间通常分为年度和中期。中期，是指短于一个完整的会计年度的报告期间，包括季度、月度。世界上不同国家的会计年度的起讫日期是不同的。我国以日历年度作为企业的会计年度。

### 4．货币计量

货币计量是指企业会计核算采用货币作为计量单位，在假设币值保持不变的情况下，用于记录、反映企业的经济情况。一般情况下，货币计量具体体现在以下 2 个方面。

❑ 企业需要确定一种货币作为记账本位币，例如以人民币作为本位币。

❑ 企业记账本位币一经确定，不得随意变更，除非企业经营所处的主要经济环境发生重大变化。

## 1.1.3　会计的职能

会计的职能可分为会计工作的职能与会计人员的职能 2 部分。

### 1．会计工作的职能

会计工作的职能，主要指会计对经济活动过程的反映与监督职能。

❑ **反映职能**　表示运用一定的方法，对各类经济活动的数量变化进行及时的计量、记录、核算与综合，形成有效的经济信息，并通过已有的会计资料，正确估计经济活动的发展趋势。另外，会计反映必须具有完整性、连续性与系统性。

❑ **监督职能**　是指会计按照一定的目的和要求，通过控制、调节与指导，监督经济活动的合理性、合法性和有效性，使其达到预期目标的职能。主要包括事前监督、事中监督与事后监督。

会计的反映与监督职能是相辅相成、不可分割的，会计反映是会计监督的前提，而会计监督则是会计反映的存在依据。另外，会计除了反映与监督两大基本职能外，还具有决策、预测、控制与分析等职能。

### 2．会计人员的职能

会计人员的职能也就是会计人员的工作内容，主要包括：

❑ **设置账户**　根据经济活动的具体内容，建立相应的户头，并进行分类登记。为系统的核算与日常的监督创造条件，并为经济管理提供必要的资料。

❑ **记账**　根据一定的原理与记账规则与计量单位，利用文字与数字来记录企业的各项经济活动，以保证会计信息的真实性与准确性。

❑ **填制与审核会计凭证**　填制会计凭证是由经办人员或会计人员将发生的各项经济活动分别记录在会计凭证中，并审核会计凭证，以检查经济业务与会计凭证的真实性、合理性与完整性。

❑ **登记账簿**　登记账簿是将审核无误的记账凭证，在会计账簿中进行连续、完整的记录与核算。

- **会计核算** 根据一定的会计资料，对生产经营过程中的资金与财务成果等进行计算。
- **编制会计报表** 以会计账簿记录为依据，总结和反映经济活动状况与结果的表格式书面报告。

# 1.2 财务管理概述

财务管理是在一定的整体目标下，关于资产的购置（投资）、资本的融通（筹资）和经营中现金流量（营运资金），以及利润分配的管理。

财务管理是企业管理的一个组成部分，它是根据财经法规制度，按照财务管理的原则，组织企业财务活动，处理财务关系的一项经济管理工作。简单地说，财务管理是组织企业财务活动，处理财务关系的一项经济管理工作。

## 1.2.1 财务管理的目标

财务管理的目标决定了财务管理的内容和职能，取决于企业的总目标，并受财务管理自身特点的制约。

### 1. 企业与财务目标

企业是营利性组织，其出发点与归宿都是以获利为基准的。企业的管理目标可以概括为生产、发展与获利。另外，财务目标可以概括为利润最大化、每股盈余最大化与股东财富最大化3点。

- **利润最大化** 利润代表了企业的财富，利润越多则说明企业的财富越多，越接近企业的目标。
- **每股盈余最大化** 将企业的利润和股东投入的资本联系起来审核，用每股盈余概括企业的财务目标，避免利润最大化目标的缺点。
- **股东财务最大化** 表示企业价值最大化就是股东财富最大化，为财务管理的目标。

### 2. 影响财务管理目标的因素

财务管理的目标是企业价值或股东财富的最大化，股价的高低反映了财务管理目标的实现程度，而股价的高低取决于企业的报酬率与风险，而企业的报酬率与风险因素，又是由企业的投资项目、资本结构与鼓励政策所决定。所以，影响财务管理目标的因素可概括为投资报酬率、风险、投资项目、资本结构与股利政策5点。

- **投资报酬率** 由于投资报酬率直接影响到股东财富，所以在风险相同的情况下，可通过提高投资报酬率来增加股东财富。
- **风险** 在决策时，需要准确地权衡风险与报酬，当风险与报酬相称时，才能获得较好的投资效果。

□ **投资项目**  由于企业的投资计划会改变报酬率与风险，并影响到股票的价格。所以，投资项目是决定报酬率和风险的首要因素。

□ **资本结构**  资本结构是指所有者权益与负债的比例关系，会影响报酬率和风险。

□ **股利政策**  由于加大保留盈余会提高未来的报酬率，而再投资的风险则比立即分红要大。所以，股利政策也是影响报酬率和风险的重要因素。

### 1.2.2  财务管理的内容

财务管理的主要内容是投资决策、筹资决策与股利决策。

#### 1. 投资决策

投资是指以受贿现金并取得收益为目的而发生的现金流出，企业的投资决策，按不同的标准可分为以下类型。

□ **直接投资**  直接投资是指把资金直接投放于生产经营性资产，以便获取营业利润的投放。

□ **间接投资**  间接投资又称证券投资，是指把资金投放于金融性资产，以便获取股利或利息收入的投资。

□ **长期投资**  是指影响所及超过一年的投资，长期投资有时专指固定资产拓展。

□ **短期投资**  是指影响所及不超过一年的投资，短期投资又称为流动资产投资或营运资产投资。

#### 2. 筹资决策

筹资是筹集资金，按不同的资金来源，可分为以下类型。

□ **权益资金**  是指企业股东提供的资金，无需规划，筹资风险小且报酬率高。

□ **借入资金**  是指债权人提供的资金，要按期归还，具有一定的风险且报酬率比权益资金要低。

□ **长期资金**  指企业可以长期使用的资金，包括权益资金和长期负债。另外，长期借款也属于长期资金。

□ **短期资金**  是指一年内要规划的短期借款。

#### 3. 股利分配决策

股利分配是指在公司赚取的利润中，分配给股东的利润。股利决策又称为保留盈余决策，是企业内部筹资问题。由于股利决策受到股利、成本、投资机会等多种因素的影响，所以企业需要根据具体情况确定最佳的股利政策。

### 1.2.3  财务管理的方法

财务管理的方法是企业在财务管理中所使用的各种技术手段，主要包括财务预测、财务决策、财务预算、财务控制和财务分析等方法。

### 1. 财务预测

财务预测是企业财务人员根据以往财务资料，采用科学的分析方法对企业未来的财务状况和经营成果所作出的预测和估算。财务预测是组织财务工作的必要条件。另外，它还是财务决策的基础，以及财务预算的前提。

一般情况下，财务预算分为定性预测法和定量预测法。

定性预测法是指预测人员根据企业的实际情况，依据主观判断和工作经验，推断企业未来发展趋势的一种预测方法。虽然这种预测方法具有简单和实用的优点，但是却受到了预测者的主观因素的较大影响，会直接影响到预测的准确性。

定量预测法是根据财务指标之间的数据关系，利用科学的分析模型对其进行预测的一种预测方法。该预测方法的预测结果比较科学，但是其预测过程也比较复杂。

### 2. 财务决策

财务决策是指财务人员根据企业的发展战略，从制定的若干个备选方案中选择最优财务方案来执行，是财务管理方法中对企业的前景影响最直接、最重要的方法。在进行财务决策时，一般先根据企业的发展战略提出多个备选方案，并根据企业的目标和实际运作情况，对各个方案进行分析和评价，以确定选择方案的标准，为确定最佳方案提供科学依据。财务决策常用的方法包括对比选优法、微分求极值法、线性规划法、概率决策树法和损益分析法等。

### 3. 财务预算

财务预算是企业进行全面预算的重要组成部分，是企业将一定期间内的生产经营过程以货币的形式表现出来。财务预算是企业内部控制的重要工具，它是依据财务预测和财务决策而进行财务控制的重要依据；其内容主要包括现金预算、资本预算、预计利润表、预计资产负债表等内容。另外，财务预算的编制方法很多，按产量的变动情况可分为固定预算和弹性预算，按预算编制的时间可以分为零基预算和滚动预算。

### 4. 财务控制

财务控制是利用有关信息和特定手段，根据财务预算调节其财务活动，从而保证财务预算的完成。在企业的实际经营中，经常会因为多种因素的变化，而导致企业在执行预算的过程中出现一些偏差。此时，为保证预算的正常进行，财务人员还需要随时分析企业的实际情况与预算出现的偏差，并通过分析预算偏差产生的原因，提出所需采取的有效措施，纠正预算偏差。因此，可以说财务控制是实现企业生产目标的重要保证。

### 5. 财务分析

财务分析是根据企业财务报表等相关资料，运用特定的分析方法，对企业的财务状况、经营成果和现金流量等进行全面分析和评价。财务分析主要包括比较分析法、比率分析法和综合分析法等分析方法。

# 1.3 Excel 2010 数据管理

Excel 除了制作电子表格外，还可以对表格中的数据进行管理，如进行排序、数据筛选和汇总等操作，方便地从工作表中获取相关数据，重新整理数据，更好地显示工作表中的明细数据，发现数据反映的变化规律，从而为用户使用数据提供决策依据。

## 1.3.1 数据排序

对数据进行排序有助于快速直观地显示、理解数据、查找所需数据等，有助于做出有效的决策。在工作表中，选择需要排序的任意单元格区域，执行【开始】|【编辑】|【排序和筛选】|【升序】命令，即可对文本进行排序，如图 1-1 所示。

另外，先选择单元格区域中的一列数据，或者确保活动单元格在表列中。然后，执行【开始】|【编辑】|【排序和筛选】|【自定义排序】命令。在弹出的【排序】对话框中，分别设置【列】、【排序依据】和【次序】选项即可，如图 1-2 所示。

在【排序】对话框主要包括下列选项：

**图 1-1 排序数据**

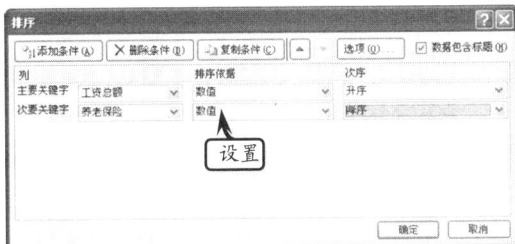

**图 1-2 自定义排序**

- ❑ **列** 用来设置主要关键字与次要关键字的名称，即选择同一个工作区域中的多个数据名称。
- ❑ **排序依据** 用来设置数据名称的排序类型，包括数值、单元格颜色、字体颜色与单元格图标。
- ❑ **次序** 用来设置数据的排序方法，包括升序、降序与自定义序列。
- ❑ **添加条件** 单击该按钮，可在主要关键字下方添加次要关键字条件，选择排序依据与顺序即可。
- ❑ **删除条件** 单击该按钮，可删除选中的排序条件。
- ❑ **复制条件** 单击该按钮，可复制当前的关键字条件。
- ❑ **选项** 单击该按钮，可在弹出的【排序选项】对话框中设置排序方法与排序方向。
- ❑ **数据包含标题** 选中该复选框，即可包含或取消数据区域中的列标题。

---

**提 示**

如果在【排序选项】对话框中，启用【区分大小写】复选框，则字母字符的排序次序为：a A b B c C d D e E f F g G h H i I j J k K l L m M n N o O p P q Q r R s S t T u U v V w W x X y Y z Z。

## 1.3.2 数据筛选

筛选数据可以从庞杂的数据中挑选并删除无用的数据，即从数据清单的众多数据中选择某种符合条件的数据。

在工作表中，选择要进行文本筛选的单元格区域，执行【数据】|【排序与筛选】|【筛选】命令，即可自动在字段名后添加下拉按钮，如图1-3所示。

单击【所属部门】单元格中的下拉按钮，在其下拉列表中通过启用或禁用各个复选框，来选择或清除要作为筛选依据的文本值，如图1-4所示。

图 1-3　筛选数据

**提　示**

用户也可以创建筛选后，单击其下拉按钮，选择【文本筛选】级联菜单中的选项，如选择【不等于】选项，在弹出的对话框中，进行相应设置。

## 1.3.3 数据有效性

数据的有效性是指定向单元格中输入数据的权限范围。在编辑工作表时，为了避免输入的单元格数据错误。可对单元格数据设置有效性。

选择需要设置的单元格，执行【数据】|【数据工具】|【数据有效性】|【数据有效性】命令。在弹出的【数据有效性】对话框中，选择【序列】选项，然后在【来源】文本框中设置数据来源，如图1-5所示。

图 1-4　选择筛选选项

**提　示**

用户也可以在【允许】列表中选择【自定义】选项，通过在【来源】文本框中输入公式的方法，来达到高级限制数据的功效。

另外，在【数据有效性】对话框中，激活【出错警告】选项卡，设置在输入无效数据时系统所显示的警告样式与错误信息，如图1-6所示。

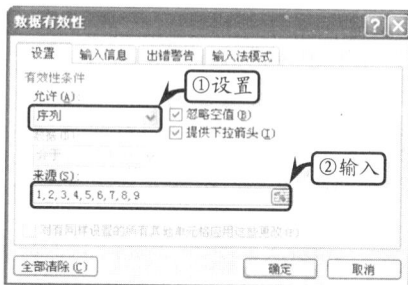

图 1-5　设置序列有效性

图 1-6　设置出错警告样式

## 1.3.4 分类汇总数据

在数据管理过程中，有时需要进行数据统计汇总工作，从而进行决策判断。用户可以通过 Excel 提供的分类汇总功能将帮助解决这个问题。

选择表单中的任意单元格，首先，执行【数据】|【排序和筛选】|【升序】命令，对数据进行排序。然后，执行【数据】|【分组显示】|【分类汇总】命令，在弹出的【分类汇总】对话框中，可以选择"分类字段"；设置"汇总方式"；启用或者禁用"选定汇总项"等，如图 1-7 所示。

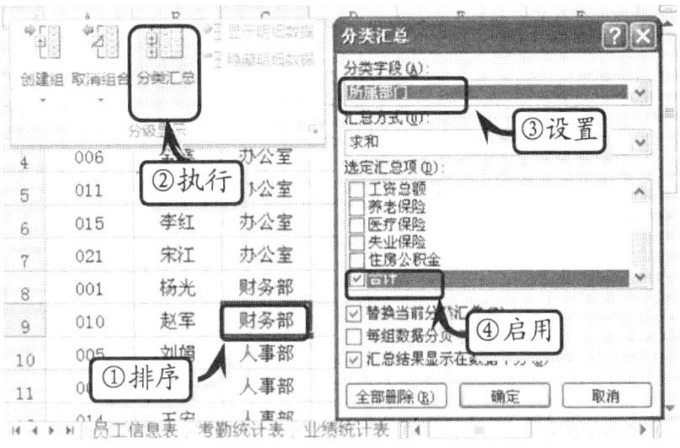

在【分类汇总】对话框下方，还有 3 个指定汇总结果位置的复选框，其含义如下。

- **替换当前分类汇总** 如果是在分类汇总基础上又进行分类汇总操作，则清除前一次汇总结果，然后按本次分类要求进行汇总。
- **每组数据分页** 在打印工作表时，每一类将分别打印。
- **汇总结果显示在数据下方** 将分类汇总结果显示在本类最后一行，系统默认是放在本类的第一行。

图 1-7 创建分类汇总

此时，在 C 列中将相同部门的数据编辑汇总到一起，并在【合计】字段中，显示将计算汇总到一起的数据，如图 1-8 所示。

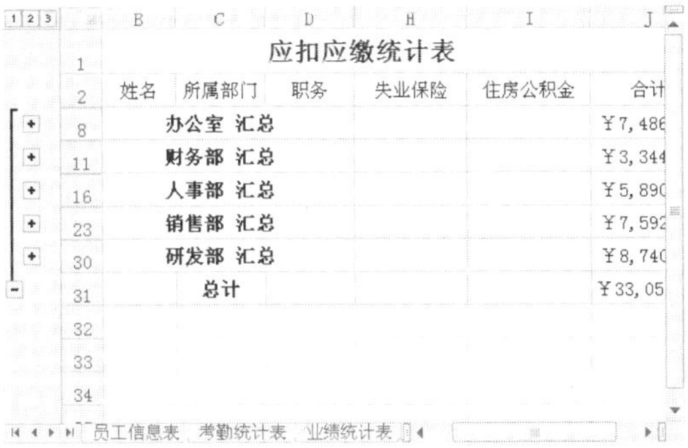

在显示分类汇总结果的同时，分类汇总表的左侧自动显示一些分级显示按钮。其具体内容如表 1-1 所示。

图 1-8 汇总数据

**表 1-1 分级显示按钮**

| 图　标 | 名　　称 | 功　　能 |
|---|---|---|
| + | 展开细节 | 单击此按钮可以显示分级显示信息 |
| - | 折叠细节 | 单击此按钮可以隐藏分级显示信息 |
| 1 | 级别 | 单击此按钮只显示总的汇总结果，即总计数据 |
| 2 | 级别 | 单击此按钮只显示部分数据及其汇总结果 |
| 3 | 级别 | 单击此按钮显示全部数据 |
| | | 级别条 | 单击此按钮可以隐藏分级显示信息 |

# 1.4 Excel 2010 公式与函数

Excel 2010 最强大的功能，便是运用公式与函数计算数据。运用公式与函数计算数值，可以允许引用单元格的自由更新，从而充分体现 Excel 2010 的动态特征。在使用公式与函数之前，用户还应了解一下公式与函数的基础知识。

## 1.4.1 公式的概述

公式是一个包含了数据与运算符的等式，主要包含了各种运算符、常量、函数以及单元格引用等元素。利用公式可以对工作表中的数值进行加、减、乘、除等各种运算。

### 1. 运算符

运算符是公式中的基本元素，可以将公式中的元素按照一定的规律进行特定类型的运算。运算符主要是由加、减、乘、除及比较运算符等符号组成。

❏ **运算符的种类**

公式中的运算符主要包括以下 4 种运算符。

❏ **算术运算符** 用于完成基本的数字运算，包括加、减、乘、除、百分号等运算符。

❏ **比较运算符** 用于比较两个数值，并产生逻辑值 True 或者 False，若条件相符，则产生逻辑真值 True；若条件不符，则产生逻辑假值 False（0）。

❏ **文本运算符** 使用连接符 "&" 来表示，功能是将两个文本连接成一个文本。在同一个公式中，可以使用多个 "&" 符号将数据连接在一起。

❏ **引用运算符** 运用该类型的运算符可以产生一个包括两个区域的引用。

各种类型运算符的含义与示例如表 1-2 所示。

**表 1-2　运算符含义与示例**

| 运　算　符 | 含　　义 | 示　　例 |
|---|---|---|
| 算术运算符 | | |
| +（加号） | 加法运算 | 1+4 |
| −（减号） | 减法运算 | 67−4 |
| *（星号） | 乘法运算 | 4*4 |
| /（斜杠） | 除法运算 | 6/2 |
| %（百分号） | 百分比 | 20% |
| ^（脱字号） | 幂运算 | 2^2 |
| 比较运算符 | | |
| =（等号） | 相等 | A1=10 |
| <（小于号） | 小于 | 5<6 |
| >（大于号） | 大于 | 2>1 |
| >=（大于等于号） | 大于或等于 | A2>=3 |
| <=（小于等于号） | 小于或等于 | A7<=12 |
| <>（小于等于号） | 小于或等于 | 3<>15 |
| 文本运算符 | | |
| &（与符） | 文本与文本连接 | ="奥运"&"北京" |
| &（与符） | 单元格与文本连接 | =A5&"中国" |
| &（与符） | 单元格与单元格连接 | =A3&B3 |
| 引用运算符 | | |
| :（冒号） | 区域运算符 | 对包括在两个引用之间的所有单元格的引用 |
| ,（逗号） | 联合运算符 | 将多个引用合并为一个引用 |
| （空格） | 交叉运算符 | 对两个引用共有的单元格的引用 |

❑ 运算符的优先级

优先级是公式的运算顺序，对于相同级别的运算，Excel 将按照一定的顺序进行运算。而对于不同优先级的运算，系统将会按照从高到低的顺序进行计算。各种运算符的优先级如表 1-3 所示。

表 1-3 运算符的优先级

| 运算符（从高到低） | 说明 | 运算符（从高到低） | 说明 |
|---|---|---|---|
| :（冒号） | 区域运算符 | ^（幂运算符） | 乘幂 |
| （空格） | 联合运算符 | *(乘号)和 / (除号) | 乘法与除法运算 |
| ,（逗号） | 交叉运算符 | +(加号)和—（减号） | 加法与减法 |
| －（负号） | 负号（负数） | &（文本连接符） | 连接两个字符串 |
| %（百分比号） | 数字百分比 | =、<、>、<=、>=、<> | 比较运算符 |

2. 创建公式

在 Excel 2010 中，可以根据工作表中的数据创建公式，即在单元格或编辑栏中输入公式，用于计算相应的数据。另外，为了检测公式，还可将公式直接显示在单元格中。

❑ 输入公式

选择单元格，先在编辑栏中输入“=”号。后在“=”号后面输入公式的其他元素，按下 Enter 键即可，如图 1-9 所示。

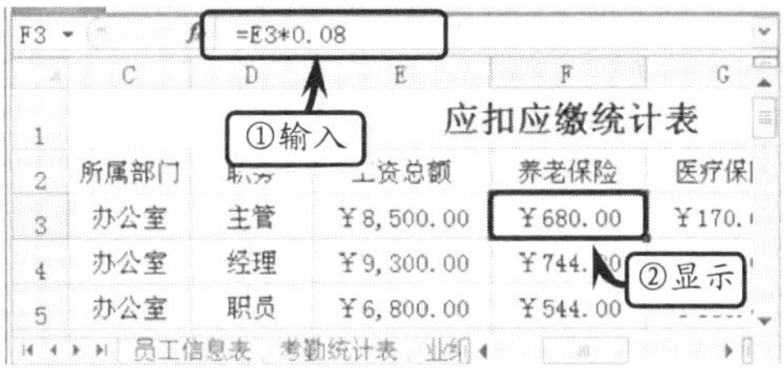


图 1-9 输入公式

❑ 显示公式

一般情况下，在单元格输入公式后，系统将自动显示计算结果。此时，可通过执行【公式】|【公式审核】|【显示公式】命令，显示单元格中的公式，如图 1-10 所示。再次执行【显示公式】命令，将会在单元格中显示计算结果。

图 1-10 显示公式

**技 巧**

用户可以通过 Ctrl+'组合键，来显示公式或隐藏公式。

❑ 编辑公式

选择含有公式的单元格，单击【编辑栏】中的公式，只修改该公式即可。也可以双击包含公式的单元格，当单元格处于可编辑状态时，在单元格中直接对其进行修改即可。

另外，当用户在多个单元格中使用相同公式时，可以通过复制公式的方法实现快速输入。复制公式，主要包括下列几种方法：

❑ **自动填充柄** 选择需要复制公式的单元格，移动光标至该单元格右下角的填充柄

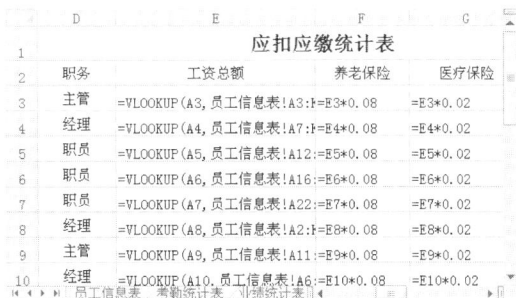

上，当光标变成"十"字形状时**十**，拖动鼠标即可。

❑ **利用【剪贴板】** 选择需要复制公式的单元格，执行【开始】|【剪贴板】|【复制】命令🖺。选择目标单元格，执行【粘贴】|【公式】命令即可。

❑ **使用快捷键** 选择需要复制公式的单元格，按 Ctrl+C 组合键复制公式，选择目标单元格后按 Ctrl+V 组合键粘贴公式即可。

### 3．引用单元格

单元格引用是指对工作表中单元格或单元格区域的引用，以获取公式中所使用的数值或数据。在引用单元格时，用户可以根据所求的结果值使用相对引用、绝对引用等不同的引用样式。

❑ **相对单元格的引用**

相对单元格引用是指引用一个或多个相对地址的单元格，含有相对引用的公式会随着单元格地址的变化而自动调整。例如，单元格 B2 中的公式为"=SUM(B2:C2)"，将该公式复制到单元格 B3 中，公式将会变为"=SUM(B3:C3)"。

❑ **绝对单元格的引用**

绝对单元格引用是指引用一个或几个特定位置的单元格，会在相对引用的列字母前与行数字前分别加一个"$"符号。与相对引用相比，在复制含有绝对引用的公式时，单元格的引用不会随着单元格地址的变化而自动调整。例如，将 B2 单元格中的公式更改为"=SUM($B$2: $C$2)"。将该公式复制到 B3 中，其公式仍然为"=SUM($B$2: $C$2)"。

---

**技 巧**

用户可以将光标定位在公式中需要绝对引用的单元格，按下F4键便可以自动添加绝对引用符号"$"。另外，用户可以通过再次按F4键，来调整引用行或列，及取消绝对引用。

---

❑ **混合单元格的引用**

混合单元格引用是指绝对列与相对行或绝对行与相对列，即当行采用相对引用时，列则采用绝对引用；反之当行采用绝对引用时，列则采用相对引用。当公式所在单元格的位置改变时，相对引用会随着一起改变，而绝对引用保持不变。例如，在单元格 A3 中的公式为"=SUM($A$1:A2)"。其中，"$A$1"单元格为绝对引用行；"A2"单元格为相对引用列。将该公式复制到 B3 中，公式自动调整为"=SUM($A$1:B2)"。

## 1.4.2 常用函数

函数是系统预定义的特殊公式，它使用参数按照特定的顺序或结构进行计算。而参数是用来规定了函数的运算对象、顺序或结构等，是函数中最复杂的组成部分。

### 1．比较常用函数

用户在日常工作中经常会使用一些固定函数进行计算数据，从而简化数据的复杂。在工作中经常使用的函数如表 1-4 所示。

表 1-4　常用函数

| 函　数 | 格　式 | 功　能 |
|---|---|---|
| SUM | =SUM（number1,number2,…） | 返回单元格区域中所有数字的和 |
| AVERAGE | =AVERAGE（number1,number2,…） | 返回所有参数的平均数 |
| IF | =IF（logical_tset,value_if_true,value_if_false） | 执行真假值判断，根据对指定条件进行逻辑评价的真假，而返回不同的结果 |
| COUNT | =COUNT（value1，value2，…） | 计算参数表中的参数和包含数字参数的单元格个数 |
| MAX | =MAX（number1，number2，…） | 返回一组参数的最大值，忽略逻辑值及文本字符 |
| SUMIF | =SUMIF（range，criteria，sum_range） | 根据指定条件对若干单元格求和 |
| PMT | =PMT（rate，nper，fv，type） | 返回在固定利率下，投资或贷款的等额分期偿还额 |
| STDEV | =STDEV（number1，number2，…） | 估算基于给定样本的标准方差 |
| SIN | =SIN（number） | 返回给定角度的正弦 |

## 2．求和函数

求和计算是一种最常用的求和计算，Excel 提供了快捷的求和方法。

❑ 自动求和

执行【开始】|【编辑】|【自动求和】命令，Excel 2010 将自动对活动单元格上方或左侧的数据进行求和计算，如图 1-11 所示。

另外，执行【公式】|【函数库】|【自动求和】|【求和】命令，也可对工作表中的数据自动求和。

❑ 条件求和

选择需要进行条件求和的单元格区域，执行【公式】|【函数库】|【插入函数】命令，选择【数学和三角函数】类别中的【SUMIF】选项，在弹出的【函数参数】对话框中设置各项函数即可，如图 1-12 所示。

图 1-11　自动求和

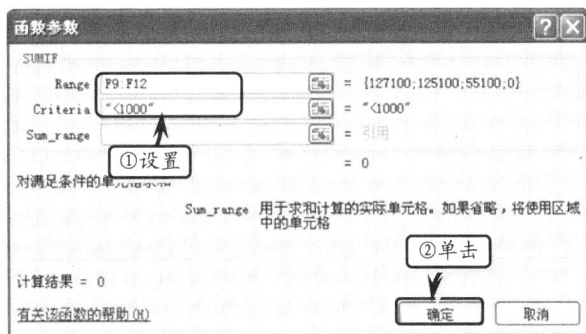

图 1-12　使用求和函数

> **提　示**
>
> 用户也可以直接使用 SUM 函数对数据进行求和，即在编辑栏中直接输入函数公式，或者执行【公式】|【函数库】|【数学和三角函数】|【SUM】命令。

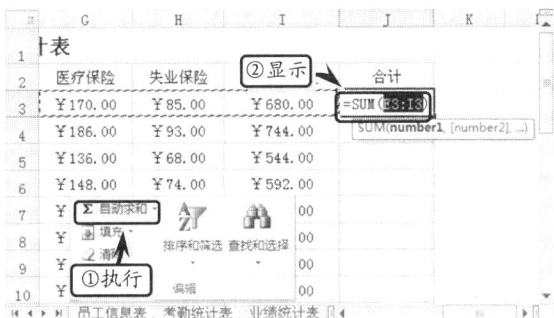

## 1.4.3　数组函数

数组是一些元素的简单集合，这些元素按有序的形式进行显示，并可以共同参与或个别参与运算。数组中的元素包含各种数据元素，可以是逻辑值、数值或文本值等数据类型，而且数组元素是利用大括号进行规范与概括的。

### 1．数组函数的类别

Excel 中的数组是运用在公式中进行简单的计算的。通常以一维与二维数组进行存储。数组中的维数，与 Excel 中的行或列相对应。当数组以一行或一列进行显示时，称为一维数组。当数组以多行或多列共同显示时，并且显示的单元格区域为矩形形状时，称为二维数组。

- ❑ 一维数值数组：{1,2,3,4}
- ❑ 二维数值数组：{1,2,3,4,5,6}

在工作表中，输入数组元素，并用大括号括起来，便组成一个常数数组。常数数组可包括数字值、文本值、逻辑值及错误，但不能包含公式、函数、货币符号、括号、百分比或另一个数组作为数组元素。在常数数组中的文本值必须使用英文的双引号进行标记，例如，{1,2,3,4,5,6;"壹","贰","弎","肆","伍","陆"}数组。

### 2．运用数组函数

运用数组函数可以对多个单元格区域的数据分行或列求和，已知某公司员工的医疗保险、失业保险、住房公积金等应扣数据，运用简单的数组公式对员工的应扣数据求和。即选择单元格区域 J3:J25，在编辑栏中输入"E3:E25+F3:F25+G3:G25+H3:H25+I3:I25" 公式，按下 Ctrl+Shift+Enter 组合键，即可返回每位员工的分计应扣金额，如图 1-13 所示。

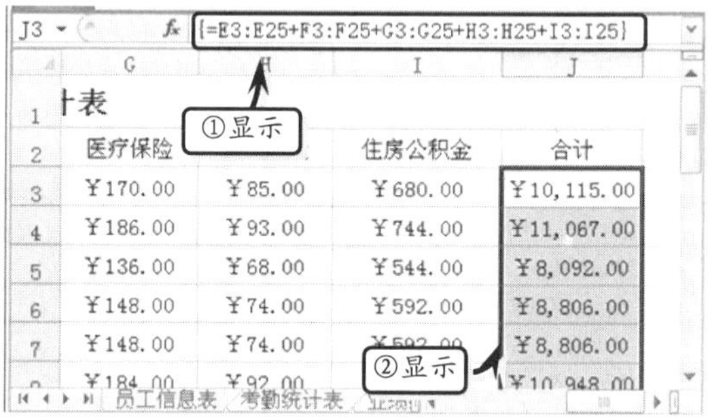

图 1-13　数组求和

> **技巧**
>
> 对于包含数组的单元格区域，不能删除某个单元格，只能删除整个单元格区域。

# 1.5　Excel 2010 数据图表

Excel 2010 除了具有强大的数据计算功能外，还具有图形化与多角度分析数据的功能。用户可运用 Excel 2010 中的图表功能，将数据图形化，从而可以清楚地体现出数据间的各种相对关系。另外，还可以运用数据透视表功能，对数据进行多方位、多角度、交互式的分析。

## 1.5.1　使用图表

在 Excel 2010 中，用户可以使用图表功能轻松创建具有交流数据信息和专业水准的图表。利用 Excel 强大的图表功能，能够更加直观地将工作表中的数据表现出来，从而使数据层次分明、条理清楚、易于理解。

### 1. 了解图表

图表主要由图表区域及区域中的图表对象组成，其对象主要包括标题、图例、垂直（值）轴、水平（分类）轴、数据系列等对象。在图表中，每个数据点都与工作表中的单元格数据相对应，而图例则显示了图表数据的种类与对应的颜色。

Excel 2010 为用户提供了 11 种标准的图表类型，每种图表类型又包含了若干个子类型，其每种图表类型的功能与子类型如表 1-5 所示。

表 1-5　图表类型

| 类　型 | 功　　能 | 子　类　型 |
|---|---|---|
| 柱形图 | 为 Excel 2010 默认的图表类型，以长条显示数据点的值，适用于比较或显示数据之间的差异 | 二维柱形图、三维柱形图、圆柱图、圆锥图、棱锥图 |
| 折线图 | 可以将同一系列的数据在图表中表示成点并用直线连接起来，适用于显示某段时间内数据的变化及变化趋势 | 折线图、带数据标记的折线图、三维折线图 |
| 条形图 | 类似于柱形图，主要强调各个数据项之间的差别情况，适用于比较或显示数据之间的差异 | 二维条形图、三维条形图、圆柱图、圆锥图、棱锥图 |
| 饼图 | 可以将一个圆面划分为若干个扇形面，每个扇面代表一项数据值，适用于显示各项的大小与各项总和比例的数值 | 二维饼图、三维饼图 |
| XY 散点图 | 用于比较几个数据系列中的数值，或者将两组数值显示为 XY 坐标系中的一个系列 | 仅带数据标记的散点图、带平滑线及数据标记的散点图、带平滑线的散点图、带直线和数据标记的散点图、带直线的散点图 |
| 面积图 | 将每一系列数据用直线连接起来，并将每条线以下的区域用不同颜色填充。面积图强调数量随时间变化而变化的程度，还可以引起人们对总值趋势的注意 | 面积图、堆积面积图、百分比堆积面积图、三维面积图、三维堆积面积图、百分比三维堆积面积图 |
| 圆环图 | 与饼图类似，圆环图也是用来显示部分与整体的关系，但圆环图可以含有多个数据系列，它的每一环代表一个数据系列 | 圆环图、分离型圆环图 |
| 雷达图 | 由一个中心向四周辐射出多条数值坐标轴，每个分类都拥有自己的数值坐标轴，并由折线将同一系列中的值连接起来 | 雷达图、带数据标记的雷达图 |
| 曲面图 | 类似于拓扑图形，常用于寻找两组数据之间的最佳组合 | 三维曲面图、三维曲面图(框架图)、曲面图、曲面图（俯视框架图） |
| 气泡图 | 是一种特殊类型的 XY 散点图，其中气泡的大小可以表示数据组中数据的值，泡越大，数据值就越大 | 气泡图、三维气泡图 |
| 股价图 | 常用来描绘股价走势，也可以用于处理其他数据 | 盘高-盘低-收盘图、开盘-盘高-盘低-收盘图、成交量-盘高-盘低-收盘图等 4 种类型 |

### 2. 创建图表

选择需要创建图表的单元格区域，在【插入】选项卡的【图表】选项组中，单击【对话框启动器】按钮，在弹出的【插入图表】对话框中选择相应图表类型即可，如图 1-14 所示。

在该对话框中，除了包括各种图表类型与子类型外，还包括"管理模板"与"设置为默认图表"两种选项，其具体功能如下所述。

❑ **管理模板** 启用该选项，可在弹出的对话框中对 Microsoft 提供的模板进行管理。

❑ **设置为默认图表** 可将选择的图表样式设置为默认图表。

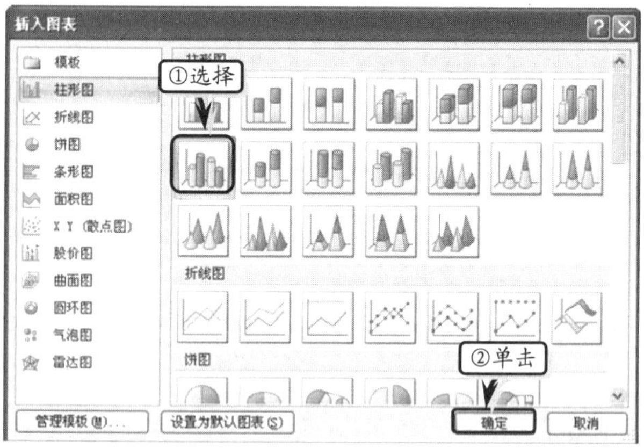

图 1-14 选择图表类型

**提　示**

在【图表】选项组中，启用图表类型下拉按钮，在下拉列表中选择"所有图表类型"选项，即可弹出【插入图表】对话框。

### 3. 编辑图表

创建完图表之后，为了使图表具有美观的效果，需要对图表进行编辑操作。

❑ **调整图表**

用户可通过下列 3 种方法，来调整图表的大小。

➢ **使用【大小】选项组** 选择图表，执行【格式】|【大小】|【形状高度】与【形状宽度】命令，在文本框中分别输入调整数值即可。

➢ **使用【大小和属性】对话框** 在【格式】选项卡的【大小】选项组中，单击【对话框启动器】按钮，在弹出的【大小和属性】对话框中设置"高度"与"宽度"值即可。

➢ **手动调整** 选择图表，将鼠标置于图表区的边界中的"控制点"上，当光标变成"双向"箭头时，拖动鼠标即可调整大小。

❑ **添加数据**

用户可以通过下列 3 种方法来添加图表数据。

➢ **通过工作表** 选择图表，在工作表中将自动以蓝色的边框显示图表中的数据区域。将光标置于数据区域右下角，拖动鼠标增加数据区域即可。

➢ **通过【选择数据源】对话框** 右击图表选择"选择数据"选项，在弹出的【选择数据源】对话框中，单击【图表数据区域】文本框后面的【折叠】按钮，重新选择数据区域，单击【展开】按钮即可。

➢ **通过【数据】选项组** 执行【设计】|【数据】|【选择数据】命令，在弹出的【选择数据源】对话框中重新选择数据区域即可。

❑ **删除添加数据**

用户可以通过下列 3 种方法来删除图表数据。

> ➤ **按键删除** 选择表格中需要删除的数据区域，按 Delete 键，即可同时删除工作表与图表中的数据。另外，选择图表中需要删除的数据系列，按 Delete 键即可删除图表中的数据。
>
> ➤ **【选择数据源】对话框删除** 右击图表选择"选择数据"选项，或执行【设计】|【数据】|【选择数据】命令，单击【选择数据源】对话框中的【折叠】按钮，缩小数据区域的范围即可。
>
> ➤ **鼠标删除** 选择图表，则工作表中的数据将自动被选中，将鼠标置于被选定数据的右下角，向上拖动，就可减少数据区域的范围即删除图表中的数据。

### 4．设置图表类型

创建图表之后，用户便可以根据数据类型，更改图表类型。更改图表类型的方法如下所示。

❑ **通过【图表】选项组** 选择图表，选择【插入】选项卡【图表】选项组中的各项图表类型即可。

❑ **通过【类型】选项组** 选择图表，执行【设计】|【类型】|【更改图表类型】命令，在弹出的【更改图表类型】对话框中选择相应的图表类型即可。

❑ **通过快捷菜单** 选择图表，右击鼠标选择"更改图表类型"选项，在弹出的【更改图表类型】对话框中选择相应的图表类型即可。

### 5．设置图表布局

Excel 2010 为用户提供了多种预定义布局，执行【设计】|【图表布局】|【其他】命令，在下拉列表中选择相应的布局即可，如图1-15 所示。

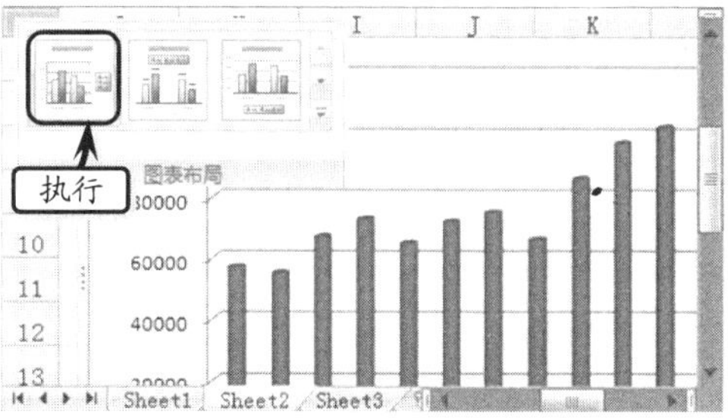

**图 1-15　设置图表布局**

---

**提 示**

在设置图表布局时，用户还可以进行手动设置，即在【布局】选项卡的【标签】选项组中，通过执行相应命令达到该表图表布局的效果。例如，可通过执行【布局】|【标签】|【图例】|【无】命令，取消图表中的图例显示。

---

## ● 1.5.2　使用数据透视表

数据透视表是一种具有创造性与交互性的报表。使用数据透视表，可以汇总、分析、浏览与提供汇总数据。

### 1．创建数据透视表

选择包含列标题的数据区域，执行【插入】|【表格】|【数据透视表】命令，在弹出【创建数据透视表】对话框中设置存放位置即可，如图1-16 所示。

在【创建数据透视表】对话框中，主要包括如下 2 种选项组。

❑ 请选择要分析的数据

在【请选择要分析的数据】选项组中，主要用于选择所需创建数据透视表的数据区域，包括如下。

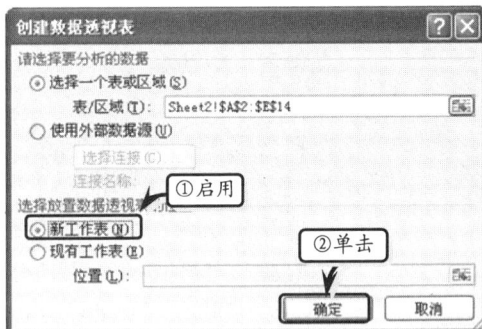

图 1-16　设置存放位置

➢ 选择一个表或区域　表示可以在当前工作簿中选择创建数据透视表的数据。

➢ 使用外部数据源　启用该选项后，并执行【选择连接】选项，可在弹出的【现有链接】对话框中设置链接的数据。

❑ 选择放置数据透视表的位置

在【选择放置数据透视表的位置】选项组中，主要用于设置所创建数据透视表的放置位置，包括如下。

❑ 新工作表　启用该选项，可以将创建的数据透视表显示在新的工作表中。

❑ 现有工作表　启用该选项，可以将创建的数据透视表显示在当前工作表所指定位置中。

### 2. 编辑数据透视表

创建数据透视表之后，为了适应分析数据的需求，需要编辑数据透视表。

❑ 设置计算类型

在【数据透视表字段列表】窗口中的【数值】列表框中，单击数值类型名称后的下拉按钮，并选择【值字段设置】选项，在【计算类型】列表框中选择计算类型即可，如图 1-17 所示。

图 1-17　设置计算类型

**提　示**

在【值字段设置】对话框中，激活【值显示方式】选项卡，设置数据透视表字段值的显示方式。

❑ 设置数据透视表样式

Excel 2010 为用户提供了浅色、中等深浅、深色 3 种类型的 85 种样式。执行【设计】|【数据透视表样式】|【其他】命令，在下拉列表中选择相应的样式，如图 1-18 所示。

❑ 筛选数据

选择数据透视表，在【数据透视表字段列表】窗口中，将需要筛选数据的字段名称拖动到【报表筛选列】列表框中。此时，在数据透

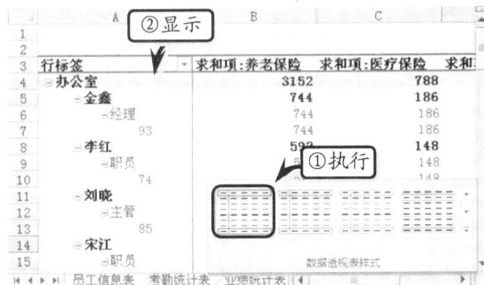

图 1-18　设置数据透视表样式

视表上方将显示筛选列表，如图 1-19 所示。

图 1-19　筛选数据

# 1.6　Excel 2010 数据分析

Excel 2010 还为用户提供了非常实用的单变量求解、规划求解、数据表等高级分析工具。使用高级分析工具，可以帮助用户解决数据分析中复杂的数据管理与预测问题。

## 1.6.1　数据表

数据表是将工作表中的数据进行模拟计算，测试使用一个或两个变量对运算结果的影响。Excel 2010 提供了单变量与多变量 2 种数据表。单变量数据表是基于一个变量预测对公式计算结果的影响；双变量数据表是基于 2 个变量预测对公式计算结果的影响。

### 1. 创建单变量数据表

已知企业向银行借款的数据资料，运用单变量数据表计算不同借款额下的还款情况。首先，选择包含公式的单元格区域 A6:B11，执行【数据】|【数据工具】|【模拟分析】|【模拟运算表】命令，弹出【模拟运算表】对话框，在【输入引用列的单元格】文本框中输入 "$B$3"，如图 1-20 所示。

在该对话框中，主要包含两种类型的引用单元格，其功能如下所述。

❑ **输入引用行的单元格**　表示在数据表为行方向时，在该文本框中输入引用单元格地址。

❑ **输入引用列的单元格**　表示在数据表为列方向时，在该文本框中输入引用单元格地址。

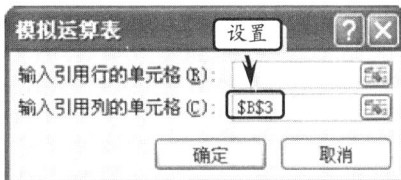

图 1-20　设置数据表参数

### 2. 创建双变量数据表

双变量数据表与单变量数据表使用的基本数据一致，区别在于双变量数据表是根据不同的日期与还款利率下求解月还款额。首先，在工作表中输入不同的还款期与还款利率，并利用 PMT 函数计算还款额。然后，选择单元格区域 C6:J11，执行【模拟分析】|【模拟运算表】命令。在【输入引用行的单元格】文本框中输入 "$F$3"，在【输入引用列的单元格】文本框中输入 "$D$3"，单击【确定】按钮即可，如图 1-21 所示。

图 1-21　设置数据表参数

## 1.6.2 规划求解

规划求解属于加载宏范围，是一组命令的组成部分，也可以成为假设分析。通过规划求解不仅可以解决单变量求解的单一值的局限性，而且还可以确定目标单元格中的最优值。

### 1. 加载规划求解加载项

在使用规划求解功能之前，需要先安装规划求解。执行【文件】菜单中的【选项】命令，在弹出的【Excel 选项】对话框中，执行【加载项】选项卡中的【转到】选项。在弹出的【加载宏】对话框中，启用【规划求解加载项】选项即可，如图 1-22 所示。

图 1-22　加载规划求解选项

### 2. 使用规划求解

执行【数据】|【分析】|【规划求解】命令，在弹出的【规划求解参数】对话框中设置各项参数即可，如图 1-23 所示。

单击【添加】按钮，在【添加约束】对话框中设置约束条件，单击【确定】按钮，在返回的【规划求解参数】对话框中设置各项参数即可，如图 1-24 所示。

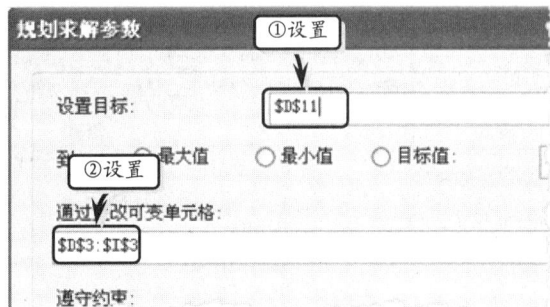

图 1-23　设置求解参数

图 1-24　设置求解条件

该对话框的各选项中参数的功能如表 1-6 所示。

表 1-6　规划求解选项

| 选　项 | | 说　明 |
|---|---|---|
| 设置目标单元格 | | 用于设置显示求解结果的单元格，在该单元格中必须包含公式 |
| 到 | 最大值 | 表示求解最大值 |
| | 最小值 | 表示求解最小值 |
| | 目标值 | 表示求解指定值 |

| 选　项 | | 说　明 |
|---|---|---|
| 通过更改可变单元格 | | 用来设置每个决策变量单元格区域的名称或引用，用逗号分隔不相邻的引用。另外，可变单元格必须直接或间接与目标单元格相关。用户最多可指定200个变量单元格 |
| 遵守约束 | 添加 | 表示添加规划求解中的约束条件 |
| | 更改 | 表示更改规划求解中的约束条件 |
| | 删除 | 表示删除已添加的约束条件 |
| 全部重置 | | 可以设置规划求解的高级属性 |
| 装入/保存 | | 可在弹出的【装入/保存模型】对话框中保存或加载问题模型 |
| 使无约束变量为非负数 | | 启用该选项，可以使无约束变量为正数 |
| 选择求解方法 | | 启用该选项，可在下列列表中选择规划求解的求解方法。主要包括用于平滑线性问题的"非线性（GRG）"方法，用于线性问题的"单纯线性规划"方法与用于非平滑问题的"演化"方法 |
| 选项 | | 启用该选项，可在【选项】对话框中更改求解方法的"约束精确度"、"收敛"等参数 |
| 求解 | | 执行该选项，可对设置好的参数进行规划求解 |
| 关闭 | | 关闭"规划求解参数"对话框，放弃规划求解 |
| 帮助 | | 启用该选项，可弹出【Excel帮助】对话框 |

另外，当用户单击【求解】按钮时，在弹出的【规划求解结果】对话框中设置规划求解保存位置与报告类型即可，如图1-25所示。

在【规划求解结果】对话框中，主要包括下列几种选项。

❑ **保留规划求解的解**　将规划求解结果值替代可变单元格中的原始值。

❑ **还原初值**　将可变单元格中的值恢复成原始值。

❑ **报告**　选择用来描述规划求解执行的结果报告，包括运算结果报告、敏感性报告、极限值报告3种报告。

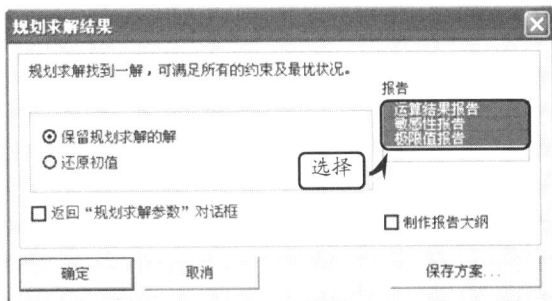

图1-25　设置求解结果选项

❑ **保存方案**　将规划求解设置作为模型进行保存，便于下次规划求解时使用。

❑ **取消**　取消本次规划求解操作。

## 1.6.3　单变量求解

单变量求解利用已知某个含有公式的结果值来预测输入值，即已知某个公式的结果值，反过来求解公式中包含的某个未知变量的值。已知工作表中产品的成本、销售与利润率值，利用公式求解出利润值。下面需要利用已知的利润值，求解目标利润为1000时的利润率。然后，执行【数据】|【数据工具】|【模拟分析】|【单变量求解】命令，在弹出的【单变量求解】对话框中设置"目标单元格"、"目标值"等参数，如图1-26

所示。

在进行单变量求解时，用户需要注意必须在目标单元格中含有公式，而其他单元格中只能包含数值。

## 1.6.4 分析工具库

分析工具库是 Excel 的一个插件，具备分析功能。在使用分析工具之前，还需要执行【文件】|【选项】命令，在【加载项】选项卡中单击【转到】按钮，在弹出的【加载宏】对话框中，启用【分析工具库】复选框，并单击【确定】选项，如图 1-27 所示。

### 1. 协方差工具

协方差工具描述两个测量值变量之间的离散程度的指标，是测量两组数据相关性的量度。可以使用协方差工具来确定两个区域中数据的变化的相关性，执行【数据】|【分析】|【数据分析】命令，在弹出的【数据分析】对话框中，选择【协方差】选项，并单击【确定】按钮，如图 1-28 所示。

在弹出的【协方差】对话框中，设置相应的参数即可，如图 1-29 所示。

协方差分析工具的分析结果为三个变量的协方差矩阵，通过观察三个变量的方差，可以发现三个变量之间的相关性并不是很明显，表示三个变量之间是分别独立的。

在【协方差】对话框中，主要为用户提供了输入和输出选项 2 个选项组，其每种选项组中各选项的具体含义如下所述。

❑ 输入

在【输入】选项组中，主要用于设置所需进行分析变量的数据区域，以及分析中数据的分组方式和标志设置，其具体内容如下所述。

➢ **输入区域** 用于输入或显示所需统计的数据区域，数据区域可以包含任意数目的行或列组成的变量。

➢ **分组方式** 表示按照需要的统计结果，对需要统计的数据按"逐行"或"逐

图 1-26 单变量求解

图 1-27 加载分析工具

图 1-28 选择工具

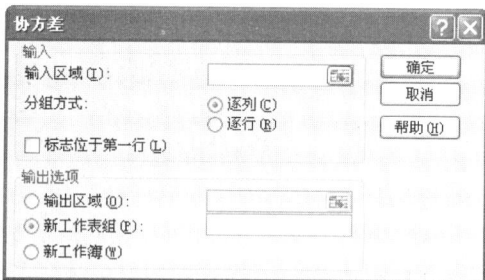

图 1-29 【协方差】对话框

列”进行分组统计。

> **标志位于第一行** 表示指定数据的范围是否包含标签。

❏ **输出选项**

在【输出选项】选项组中，主要用于设置分析数据的输出数据的放置位置，主要包括下列 3 种选项。

> **输出区域** 表示用户可以对数据分析结果的存放位置进行自定义区域。

> **新工作表组** 启用该选项，系统会自动新建一个工作表，并将数据分析结果存放在新建工作表中，新建的工作表与源数据位于同一个工作簿中。

> **新工作簿** 启用该选项，系统会自动建立一个工作簿，并将数据分析结果存放在新建工作簿中。

**2. 指数平滑工具**

指数平滑工具是基于前期预测值导出相应的新预测值，并修正前期预测值的误差。在【数据分析】对话框中，选择【指数平滑】选项，单击【确定】按钮，在弹出的【指数平滑】对话框中设置相应的选项即可，如图 1-30 所示。

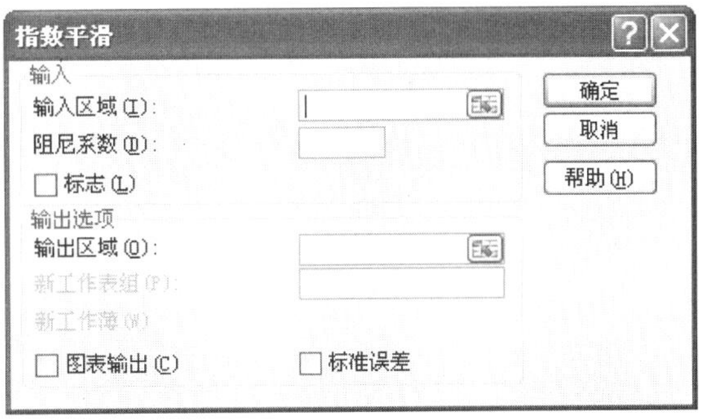

图 1-30 【指数平滑】对话框

> **提 示**

平滑常数，即阻尼系数，介于 0.2～0.3 的值是最合理的。数值越大，响应越快，但是会使预测变得不稳定。如果常数较小，将导致预测值的滞后。

在【指数平滑】对话框中，主要为用户提供了输入和输出选项 2 个选项组。其每种选项组中各选项的具体含义如下所述。

❏ **输入**

在【输入】选项组中，主要用于设置所需进行分析变量的数据区域，以及分析中数据的标志设置和阻尼系数设置，其具体内容如下所述。

> **输入区域** 用于输入或显示所需进行统计的数据区域，数据区域可以包含任意数目的行或列组成的变量。

> **阻尼系数** 表示平滑常数 $a$，取值范围介于 0~1 之间。在实际运用过程中，该数值介于 0.2 ~ 0.3 之间最为合理。

> **标志** 表示指定数据的范围是否包含标签。

❏ **输出选项**

在【输出选项】选项组中，主要用于设置分析结果的放置位置，以及在分析结果中所需显示的分析图表和数据样式，主要包括下列 5 种选项。

> **输出区域** 表示可以对数据分析结果的存放位置进行自定义区域。

> **新工作表组** 启用该选项，系统会自动新建一个工作表，并将数据分析结果存放在新建工作表中，新建的工作表与源数据位于同一个工作簿中。

> ➢ **新工作簿** 启用该选项，系统会自动建立一个工作簿，并将数据分析结果存放在新建工作簿中。

> ➢ **图表输出** 启用该选项，可以以图表的方式显示统计数据。

> ➢ **标准误差** 启用该选项，可以在数据分析结果中，增加标准误差统计方式。

### 3. 移动平均工具

移动平均工具是基于特定的过去某段时期中变量的均值，对未来值进行预测。移动平均值提供了由所有历史数据的简单的平均值所代表的趋势信息。在【数据分析】对话框中，选择【移动平均】选项，单击【确定】按钮，在弹出的【移动平均】对话框中设置相应的选项即可，如图1-31所示。

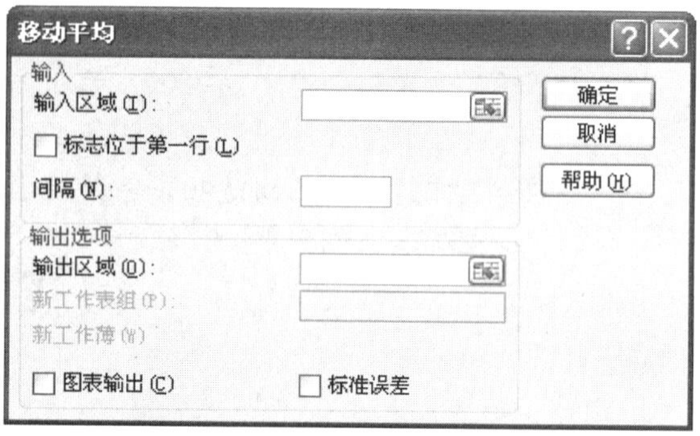

图1-31 【移动平均】对话框

> **提 示**
>
> 在分析结果中，如显示错误值#N/A，则表示工作表中没有足够的数据点用以计算初值的平均数。

在【移动平均】对话框中，主要包括输入和输出选项2个选项组，其每种选项组中选项的具体含义如下所述。

❑ **输入**

在【输入】选项组中，主要用于设置所需进行分析变量的数据区域，以及分析中数据的标志设置和间隔值设置，主要包括下列3种选项。

> ➢ **输入区域** 用于输入或显示进行分析的历史数据区域，该区域可以包含任意数目的行或列组成的变量。

> ➢ **标志位于第一行** 启用该选项，表示在指定数据范围时将包含数据标签。

> ➢ **间隔** 该选项表示将根据历史数据中的那部分数据进行预测值，该选项的值不能小于或大于数据点。

❑ **输出选项**

在【输出选项】选项组中，主要用于设置分析结果的放置位置，以及在分析结果中所需显示的分析图表和数据样式，主要包括下列5种选项。

> ➢ **输出区域** 表示可以对数据分析结果的存放位置进行自定义区域。

> ➢ **新工作表组** 启用该选项，系统会自动新建一个工作表，并将数据分析结果存放在新建工作表中，新建的工作表与源数据位于同一个工作簿中。

> ➢ **新工作簿** 启用该选项，系统会自动建立一个工作簿，并将数据分析结果存放在新建工作簿中。

> ➢ **图表输出** 启用该选项，表示将以图表的方式显示分析结果。

> ➢ **标准误差** 启用该选项，表示在数据分析中，将显示标准误差数据。

### 4. 回归分析工具

回归分析工具是通过对一组观察值使用"最小二乘法"直线拟合，来进行线形回归分析。在【数据分析】对话框中，选择【回归】选项，单击【确定】按钮，在弹出的【回归】对话框中设置相应的选项即可，如图1-32所示。

在【回归】对话框中，主要为用户提供了输入、输出选项、残差和正态分布4个选项组。在【正态分布】选项组中，主要包括一个【正态概率图】选项，启用该复选框，表示在输出结果中将显示正态概率图。剩余3个选项组的具体含义如下所述。

❑ 输入

在【输入】选项组中，主要用于设置所需进行分析变量的数据区域，以及分析中的常量、置信度和标志的设置，其具体内容如下所述。

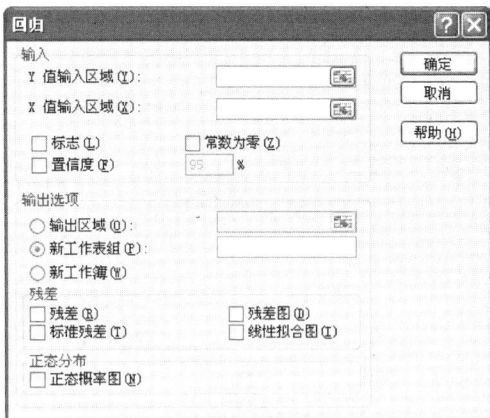

图1-32　【回归】对话框

> **Y值输入区域**　用于设置独立变量的数据区域。
> **X值输入区域**　用于设置一个或多个独立变量的数据区域。
> **标志**　启用该选项，可以指定数据的范围是否包含标签。
> **常数为零**　启用该选项，可以选择回归中为零的常量。
> **置信度**　启用该选项，可以设置回归的置信水平。

❑ 输出选项

在【输出选项】选项组中，主要用于设置分析数据的输出数据的放置位置，主要包括如下选项。

> **输出区域**　启用该选项，可以自定义分析结果的存放位置。
> **新工作表组**　启用该选项，系统会将分析结果保存在新建工作表中，新建的工作表与源数据位于同一个工作簿中。
> **新工作簿**　启用该选项，系统会自动将分析结果存放在新建工作簿中。

❑ 残差

在【残差】选项组中，主要用于设置分析数据最终显示的残差值和残差图表的样式，主要包括如下选项。

> **残差**　启用该选项，可以在统计结果中包含预测值与观察值的差值。
> **残差图**　启用该选项，可以在统计结果中包含残差图的显示方式。
> **标准残差**　启用该选项，可以在统计结果中包含标准残差的显示方式。
> **线性拟合图**　启用该选项，可以在统计结果中包含线性拟合图的显示方式。

# 第 2 章

## 设置会计凭证

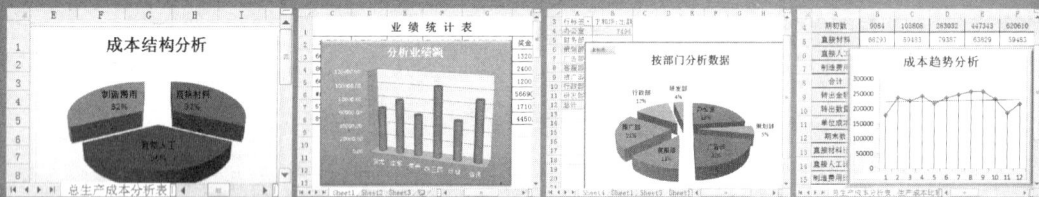

在财务工作中，每发生一项经济业务，都需要以凭证作为证明，并以记账凭证为基础进行一系列的财务数据的记录、计算与处理工作。没有凭证的经济业务在会计上是不能成立、不予认可的，既不能办理货币或实物收付，也不能进行记账。另外，由于在填制凭证时，为了区分每笔经济业务的类型和来源，还需要在凭证内填写会计科目代码及名称。所以，在设置会计凭证之前，还需要先设置会计科目，即会计科目表和总账科目表。

本章主要介绍在 Excel 工作表中填制与制作会计凭证，以及设置会计科目的操作方法与技巧。通过本章的学习，使用户在了解和掌握 Excel 强大数据处理功能的基础之上，熟悉并掌握设置会计科目表，以及填制与审核会计凭证的方法。

**本章学习目标：**

➢ 设置会计科目表
➢ 设置总账科目表
➢ 制作收款凭证
➢ 制作转账凭证
➢ 制作付款凭证
➢ 制作凭证目录
➢ 打印记账凭证

# 2.1 设置会计凭证概述

在进行财务与会计应用学习之前，还应先了解一下会计账户、会计科目设置和会计凭证的基本原理和概念。

## 2.1.1 会计科目概述

会计科目是会计账户设置的基础，会计科目的名称也就是账户的名称，会计科目所规定的核算内容其实也是会计账户所应记录与反映的内容。所以在设置会计账户之前，应对会计科目进行一定的了解。

### 1. 会计科目的定义

对会计要素的具体内容进行分类核算的项目，称为会计科目。会计科目是经济业务按管理要求归类后的名称，按其所提供信息的详细程度及其统驭关系不同，分为总分类科目和明细分类科目。前者是对会计要素进行总括分类，后者是对总分类科目作进一步分类，提供更详细、更具体的会计科目。

### 2. 会计科目的意义与设置原则

会计科目具有复式记账与编制记账凭证的基础原则，以及成为会计计算与财产清查提供前提条件的原则，另外会计科目还具有为编制会计报表提供方便的原则。

在设置会计科目时，用户需要遵循以下原则。

- ❑ **合法性原则**　应当符合会计制度的规定。
- ❑ **相关性原则**　应提供有关各方所需要的会计信息，从而可以满足对外报告与对内管理的要求。
- ❑ **实用性原则**　应当在符合合法性原则的前提下适应企业自身的特点，从而可以满足企业的实际需要。

### 3. 会计科目的分类

会计科目一般是从会计要素出发，将会计科目分为资产、负债、所有者权益、成本以及损益类 5 大类，其每类具体功能与包含内容如表 2-1 所示。

表 2-1　会计科目分类表

| 类别 | 说　明 | 包 含 内 容 |
|---|---|---|
| 资产 | 指过去的交易事项形成并由企业拥有或控制的，且可以为企业带来经济利益的资源 | 按流动层次可分为流动资产、长期投资、固定资产、无形资产与其他资产 |
| 负债 | 指过去的交易事项形成的现时义务，而履行该义务预期将会导致经济利润流出企业 | 按流动性可分为流动负债与长期负债 |
| 所有者权益 | 指所有者在企业资产中享有的经济利益，其金额为资产减去负债后的余额 | 主要包括实收资本、已归还投资、资本公积、盈余公积、本年利润等内容 |

| 类别 | 说　明 | 包 含 内 容 |
|------|--------|------------|
| 成本 | 指在商品生产中实际消耗的生产资料与劳动力等因素所构成的价值 | 主要包括生产成本、劳务成本和制造费用 |
| 损益 | 指企业一定时期内的收入、支出、盈利与亏损情况 | 主要包括主营业务、营业外业务、管理费用和财务费用等内容 |

### 4．会计账户与会计科目的联系与区别

会计账户与会计科目的联系为：会计科目是会计账户的名称，也是设置会计账户的依据。另外，会计账户是会计科目的具体运用。

会计账户与会计科目的区别在于：会计科目仅仅是会计账户的名称，并不存在结构。另外，会计账户则具有一定的格式与结构。

### 5．会计科目代码表

总分类科目又称为总账科目或一级科目，当总分类科目所属的明细分类科目较多时，用户可设定二级科目。其一级分类科目由 4 位数字组成，而二级分类科目则在一级科目的基础上添加 2 位数字，即由 6 位数字组成。该 6 位数中的前 4 位数字与一级科目的数字相同，只为后添加的 2 位数字设定具体数值，加以识别不同的科目明细。其他级别的科目编号，依此类推。

在《企业会计制度》中规定科目的部分科目及对应的科目代码如表 2-2 所示。

表 2-2　会计科目代码表

| 类别 | 一级科目 | | 二级科目 | |
|------|------|------|------|------|
| 资产类 | 1001 | 库存现金 | | |
| | 1002 | 银行现金 | | |
| | 1012 | 其他货币资金 | 101201 | 外埠存款 |
| | | | 101202 | 银行本票 |
| | | | 101203 | 银行汇票 |
| | 1101 | 交易性金融资产 | 110101 | 股票 |
| | | | 110102 | 债券 |
| | 1121 | 应收票据 | | |
| | 1122 | 应收账款 | | |
| | 1403 | 原材料 | | |
| | 1405 | 库存商品 | | |
| | 1601 | 固定资产 | | |
| 负债类 | 2001 | 短期借款 | | |
| | 2201 | 应付票据 | | |
| | 2202 | 应付账款 | | |
| | 2221 | 应交税金 | 222101 | 应交营业税 |
| | | | 222102 | 应交所得税 |
| 所有者权益 | 4001 | 实收资本 | | |
| | 4002 | 资本公积 | | |
| | 4101 | 盈余公积 | | |

| 类别 | 一级科目 | | 二级科目 | |
|---|---|---|---|---|
| 成本类 | 5001 | 生产成本 | 500101 | 基本生产成本 |
| | | | 500102 | 辅助生产成本 |
| | 5101 | 制造费用 | | |
| 损益类 | 6001 | 主营业务收入 | | |
| | 6401 | 主营业务成本 | | |
| | 6602 | 管理费用 | 660201 | 管理人员工资 |
| | | | 660202 | 办公费 |

## 2.1.2 会计账户概述

会计账户是依据会计科目而设置的，具有一定格式和结构。会计账户分为左、右两个方向，一方登记增加，另一方则登记减少。登记本期增加金额，成为本期增加发生额；登记本期减少金额，成为本期减少发生额。而增减相抵后的差额，被称作为余额。余额按照表示的时间，可分为期初余额与期末余额，其基本关系表示为：期末余额＝期初余额+本期增加发生额–本期减少发生额。

### 1. 会计账户的分类

会计账户主要分为总分类账户与明细分类账户。总分类账户是指对某一类会计对象进行总核算的账户；明细分类账户是指对某一类会计对象进行局部或具体核算的账户。总分类账户的名称、核算内容与使用方法通常是由国家统一规定的；而明细分类账户可以依据企业自身经济业务的具体内容设置，其明细分类账户的名称、核算内容与使用方法由企业根据自身管理要求与经济业务具体而定。

### 2. 会计账户的结构

一般情况下，账户的结构分为左右 2 个部分，即"T"形账户，分为左方与右方。

其中，一部分反应金额的增加，另一部分反应金额的减少，增减相抵后的差额，称为账户的余额。而账户左右两方中增加与减少的记录，取决于用户所采用的记账方法和账户的性质。

由于会计工作的连续性，以及财务管理的需求，需每隔一段时间汇总计算本期资金增减情况，得出本期发生额。而在一定时期的期末，还需要对比资金的增减情况，从而得出账户的期末余额。因此，可以在"T"形账户的基础上，账户结构可以分为下表中的 3 个层次。

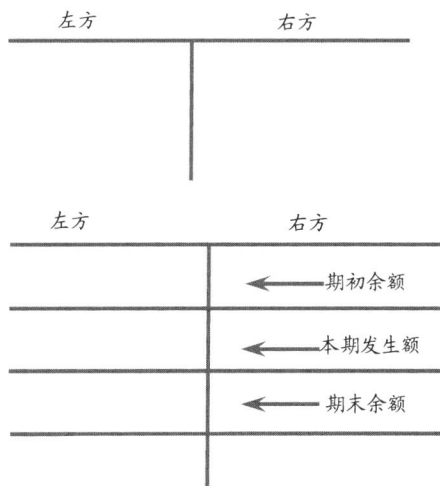

### 3. 会计账户设置的依据

由于会计账户是依据会计科目而设置的，而

会计科目则是依据社会再生产过程中的资金运动来设置的；所以会计账户也可以看成依据社会再生产过程中的资金运动来设置的。

资金运动表现为资金来源和资金占用及其平衡关系。一般情况下，资金来源与占用分为工业企业、商业企业，以及行政机关与事业单位 3 方面。

❑ **工业企业** 工业企业是按照经济核算原则组织的单位，具有相对独立地位的经济实体。资金来源主要包括股东权益、专用基金以及外部借入资金。工业企业的资金占用，主要分为固定资产占用、流动资产占用和专项资金占用 3 部分。

❑ **商业企业** 商业企业资金的占用与工业企业一样，主要分为固定资金占用、流动资金占用与专项资金占用 3 部分。商业企业是在流通领域中进行商品流转业务活动的一种经济单位，其经济活动包括购进和销售 2 个阶段，因而商业企业的资金来源包括自有资金和借入资金 2 部分。

❑ **行政机关与事业单位** 在国内，虽然行政机关及事业单位属于非物质生产部门，但是它属于再生产过程中的有机组成部分，也需要一定数量的资金，用于执行政权任务与办理公益事业。

### 4．会计账户的设置原则

会计科目的设置依据于社会再生产过程中的资金运动，即会计账户设置的依据是社会再生产过程中的资金运动。另外，在设置会计账户时，还需要遵循以下原则。

❑ **账户设置应注意企业的规模与特点** 账户设置既要满足企业管理需要，保证账户的组织的严密与完整，又要防止重复设账，提高登账的工作效率。

❑ **账户设置应满足财务报表的需要** 尽可能地使账户的种类，明细项目与会计报表的项目与指标做到口径一致，可以减少编制报表时的汇总与分解计算工作。

❑ **账户设置应与会计核算程序相适应** 在设置账户时，应采用不同的会计核算程序，并设置与其相应的会计账户。

❑ 账户的设置应满足于快速登记、汇总、审核与保管的目的。

❑ 会计账户还应根据会计科目来设置。

### 5．会计账户的类别

按经济内容划分与按结构用途划分的方法是企业中最常见的账户分类方法。

根据账户所反映的经济内容可分为以下几种类别，如表 2-3 所示。

表 2-3　会计账户的类别

| 类　别 | 说　明 |
| --- | --- |
| 资产账户 | 用于反映资金占用情况的账户，根据资金周转方式又可分为反映流动资产占用的账户与反映非流动资金占用的账户 |
| 负债账户 | 用于反映企业向外部借入资金情况的账户 |
| 投入资本账户 | 用于反映企业自有资金来源情况的账户 |
| 费用（成本）账户 | 根据不同的成本内容划分不同的费用账户，例如反映供应阶段的费用账户、反映生产阶段的费用账户等 |
| 收入账户 | 用于反映企业收入成果的账户 |

根据结构用途可分为以下几种类别，其具体情况如表 2-4 所示。

表 2-4　会计账户的结构

| 类　别 | 说　明 |
|---|---|
| 盘存账户 | 用来核算和监督各种猜测物资和货币资金的增减变动及其结存情况，主要包括固定资产、原材料、现金及银行存款等 |
| 实收资本账户 | 指企业投资者按照企业章程或合同、协调的约定，实际投入企业的资本 |
| 结算账户 | 是用以核算和监督本会计主体同其他单位或个人之间发生的债权、债务结算情况的账户。主要用来反映和监督企业与其他单位或个人之间的债权债务的结算情况 |
| 调整账户 | 用以调整账户的余额，以取得被调整账户的实际余额的账户。它既是经济管理和会计控制的需要，又体现了会计谨慎原则的要求。按调整方式可分为抵减账户、附加账户和抵加账户 |
| 集合分配账户 | 用来记录和反映有关费用计划的执行情况与分配情况 |
| 跨期摊配账户 | 该账户为"待摊费用"账户与"预提费用"账户的结合，主要用来反映和监督相邻的几个会计期间共同负担的费用，并将其在几个会计期间内分摊或预提的账户 |
| 成本计算账户 | 用来记录生产经营活动所发生的直接或间接费用 |
| 计价对比账户 | 该账户又称为"配比"账户或"业务成果"账户，可以对经济业务按 2 种不同的计价进行对比，用以确定业务的成果 |
| 财务成果账户 | 用来反映在一定时期内企业的经营成果，即获取利润或亏损的情况 |
| 暂记账户 | 用来核算和监督企业尚未确定处理意见的财产物资的盘盈、盘亏和毁损的情况 |

## 2.1.3　会计凭证概述

会计凭证是记录经济业务、明确经济责任，并按一定格式编制的用于登记会计账簿的书面证明。会计凭证是进行费用、成本核算，以及进一步处理账务的基础。

### 1．会计凭证的作用

会计主体办理任何经济业务时，在如实反映经济业务内容，有效监查经济业务的合理性与合法性下，保证会计核算资料的真实性、可靠性、合理性，发挥会计在管理中的作用。

填制和审核会计凭证为会计核算的一项重要内容，在其经济管理中具有以下作用。

❑ **提供会计信息**　会计人员可以根据会计凭证对经济业务进行整理、分类与汇总处理，为经济管理者提供有用的会计信息。

❑ **监督与控制经济活动**　通过审核会计凭证，可以监督经济业务的发生是否符合有关法令与制度，或符合财务收支的预算与计划。

❑ **提供记账依据**　通过对会计凭证的填制、审核以及整理与汇总工作，可以为会计记账提供真实、可靠的依据。

❑ **加强经济责任**　通过会计凭证的填制与审核，可以约束有关责任人的职权范围，以及完善企业的经济责任制。

另外，会计凭证还具有以下功能。

➢ 会计凭证可以客观记录经济业务内容，为记账、算账提供依据。

➢ 会计凭证是证实经济业务真实性、合法性、完整性的依据。

➢ 会计凭证可以加强经办人员工作的责任心，是企业岗位责任制建立的依据。

### 2．会计凭证的分类

会计凭证按照用途和填制分类，可分为原始凭证与记账凭证。

❑ **原始凭证**

原始凭证是在经济业务发生或完成时取得或填制，载明经济业务具体内容和完成情况的书名证明，是进行会计核算的原始资料和主要依据。按其来源，原始凭证可分为外来原始凭证和自制原始凭证2类。

自制原始凭证是在经济业务发生时，由本单位财务人员根据经济业务的内容自行填制的会计凭证，如领料单、收料单、工资结算表等。

外来原始凭证是经济业务发生时，从其他单位或个人处获取的会计凭证，例如企业购料时所获得的"发货票"及有关结算凭证等。

❑ **记账凭证**

记账凭证是按照经济业务性质加以分类，确定会计分录，作为登记账簿依据的一种凭证。会计人员必须根据审核无误的原始凭证或原始凭证汇总表填制记账凭证。

记账凭证按其所记录的经济业务是否与现金、银行存款收付相关，可以分为收款凭证、付款凭证和转账凭证3种类型。收、付款凭证是用于现金和银行存款中的收、付业务的记账凭证，是根据现金、银行存款首付业务的原始凭证编制的。而转账凭证是根据转账业务的原始凭证填制的，不涉及现金和银行存款收、付业务。

另外，记账凭证按其填制的方式不同，可以分为复式记账凭证和单式记账凭证2种类型。复式记账凭证是将同一或同类经济业务所涉及的会计科目集中填制在一张记账凭证上；复式记账凭证既可以减少凭证的数量，又可以集中反映账户的对应关系，便于了解经济业务的全部内容。而单式记账凭证表示只在每张凭证上填制经济业务中的某一会计科目的记账凭证；单式记账凭证便于汇总计算一个科目的发生额和分工记账，一般适用于转账业务。

在实际工作中，为简化工作量，可以将一定期间内同种记账凭证按照一定的方法进行汇总，编制汇总记账凭证，并根据汇总记账凭证登汇总分类账。

❑ **原始与记账凭证的差异**

记账凭证与原始凭证同属于会计凭证，二者之间的差异如表2-5所示。

**表2-5　原始凭证与记账凭证的差异**

| 原 始 凭 证 | 记 账 凭 证 |
|---|---|
| 由经办人填制 | 由会计人员填制 |
| 根据发生或完成的经济业务填制 | 根据审核后的原始凭证填制 |
| 仅用于记录、证明经济业务的发生或完成 | 需要依据会计科目对已发生经济业务进行整理 |
| 是填制记账凭证的依据 | 是登记账簿的依据 |

### 3．原始凭证的填制要求和方法

用户在填制原始凭证时，还需要遵循以下填制要求。

❑ **记录要真实**　所填制的经济业务内容与数字必须真实可靠，既要符合国家有关政策、法令、法规，又要符合有关经济业务的实际情况，不得弄虚作假，更不得伪造凭证。

❑ **内容要完整** 各种凭证的内容必须逐项填列齐全，不得遗漏和省略。必须符合手续完备的要求，经办业务的有关部门和人员要认真审核，并签名盖章。

❑ **手续要齐备** 单位自制的原始凭证必须有经办单位领导人或其他指定的人员的签名盖章，对外开出的原始凭证必须加盖本单位公章，从外部取得的原始凭证必须盖有填制单位的公章，从个人取得的原始凭证必须有填制人员的签名盖章。

❑ **书写要清楚、规范** 原始凭证要用蓝色或黑色墨水书写，文字要简要，字迹要清楚，易于辨认，不得连写，不得使用未经国务院公布的简化汉字。在金额前要填写人民币符号"￥"，人民币符号"￥"与阿拉伯数字之间不得留有空白，金额数字一律填写到角分，大写金额一律用汉字壹、贰、叁、肆、伍、陆、柒、捌、玖、拾、佰、仟、万、亿、元、角、分、零、整等，还必须一律用正楷或行书字书写。大写金额前应加写"人民币"字样，其"人民币"字样与大写金额之间不得留有空白。

❑ **编号要连续** 为便于查考，各种凭证必须连续编号。如果原始凭证已预先印定编号，在写坏作废时，应加盖"作废"戳记，并妥善保管，不得撕毁。

❑ **禁止涂改、刮擦与挖补** 原始凭证填写错误时，应当由出具单位重开或更正，更正处应当加盖出具单位印章。原始凭证金额有错误的，应当由出具单位重开，不得在原始凭证上更正。

❑ **填制要及时** 各种原始凭证一定要及时填写，一切原始凭证都应按照规定程序，及时送交财政部门加以审核，并根据原始凭证填制记账凭证。

另外，原始凭证分为自制原始凭证与外来原始凭证，而自制凭证又分为一次凭证、累计凭证与汇总原始凭证等。其每种凭证的填制方法如表 2-6 所示。

表 2-6　原始凭证的填制方法

| 原始凭证 | 类　　别 | 填 制 方 法 |
|---|---|---|
| 自制原始凭证 | 一次凭证 | 一次凭证是在经济业务发生或完成时，由经办人员填制。主要用于反映一项经济业务，或同时反映若干项同类性质的经济业务 |
| | 累计凭证 | 累计凭证是由经办人每次经济业务完成后重复填制而成的，主要反映一定时期内不断重复的同类经济业务的完成情况 |
| | 汇总原始凭证 | 汇总原始凭证是将一定时期内若干份同类经济业务的原始凭证汇总编制成一张汇总凭证，用以反映某项经济业务的完成情况。该原始凭证需要责任者根据需要与管理要求进行定期编制 |
| | 记账编制凭证 | 记账编制凭证是由会计人员根据一定时期内某一账户的记录结果，对某一特定事项进行归类、整理而编制的 |
| 外来原始凭证 | | 外来原始凭证是企业同外单位发生经济业务时，由外单位填制的原始凭证。外来原始凭证一般由税务局等部门统一印制，在填制时需加盖出据凭证单位的公章，对于一式多联的原始凭证还需用复写纸套写 |

### 4．记账凭证的填制要求和方法

在填制记账凭证时，用户还需要遵循以下基本要求。

❑ **内容要完整** 记账凭证的各项内容必须完整填写。

❑ **编号要连续** 记账凭证的编号必须保持连续，当一笔经济业务需要填制 2 张以上的记账凭证时，可以采用"分数编号法"来编号。

- ❑ **书写要清楚、规范** 该项要求相同于原始凭证的要求。

- ❑ **要区分类别** 记账凭证需要根据一张或若干张同类别的原始凭证，或根据汇总原始凭证进行填制。在填制时，不得将不同内容或类别的原始凭证汇总填制在一张记账凭证中。

- ❑ **要附有原始凭证** 在填制记账凭证时，除了结账与更正错误的记账凭证外，其他记账凭证必须附有原始凭证。

- ❑ **谨慎处理错误凭证** 在填制记账凭证时若发生错误，应当重新填制。发现已登记入账且在当年内的凭证填写错误时，可以用红色笔填写一张与原凭证相同内容的新凭证，并在摘要栏中注明"注销某月某日某号凭证"字样，同时再用蓝字重新填写一张正确的记账凭证，并注明"订正某月某日某号凭证"字样。如果只是金额错误，可将正确与错误数据之间的差额另编制一张调整凭证，调增金额用蓝字，调减金额用红字。当发现以前年度记账凭证的错误时，可用蓝字直接填制一张正确的记账凭证。

- ❑ **禁止空行** 填制完记账凭证后，如有空行，应在金额栏最后一行至合计数上方的空行处画一道线，表示注销。

另外，在日常工作中，收款凭证、付款凭证与转账凭证为用户经常使用的凭证。下面，便以上述 3 种凭证为例，详细介绍一下记账凭证的填制方法。

- ❑ **收款凭证的填制方法**

收款凭证是用来反映货币资金增加业务的凭证，它是由出纳人员根据审核无误的现金和银行存款业务的原始凭证填制的。凭证左上方的"借贷科目（或账户）"应填写"现金"或"银行存款"，右上方应填写凭证编号，该编号一般按"现收某号"和"银收某号"编写。在"摘要栏"内应填写经济业务的内容，在"贷方科目（或账户）"栏内应填写相应的总账与明细科目，在"金额"栏内应填写实际收到的现金或银行存款数额，在"记账"栏内应在已登记账簿后作一下记号，用于避免重记或漏记。在凭证右侧的"附件 张"处应填写原始凭证的张数，在凭证下方应该由相关人员签字或盖章。

- ❑ **付款凭证的填制方法**

付款凭证是用来记录货币资金付款业务的凭证，它是由出纳人员根据审核无误的现金和银行存款付出业务的原始凭证填制的。付款凭证既是现金日记账、银行存款日记账以及有关明细分类账与总分类账的依据，又是出纳员付出款项的依据。付款凭证的填制方法与要求与收款凭证基本相同，不同的是在付款凭证的左上方应为贷方科目（或账户），而付款凭证的对应科目应为"借方科目（或账户）"。

- ❑ **转账凭证的填制方法**

转账凭证是用来记录与货币资金无关的转账业务的凭证，它是由会计人员根据审核无误的转账业务（不涉及现金和银行存款收付的各项业务）的原始凭证填制或汇总原始凭证填制的。由于转账业务没有固定的账户对应关系，因此在转账凭证中，应按"借方科目（或账户）"与"贷方科目（或账户）"分别填写有关总账（一级）科目和明细（二级）科目。借方科目的金额与贷方科目的金额都在同一行的"金额"栏内填写。其借、贷金额合计数应该相等。

为了便于区别，收款、付款与转账凭证可以以不同的颜色进行印刷。另外，对于业务量少的小型企业来讲，可以使用通用记账凭证，将各类经济业务采用统一格式进行记账，该凭证的格式与填制方法与转账凭证相同。

### 5. 原始凭证的审核

创建会计凭证之后，还需要对会计凭证进行审核，以保证账簿记录的正确性，加强对经济业务的事前监督及款项收付的监督。会计凭证的审核主要是对各种原始凭证的审核，一般情况下原始凭证主要审核下列 2 方面的内容。

- ❏ **审核原始凭证的合法性和合理性** 审核原始凭证所记录的经济业务的合法性和合理性是审核原始凭证的首要内容。其实就是审核所发生的经济业务是否符合国家的政策、法规、制度以及计划、预算、合同等有关规定。同时，必须杜绝弄虚作假、营私舞弊、伪造涂改凭证等违法乱纪行为。
- ❏ **审核原始凭证的内容和手续是否符合规定** 审查原始凭证填写的内容和手续是否符合规定的要求是原始凭证审核的第 2 项内容。例如，查明原始凭证所记录的经济业务是否符合实际情况，原始凭证的填写是否齐全，数字和文字的书写是否正确、清楚，有关人员的签章是否齐备等。

### 6. 原始凭证审核结果的处理

在审核原始凭证的过程中，如发现问题，应分清问题的性质，并按照有关规定进行处理。一般情况下，可进行下列 4 种处理方法。

- ❏ 对于出现手续不完备、数字书写错误或计算不准确等问题，需要向有关人员讲解制度的要求，并协助有关人员补办手续，更正错误。
- ❏ 对于违反财务规定的开支，财务人员有权拒绝支付与报销。
- ❏ 对于不符合法令法规的经济业务，财务人员有权拒绝执行，并及时汇报领导。
- ❏ 对一些弄虚作假、营私舞弊、伪造或涂改凭证等现象，应扣留凭证，及时汇报领导并进行严肃处理。

### 7. 记账凭证的审核

由于记账凭证是根据审核后的原始凭证填制的，因此记账凭证的审核实际上是对原始凭证的复核。一般情况下，记账凭证的审核包括下列 5 方面的内容。

- ❏ **审核原始凭证** 需要审核记账凭证中是否附有原始凭证，原始凭证是否齐全、手续是否完备。另外，还需要审核记账凭证记录的经济业务内容与所附的原始凭证的内容是否相符，汇总记账凭证必须根据记账凭证填制，内容要与记账凭证一致。
- ❏ **审核会计科目的正确性** 凭证上所书写的会计科目及科目明细必须前后一致，相同的经济业务所应用的科技科目和明细必须保持一致，并能取得政权的汇总指标。
- ❏ **审核凭证金额** 需要根据经济业务中记录的计量单位、单价、数量，来计算经济业务的金额，并汇合各项经济业务的金额，复核其合计额。

- **审核凭证中的签章是否齐全** 审核记账凭证时，还需要审核、填制、出纳等有关人员的签章是否齐全。如经审核发现错误时，应及时查清原因，按照规定及时更正。只有经过严格审核，证明记账凭证准确无误之后，才可以据以记账。
- **审核记账凭证的完整性、正确性与合法性、合理性** 在审核记账凭证时，不仅需要从形式上审核填制经济业务的完整性和正确性，而且还需要从政策上实质性地审核经济业务的合法性与合理性。

### 8．审核会计凭证的意义

综上所述，会计凭证的审核其实就是正确处理企业与国家、企业与其他企业之间的关系，以及正确处理财务会计部门与本单位各职能部门之间的关系。

审核会计账户是一项严肃细致、政策性很强的工作，也是充分发挥会计监督作用的有效手段。因此，会计人员需要熟悉和掌握国家的政策、法令、规则制度，以及计划、预算等有关规定。同时，还需要熟悉和了解本单位的经济业务与生产经营情况。另外，会计凭证是重要的经济资料与会计档案，需要按照规定的立卷归档制度，形成会计档案资料，妥善进行保管，使会计凭证完整无缺，以便于日后随时查阅与审核。

## 2.2 设置会计科目表

在日常工作中，除了通过专业的财务软件来设置会计科目表之外，还可以利用 Excel 中的数据处理功能，来设置会计科目的电子表格。

### 2.2.1 设置科目工作表

启动 Excel 软件之后，用户会发现软件默认为 3 个工作表，分别以"Sheet1"、"Sheet2"和"Sheet3"进行命名的。此时，为了便于查找不同工作表中的数据，也为了区分每个工作表中的数值类型，在设置会计科目表之前，还需要设置工作表的名称和整个工作表的行高。

### 1．设置工作表的名称

执行【开始】|【单元格】|【格式】|【重命名工作表】命令，或右击工作表名称，执行【重命名】命令，将"Sheet1"工作表的名称更改为"会计科目表"，如图 2-1 所示。

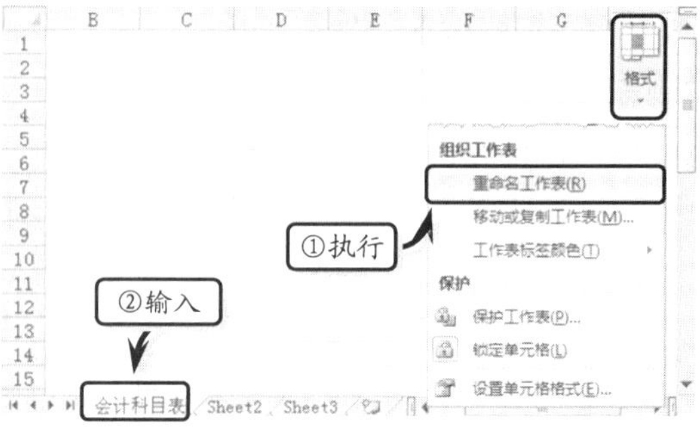

图 2-1 重命名工作表

**技 巧**

用户还可以通过双击工作表标签的方法，来更改工作表的名称。

### 2．设置工作表的行高

单击工作表中的【全选】按钮，选择整个工作表，并执行【开始】|【单元格】|【格式】|【行高】命令，设置工作表中的行高，如图 2-2 所示。

图 2-2 设置行高

## 2.2.2 设置会计科目表标题

在设计会计科目表标题时，首先需要根据会计科目表的具体内容合并相应的单元格区域。然后，运用 Excel 中的设置字体格式和对齐格式功能，设置标题的样式。

### 1．合并单元格区域

会计科目表标题需要根据科目表的具体内容所占用的表格数目来设置。一般情况下，科目表是由科目编码与科目名称组成，也就是占用 2 个单元格。首先需要明确表格标题只能显示在一个单元格内，所以需要合并相应的单元格区域，即选择单元格区域 B1:C1，执行【开始】|【对齐方式】|【合并后居中】命令，合并单元格区域，如图 2-3 所示。

其中，Excel 组件为用户提供以下 3 种合并方式。

- □ **合并后居中** 将选择的多个单元格合并成一个大的单元格，并将单元格内容居中。
- □ **跨越合并** 行与行之间相互合并，而上下单元格之间不参与合并。
- □ **合并单元格** 将所选单元格合并为一个单元格

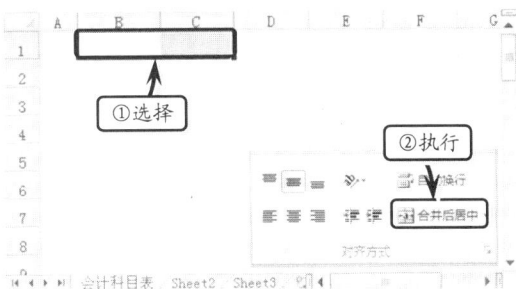

图 2-3 合并单元格区域

### 2．设置标题的字体格式

在合并的单元格中输入"会计科目表"文本，重新选择合并后的单元格，执行【开始】|【字体】|【华文行楷】命令，并执行【字号】|【20】命令和【加粗】命令，如图 2-4 所示。

单击【开始】选项卡的【字体】选项组中的【对话框启动器】按钮，在弹出的【设置单元格格式】对话框中，单击【下划线】下拉按钮，在其下拉列表中选择【会计用双下划线】选项，如图2-5所示。

图2-4 设置字体格式

在【设置单元格格式】对话框中，主要包括下列各种选项。

❑ **字体** 用来设置文本的字体格式，其功能相同于【字体】选项组中的【字体】命令。

❑ **字形** 用来设置文本的字形格式，相对于【字体】选项组中多了一种"加粗 倾斜"格式。

❑ **字号** 用来设置字号格式，其功能相同于【字体】选项组中的【字号】命令。

图2-5 设置下划线格式

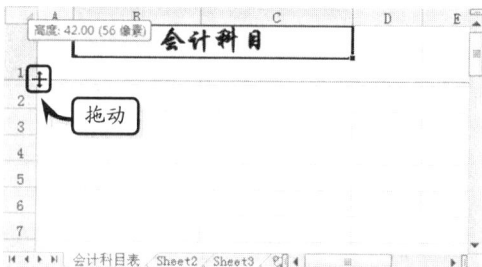

❑ **下划线** 用来设置字形中的下划线格式，包括无、单下划线、双下划线、会计用单下划线、会计用双下划线5种类型。

❑ **颜色** 用来设置文字颜色格式，包括主题颜色、标准色与其他颜色。相同于【字体】选项组中的【字体颜色】命令。

❑ **特殊效果** 用来设置字体的删除线、上标与下标3种特殊效果。

❑ **普通字体** 启用该选项时，会将字体格式恢复到原始状态。

### 3．手动调整行高

将鼠标移至标题行的行分割线处，当鼠标变成双向箭头时，向下拖动鼠标即可调整标题行的行高，如图2-6所示。使用同样的方法，调整第2行的行高。

## 2.2.3 设置对齐格式

图2-6 调整行高

在单元格B3与C3中分别输入"科目编码"与"科目名称"文本，并在其对应的列中输入相应的内容。然后，选择相应的单元格区域，在【开始】选项卡的【对齐方式】

选项组中，单击【对话框启动器】按钮，在弹出的【设置单元格格式】对话框中，激活
【对齐】选项卡，并设置文本的对齐方
式，如图 2-7 所示。

　　在【对齐】选项卡中主要包括"文
本对齐方式"、"文本控制"、"从右到
左"和"方向"4 栏内容。其中，在【方
向】栏中可以通过直接单击方向栏中的
图标，以及输入文本旋转度数值的方
法，来设置文本的显示方向；而在【从
右到左】栏中主要用于更改文本的显示
方向，单击该按钮，可以在下列列表中
将文本设置为"根据内容"、"从左到
右"，以及"总是从右到左"的方式来
显示。

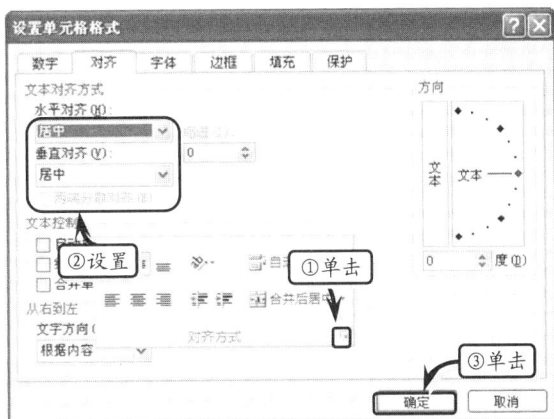

**图 2-7　设置单元格对齐格式**

### 1．文本对齐方式

　　在【文本对齐方式】栏中，主要用于设置文本的"水平对齐"和"垂直对齐"格式。
其中包括下列 4 种选项。

- ❑ **水平对齐**　用于设置文本在水平方向的对齐方式，主要包括常规、靠左（缩进）、
  居中、靠右（缩进）、填充、两端对齐、跨列居中和分散对齐（缩进）8 种水平
  对齐方式。
- ❑ **垂直对齐**　用于设置文本在垂直方向的对齐方式，主要包括靠上、居中、靠下、
  两端对齐与分散对齐 5 种垂直对齐的方式。
- ❑ **缩进**　用于设置文本的缩进值，该选项只有在"靠左（缩进）"、"靠右（缩进）"
  与"分散对齐（缩进）"选项时才可用。
- ❑ **两端分散对齐**　将单元格中的文本以单元格左右边框为基准，进行对齐。该选项
  只有在启用"分散对齐（缩进）"选项时，才可用。

### 2．文本控制

　　在【文本控制】栏中，主要用于设置文本的自动换行、缩小字体填充或合并单元格
等格式，其中包括下列 3 种选项。

- ❑ **自动换行**　启用该选项，可以在一个单元格中显示多行文本。
- ❑ **缩小字体填充**　启用该选项，可以使单元格中的文本根据单元格的变小自动调整
  文本的字号，以保证文本可以完全显示在单元格中。
- ❑ **合并单元格**　启用该选项，可以合并选中的单元格区域。

## 2.2.4　设置边框格式

　　为了增加表格的输出效果，也为了增加工作表的整齐性，还需要设置工作表的边框
格式。选择单元格区域 B3:C35，执行【开始】|【字体】|【边框】|【所有框线】命令，

为单元格区域添加边框样式，如图 2-8 所示。

用户为单元格区域设置边框格式之后，可通过执行【开始】|【字体】|【边框】|【无框线】命令，取消已设置的边框格式。

【边框】命令中各选项的功能如表 2-8 所述。

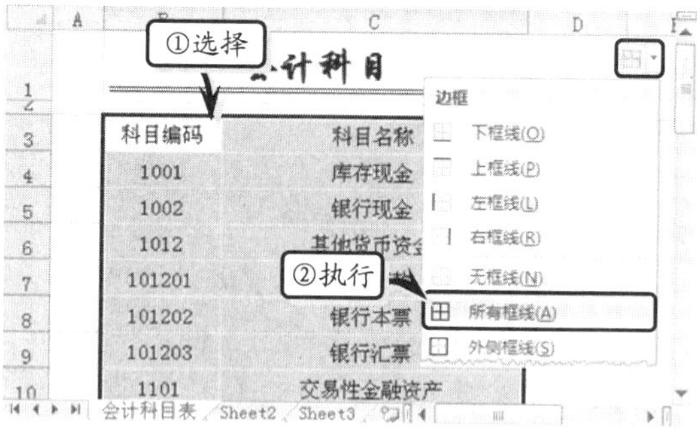

图 2-8 设置边框格式

表 2-8 边框选项

| 图标 | 名　称 | 功　能 |
|---|---|---|
| | 下框线 | 执行该选项，可以为单元格添加下框线 |
| | 上框线 | 执行该选项，可以为单元格添加上框线 |
| | 左框线 | 执行该选择，可以为单元格添加左框线 |
| | 右框线 | 执行该选择，可以为单元格添加右框线 |
| | 无框线 | 执行该选择，可以清除单元格中的边框样式 |
| | 所有框线 | 执行该选择，以为单元格添加所有框线 |
| | 外侧框线 | 执行该选择，可以为单元格添加外部框线 |
| | 粗匣框线 | 执行该选择，可以为单元格添加较粗的外部框线 |
| | 双底框线 | 执行该选择，可以为单元格添加双线条的底部框线 |
| | 粗底框线 | 执行该选择，可以为单元格添加较粗的底部框线 |
| | 上下框线 | 执行该选择，可以为单元格添加上框线和下框线 |
| | 上框线和粗下框线 | 执行该选择，可以为单元格添加上部框线和较粗的下框线 |
| | 上框线和双下框线 | 可以为单元格添加上框线和双下框线 |

另外，用户也可以通过执行【边框】|【绘制边框】栏中的命令，来绘制边框及设置边框的颜色与线条。

在该命令中主要包括以下 5 种命令。

❏ **绘图边框** 执行该命令后，当光标变成 形状时，拖动鼠标即可绘制边框。

❏ **绘图边框网格** 执行该命令后，当光标变成 形状时，拖动鼠标可绘制边框网格。

❏ **擦除边框** 执行该命令后，当光标变成形状 时，拖动鼠标可擦除所绘制的边框。

❏ **线条颜色** 执行该命令，在级联菜单中选择一种颜色，再执行绘制边框命令时，即可绘制指定颜色的边框。

❏ **线型** 执行该命令，在级联菜单中选择一种线型，再执行绘制边框命令时，可绘制指定线条型号的边框。

❏ **其他边框** 执行该命令，可在弹出的【设置单元格格式】对话框中，设置多彩多样的边框。

# 2.3 设置总账科目表

由于在后期计算财务数据时会用到总账科目表，所以在此还需要制作一份总账科目表。总账科目表只显示一级科目编码，是会计科目表中的内容的总概况。

Excel 财务与会计应用标准教程（第 2 版）

### 2.3.1　设置工作表

为了便于后面财务数据的汇总与引用，需要将总账科目表与会计科目表放在同一个工作簿中。打开包含"会计科目表"的工作簿，选择"Sheet2"工作表，执行【开始】|【单元格】|【格式】|【重命名工作表】命令，将"Sheet2"工作表的名称更改为"总账科目表"，如图2-9所示。

**提 示**

在重命名工作表时，用户可以直接双击工作表标签，当标签处于激活状态时，直接输入工作表名称，按下Enter键即可。

**图 2-9　重命名工作表**

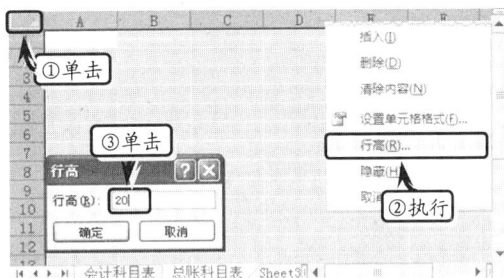

单击工作表中的【全选】按钮，右击行标签处执行【行高】命令，在弹出的【行高】对话框中，设置工作表中的行高，如图2-10所示。

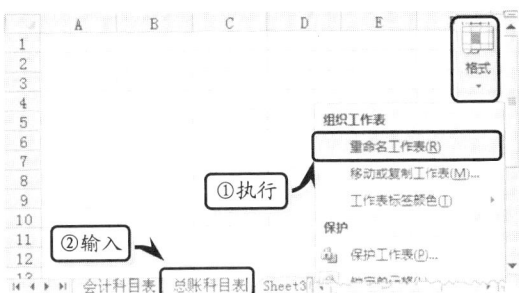

### 2.3.2　设置总账科目表标题

**图 2-10　设置行高**

首先需要明确表格标题所占用的单元格数，以便使用来合并相应的单元格区域。在此，合并单元格B1与C1，输入标题文本并设置其单元格的字体格式，如图2-11所示。

单击【开始】选项卡【字体】选项组中的【对话框启动器】按钮，在【下划线】下拉列表中选择【会计用双下划线】选项，如图2-12所示。

**图 2-11　输入标题文本**

**图 2-12　设置下划线格式**

### 2.3.3　设置表格格式

输入科目标题、科目编码与名称，选择单元格区域B3:C24，执行【开始】|【对齐

方式】|【居中】命令，设置数据的对齐方式，如图 2-13 所示。

选择单元格区域 B3:C24，执行【开始】|【文本】|【边框】|【其他边框】命令，如图 2-14 所示。

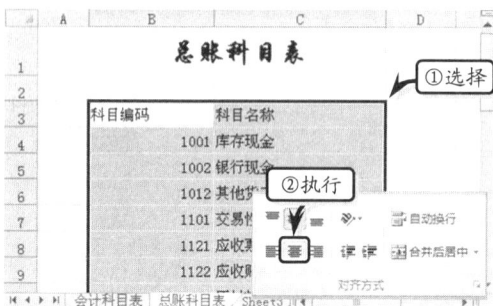

图 2-13　设置对齐方式

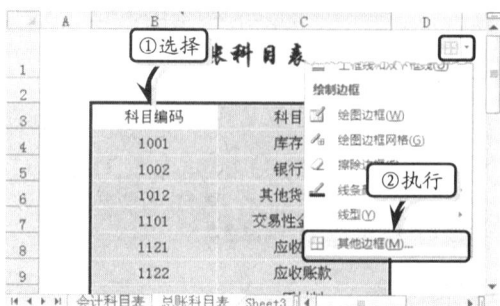

图 2-14　选择边框格式

选择单元格区域之后，还可以通过右击鼠标，执行【设置单元格格式】命令的方法，来打开【设置单元格格式】对话框。

在【样式】列表框中选择一种样式，将【颜色】设置为"红色"，并单击【内部】按钮，设置内部边框样式，如图 2-15 所示。

然后，在【样式】列表框中再选择一种样式，将【颜色】设置为"红色"，并单击【外边框】按钮，设置外部边框样式，如图 2-16 所示。

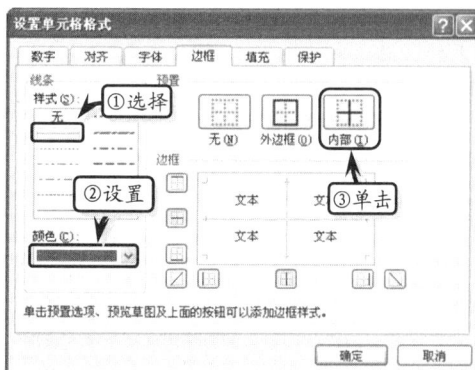

图 2-15　设置内边框样式

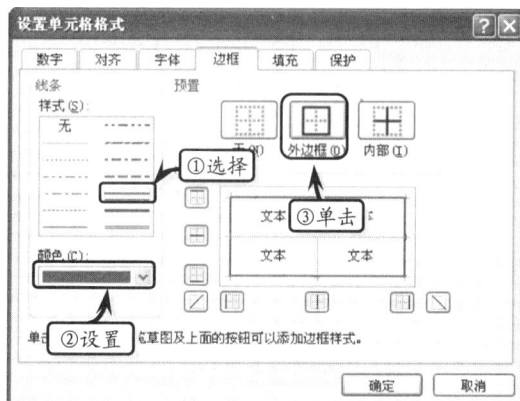

图 2-16　设置外边框样式

## 2.3.4　设置表格样式

为了突出表格内容，也为了美化表格，还需要使用 Excel 自带的套用表格样式功能，设置表格的样式。

首先，选择单元格区域 B3:C24，执行【开始】|【样式】|【套用表格样式】|【表样式浅色 16】命令，为单元格区域套用表格样式，如图 2-17 所示。

Excel 财务与会计应用标准教程（第 2 版）

然后，右击表格执行【表格】|【转换为区域】命令，将表格模式转换为单元格区域模式，如图 2-18 所示。

# 2.4 制作记账凭证

凭证分为原始凭证与记账凭证，主要用以记录、证明经济活动的发生情况。记账凭证按其所记录的经济业务是否与现金、银行存款收付相关，可以分为收款凭证、付款凭证和转账凭证 3 种类型。在本小节中，将详细介绍制作记账凭证的操作方法和技巧。

## 2.4.1 制作收款凭证

一般情况下，收款凭证存在 2 种格式，其区别在于金额部分的格式。在此，将以一种最常用的金额格式进行介绍制作收款凭证的操作方法。

### 1. 构建收款凭证标题

为突出会计专用样式，需要在记账凭证标题下方添加一条直线。首先，根据收款凭证的包含内容，合并相应的单元格区域，在此合并单元格区域 B1:Q1。在合并后的单元格中输入文本，并执行【开始】|【字体】|【加粗】命令，以及执行【字号】|【20】命令，如图 2-19 所示。

然后，执行【插入】|【插图】|【形状】|【直线】命令，在标题文本下方绘制一条直线。同时，执行【绘图工具】|【形状样式】|【细线-深色 1】命令，设置直线的样式，如图 2-20 所示。

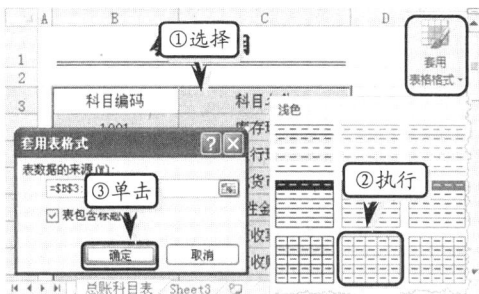

图 2-17　选择表格样式

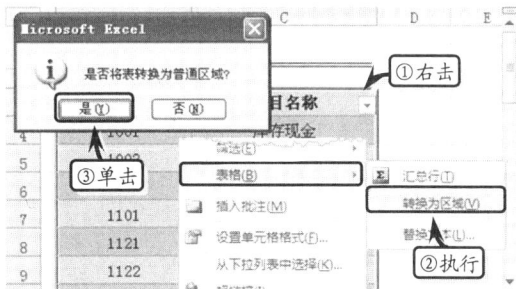

图 2-18　转换为区域

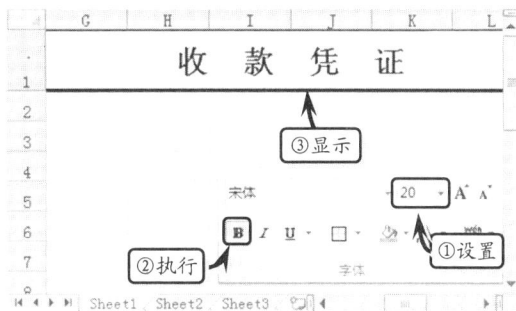

图 2-19　设置标题的字体格式

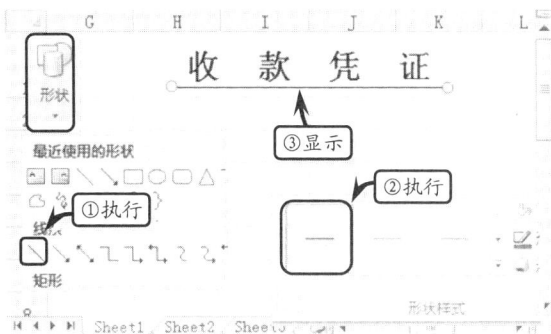

图 2-20　插入直线形状

### 2．构建收款凭证内容

在工作表中构建记账凭证表的表头，并根据具体情况填写科目名称、日期与编号。然后，构建摘要、贷方科目与金额列表，并根据经济业务发生情况填写相应的内容，如图 2-21 所示。

然后，选择单元格 P5，执行【插入】|【符号】|【符号】命令，选择标记符号，并单击【插入】按钮，如图 2-22 所示。

### 3．美化收款凭证

选择单元格区域 B3:P10，执行【开始】|【字体】|【边框】|【所有框线】命令，为表格添加框线。同时，在【视图】选项卡【显示】选项组中，禁用【网格线】复选框，取消表格中的网格线，如图 2-23 所示。

图 2-21　构建凭证内容

图 2-22　插入特殊符号

图 2-23　美化表格

### 2.4.2　制作付款凭证（选读）

downloads\选读\2.2.2 制作付款凭证

付款凭证主要用来记录货币资金类经济业务发生的具体情况，是审核现金和银行存款付出业务的依据。用户可以运用 Excel 中的设置字体格式、对齐格式和边框格式等功能，来制作付款凭证电子表。具体内容参见本书配套光盘。

### 2.4.3　制作转账凭证

转账凭证的格式与收款是由借、贷双方组成的，双方一借一贷，达到左右平衡才可以。转账凭证的制作方法与收款、付款凭证的制作方法大体一致，也包括制作标题、构建凭证内容和美化凭证等内容。

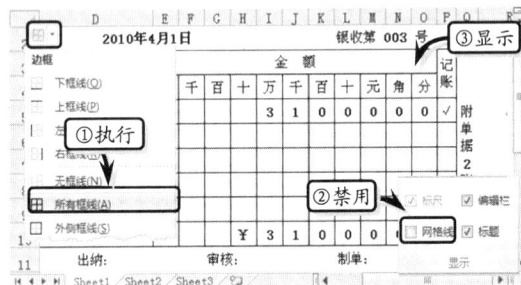

### 1．构建转账凭证标题

首先，根据转账凭证中所包含的内容，合并相应的单元格区域，在此合并单元格区域 B1:AB1。在合并后的单元格中输入文本并设置文本的字体格式，如图 2-24 所示。

然后，执行【插入】|【插图】|【形状】|【直线】命令，拖动鼠标在标题文本下方绘制一条直线。同时，执行【绘图工具】|【形状样式】|【细线-深色 1】命令，设置直线的形状样式，如图 2-25 所示。

### 2．构建付款凭证内容

在工作表中合并相应的单元格区域，并输入填表日期与凭证编号，例如"转字第 003"编号等。然后，构建摘要、会计科目、借方与贷方金额列表，根据经济业务发生情况填写相应的内容与发生金额，并根据"金额"列表中具体数值的宽度，调整 E~AA 列的列宽，如图 2-26 所示。

### 3．美化转账凭证

选择单元格区域 B3:AA10，执行【开始】|【字体】|【边框】|【所有框线】命令，为表格添加框线。同时，在【视图】选项卡的【显示】选项组中，禁用【网格线】复选框，取消表格中的网格线，如图 2-27 所示。

同时选择单元格区域 B3:D10、E3:O10、P3:Z10 与 AA3:AA10，执行【开始】|【字体】|【边框】|【粗匣框线】命令，设置单元格区域的外边框，如图 2-28 所示。

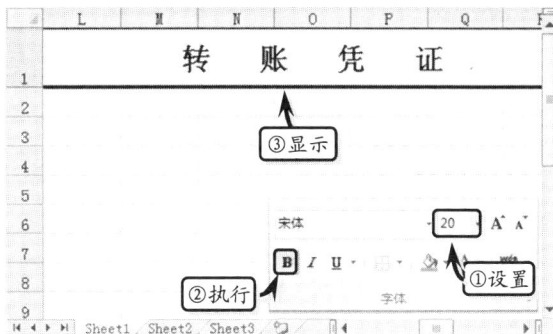

图 2-24　制作标题文本

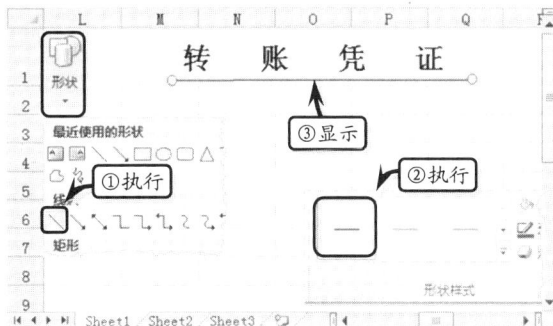

图 2-25　制作下划线

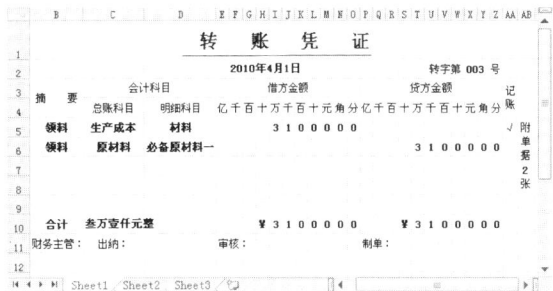

图 2-26　构建凭证内容

图 2-27　美化表格

**提 示**

为表格应用边框格式之后，可通过执行【开始】|【字体】|【边框】|【无框线】命令，取消已设置的边框格式。

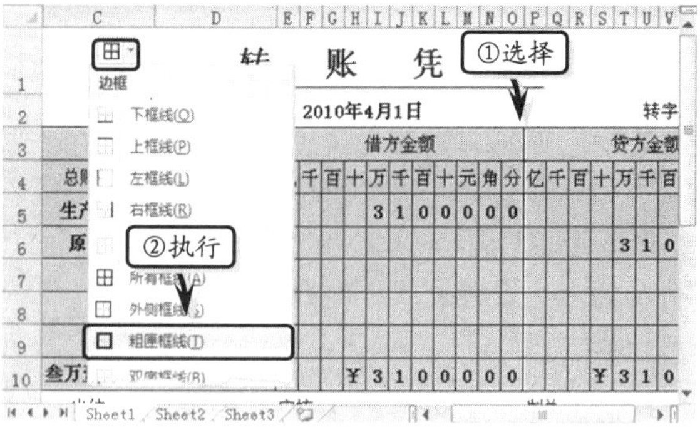

### 2.4.4 制作凭证目录

在实际工作中，每月的记账凭证常常数以百计，为了可以达到快速查找记账凭证的目的，还需要根据记账凭证的类型建立凭证目录表。

#### 1. 新建凭证目录工作表

打开包含记账凭证的工作簿，右击第 1 个工作表标签，执行【插入】命令，在弹出的【插入】对话框中，选择【工作表】选项，如图 2-29 所示。

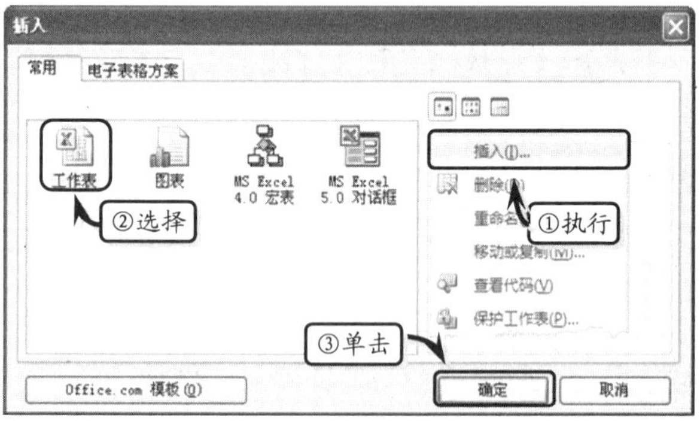

**技 巧**

用户还可以通过单击标签栏中的【插入工作表】按钮，或按下 Shift+F11 键，快速插入新工作表。

选择新建工作表的标签，右击执行【重命名】命令，输入"凭证目录"文本，更改工作表名称，如图 2-30 所示。

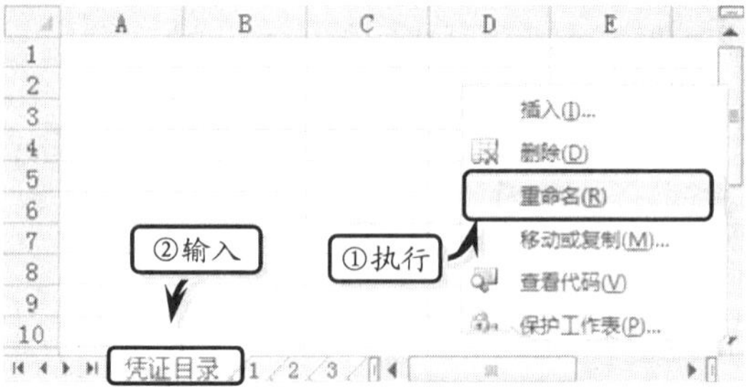

#### 2. 构建目录跳转列表

在工作表中构建凭证目录表表格，并输入凭证编号。然后，选择第 1 个凭证编号，执行【插入】|【链接】|【超链接】命令，如图 2-31 所示。

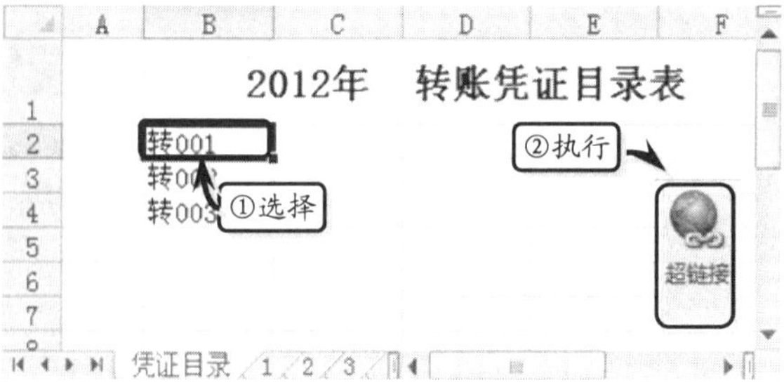

然后，在弹出的【插入超链接】对话框中，选择【本文档中的位置】选项卡，在位置列表框中选择工作表名称，并单击【确定】按钮，如图 2-32 所示。

图 2-28 设置外边框格式

图 2-29 插入表格

图 2-30 重命名工作表

图 2-31 选择文本

此时，系统将自动更改被链接的文本颜色，并以下划线表示该文本已设置了超链接。

单击该文本，系统将自动跳转到链接到的工作表中，如图 2-33 所示。使用同样的方法，分别创建其他转账凭证目录的超链接功能。

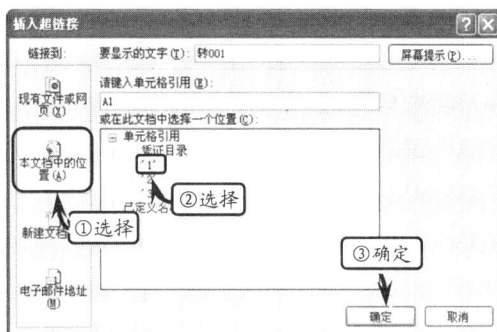

图 2-32　创建超链接

### 2.4.5　打印记账凭证（选读）

downloads\选读\2.2.5 打印记账凭证

由于记账凭证具有独特的格式，所以在打印记账凭证时，还需要按其固定的样式进行打印，或者按照固定的样式在纸质凭证上进行套打，以方便财务人员进行整理和备份。具体内容参见本书配套光盘。

图 2-33　显示超链接

## 2.5　课堂练习：汇总记账凭证

汇总记账凭证是根据一定时期内同类单一记账凭证定期加以汇总而重新编制的记账凭证，它的处理程序是记账凭证处理程序的发展，其特点表现为先定期将全部记账凭证按收款、付款与转账凭证分别归类汇总编制成汇总记账凭证，再根据汇总记账凭证登记总分类账，如图 2-34 所示。

### 汇总记账凭证

| 记账编号 | 凭证号 | 凭证类别 | 摘要 | 科目代码 | 总账科目 | 明细科目 | 借方金额 | 贷方金额 | 记账 | 制单 | 附件张数 |
|---|---|---|---|---|---|---|---|---|---|---|---|
| 001 | 001 | 现收 | 营业收入 | 1001 | 库存现金 | | ￥20,000.00 | | | 刘能 | 2 |
| 002 | 002 | 现付 | 购买材料 | 2202 | 应付账款 | | | ￥10,000.00 | | 吴欣 | 1 |
| 003 | 005 | 转账 | 购买材料 | 1403 | 原材料 | | | ￥5,000.00 | | 金鑫 | 2 |
| 004 | 001 | 现收 | 营业收入 | 1001 | 库存现金 | | ￥100,000.00 | | | 刘能 | 3 |
| 005 | 005 | 转账 | 购买材料 | 1403 | 原材料 | | | ￥20,000.00 | | 金鑫 | 1 |
| 006 | 001 | 银收 | 营业收入 | 1002 | 银行现金 | | ￥60,000.00 | | | 张晶 | 1 |
| 007 | 006 | 银付 | 支付税金 | 2221 | 应交税金 | | | ￥30,000.00 | | 吴欣 | 2 |
| 008 | 007 | 现付 | 支付工资 | 6602 | 管理费用 | | | ￥190,000.00 | | 吴欣 | 4 |
| 009 | 008 | 现收 | 营业收入 | 1001 | 库存现金 | | ￥30,000.00 | | | 刘能 | 2 |
| 010 | 009 | 银收 | 营业收入 | 1002 | 银行现金 | | ￥90,000.00 | | | 张晶 | 2 |
| 011 | 010 | 银付 | 购买材料 | 1403 | 原材料 | | | ￥30,000.00 | | 吴欣 | 3 |

图 2-34　汇总记账凭证

## 操作步骤

**1** 准备基础数据。新建工作表，复制"会计科目"与"总账科目"表格，并修改各个工作表的名称，如图 2-35 所示

图 2-35 复制数据

**2** 构建汇总表列标题。在工作表的第 2 行中输入汇总表的列标题，选择相应的单元格，执行【开始】|【对齐方式】|【自动换行】命令，并调整所选择单元格的列宽，如图 2-36 所示。

图 2-36 设置单元格格式

**3** 制作汇总表标题。合并单元格区域 A1:L1，输入汇总表标题文本。同时，设置文本的字体格式，如图 2-37 所示。

图 2-37 制作表格标题

**4** 设置前置 0 数字格式。选择单元格区域 A3:B22，右击执行【设置单元格格式】命令。

在【分类】列表框中选择【自定义】选项，同时在【类型】文本框中输入"00#"，如图 2-38 所示。

图 2-38 设置数字格式

**5** 定义名称。切换到"会计科目"工作表中，选择包含科目编码的单元格区域，执行【公式】|【定义名称】|【定义名称】命令，在【名称】文本框中输入"明细科目编码"，如图 2-39 所示。

图 2-39 定义科目代码名称

**6** 选择包含科目名称的单元格区域，执行【公式】|【定义名称】|【定义名称】命令，在【名称】文本框中输入"明细科目名称"，如图 2-40 所示。使用同样的方法，分别定义总账科目名称与总账科目编码名称。

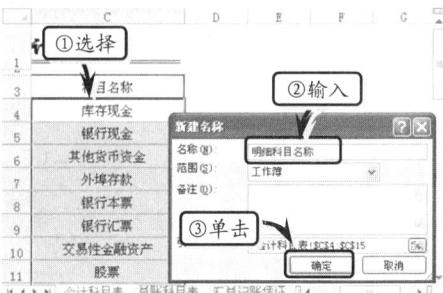

图 2-40 定义科目名称

Excel 财务与会计应用标准教程（第2版）

**7** 设置数据有效性。切换到"汇总记账凭证"工作表中，选择"凭证类别"列表中的单元格区域，执行【数据】|【数据工具】|【数据有效性】命令。将【允许】设置为"序列"，并在【来源】文本框中输入序列文本，如图 2-41 所示。

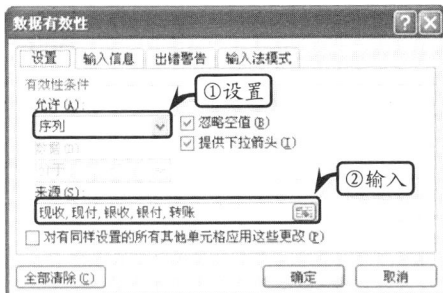

图 2-41　设置"凭证类别"数据有效性

**8** 选择"总账科目"列表中的单元格区域，执行【数据】|【数据工具】|【数据有效性】命令。将【允许】设置为"序列"，并在【来源】文本框中输入"=总账科目名称"，如图 2-42 所示。使用同样的方法，为"明细科目"设置数据有效性。

图 2-42　设置"总账目录"数据有效性

**9** 返回科目代码。在记账凭证中输入基础数据，选择单元格 E3，在编辑栏中输入计算公式，按下 Enter 键，返回单元科目代码，如图 2-43 所示。

**10** 选择单元格区域 E3:E20，执行【开始】|【编辑】|【填充】|【向下】命令，向下复制公式，如图 2-44 所示。

**11** 美化表格。居中对齐文本并执行【开始】|【字体】|【边框】|【所有框线】命令，设置表格

的边框，如图 2-45 所示。

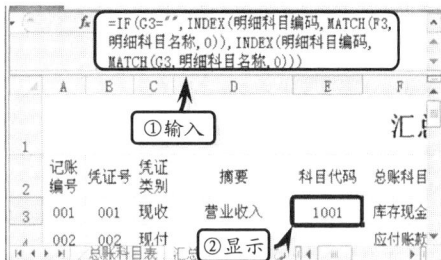

图 2-43　输入公式

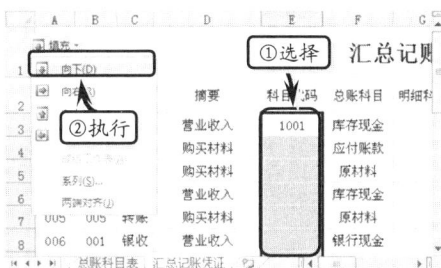

图 2-44　复制公式

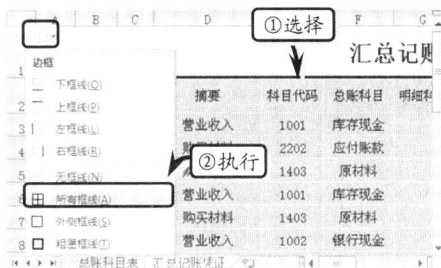

图 2-45　设置边框样式

**12** 设置数字格式。选择"借方金额"与"贷方金额"列中的所有数据，右击执行【设置单元格格式】命令。选择【货币】选项，将【小数位数】设置为"2"，如图 2-46 所示。

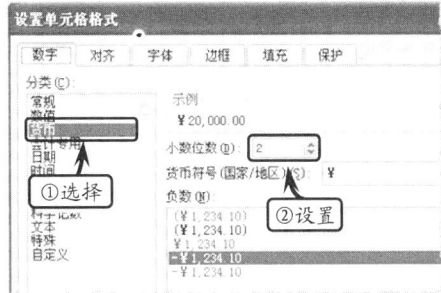

图 2-46　设置数字格式

## 2.6 课堂练习：分析记账凭证

由于记账凭证汇总表中包含一定会计期间内的所有记账凭证，所以在查看某一记账凭证或某类型的记账凭证时，一个一个查找比较困难。此时，用户可以运用自动查询功能，随心所欲地查询所需查看的记账凭证。另外，还需要运用 Excel 中的“分类汇总”功能，按凭证类别、摘要内容、总账科目等类别进行汇总数据，便于用户分析凭证数据，如图 2-47 所示。

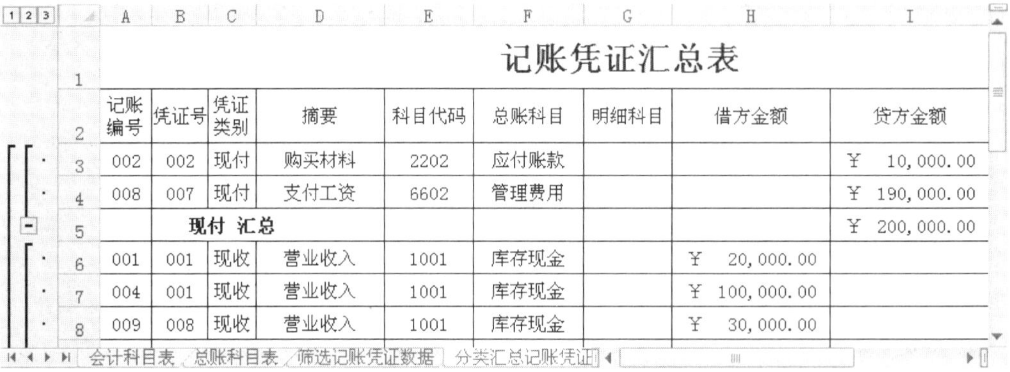


图 2-47 汇总记账凭证

### 操作步骤

**1** 筛选数据。打开包含“记账凭证汇总表”的工作表，执行【数据】|【排序和筛选】|【筛选】命令，如图 2-48 所示。

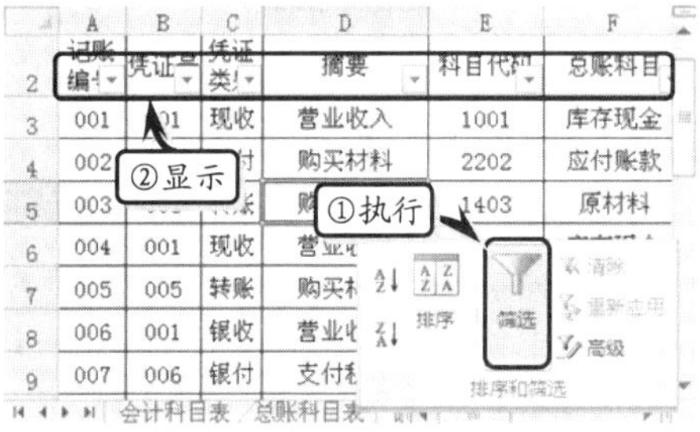


图 2-48 显示筛选按钮

**2** 单击【摘要】筛选按钮，启用【营业收入】复选框，并单击【确定】按钮，如图 2-49 所示。

**3** 撤销步骤**2**的操作，单击【贷方金额】筛选按钮，执行【数字筛选】|【10 个最大的值】命令，设置最大值参数并单击【确定】按钮，如图 2-50 所示。

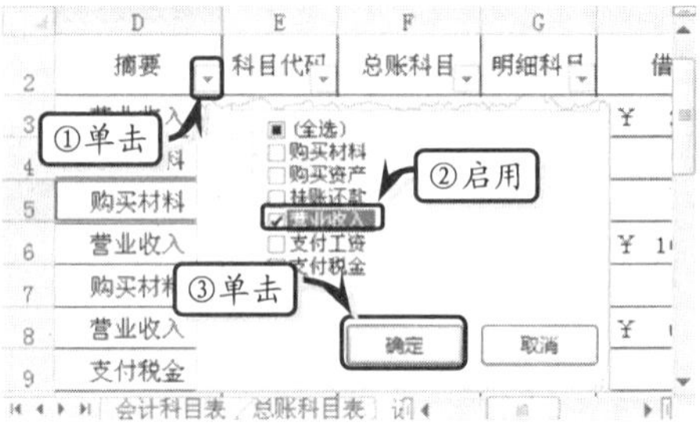


图 2-49 设置筛选选项

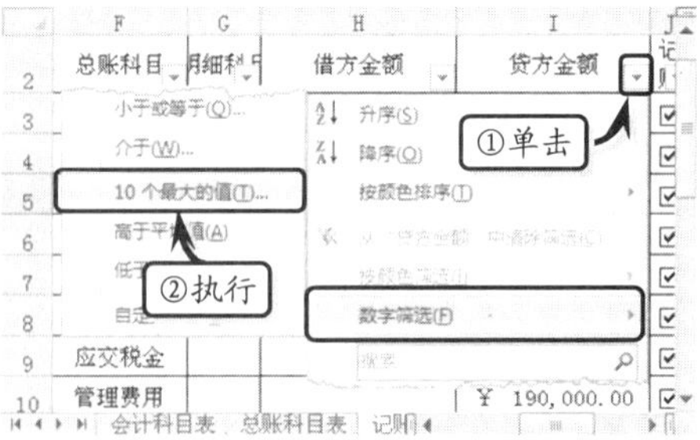


图 2-50 筛选 10 个最大的值

**4** 按指定条件筛选。撤销步骤**3**的操作，制作筛选结果与筛选条件列表，如图 2-51 所示。

図 2-51　设置筛选条件

**5** 执行【数据】|【排序和筛选】|【高级】命令，选中【将筛选结果复制到其他位置】选项，设置筛选条件并单击【确定】按钮，如图 2-52 所示。

図 2-52　设置筛选选项

**6** 按摘要内容汇总。复制"记账凭证汇总表"表格中的基础数据，双击工作表标签，分别修改工作表的名称，如图 2-53 所示。

図 2-53　重命名工作表

**7** 选择"摘要"列中的任意单元格，执行【数据】|【排序和筛选】|【升序】命令。同时，执行【数据】|【分级显示】|【分类汇总】命令，如图 2-54 所示。

**8** 在弹出的【分类汇总】对话框中，将【分类字段】选项设置为"摘要"，启用【贷方金额】复选框，并单击【确定】按钮，如图 2-55 所示。

図 2-54　排序数据

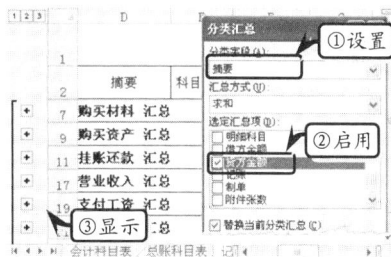

図 2-55　设置汇总选项

**9** 按凭证类别汇总。撤销上一步操作，选择"凭证类别"列中的任意单元格，执行【数据】|【排序和筛选】|【升序】命令。同时，执行【数据】|【分级显示】|【分类汇总】命令，如图 2-56 所示。

図 2-56　排序数据

**10** 在【分类汇总】对话框中，将【分类字段】选项设置为"凭证类别"，同时启用【贷方金额】复选框，如图 2-57 所示。

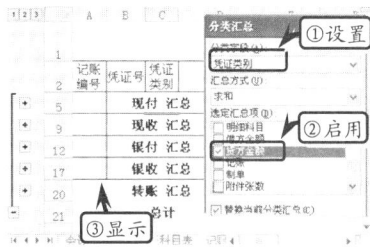

図 2-57　设置汇总选项

# 2.7 思考与练习

## 一、填空题

1. 会计账户是依据_____而设置的，具有一定格式和结构。会计账户分为_____方2个方向，一方登记增加，而另一方则登记减少。

2. 会计账户主要分为_____账户与_____分类账户。

3. 对_____进行分类核算的项目，称为会计科目。会计科目是经济业务按管理要求归类后的名称，按其所提供信息的详细程度及其统驭关系不同，分为_____科目和_____分类科目。

4. 会计科目一般是从会计要素出发，将会计科目分为_____、_____、_____、成本以及_____类5大类。

5. 会计凭证按照用途和填制分类，可分为_____凭证与_____凭证。按其来源，原始凭证又可分为_____原始凭证和_____原始凭证2类。

6. 在填制原始凭证时，用户应该遵循记录要真实、_____、_____、_____、_____及填制要及时7项要求。

7. 记账凭证包括填制单位的名字、_____、_____、_____、会计科目（包括一级、二级科目和明细科目的名称与金额）、所_____、有关人员的签章等内容。

## 二、选择题

1. 下列说法，正确的为_____。
   A. 总分类账户的名称、核算内容与使用方法通常是由国家统一规定的
   B. 总分类账户的名称、核算内容与使用方法通常是由企业经营范围而决定的
   C. 明细分类账不可以依据企业自身经济业务的具体内容设置
   D. 明细账的名称、核算内容与使用方法是由国家统一规定的

2. 在设置会计账户时，用户需要遵循以下原则_____。
   A. 会计账户无需根据会计科目设置，可单独进行设置
   B. 账户设置应满足财务报表的需要
   C. 账户设置应注意国家法规与财务规定
   D. 整合设置应与会计核算程序相适应

3. 下列说法，错误的为_____。
   A. 资产账户是用于反映资金占用情况的账户
   B. 负债账户是用于反映企业向外部借入资金情况的账户
   C. 投入资本账户是用于反映企业借入资金情况的账户
   D. 收入账户是用于反映企业收入成果的账户

4. 下列选项中，不属于会计科目设置原则的是_____。
   A. 合法性原则
   B. 相关性原则
   C. 实用性原则
   D. 法规性原则

5. 会计账户与会计科目的区别为_____。
   A. 会计科目不存在结构。
   B. 会计账户具有一定的结构与格式
   C. 会计账户是会计科目的具体运用
   D. 会计科目是设置会计账户的依据

6. 原始凭证与记账凭证的差异为_____。
   A. 原始凭证是由会计人员填制
   B. 记账凭证是由经办人填制
   C. 原始凭证是用于填制记账凭证的依据
   D. 记账凭证是等级记账账簿的依据

## 三、问答题

1. 简述记账凭证的填制方法。

2. 什么是会计科目？会计科目包括哪些类别？

3. 简述设置数字前置0格式的方法。

4. 什么是会计？会计的工作职能有哪些？

5. 简述会计账户的结构和设置依据。

## 四、上机练习

### 1. 创建收款凭证

在本练习中，将利用 Excel 中的合并单元格、设置单元格格式等功能，来制作一份收款凭证，

Excel 财务与会计应用标准教程（第2版）

如图 2-58 所示。首先，制作表格内容。然后，设置表格的单元格格式。选择单元格区域 A3:O10，执行【字体】选项组中【边框】命令中的【所有框线】选项，并执行【对齐方式】选项组中的【居中】命令。最后，制作表格标题。合并单元格区域 A1:O1，输入标题文本，并在【字体】选项组中执行【字号】、【加粗】与【双下划线】命令。

图 2-58　创建收款凭证

## 2．创建日记账

在本练习中，将利用 Excel 中的设置单元格

格式与函数功能，来制作一份日记账，如图 2-59 所示。首先，制作表格内容。然后，合并单元格区域 A1:G1，输入标题文本并设置文本的【字号】与【加粗】格式。最后，合并单元格区域 A12:E12，并输入"合计"文本。在单元格 F13 中输入"=SUM(F3:F12)"公式，并在单元格 G13 中输入"=SUM(G3:G12)"公式。

图 2-59　创建日记账

# 第 3 章

## 设置会计账簿

企业活动中所发生的各种经济业务是通过会计凭证来记录的，并通过会计人员的严格审核进行归档。但是，随着经济业务的增多，会计凭证数量也不断增加，而且资料比较分散，难以系统、连续地体现经济业务活动与财务收支状况的全貌。此时，会计人员需要将填制与审核完的会计凭证所记载的大量分散的资料加以分类、整理，并登记到会计账簿上去。在本章中，将详细介绍在 Excel 中建立会计账簿的操作方法与技巧。

本章学习目标：

➢ 会计账簿概述
➢ 设置账簿基础数据
➢ 设置总分类账
➢ 设置明细分类账
➢ 设置科目汇总表
➢ 设置试算平衡表
➢ 设置会计账簿首页

# 3.1 会计账簿概述

会计账簿又称账簿，是以会计凭证为依据，序时、分类地记录经济业务，它是由一定格式而又相互联系的账页组成。会计账簿在整个会计流程中的地位十分重要，它是财务系统的中枢。在构建会计账簿之前，还需要了解一下会计账簿的作用、类型，以及账簿的基本结构与设置原则等基本原理。

## 3.1.1 会计账簿的类型

会计人员在填制与审核会计凭证之后，还需要将会计凭证所记载的资料加以分类、整理，并登记到会计账簿中。会计账簿根据分类形式，可分为多种会计账簿，例如总账、明细账、日记账等账簿。

### 1. 按外表形式分类

会计账簿按外表形式分为订本账、活页账与卡片账。

- ❏ **订本账** 订本账是将账页固定装订在一起，具有一定账页编号的账簿。该类型的账簿具有固定编号，不易丢失与抽换，但是不能根据需要增减账页，也不便于使用机器记账。
- ❏ **活页账** 活页账是把账页装订在账夹内，可以随时增减或抽取，具有增减或重新排序的优点，同时也具有容易丢失和被抽换的缺点。使用活页账时应按照账页顺序编号，并及时装订成册。
- ❏ **卡片账** 卡片账是由专门格式的分散的卡片作为账页组成的账簿。该账簿一般用卡片箱装置，便于随取随放，是另一种活页账。其除具有活页账的优点之外，还具有跨年使用的优点。一般情况下，固定资产明细账、低值易耗品明细账易采用该账簿。

### 2. 按用途分类

会计账簿按用途主要分为日记账、分类账和备查账，其具体分类情况如表 3-1 所示。

表 3-1　会计账簿分类表

| 总 分 类 | 明 细 分 类 | |
|---|---|---|
| 日记账 | 普通日记账 | |
| | 特殊日记账 | 现金日记账 |
| | | 银行存款日记账 |
| 分类账 | 总分类账 | 三栏式总 |
| | | 多栏式总 |
| | 明细分类账 | 三栏式 |
| | | 数量金额式 |
| | | 多栏式 |
| 备查账 | | |

各分类账簿的具体含义如下所述。

❑ **日记账**　日记账又称序时账，是按照经济业务发生时间的先后顺序进行登记的账簿。

❑ **普通日记账**　又称为分录簿，主要用来记录特种日记账以外的经济业务，一般分为"借方金额"与"贷方金额"两栏，不设结余额。

❑ **现金日记账**　是由出纳人员根据审核无误的现金收、付凭证，序时逐笔登记的账簿，其基本结构分为"收入"、"付出"与"结余"三栏。

❑ **银行存款日记账**　是由出纳人员根据审核无误的银行存款收、付凭证，序时登记的账簿，其基本结构分为"收入"、"付出"与"结余"三栏。

❑ **总分类账**　总分类账又称为总账，是根据一级会计科目设置的，也是一种登记全部经济业务的账簿；总分类账按照格式又分为三栏式和多栏式账簿。

❑ **明细分类账**　明细分类账又称为明细账，是根据二级会计科目或明细科目设置的，主要用来反映某类经济业务详细资料的账簿。明细分类账多采用活页式和卡片式账簿，比较常见的格式为三栏式、数量金额式和多栏式 3 种样式。

❑ **备查账**　备查账主要用于记录日记账与分类账中未能记载的经济业务，属于一种补充登记的账簿。

❑ **三栏式总分类账**　该账簿要求一个账户用一张账页。

❑ **多栏式总分类账**　又称日记总账，可将所有账户列入一张表中，便于登记。另外，如果账页过长，也可使用插页形式，缩小账页。

❑ **三栏式明细分类账**　该账簿适用于只要求进行金额核算的账户，该账户一般不要求进行数量核算。

❑ **多栏式明细分类账**　该账簿用来反映某类经济业务的详细情况，适用于有关费用、成本和收入成果类账户。

❑ **数量金额式**　该账簿适用于需要进行金额核算与数量核算的会计科目，一般设有收入、发出和结余的数量栏、单价栏和金额栏。

## 3.1.2　会计账簿的基本结构

会计账簿的构成要素会随着功能和形式的改变而改变，但千变万变其基本结构不变。传统纸质会计账簿的基本结构一般包括封面、扉页和账页，其具体内容如下所述。

❑ **封面**　主要用于记录账簿的名称与记账单位的名称。在传统会计业务中是指会计账簿外面的封皮，并标明单位、账簿名称与会计年度等相应信息。

❑ **扉页**　用于记录账簿的总体信息，包括账簿的起止日期、总页数、经手人及其签章、内部账户名称，以及在同类账簿中的册编号。在电子会计账簿中，可以连接账簿中相关目录，达到便于查看与查找的目的。

❑ **账页**　为账簿的主体部分，主要用于记录会计业务内容。通常一个账簿文档由几十个账页组成，每个账页的格式相对比较统一，一般由账户名称、日期栏、凭证种类、凭证编号栏、摘要栏、金额栏等内容组成。

一般情况下，对于电子会计账簿来讲，用户可因具体情况对账簿的组成进行相应的变换，例如将电子账簿的内容变换为"文件名"、"扉页"和"账页"；另外，也可以将电子账簿的内容变换为"首页"、"扉页"和"账页"等样式。

### 3.1.3  账簿的账页类型

在实际操作中，电子账簿中的账页并不是固定不变的，除总账科目表之外，还应包括下列 6 种账页。

- ❑ **总分类科目账页**  该账页需要根据总账科目的数量进行设置，一般每个科目设置一个账页。
- ❑ **明细分类科目账页**  该账页需要根据明细科目的数量进行设置，一般每个科目设置一个账页。
- ❑ **期初余额表账页**  该账页主要用于所有科目月初余额的结转表格。
- ❑ **科目汇总表账页**  该账页主要用于汇总所有总账科目借贷方的发生额。
- ❑ **试算平衡表账页**  该账页用于在期末结转之前，核算与印证科目之间是否平衡。
- ❑ **期末结转账页**  该账页是将本期的期末余额结转到下一个会计期间，并作为下一个会计期间的期初余额。

### 3.1.4  会计账簿的设置原则

企业账簿在符合相关会计法和会计准则的前提下，应当遵循下面 4 个原则。

- ❑ **全面性原则**  账簿的设置应全面反映企业的经济活动与财务状况，能充分为经营管理者和决策者提供丰富的财务资料。
- ❑ **实际原则**  在设置会计账簿时，应当从实际出发，并根据自身企业的实际情况决定账户的数量与明细度。
- ❑ **可操作性原则**  在设置会计账簿时，应当在遵循实际操作人员的需求及互动配合，以及财务岗位责任明确的要求下进行设置，从而提高会计账簿的可操作性。
- ❑ **简化原则**  在设计会计账簿时，还应当遵循简化原则，即各账簿之间的关系应清晰明了、通俗易懂，尽量简化财务人员的流程，减少合算结转的时间，提高财务人员的工作效率。

### 3.1.5  会计账簿的记账方法

记账方法按记录方式的不同，可分为单式记账法和复试记账法。

单式记账法是对发生的每一项经济业务，都只在一个账户中进行登记。该记账方法无法全面、系统地反映经济业务的详细情况，也不能核对和检查记账的正确性与真实性。该记账方法目前已被用户淘汰。

复试记账法则是对发生的每一项经济业务，在相互联系的 2 个或 2 个以上的账户中进行记录，并达到各个账户金额相符的最终效果。另外，复试记账法按照记账符号和记账规则，又分为借贷记账法、增减记账法和收付记账法。但是，按照国家会计制度的规定，一律采用国际通用的借贷记账法。

另外，复试记账法中的借贷记账法采用"借"和"贷"作为记账符号，并以"有借必有贷，借贷必相等"作为记账规则。一般情况下，借贷记账法具有下列 5 个特点。

### 1．使用"借"和"贷"作为记账符号

借贷记账账户的基本结构是将账户左右分开，左方为"借方"，右方为"贷方"，用以登记增加或减少的金额。实际工作中，一般用"借方"表示资产的增加或负债权益的减少，用"贷方"表示资产的减少或负债权益的增加。

在会计期间内，借方和贷方登记的金额称为"本期发生额"，借方金额的合计额称为"借方本期发生额"，贷方金额的合计额称为"贷方本期发生额"；而在期末结出的账户余额称为"期末余额"，主要用来反映账户本期资金增减变动情况。在资产账户中，一般分为借方余额，而负债权益账户中分为贷方余额，其计算公式表示为：

借方期末余额=借方期初余额+贷方本期发生额–借方本期发生额

贷方期末余额=贷方期初余额+借方本期发生额–贷方本期发生额

### 2．以"有借必有贷，借贷必相等"作为记账规则

根据复试记账原理，每项经济业务必须以相等的金额同时在 2 个或 2 个以上相关联的账户中进行记录，并在记录时，达到每项经济业务金额相等的记账目的。例如，企业使用银行存款购买原材料时，需要分析并详细记录经济业务。此时，由于该项经济业务中涉及银行存款与原材料，所以应记录到资产类账户中。在"丁"字账户中，应记录为贷银行存款金额，借原材料金额，双方金额相等。

### 3．通过试算平衡来检查账户的正确性和完整性

在借贷记账法中，可以根据资产和负债权益之间的平衡性，通过汇总数据与比较计算结果，检查账户记录的正确性和完整性。一般情况下，采用发生额平衡法和余额平衡法进行试算平衡。试算平衡的公式如下所述：

账户借方发生额合计额=账户贷方发生额合计额

账户借方余额合计额=账户贷方余额合计额

### 4．在记录账户之前，需要先编制会计分录

会计分录是对每项经济业务应登记的账户、记账方向和金额的一种记录，主要包括会计科目、记账符号与变动金额。在借贷记账法中只能编制"一借一贷"，"一借多贷"或"多借一贷"的会计分录。其中，"一借一贷"称为简单会计分录，而"一借多贷"与"多借一贷"称为复合会计分录。在书写会计分录时，应先写借方，后写贷方，借贷双方

相差一格的记账方式。

### 5．设置与运用双重性质的账户

在运用借贷记账法时，账户一般分为资产类和负债权益类 2 种账户类型。但是，在实际应用中，需要灵活处理各种账户，此时将会感觉账户分类的局限性。为解决上述问题，用户可以设置与运用既可以作为资产账户，又可以作为负债权益账户的双重性账户。

该类账户需要根据期末余额的方向来确定其性质。如果期末余额为借方余额，则表示资产类账户；反之则表示为负债权益类账户。另外，对于发生的经营收入与其他收益，可以视为权益的增加；而对于各项费用的支出与其他支出，可视为权益的减少，其具体登记方法如下所示。

| 借方 | 账户（会计科目） | 贷方 |
| --- | --- | --- |
| 资产的增加 | | 资产的减少 |
| 负债的减少 | | 负债的增加 |
| 权益的减少 | | 权益的增加 |
| 费用的支出 | | 发生各项收入 |
| 结转各项收入 | | 结转各项费用支出 |

## ●--- 3.1.6　会计账簿的结账和对账

结账与对账也是财务工作中的重要内容，填制凭证并制作账簿之后，为了考核经营成果，也为了保证财务数据的准确性与正确性，还需要进行结账与对账工作。

### 1．对账工作概述

对账是对账簿和账户所记录的财务数据加以检查和核对，以保证会计信息的真实性与正确性。一般情况下，对账包括下面 4 个方面。

- ❑ **账证核对**　账证核对是将各种账簿记录与记账凭证及所附原始凭证进行核对，达到账证相符。一般在编制凭证与记账中进行核对。
- ❑ **账账核对**　账账核对是将各种账簿之间的财务数据进行核对，达到账与账之间的数据相符合。主要包括核对总分类账与明细分类账余额是否相符、核对总分类账中现金、银行存款等余额与日记账余额是否相符、核对总分类账借、贷方余额是否相符等内容。
- ❑ **账实核对**　账实核对是将账簿结存数量和财产物质实际结存数量，达到账面与实物相符合。主要包括现金日记账的余额与实际现金库存额的核对，以及各种财产物质明细结存额与实际物质库存额的核对。账实核对一般通过财产清查的办法进行。
- ❑ **账款核对**　账款核对是核对本单位与其他单位之间的往来账款，达到账款相符。一般包括核对现金日记账账目余额与库存现金额是否相符、核对银行存款日记账账面余额与银行对账单是否相符、核对应收、应付款项等债权债务与其他单位或个人是否相符等内容。

### 2．结账工作概述

结账是在某一会计期间内，将所发生的经济业务全部登记入账的基础上，按照制度规定和管理需要，结计出各个账户的本期发生额与期末余额，以总结出该会计期间内经济活动的情况。另外，当企业因各种原因办理财务交接时，也需要进行结账工作。

一般情况下，结账时间应该在会计期末进行。其中，月结以公历每月的最后一个工作日作为结账时间，季结是以每季度最后一个月的月之后，年结是在 12 月份的月结之后或第四季度的季结之后进行。另外，不能因为编制会计报表而提前进行结账，也不能先编制会计报表而后结账。

### 3．结账方法

财务人员在进行结账工作时，一般采用划线结账法。在结账时，需要注意下面 5 个方面的内容。

❑ **月结账**　当按月结出发生额时，需要在最后一笔记录下方划一条横线，表示本月的记录到此为止。并且，还需要在该条横线的下一行的摘要栏中标注"本月合计"，并计算借、贷方的合计额。然后，在合计额下方划一条横线，以区分下月的发生额，该横线可以是红线，也可以是蓝线。另外，月结划单线，年结划双线。

❑ **不做月结账**　当不需要结计月发生额时，每次记账后都需要结出余额，每月最后一笔余额表示月末余额。结账时，需要在最后一笔业务下方划一条横线，用于区分下月的发生额。当年末需要对账时，可在最后一笔经济业务下一行的摘要栏中标注"本年合计"，并计算全年合计发生额，最后还需要在"本年合计"下方画双红线，表示年度封账。

❑ **年结账**　当需要结计本年累计发生额时，需要进行月结账，并在月记账下方的摘要栏中标注"本年累计"，计算出自年初到本月结账时的累计发生额。然后，在累计发生额下方划一条红线，用于区分下月的发生额。年末时，需要在全年累计发生额的下方划双红线，用于区分各月份的累计发生额。

❑ **结余额**　当需要结出余额时，需要在借、贷栏中标明"借"与"贷"字样。当不存在余额时，需要在借、贷栏中标明"平"字样，并在余额栏中标注"0"值。

❑ **年度结账**　在做年度转账时，需要在下年第一页或第一行摘要内标注"上年结转"字样。对于跨年度使用的账簿，可直接在上年的双红线下方记录发生额，无需标注"上年结转"字样。

## 3.1.7　会计账簿的更改及修订

在实际工作中，当登记错误时，应拒绝任意涂改、刮擦、挖补或使用涂改液涂改等方法更正错误。此时，需要根据错误类型，采用正确的方法进行更正与修改。一般情况下，账簿的更正与修改主要包括划线更正法、红字更正法与补充登记法 3 种方法。

### 1．划线更正法

该方法主要用于更正在结账前发现的账簿记录中的错误。更正时，需要在错误处划一条红线，表示注销（划线时需要划出错误文字或数字的整个页码）。然后，在红线上空白处填写正确的数据，并盖更正人章。

### 2. 红字更正法

该方法主要用于记账凭证中会计科目记录错误、借贷方向数据填写颠倒，以及记账金额书写错误等情况。此时，需要填制一张内容与原始凭证一致金额的记账凭证（金额为红字），并在摘要栏中标注"更正某号凭证错误"字样，并用红字登记入账，冲销原有记录。另外，还可以用蓝字填制一张符合该经济业务内容的记账凭证，并登记入账。

在电子账簿中，首先需要在凭证数据表中查找错误的凭证，并将其复制到凭证数据表的最后位置。然后，将复制凭证的日期更改为月末最后一天，并修改其凭证编号，该编号表示新制作的红字凭证编号，如图3-1所示。

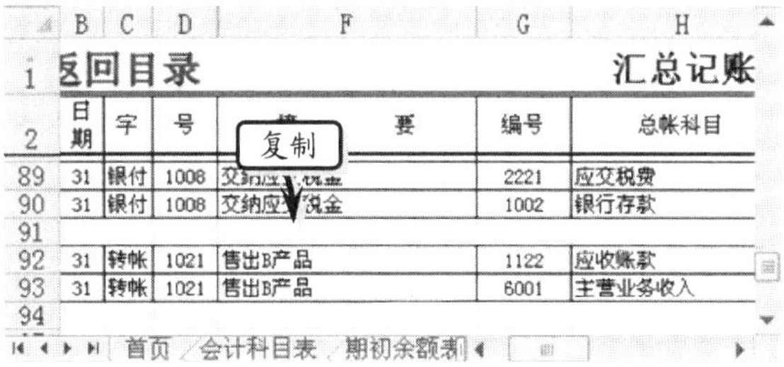

**图 3-1 复制并更改凭证日期和编号**

将摘要内容更改为"冲销某某凭证"字样，并将金额更改为负数，系统会自动将金额以红色字体进行显示，如图3-2所示。

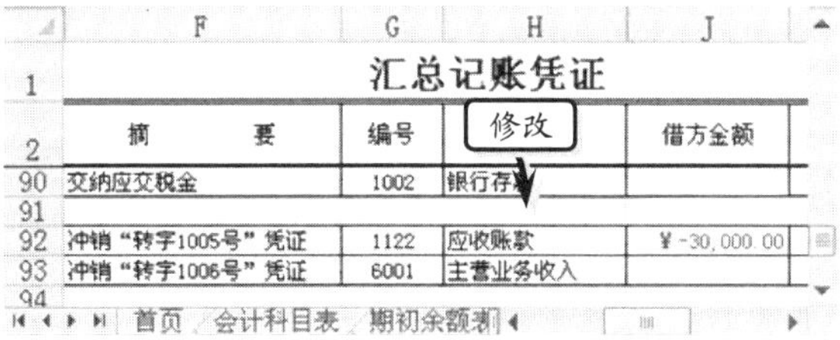

最后，还需要将原来的错误凭证复制到红字凭证下方，修改其日期与凭证号，并修改其借方科目名称与借方、贷方金额，如图3-3所示。

**图 3-2 更改凭证内容**

### 3. 补充登记法

该方法主要用于更正记账凭证中所填金额小于应填金额而发生的记账错误。此时，需要用蓝字填制一张与错误记账凭证内容一致的记账凭证，并在摘要栏中标注"更正某月某日第某号凭证错误"字样，盖更正人章并以蓝色字登记入账。

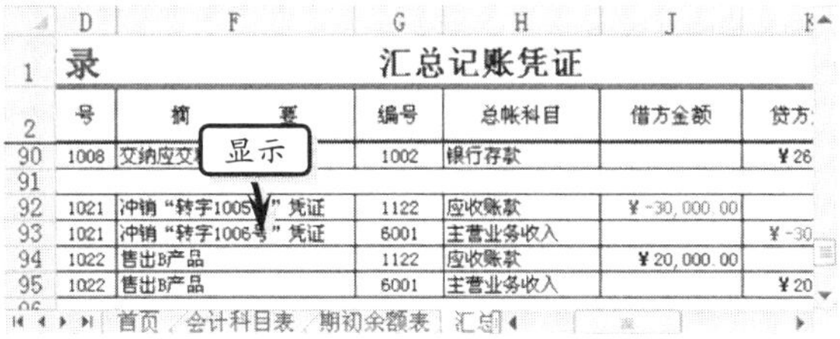

**图 3-3 补登错误凭证**

在电子账簿中，首先需要在凭证数据表中查找错误的凭证，并将其复制到凭证数据表的最后位置。然后，将复制凭证的日期更改为月末最后一天，并修改其凭证编号，该编号表示补充登记号的凭证号，如图3-4所示。

将摘要内容更改为"售出 B 产品，补充转字 1005 号"字样，并修改借方与贷方金额。其中，补充登记凭证中的金额是正确金额与错误金额的误差值，如图3-5所示。

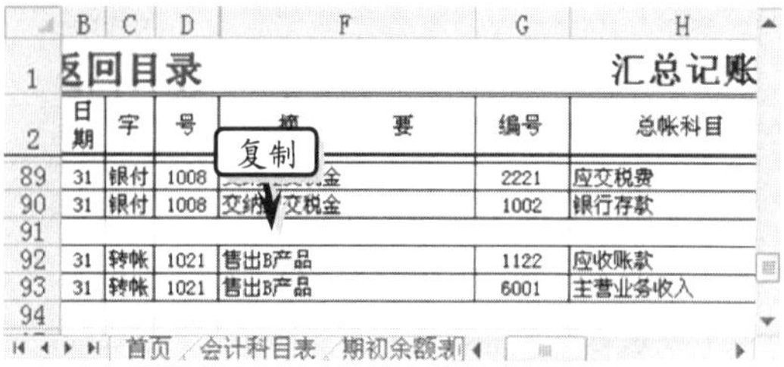

图 3-4　复制凭证并修改日期和编号

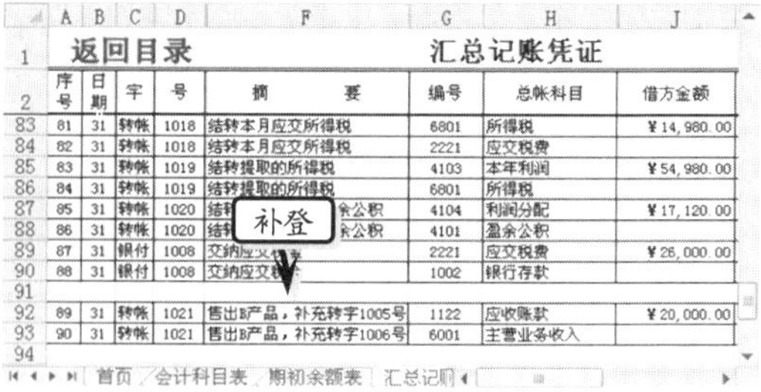

图 3-5　补登凭证金额

# 3.2　设置账簿基础数据

在制作电子账簿时，首先需要根据电子账簿的具体账页，准备基础数据。一般电子账簿中必须包含会计科目表、期初余额表与汇总记账凭证表等基础数据表。

## 3.2.1　创建账簿工作表

创建账簿工作表即保存新创建的工作簿，并复制会计科目表等基础数据表。

### 1．保存工作簿

在准备会计科目表之前，需要先创建一个空白工作表用以表示会计账簿工作表。然后，执行【文件】|【另存为】命令，在弹出的【另存为】对话框中，设置保存名称与位置，单击【保存】按钮即可，如图3-6所示。

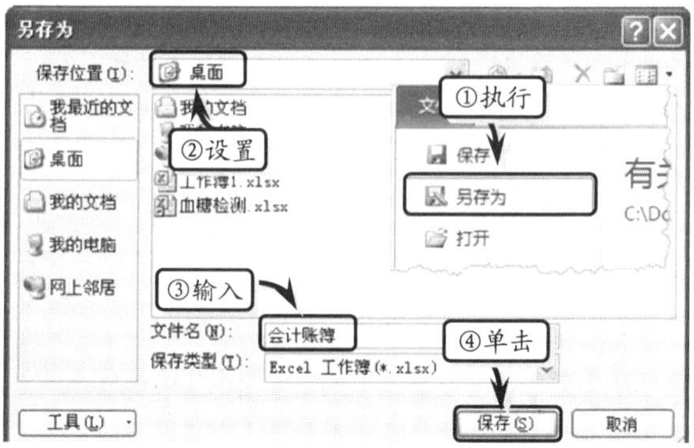

> **提 示**
>
> 对于新创建的工作簿，用户只需单击【快速访问工具栏】中的【保存】按钮，系统便会自动弹出【另存为】对话框。

图 3-6　保存工作表

### 2．复制数据

创建完工作簿之后，还需要制作会计科目表。而会计科目表一般在设置会计科目时就已经制作好了，用户只需将原有的会计科目表复制到会计账簿中，加以修改。然后，双击工作表标签"Sheet"，将工作表名称更改为"会计科目表"，并按下 Enter 键，如图3-7所示。

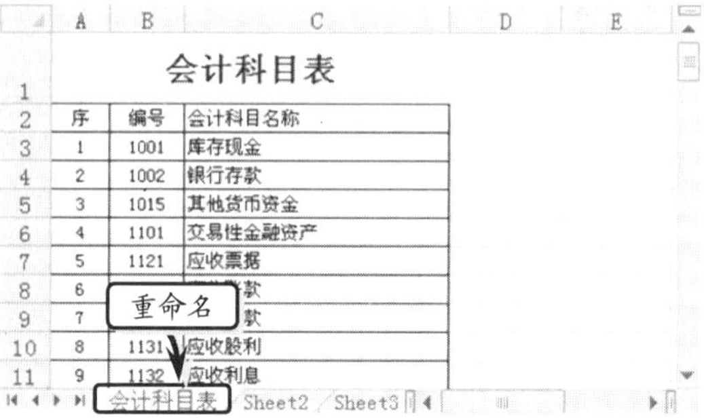

图 3-7　复制数据

Excel 财务与会计应用标准教程（第2版）

## 3.2.2 设置期初余额表

期初余额表是财务表格中的重要表格之一，是用来记录财务期初账务的表格，也是创建财务总账的数据基础。一般情况下，构建完会计科目表、总账科目表之后，便可以构建期初余额表了。

### 1. 构建基础表格

首先，在“Sheet2”工作表中，输入期初余额表的基础内容，设置其日期显示行与合计行，并设置其字体与边框格式。然后，将工作表的名称更改为“期初余额表”，如图 3-8 所示。

**提 示**

在构建期初余额表基础表格时，用户还需要根据不同的单元格区域，自定义内部边框格式。

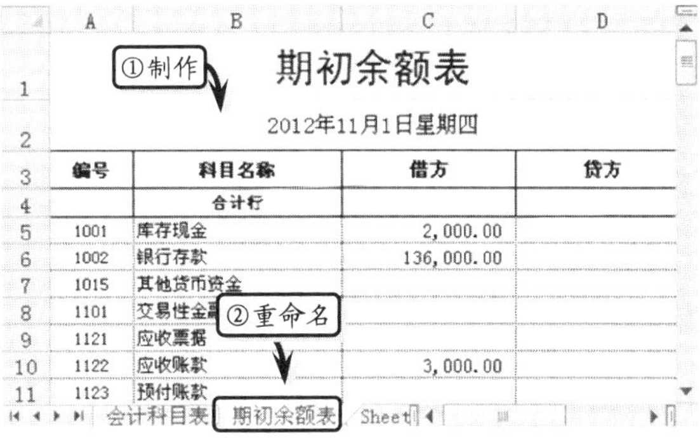


图 3-8 构建基础内容

然后，计算借、贷合计额。选择单元格 C4，在编辑栏中输入求和公式，按下 Enter 键返回计算结果。使用同样方法，计算贷方合计额，如图 3-9 所示。

**提 示**

用户还可以通过执行【开始】|【编辑】|【自动求和】|【求和】命令，来自动计算借方金额的合计值。

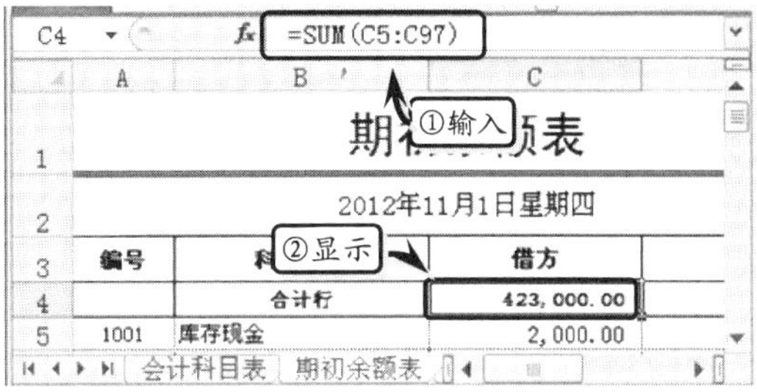


图 3-9 计算借方合计额

其中，SUM 函数的功能是将所有指定的数值相加，每个数值都可以为单元格区域的引、数组、常量或其他函数的结果值。SUM 函数的表达式为“=SUM(number1, number2,…)”，函数中的参数表示 wie：

- ❑ **参数 number1** 表示需要相加求和的第 1 个数值。
- ❑ **参数 number2,…** 表示需要相加求和的第 2~255 个数值。

### 2. 制作标题下划线

选择包含标题的单元格，单击【开始】选项卡【字体】选项组中的【对话框启动器】按钮。激活【边框】选项卡，选择边框样式，并单击【下框线】按钮，如图 3-10 所示。

### 3. 冻结窗格

选择单元格 A4，执行【视图】|【窗口】|【冻结窗格】|【冻结拆分窗格】命令，冻

结窗格，如图 3-11 所示。

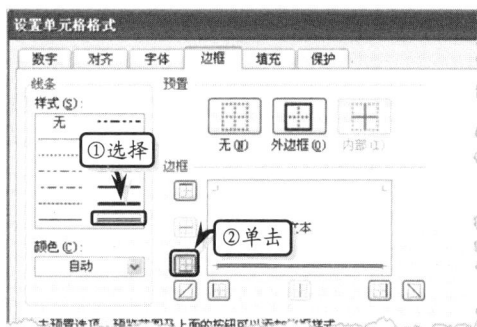

图 3-10 设置下划线样式

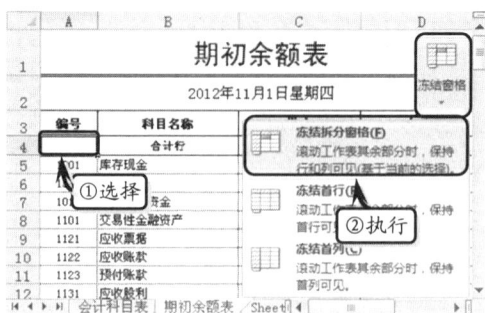

图 3-11 冻结窗格

**提 示**

冻结窗格之后，可通过执行【视图】|【冻结窗格】|【取消冻结窗格】命令，取消冻结窗格。

## 3.2.3 设置汇总记账凭证表

由于前面章节中已经制作了"汇总记账凭证"表，所以在此复制数据表，并设置其边框、条件格式等样式即可。

### 1. 复制数据

将"汇总记账凭证"表复制到"Sheet3"工作表中，并将工作表的名称更改为"汇总记账凭证"，如图 3-12 所示。

### 2. 设置边框格式

设置边框格式即设置列标题边框格式。选择列标题行，执行【开始】|【字体】|【边框】|【其他边框】命令，如图 3-13 所示。

在弹出的【设置单元格格式】对话框中，激活【边框】选项卡，选择边框样式，并单击【上框线】与【下框线】按钮，如图 3-14 所示。

### 3. 制作平衡提示区

为验证借贷的平衡性，还需要制作平衡提示区域。合并单元格区域 N1:P1，在编辑栏中输入显示借贷是否平衡的公式，如图 3-15 所示。

图 3-12 重命名工作表

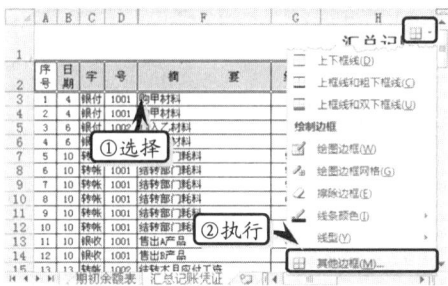

图 3-13 选择单元格区域

Excel 财务与会计应用标准教程（第2版）

最后，还需要运用 Excel 中的条件格式，来突出显示借贷的不平衡性。执行【开始】|【样式】|【条件样式】|【新建规则】命令，选择【只为包含以下内容的单元格设置格式】选项，并设置单元格所需显示的格式，如图 3-16 所示。

图 3-14 设置边框格式

图 3-15 输入计算公式

## 3.3 设置总分类账

总分类账又称为总账，用于记录全部经济业务的账簿。在此，将使用 Excel 制作一个可以根据会计科目筛选与查询的总分类账表。

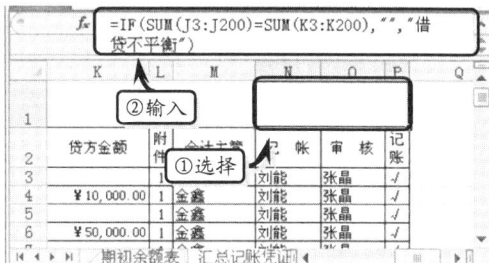

### 3.3.1 构建总分类账标题

在"会计账簿"工作表中，单击【插入新工作表】按钮，插入一个新工作表，并更改工作表的名称，如图 3-17 所示。

图 3-16 设置条件规则

图 3-17 插入工作表

然后，合并单元格区域 A1:I1，并在【开始】选项卡的【字体】选项组中设置文本的字体格式，如图 3-18 所示。

选择合并后的单元格，在编辑栏中输入显示公式，按下 Enter 键，系统将根据单元格 E2 中的科目名称显示标题名称，如图 3-19 所示。

其中，IF 函数的功能是判断指定的数据是否满足一定的条件，如满足返回相应的值，否则返回另外一个值。该函数的表达式为 "=IF(logical_test,value_if_true,value_if_false)"，函数中的参数表示为：

❏ **参数logical_test** 表示计算结果为 True 或 False 的任意值或表达式。

❏ **参数 valut_if_true** 表示当 logical_test 参数的计算结果为 True 时，所要返回的值。

❏ **参数 value_if_false** 表示当 logical_test 参数的计算结果为 False 时，所要返回的值。

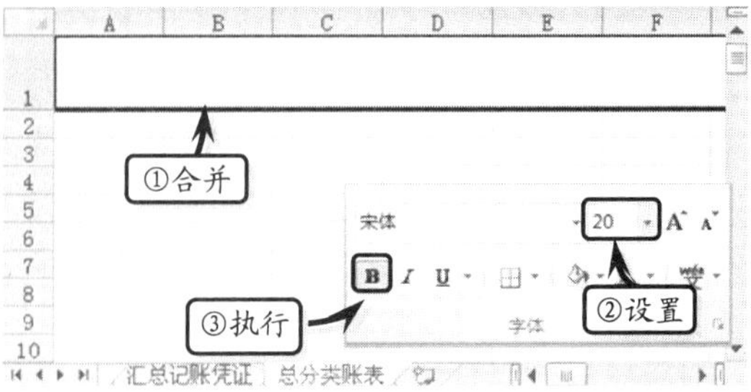

图 3-18　设置标题文本格式

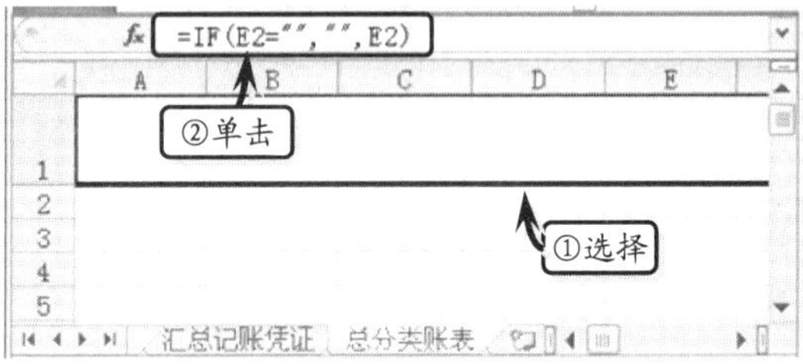

图 3-19　输入显示标题公式

### 3.3.2　设置表头数据

由于在总分类账表格中，为了便于查看具体数据，特将选择科目、期初余额、本期发生额的汇总数据罗列在表头位置中。所以，在构建总分类账时，应该使用 Excel 中的函数，先计算表头中的数据。

#### 1．设置选择列表

首先，将"会计科目表"工作表中的数据复制到当前工作表中的 O5:Q98 区域中。然后，构建总分类账表的表头与基础框架，并设置其单元格格式，如图 3-20 所示。

选择单元格 E2，执行【数据】|【数据工具】|【数据有效性】命令。将【允许】设置为"序列"，将【来源】设置为"=$Q$4:$Q$99"，如图 3-21 所示。

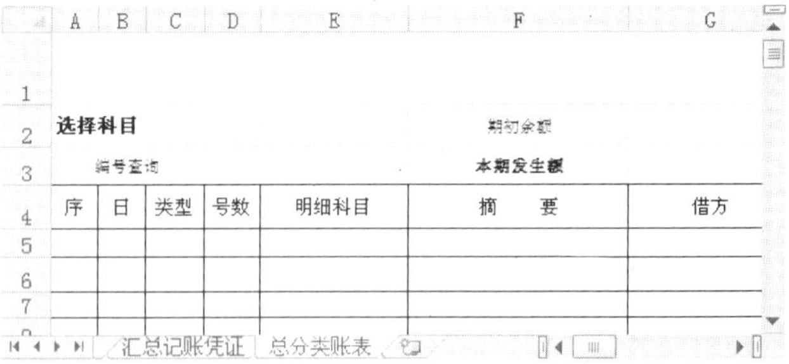

图 3-20　构建基础内容

**提 示**

在【数据有效性】对话框中，将【允许】设置为"任何值"，即可取消已设置的数据有效性序列。

选择单元格 D2，在【数据有效性】对话框中，将【允许】设置为"序列"，并将【来源】设置为"=$P$6:$P$200"，如图 3-22所示。

提 示

为单元格区域设置数据有效性之后，可通过单击【数据有效性】对话框中的【全部清除】按钮，清除已设置的数据有效性功能。

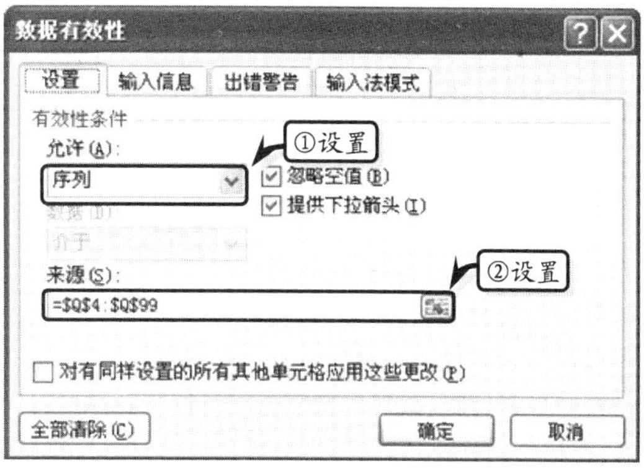

### 2. 显示科目代码

选择单元格 C2，在编辑栏中输入计算公式，按下 Enter 键将根据单元格 E2 中的科目名称返回科目代码，如图 3-23 所示。

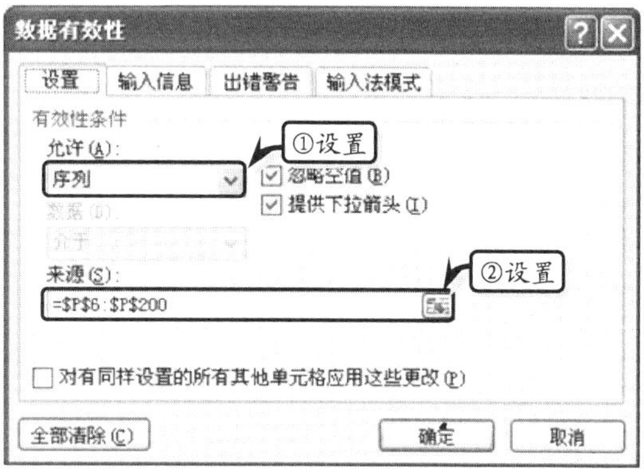

HLOOKUP 函数适用于查找位比较值位于数据区域的首行，且要查找位于首行下面给定的行中的数值。

HLOOKUP 函数的功能是在表格或数值数组的首行查找指定的数值，并在指定行的同一列中返回一个数值。该函数的表达式为" =HLOOKUP(lookup_calue,table_array,row_index_num,range_lookup)"，函数中的参数表述如下。

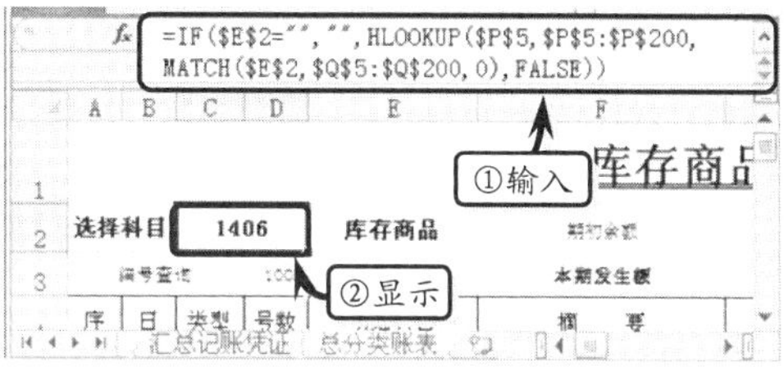

❏ 参数 lookup_value　表示需要进行查找的值。

❏ 参数 table_array　表示要在其中查证数据的信息表。

❏ 参数 row_index_num　表示待返回匹配值的行号。

❏ 参数 range_lookup　表示用于指定精确匹配或近似匹配的逻辑值。

HLOOKUP 函数参数的注意事项如表 3-2 所示。

图 3-21　设置"明细科目"序列

图 3-22　设置"号数"序列

图 3-23　输入科目显示公式

表 3-2　函数参数注意事项

| 参　　数 | 注　意　事　项 |
|---|---|
| Lookup_value | 该参数可为数字、引用或文本字符串。 |
| table_array | 该参数第 1 行的数字可以为文本、数字或逻辑值。另外，当参数 lookup_value 为 True 时，该参数的第 1 行数值必须按升序排列。 |
| row_index_num | 该参数为 1 时返回 table_array 第 1 行的数值，为 2 时返回 table_array 第 2 行的数值，小于 1 时返回错误值#VALUE!，大于 table_array 的行数时返回错误值#REF!。 |
| Range_liikup | 该参数为 True 或省略时返回近似值；该参数为 False 时函数将查找精确匹配值，如果找不到，将返回错误值#N/A。 |

### 3．显示期初余额

选择单元格 G2，在编辑栏中输入计算公式，按下 Enter 键，将根据单元格 A1 中的名称返回期初余额的借方数值，如图 3-24 所示。

计算期初余额的贷方金额。选择单元格 H2，在编辑栏中输入计算公式，按下 Enter 键，将根据单元格 A1 中的名称返回期初余额的贷方数值，如图 3-25 所示。

另外，用户可以使用 MATCH 函数获得单元格区域中某个项目的位置。MATCH 函数的功能是在单元格区域中搜索指定项，并返回指定项在单元格区域中的相对位置。MATCH 函数的表达式为 " =MATCH(lookup_calue,lookup_array,match_type)"，函数中的参数表述如下。

❏ **参数 lookup_value**　表示需要在 lookup_array 中寻找的值。

❏ **参数 lookup_array**　表示需要搜索的单元格区域。

❏ **参数 mact_type**　表示数字−1、0 或 1，用于指定在 lookup_array 中查找 lookup_value 值的方式。

### 4．计算其他数据

显示科目名称。选择单元格 E3，在编辑栏中输入计算公式，按下 Enter 键，将根据单元格 D3 中的科目代码返回科目名称，如图 3-26 所示。

计算本期发生额的借方总额。选择单元格 G3，在编辑栏中输入计算公式，按下 Enter 键，将返回本期发生额的借方总额，如图 3-27 所示。

**提　示**

计算公式中的"$"符号表示绝对引用的意思，在输入公式时，按下 F4 键可添加该符号，再次按下 F4 键可消除该符号。

计算本期发生额的贷方总额。选择单元格 H3，在编辑栏中输入计算公式，按下 Enter 键，将返回本期发生额的贷方总额，如图 3-28 所示。

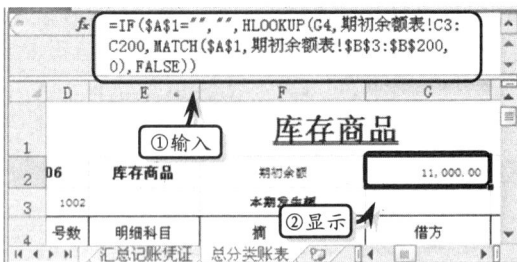

**图 3-24**　输入借方数值公式

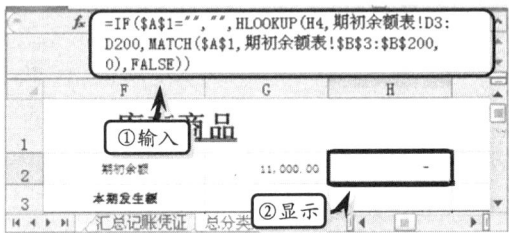

**图 3-25**　输入贷方数值公式

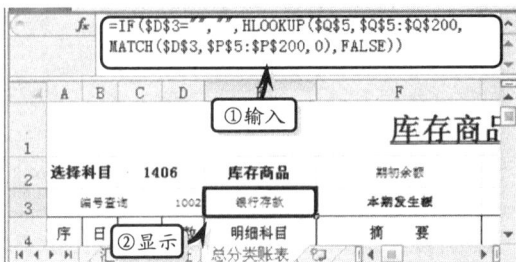

**图 3-26**　输入科目名称公式

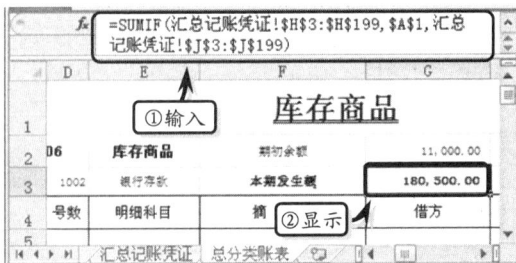

**图 3-27**　计算借方总额

计算本期发生额的余额。选择单元格
I3，在编辑栏中输入计算公式，按下 Enter
键将返回本期发生额的余额，如图 3-29 所
示。

### ● 3.3.3 设置表格数据

表格数据主要包括日期、类型、号数、
明细科目、摘要、借方、贷方与余额值。

#### 1. 计算序列号和日期

首先，计算序列号。选择单元格 A5，
在编辑栏中输入计算序列号的公式，按下
Enter 键返回序列值，如图 3-30 所示。

计算日期。选择单元格 B5，在编辑栏
中输入计算日期的公式，按下
Ctrl+Shift+Enter 键返回根据单元格 A1 与
F5 返回的日期值，如图 3-31 所示。

公式中的 INDEX 函数可以显示表格
或区域的值或值的引用，该函数存在数组
和引用 2 种形式。当函数的第 1 个参数为
数组常量时，将会使用数组形式进行计算。

INDEX 函数的数组形式的功能是返回
表格或数组中的元素值，此元素是由行号
和列号的索引值组成。NDEX 函数的数组
形式的表达式为 "=INDEX(array,row_num,
column_num)"，函数中的参数表述如下。

❑ **参数 array**　表示单元格区域或数
组常量。

❑ **参数 row_num**　表示返回数值的数据行。

❑ **参数 column_num**　表示返回数值的数组列。

INDEX 函数的引用形式的功能是返回指定的行与列交叉处的单元格引用，该函数的
引用形式的表达式为 "=INDEX(reference,row_num,column_num,are_num)"，函数中的参
数表述如下。

图 3-28　计算贷方总额

图 3-29　输入本期发生额余额公式

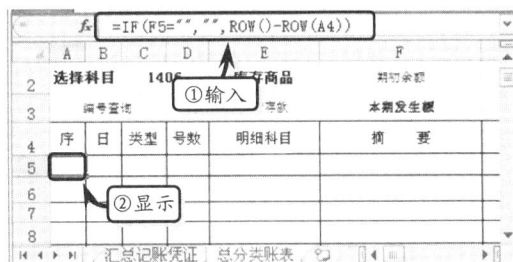

图 3-30　计算序列号

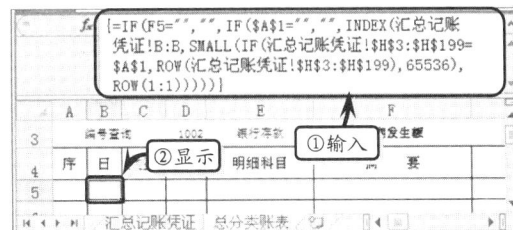

图 3-31　计算日期

❏ **参数 reference** 表示对一个或多个单元格区域的引用。

❏ **参数 row_num** 表示返回引用的行号。

❏ **参数 column_num** 表示返回引用的列标。

❏ **参数 are_num** 表示返回交叉区域的引用区域。

### 2. 计算其他表格显示数据

数组公式显示凭证类型。选择单元格 C5，在编辑栏中输入计算公式，按下 Ctrl+Shift+Enter 键返回根据单元格 A1 与 F5 返回的凭证类型，如图 3-32 所示。

图 3-32　计算凭证类型

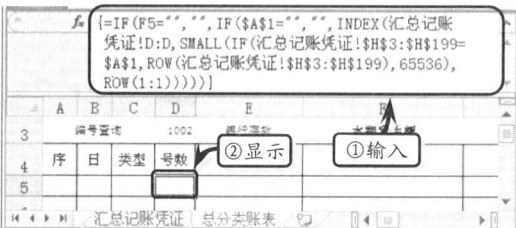

数组公式显示凭证号数。选择单元格 D5，在编辑栏中输入计算公式，按下 Ctrl+Shift+Enter 键返回根据单元格 A1 与 F5 返回的凭证号数，如图 3-33 所示。

数组公式显示明细科目。选择单元格 E5，在编辑栏中输入计算公式，按下 Ctrl+Shift+Enter 键返回根据单元格 A1 返回的明细科目，如图 3-34 所示。

图 3-33　计算凭证号数

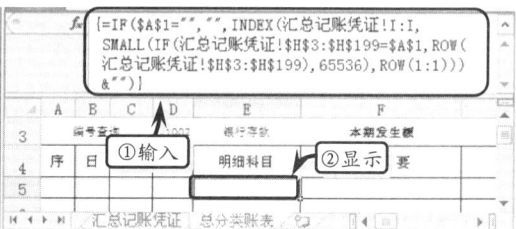

数组公式显示摘要内容。选择单元格 F5，在编辑栏中输入计算公式，按下 Ctrl+Shift+Enter 键返回根据单元格 A1 返回的摘要内容，如图 3-35 所示。

数组公式显示借方金额。选择单元格 G5，在编辑栏中输入计算公式，按下 Ctrl+Shift+Enter 键返回借方金额，如图 3-36 所示。

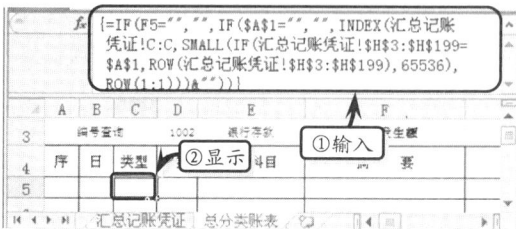

图 3-34　计算明细科目

图 3-35　计算摘要内容　　　　图 3-36　计算借方金额

数组公式显示贷方金额。选择单元格 H5，在编辑栏中输入计算公式，按下 Ctrl+Shift+Enter 键返回根据单元格 A1 返回的贷方金额，如图 3-37 所示。

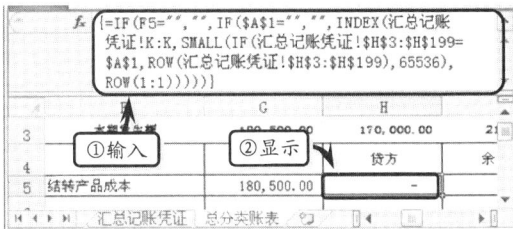

公式中的 SMALL 函数的功能是返回数据集中第 $k$ 个最小值，另外该函数还可以返回数据集中特定位置上的数值。SMALL 函数的表达式为 "=SMALL (array,k)"，函数中的参数表述如下。

图 3-37 计算贷方金额

❑ **参数 array** 表示要查找第 $k$ 个最小值的数组或数据区域。

❑ **参数 $k$** 表示要返回数值在数组或数据区域中的位置。

### 3. 计算余额并复制公式

选择单元格 I5，在编辑栏中输入计算公式，按下 Ctrl+Shift+Enter 键返回当前余额值，如图 3-38 所示。

最后，选择单元格区域 A5:I60，执行【开始】|【编辑】|【填充】|【向下】命令，向下填充公式，如图 3-39 所示。

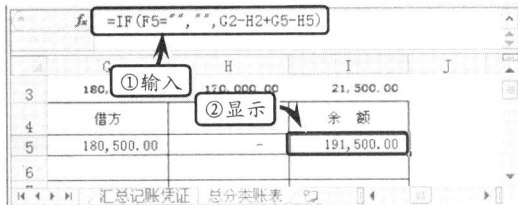

图 3-38 计算余额

图 3-39 复制公式

## 3.4 设置明细分类账（选读）⊙downloads\选读\3.4 设置明细分类账

明细分类账又称为明细账，是用来反映某类经济业务详细资料的账簿。使用 Excel 制作明细分类账的方法与制作总账的分类方法大体一致。具体内容参见本书配套光盘。

## 3.5 设置科目汇总表

科目汇总表主要用来汇总经济业务的本期借方发生额与本期贷方发生额，以及借、贷方发生总额。用户可以使用 Excel 中的设置单元格格式、数据有效性、函数和公式等基础知识，来制作科目汇总表的电子表格。

### 3.5.1 制作表格标题

在"会计账簿"工作表中，单击【插入新工作表】按钮，插入一个新工作表，并更改工作表的名称。然后，合并单元格区域 A1:D1，输入标题名称，并设置标题文本的字体格式，如图 3-40 所示。

同时，执行【开始】|【字体】|【边框】|【双底框线】命令，为单元格区域添加底框线格式，如图 3-41 所示。

图 3-40　设置标题文本格式

图 3-41　设置底框线

### 3.5.2 制作起止日期

用户可通过使用 Excel 中的数据有效性功能，设置固定的起止日期。首先，在单元格 E1 与 F1 中分别输入"起始时间"与"终止时间"文本，并设置文本的字体格式。然后，选择单元格 E2，执行【数据】|【数据工具】|【数据有效性】命令。将【允许】设置为"序列"，同时在【来源】文本框中输入日期值，如图 3-42 所示。同样方法，制作终止日期的下拉列表效果。

**提　示**

在【数据有效性】对话框中，可通过将【允许】设置为"日期"的方法，来自定义日期数据的输入范围。

最后，选择单元格区域 E1:F2，右击执行【设置单元格格式】命令。激活【边框】选项卡，设置线条样式，并单击【内部】按钮，如图 3-43 所示。

图 3-42　设置序列选项

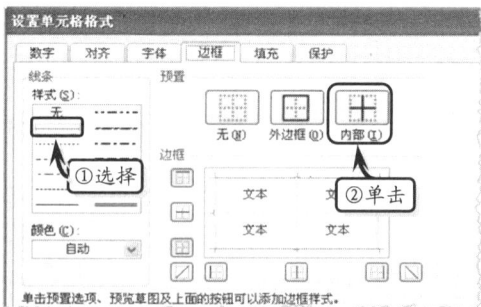

图 3-43　设置内部边框样式

### 3.5.3 制作表格内容

在本小节中，详细介绍使用普通公式引用日期值，以及使用 SUM 函数、SUMIF 函数等函数计算相应数据的操作方法和技巧。

#### 1. 制作表格内容

首先运用普通公式显示日期值。即合并单元格 A2:C2，在编辑栏中输入显示公式，

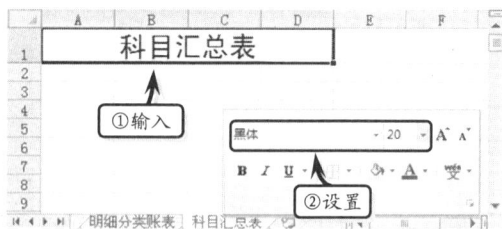

按下 Enter 键返回日期值，如图 3-44 所示。

公式中的"&"符号表示连接的意思，其整个公式表示左侧的文本内容连接 E2 单元格中的内容，然后连接文本与 F2 单元格中的内容。

然后，制作表格内容。在单元格 D2 中输入编号内容，在工作表中构建基础内容，并设置对齐与字体格式，如图 3-45 所示。

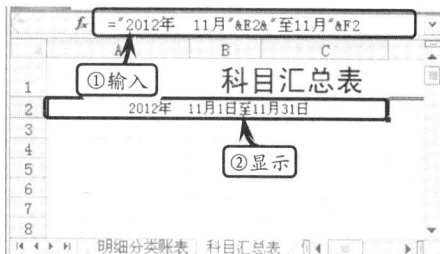

### 2．计算表格数据

计算发生合计额。选择单元格 A4，在编辑栏中输入计算本期借方发生额总额的公式，按下 Enter 键返回计算结果，如图 3-46 所示。

计算贷方发生合计额。选择单元格 D4，在编辑栏中输入计算本期贷方发生额总额的公式，按下 Enter 键返回计算结果，如图 3-47 所示。

图 3-44　显示日期

图 3-45　输入表格内容

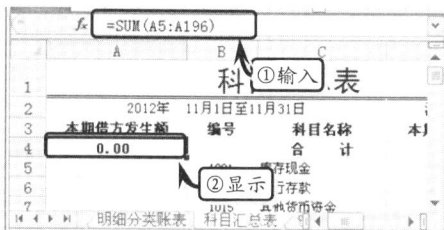

图 3-46　计算借方发生合计额

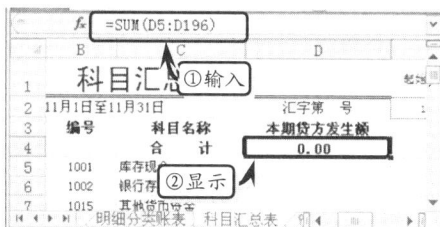

图 3-47　计算贷方发生合计额

计算借方发生额。选择单元格 A5，在编辑栏中输入计算公式，按下 Enter 键返回根据单元格 C5 所查找的科目借方发生额，如图 3-48 所示。

计算贷方发生额。选择单元格 D5，在编辑栏中输入计算公式，按下 Enter 键返回根据单元格 C5 所查找的科目贷方发生额，如图 3-49 所示。使用同样的方法，分别计算其他科目的本期借方与贷方发生额。

公式中的 SUMIF 函数的功能是对指定区域中符合指定条件的值求和，该函数的表达式为"=SUMIF(range,criteria,sum_range)"，函数中的参数表述如下。

❑ 参数 range　表示用于计算的单元格区域。

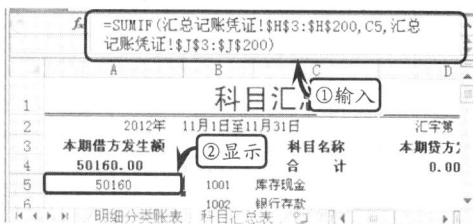

图 3-48　计算借方发生额

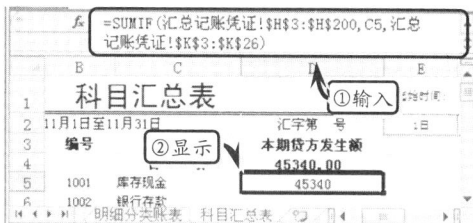

图 3-49　计算贷方发生额

❑ **参数 criteria** 表示要进行求和的实际单元格。

❑ **参数 sum_range** 表示进行求和的条件。

### 3.5.4 美化表格

由于 Excel 中默认的表格线无法进行打印，所以为了增加表格的美观性，还需要设置表格区域的边框格式。首先，选择单元格区域 A3:D4，执行【开始】|【字体】|【边框】|【所有框线】与【粗匣框线】命令，如图 3-50 所示。

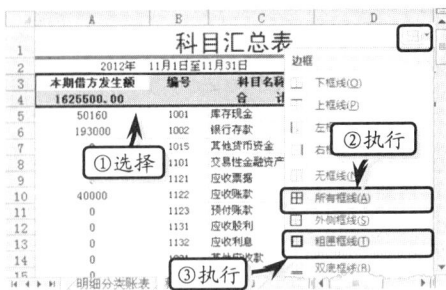

**图 3-50** 设置表头边框格式

> **『提 示』**
>
> 对于相对复杂的边框样式，可通过右击鼠标执行【设置单元格格式】命令，在弹出的【设置单元格格式】对话框中的【边框】选项卡中，自定义边框格式。

另外，选择单元格区域 A5:D97，右击执行【设置单元格格式】命令。激活【边框】选项卡，设置内外部的边框样式，如图 3-51 所示。

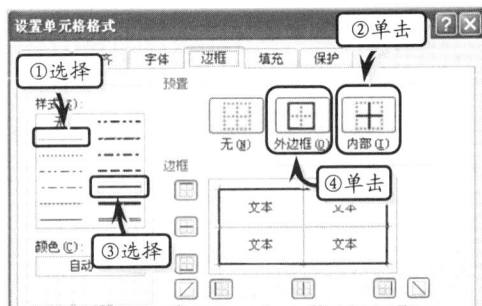

**图 3-51** 设置表格内外边框样式

## 3.6 设置试算平衡表

试算平衡表主要用于核算与印证期初余额、本期发生额与期末余额各科目之间是否平衡。用户可以通过使用 Excel 中引用公式、自定义数字格式、设置边框格式等功能，来制作试算平衡表。

### 3.6.1 制作表格标题

在"会计账簿"工作表中，单击【插入新工作表】按钮，插入一个新工作表，并双击工作表标签，将名称更改为"试算平衡表"。然后，合并单元格区域 A1:H1，输入标题名称，并设置标题文本的字体格式，如图 3-52 所示。

同时，执行【开始】|【字体】|【边框】|【双底框线】命令，为单元格区域添加底框线格式，如图 3-53 所示。

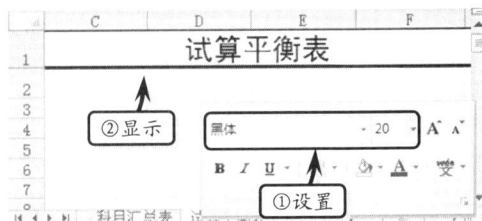

**图 3-52** 制作表格标题

最后，合并单元格区域 A2:H2，在单元格中输入制表日期，并右击鼠标执行【设置单元格格式】命令。激活【数字】选项卡，选择【自定义】选项，同时在【类型】列表中选择一种数据类型，如图 3-54 所示。

## ● 3.6.2　引用表格数据

在工作表中制作表格框架，输入基础内容并设置其对齐、字体与边框格式。隐藏零值。执行【文件】|【选项】命令，激活【高级】选项卡，禁用【在具有零值的单元格中显示零】复选框，单击【确定】按钮，隐藏工作表中的零值，如图 3-55 所示。

引用期初余额。选择单元格 C6，在编辑栏中输入引用"期初余额"工作表中借方金额的公式，按下 Enter 键返回科目名称对应的借方金额，如图 3-56 所示。

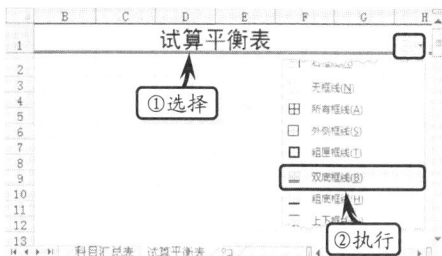

图 3-53　设置底框线

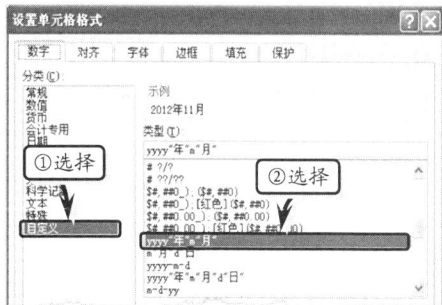

图 3-54　自定义数字格式

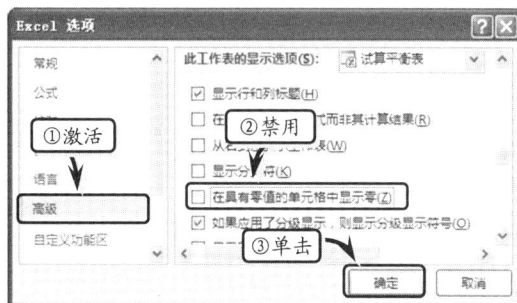

图 3-55　隐藏零值

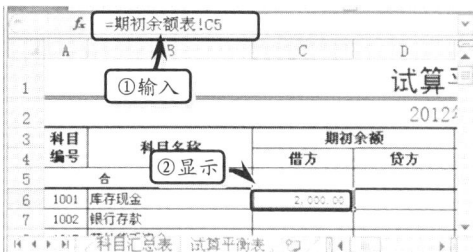

图 3-56　引用期初余额的借方金额

选择单元格 D6，在编辑栏中输入引用"期初余额"工作表中贷方金额的公式，按下 Enter 键返回科目名称对应的贷方金额，如图 3-57 所示。

计算本期发生额。选择单元格 E6，在编辑栏中输入引用"科目汇总表"工作表中借方金额的公式，按下 Enter 键返回科目名称对应的本期借方金额，如图 3-58 所示。

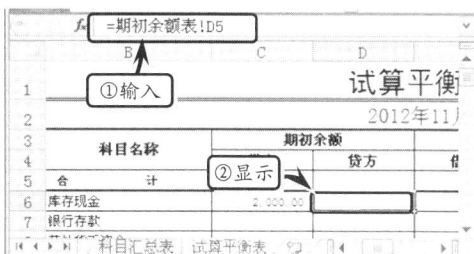

图 3-57　引用期初余额的贷方金额

选择单元格 F6，在编辑栏中输入引用"科目汇总表"工作表中贷方金额的公式，按下 Enter 键返回科目名称对应的本期贷方金额，如图 3-59 所示。

图 3-58　引用本期发生额的借方金额

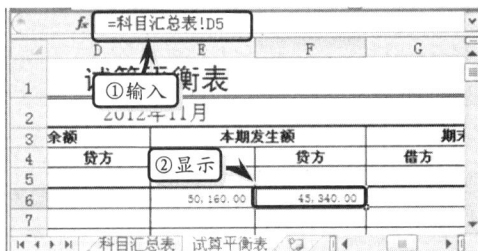

## 3.6.3　显示合计值

在显示合计值之前，还需要先介绍期末余额。首先计算期末余额。选择单元格 G6，在编辑栏中输入计算公式，按下 Enter 键返回科目名称对应的期末余额中的借方金额，如图 3-60 所示。

选择单元格 H6，在编辑栏中输入计算公式，按下 Enter 键返回科目名称对应的期末余额中的贷方金额，如图 3-61 所示。

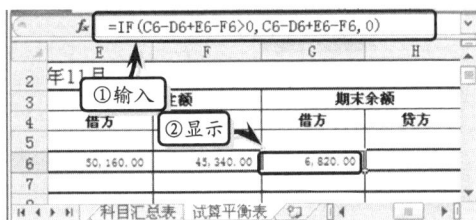

图 3-59　引用本期发生额的贷方金额

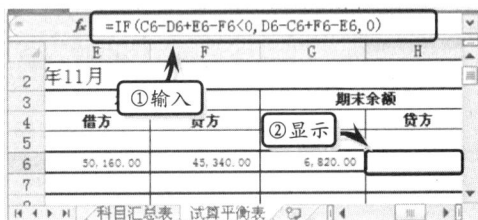

图 3-60　计算期末余额的借方额

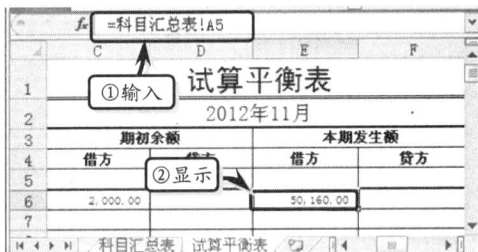

图 3-61　计算期末余额的贷方额

选择单元格区域 C6:H98，执行【开始】|【编辑】|【填充】|【向下】命令，向下填充公式，如图 3-62 所示。

**提　示**

在复制公式时，用户也可以选择单元格区域 C6:H6，将鼠标移至单元格 H6 右下角，当鼠标变成"十字"形状时，向下拖动鼠标即可复制公式。

最后计算合计值。选择单元格 C5，在编辑栏中输入计算公式，按下 Enter 键，返回期初余额中借方金额的合计值，如图 3-63 所示。同样方法，计算其他借、贷额的总额。

图 3-62　复制公式

# 3.7　设置会计账簿首页

电子账簿的首页主要用于列举账簿的具

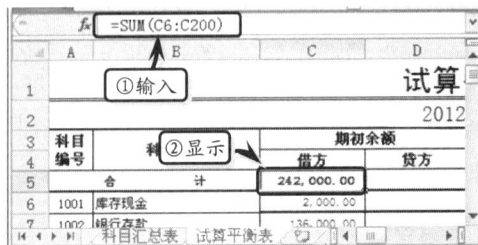

图 3-63　计算合计额

Excel 财务与会计应用标准教程（第 2 版）

体内容、文档信息，以及经手人信息。
同时，为了便于查阅具体账簿，还需要
链接目录，设置其跳转格式。

## 3.7.1　构建基础框架

在会计账簿工作表中选择"会计科
目"工作表，右击工作表标签执行【插
入】命令，在弹出的【插入】对话框中，
选择【工作表】选项，并单击【确定】
按钮，如图 3-64 所示。

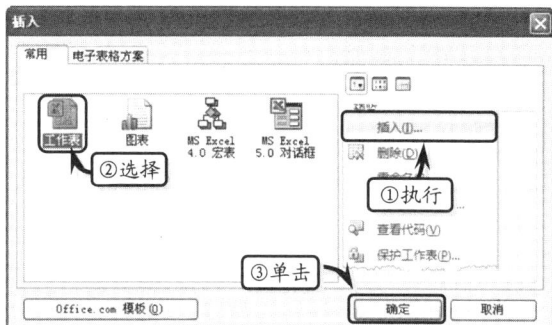

图 3-64　新建工作表

双击新工作表标签，将工作表名称
更改为"首页"。合并相应单元格区域，
输入首页内容并设置其字体与对齐格
式。同时选择"文档信息"与"经手人"
单元格，在【开始】选项卡【字体】选
项组中，单击【对话框启动器】按钮，
如图 3-65 所示。

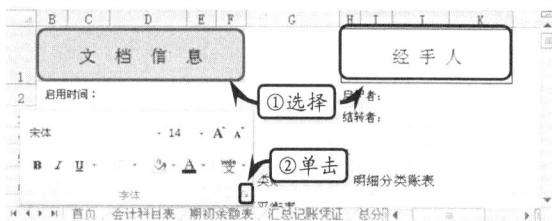

图 3-65　选择区域

在弹出的【设置单元格格式】对话
框中，单击【下划线】下拉按钮，在其
下拉列表中选择【会计用双下划线】选
项，如图 3-66 所示。

**提　示**

为单元格添加"会计用双下划线"样式之后，
可通过执行【开始】|【字体】|【下划线】命
令，取消该下划线样式。

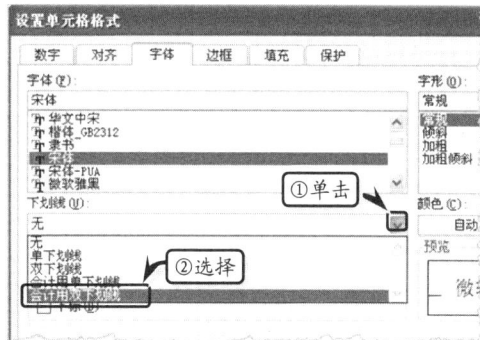

图 3-66　添加双下划线

## 3.7.2　美化表格

美化表格主要包括添加下划线和设置边
框格式等内容。首先，选择合并后的单元格
B2，执行【开始】|【字体】|【边框】|【下框
线】命令，为单元格添加边框，如图 3-67 所
示。使用同样的方法，分别为单元格 J2、J3
与单元格 D3 添加下框线。

选择单元格区域 B4:K4，执行【开始】|
【字体】|【边框】|【双底框线】命令，为其添
加边框线，如图 3-68 所示。

选择合并后的单元格 B5，右击执行【设置单元格格式】命令。激活【边框】选项卡，

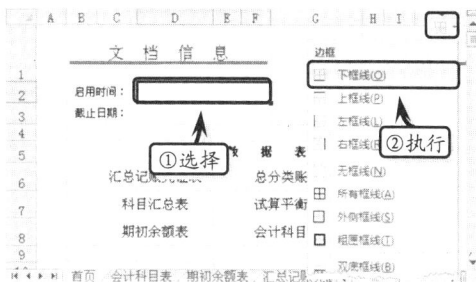

图 3-67　添加下划线

选择线条样式，并单击【下框线】按钮，如图 3-69 所示。使用同样的方法，设置其他单元格区域的下框线格式。

**提 示**

用户还可以先执行【开始】|【字体】|【边框】|【线型】命令，选择一种线条样式。然后，拖动鼠标绘制边框区域即可设置不同线条类型的边框样式。

最后，选择单元格 B8:K8，执行【开始】|【字体】|【边框】|【双底框线】命令，为单元格区域添加底框线格式，如图 3-70 所示。

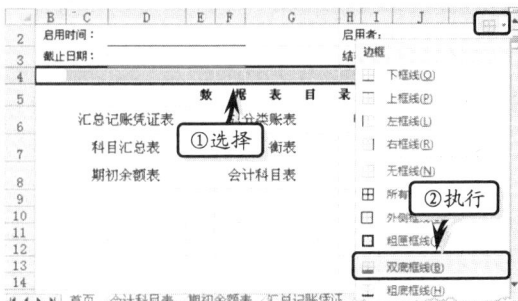

图 3-68　设置双底框线

### 3.7.3　链接目录

设置完所有的会计账簿内容之后，为了便于查看每个会计账簿，还需要运用 Excel 中的超链接功能，在会计账簿首页设置跳转目录。

**1. 链接主目录**

选择单元格 C6，执行【插入】|【链接】|【超链接】命令。选择【本文档中的位置】选项卡，同时在列表框中选择【汇总记账凭证】选项，如图 3-71 所示。

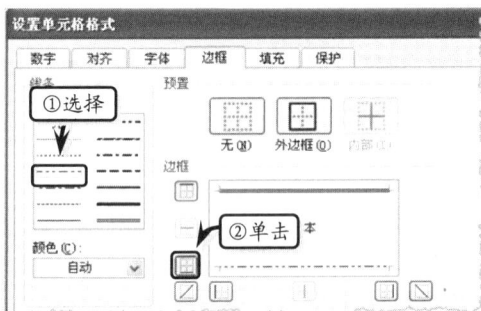

图 3-69　设置下框线样式

**提 示**

为单元格中的文本创建超链接之后，可选择包含超链接的文本，右击执行【取消超链接】命令，取消已设置的超链接功能。

此时，系统将自动在文本下方添加下划线，并将文本以蓝色进行标志。使用同样的方法，为其他目录添加超链接功能，如图 3-72 所示。

图 3-70　设置双底框线样式

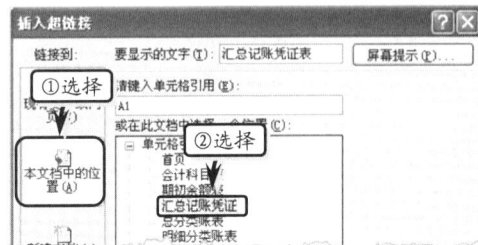

图 3-71　创建连接

图 3-72　显示连接效果

### 2. 制作账页返回跳转目录

账页返回跳转目录是通过在每个账簿中添加艺术字，并为艺术字创建超链接的方法，来显示跳转功能，以方便用户快速返回账簿首页中。

首先为每个账页添加艺术字。选择"期初余额"工作表，执行【插入】|【文本】|【艺术字】|【渐变填充-紫色，强调文字颜色 4，映像】命令，插入艺术字并在艺术字文本框中输入文本，如图 3-73 所示。

选中艺术字，执行【开始】|【字体】|【字号】|【18】命令，设置艺术字的大小。同时，调整艺术字的位置，如图 3-74 所示。

为艺术字创建超链接。即执行【插入】|【链接】|【超链接】命令，在弹出的【插入超链接】对话框中，选中【在文档中的位置】选项卡，并选择列表框中的【首页】选项，为艺术字添加超链接跳转功能，如图 3-75 所示。使用同样的方法，为其他账页工作表添加跳转链接艺术字。

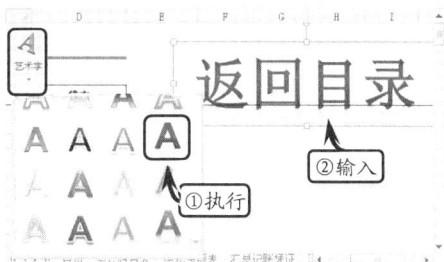

图 3-73　添加艺术字

图 3-74　设置艺术字的文本格式

## 3.7.4　保护账簿

一般企业的账簿都具有一定的私密性，在制作完账簿之后，为了不被其他人审阅，可以通过为账簿设置密码的方法，达到保护账簿的目的。

执行【文件】|【另存为】命令，单击【工具】下拉按钮，在其列表中选择【常规选项】选项，如图 3-76 所示。

在弹出的【常规选项】对话框中，输入打开权限与修改权限密码，并单击【确定】按钮。然后，再次输入打开权限与修改权限密码，如图 3-77 所示。

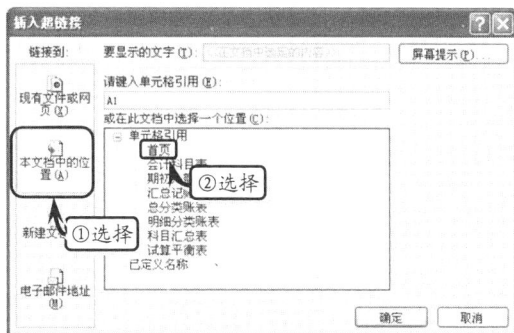

图 3-75　创建超链接

**图 3-76** 【另存为】对话框

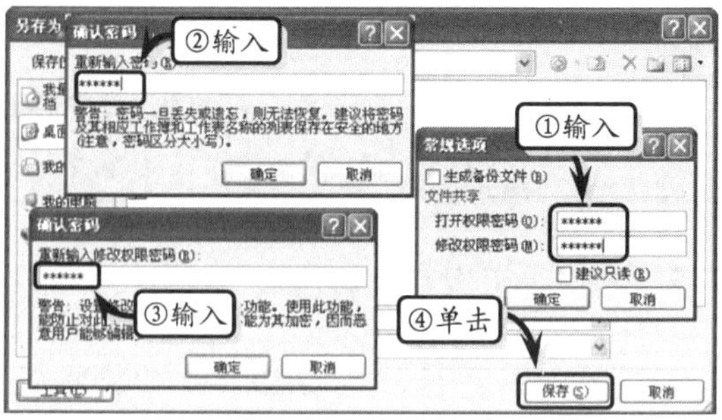

**图 3-77** 设置保护密码

# 3.8 课堂练习：构建日记账

日记账又称序时账，是按经济业务发生时间的现收顺序，逐日逐笔登记的账簿。其主要作用是用于输出现金与银行存款日记账，以供出纳员核对现金收支与结存使用。在本练习中，将详细介绍制作日记账电子表格的操作的方法与技巧，如图 3-78 所示。

## 日 记 账

| 年 | 月 | 日 | 凭证号 | 科目代码 | 科目名称 | 摘要 | 借方金额 | 贷方金额 | 余额 |
|---|---|---|---|---|---|---|---|---|---|
| 2010 | 12 | 1 | 1 | 1002 | 银行现金 | 营业收入 | ￥ 60,000.00 | | ￥ 60,000.00 |
| 2010 | 12 | 2 | 2 | 1001 | 库存现金 | 营业收入 | ￥ 50,000.00 | | ￥ 110,000.00 |
| 2010 | 12 | 2 | 2 | 2202 | 应付账款 | 购买材料 | | ￥ 10,000.00 | ￥ 100,000.00 |
| 2010 | 12 | 4 | 3 | 6602 | 管理费用 | 支付工资 | | ￥ 190,000.00 | ￥ -90,000.00 |
| 2010 | 12 | 5 | 4 | 1001 | 库存现金 | 营业收入 | ￥ 50,000.00 | | ￥ -40,000.00 |
| 2010 | 12 | 6 | 5 | 2221 | 应交税金 | 支付税金 | | ￥ 30,000.00 | ￥ -70,000.00 |
| 2010 | 12 | 7 | 6 | 1403 | 原材料 | 购买材料 | | ￥ 10,000.00 | ￥ -80,000.00 |
| 2010 | 12 | 7 | 6 | 1002 | 银行现金 | 营业收入 | ￥ 80,000.00 | | ￥ — |
| 2010 | 12 | 8 | 7 | 1001 | 库存现金 | 营业收入 | ￥ 50,000.00 | | ￥ 50,000.00 |
| 2010 | 12 | 8 | 8 | 1403 | 原材料 | 购买原材料 | | ￥ 10,000.00 | ￥ 40,000.00 |
| 2010 | 12 | 9 | 9 | 1001 | 库存现金 | 营业收入 | ￥ 60,000.00 | | ￥ 100,000.00 |
| 合计 | | | | | | | ￥ 350,000.00 | ￥ 250,000.00 | ￥ 100,000.00 |

**图 3-78** 日记账

### 操作步骤

**1** 复制会计科目表。执行【开始】|【单元格】|【格式】|【重命名工作表】命令，修改 "Sheet1"工作表标签的名称,如图 3-79 所示。

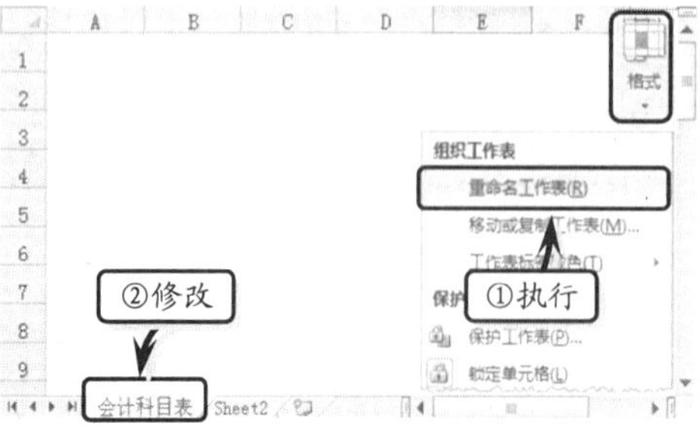

**图 3-79** 重命名工作表

**2** 将"会计科目"表格数据复制到新建工作表

中，如图 3-80 所示。

**图 3-80** 复制会计科目表

**3** 构建日记账。重命名"Sheet2"工作表标签的名称，然后单击【全选】按钮，右击执行【行高】命令，设置工作表的行高，如图 3-81 所示。

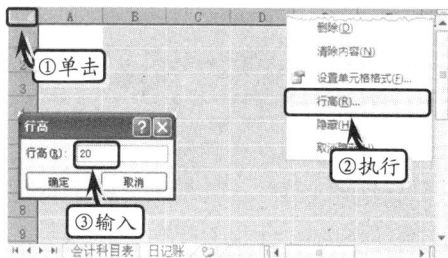

图 3-81 设置行高

**4** 制作表格内容，选择单元格区域 B3:K15，执行【开始】|【样式】|【单元格样式】|【输出】命令，如图 3-82 所示。

图 3-82 设置单元格样式

**5** 在单元格 G4 中输入引用公式，按下 Enter 键返回计算结果，如图 3-83 所示。使用同样方法，引用其他数据。

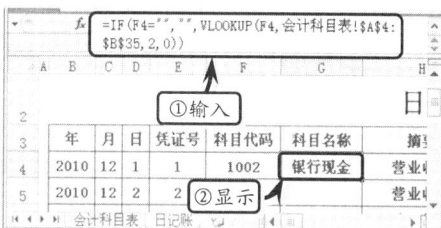

图 3-83 输入引用公式

**6** 在单元格 K4 中输入计算期初余额的公式，按下 Enter 键返回计算结果，如图 3-84 所示。

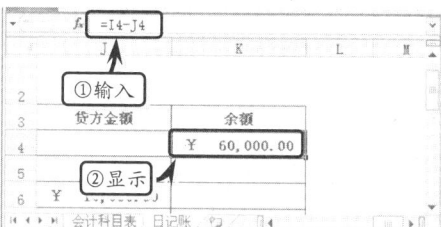

图 3-84 计算期初余额

**7** 在单元格 K5 中输入计算当前余额的公式，按下 Enter 键返回计算结果，如图 3-85 所示。使用同样的方法，分别计算其他余额值。

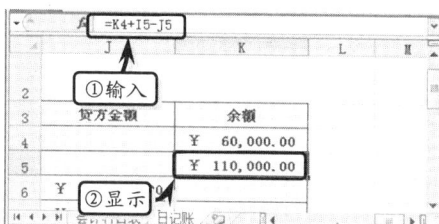

图 3-85 计算当前余额

**8** 在单元格 I15 中输入求和公式，按下 Enter 键返回计算结果，如图 3-86 所示。使用同样的方法，计算其他合计值。

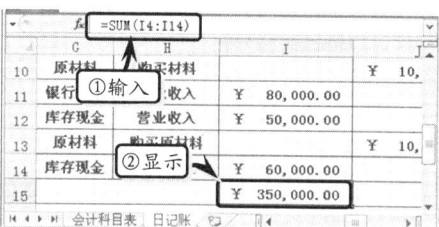

图 3-86 计算合计值

**9** 选择单元格区域 B2:K15，执行【开始】|【字体】|【边框】|【粗匣框线】命令，如图 3-87 所示。使用同样的方法，设置其他单元格区域的外边框样式。

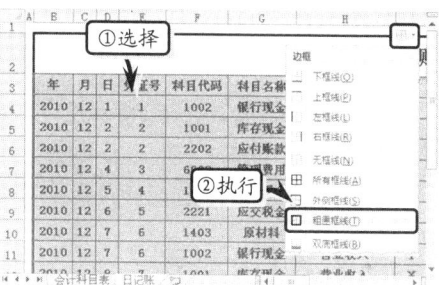

图 3-87 设置边框格式

# 3.9 课堂练习：构建总账表

总账又称总分类账，是按照总分类科目开设账户，用来登记全部经济业务，以及进行总分类核算，提供总核算资料的分类账簿。总分类账户既可以直接根据各种记账凭证逐笔登记，也可以根据记账凭证汇总表进行登记，它为编制会计报表提供数据依据。在本练习中，将利用 Excel 中的基础操作知识，以及函数与公式功能来构建一份总账表，如图 3-88 所示。

**总账表**

| 科目代码 | 科目名称 | 期初余额 | 本期发生额 借方 | 本期发生额 贷方 | 期末余额 | | 试算平衡 | |
|---|---|---|---|---|---|---|---|---|
| 1001 | 库存现金 | ￥ 20,000.00 | ￥ 150,000.00 | ￥ － | ￥ 170,000.00 | | 借方金额 | ￥ 320,000.00 |
| 1002 | 银行现金 | ￥ 200,000.00 | ￥ 150,000.00 | ￥ － | ￥ 350,000.00 | | 贷方金额 | ￥ 320,000.00 |
| 1012 | 其他货币资金 | ￥ － | | | | | 差额 | ￥ － |
| 1101 | 交易性金融资产 | ￥ － | ￥ | ￥ | ￥ | | 借贷平衡 | 平衡 |
| 1121 | 应收票据 | ￥ 30,000.00 | ￥ | ￥ | ￥ 30,000.00 | | | |
| 1122 | 应收账款 | ￥ 20,000.00 | ￥ 20,000.00 | ￥ | ￥ 40,000.00 | | | |
| 1403 | 原材料 | ￥ 250,000.00 | ￥ | ￥ 55,000.00 | ￥ 195,000.00 | | | |
| 1405 | 库存商品 | ￥ 90,000.00 | ￥ | ￥ | ￥ 90,000.00 | | | |
| 1601 | 固定资产 | ￥ 600,000.00 | ￥ | ￥ | ￥ 600,000.00 | | | |
| 2001 | 短期借款 | ￥ | ￥ | ￥ | ￥ | | | |
| 2201 | 应付票据 | ￥ -20,000.00 | ￥ | ￥ － | ￥ -20,000.00 | | | |
| 2202 | 应付账款 | ￥ -20,000.00 | ￥ | ￥ 45,000.00 | ￥ -65,000.00 | | | |

图 3-88 总账表

## 操作步骤

**1** 重命名工作表，单击【全选】按钮，右击执行【行高】命令，将【行高】设置为"20"，如图 3-89 所示。

①单击
③输入
行高
行高： 20
确定 取消
②执行

图 3-89 设置工作表

**2** 在工作表中输入表格标题与列标题，设置其字体格式，并合并相应的单元格区域，如图 3-90 所示。

图 3-90 设置表格内容

**3** 选择单元格 A4，在编辑栏中输入计算公式，按下 Enter 键完成公式的输入，如图 3-91 所示。

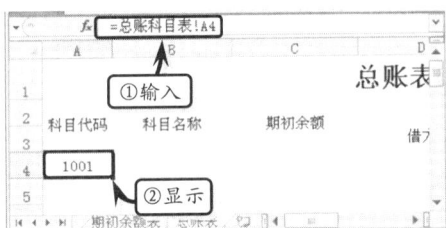

=总账科目表!A4
①输入
②显示

图 3-91 引用科目代码

**4** 选择单元格 B4，在编辑栏中输入计算公式，按下 Enter 键完成公式的输入，如图 3-92 所示。

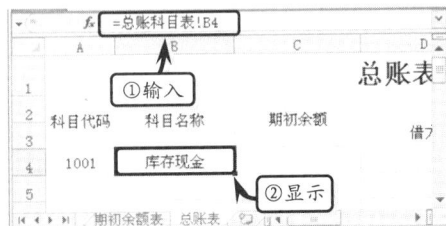

=总账科目表!B4
①输入
②显示

图 3-92 引用科目名称

**5** 选择单元格 C4，在编辑栏中输入计算公式，按下 Enter 键完成公式的输入，如图 3-93 所示。

*fx* =期初余额表!C4-期初余额表!D4

①输入

总账表

| | A | | B | | C | | D |
|---|---|---|---|---|---|---|---|
| 1 | | | | | | | |
| 2 | 科目代码 | | 科目名称 | | 期初余额 | | 借力 |
| 3 | | | | | | | |
| 4 | 1001 | | 库存现金 | | 20000 | | |
| 5 | | | | | | | |

②显示

期初余额表 总账表

图 3-93 计算期初余额

**6** 选择单元格 D4，在编辑栏中输入计算公式，按下 Enter 键完成公式的输入，如图 3-94 所示。

*fx* =SUMIF(记账凭证汇总表!$F$3:$F$22,B4,记账凭证汇总表!$H$3:$H$22)

①输入

总账表

②显示

库存现金 20000 150000

期初余额表 总账表

图 3-94 输入借方金额

**7** 选择单元格 E4，在编辑栏中输入计算公式，按下 Enter 键完成公式的输入，如图 3-95 所示。

*fx* =SUMIF(记账凭证汇总表!$F$3:$F$22,B4,记账凭证汇总表!$I$3:$I$22)

①输入

总账表

②显示

期初余额 本期发生

贷方

20000 150000 0

期初余额表 总账表

图 3-95 计算贷方金额

**8** 选择单元格 F4，在编辑栏中输入计算公式，按下 Enter 键完成公式的输入，如图 3-96 所示。

**9** 选择单元格区域 A4:F4，将光标移至单元格 F4 的右下角，当鼠标变成"十"字形状时，向下拖动鼠标填充公式，如图 3-97 所示。

*fx* =C4+D4-E4

①输入

货方 期末余额

0 170000

②显示

期初余额表 总账表

图 3-96 计算期末余额

| | D | | E | | F | | G |
|---|---|---|---|---|---|---|---|
| 2 | | 本期发生额 | | | | | |
| 3 | 借方 | | 贷方 | | 期末余额 | | |
| 4 | 150000 | | 0 | | 170000 | | |
| 5 | | | | | | | |
| 6 | | | | | | | |
| 7 | | | | | | | |
| 8 | | | | | | | |
| 9 | | | | | | | |
| 10 | | | | | | | |

拖动

期初余额表 总账表

图 3-97 填充公式

**10** 选择单元格区域 C4:F24，执行【开始】|【数字】|【数字格式】|【会计专用】命令，如图 3-98 所示。

①选择

| | C | | D | | E |
|---|---|---|---|---|---|
| 2 | 期初余额 | | 本期发生额 | | |
| 3 | | | 借方 | | 贷方 |
| 4 | 20000 | | 150000 | | 0 |
| 5 | 200000 | | 150000 | | 0 |
| 6 | 0 | | 0 | | 0 |
| 7 | 0 | | 0 | | |
| 8 | 30000 | | 0 | | |
| 9 | 20000 | | 20 | | |

会计专用

②设置

$ % *.0 .00

数字

期初余额表 总账表

图 3-98 设置数字格式

**11** 选择单元格区域 A2:F24，单击【字体】选项组中的【对话框启动器】按钮。在【边框】选项卡中，选择线条样式并单击【外边框】与【内部】按钮，如图 3-99 所示。

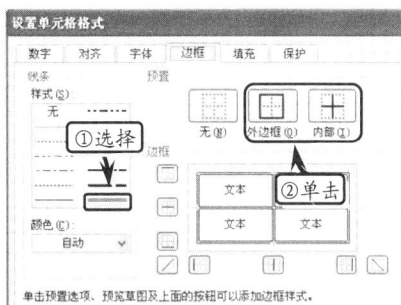

设置单元格格式

数字 对齐 字体 边框 填充 保护

线条 预置

样式(S)

无 ①选择

边框

颜色(C)

自动

无(N) 外边框(O) 内部(I)

②单击

文本 文本

文本 文本

单击预置选项、预览草图及上面的按钮可以添加边框样式。

图 3-99 设置边框格式

**12** 选择相应的单元格区域，执行【开始】|【字体】|【填充颜色】命令，在其下拉列表中选择相应的色块，用来设置单元格区域的背景颜色，如图 3-100 所示。

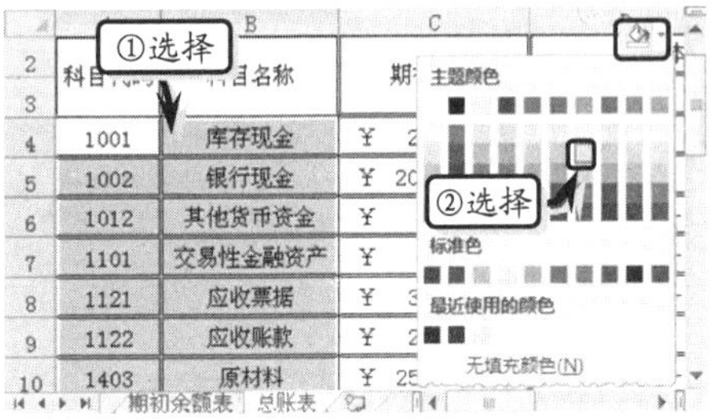

图 3-100　设置背景颜色

**13** 在 H 与 I 列中制作表格框架，并根据"总账表"表格设置其背景色与格式，如图 3-101 所示。

图 3-101　制作表格框架

**14** 选择单元格 I4，在编辑栏中输入计算公式，按下 Enter 键完成公式的输入，如图 3-102 所示。

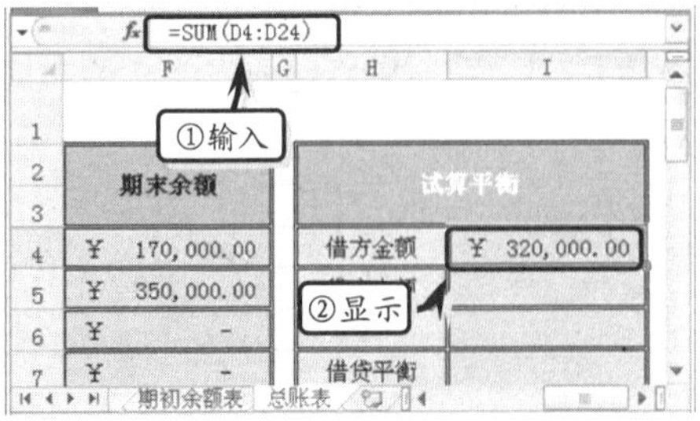

图 3-102　计算借方总金额

**15** 选择单元格 I5，在编辑栏中输入计算公式，按下 Enter 键完成公式的输入，如图 3-103 所示。

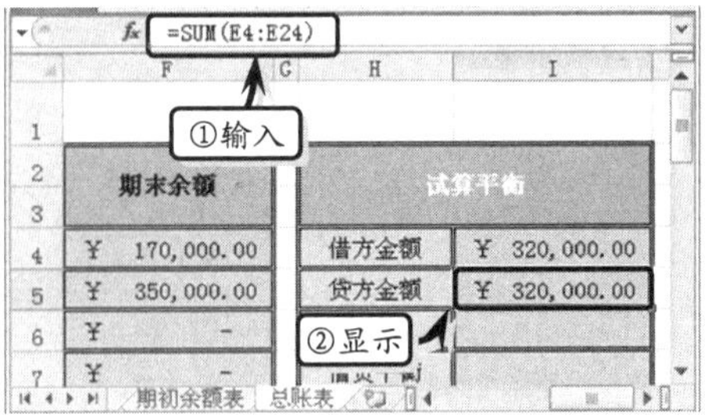

图 3-103　计算贷方总金额

**16** 选择单元格 I6，在编辑栏中输入计算公式，按下 Enter 键完成公式的输入，如图 3-104 所示。

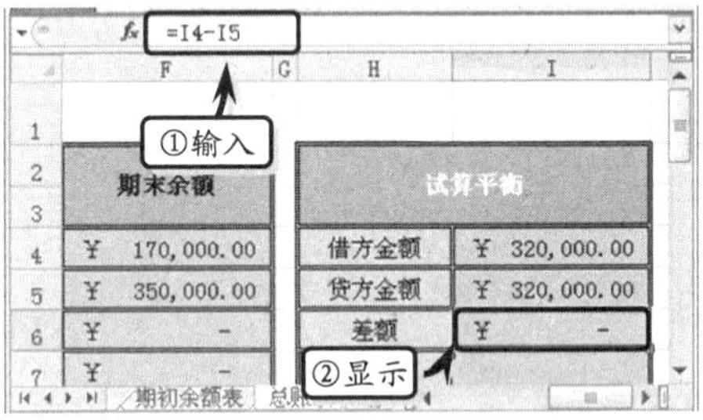

图 3-104　计算借贷差额

**17** 选择单元格 I7，在编辑栏中输入计算公式，按下 Enter 键完成公式的输入，如图 3-105 所示。

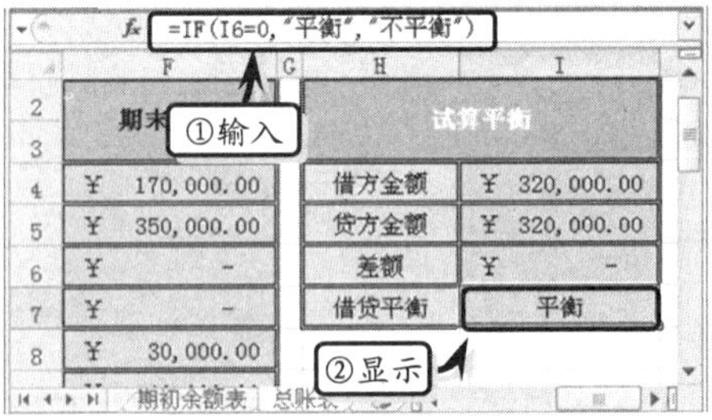

图 3-105　返回借贷平衡信息

# 3.10 思考与练习

## 一、填空题

1. 会计账簿又称账簿，是以_____为依据，序时、分类地记录_____，它是由一定格式而又相互联系的_____组成。

2. 复试记账法则是对发生的每一项经济业务，在相互联系的_____或_____的账户中进行记录，并达到_____的最终效果。

3. 复试记账法中的借贷记账法采用_____和_____作为记账符号，并以_____作为记账规则。

4. 财务人员在进行结账工作时，一般采用_____。

5. 账簿的更正与修改主要包括_____、_____与_____3种方法。

## 二、选择题

1. 会计账簿按用途主要分为日记账、分类账和备查账，下列选项中属于分类账的明细分类选项为____。
   A. 三栏式　　　　B. 多栏式
   C. 数量金额式　　D. 现金日记账

2. 在实际操作中，电子账簿中的账页并不是固定不变的，除总账科目表之外，还应包括6种账页，下列选项中不属于账页内容的为____。
   A. 试算平衡表账页
   B. 总分类科目账页
   C. 明细分类科目账页
   D. 现金日记账账页

3. 会计账簿按外表形式分为订本账、活页账与____。
   A. 日记账　　　　B. 卡片账
   C. 分类账　　　　D. 普通账

4. 企业账簿在符合相关会计法和会计准则的前提下，应当遵循全面性、实际性、可操作性和____原则。
   A. 准确　　　　　B. 真实
   C. 简化　　　　　D. 标准化

5. 在借贷记账法中，一般采用____平衡法和余额平衡法进行试算平衡。
   A. 期初额　　　　B. 发生额
   C. 试算　　　　　D. 平均额

## 三、问答题

1. 会计账簿分为哪几类？

2. 如何更改账簿？

3. 如何对账簿进行结账和对账处理？

4. 如何构建试算平衡表？

5. 简述会计账簿的基本结构。

## 四、上机练习

### 1. 构建期初余额表

本练习将运用 Excel 中的设置单元格格式和函数等功能，构建一份期初余额表，如图 3-106 所示。制作本练习，首先制作表格标题，设置标题文本的字体格式，并为标题文本添加双下划线。然后，输入表格内容，设置表格整体内容的居中对齐格式，以及自定义内部和外部框线格式。最后，运用 SUM 函数计算借方和贷方的合计值。

**期初余额表**

2012年11月1日星期四

| 编号 | 科目名称 | 借方 | 贷方 |
|---|---|---|---|
| | 合计行 | 423,000.00 | 423,000.00 |
| 1001 | 库存现金 | 2,000.00 | |
| 1002 | 银行存款 | 136,000.00 | |
| 1015 | 其他货币资金 | | |
| 1101 | 交易性金融资产 | | |
| 1121 | 应收票据 | | |
| 1122 | 应收账款 | 3,000.00 | |

图 3-106　期初余额表

### 2. 构建试算平衡表

本练习是运用 Excel 中的基础知识，构建一份试算平衡表，如图 3-107 所示。制作本实例，首先制作表格标题，设置标题文本的字体格式，并为标题文本添加双下划线。然后，输入表格内容，设置表格整体内容的居中对齐格式，以及自定义内部和外部框线格式。最后，运用简单公式引用其他表格中的数据，并运用 SUM 函数和 IF 计算借方和贷方的合计值。

图 3-107　试算平衡表

# 第 4 章

## 日常费用管理

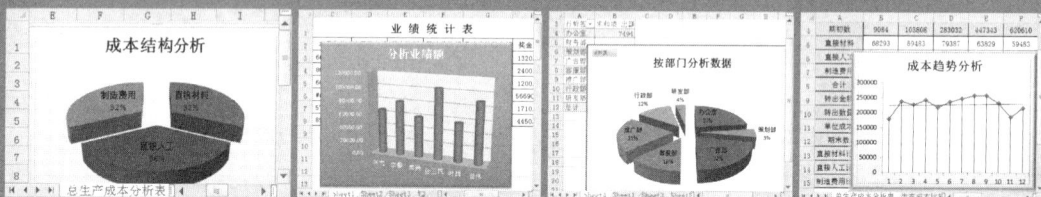

在企业运营中，工作人员因公所产生的正常费用，以及员工借款、支付款项等所发生的财务费用统称为日常费用。该费用在确认属实后，需要按照企业规定与财务流程填写相应的财务单据，为财务人员建账提供准确的数据依据。此外，为了更好地统计与分析日常费用，用户还可以利用 Excel 制作日常费用表单，并通过数据分析工具对日常费用进行多角度、多样式的分析。这样，不仅可以加强企业财务的管理程序，而且还可以在一定程度上提高财务人员的工作能力。

**本章学习目标：**

➢ 制作借款单
➢ 制作差旅费用统计表
➢ 分析日常费用统计表

# 4.1 日常费用概述

由于在报销日常费用时需要填写相应的单据，并附带报销原件，经审查核实后，按企业的财务规定与报销流程给予报销。所以，在进行日常费用分析之前，用户还需要了解一下财务报销对原始单据的一些要求、报销凭证的填写要求，以及费用报销单的粘贴规范。

## 4.1.1 报销对原始单据的要求

各部门经手人到财务报销日常费用单据时，需要遵循一定的要求才可以报销。每个企业报销原始单据的具体要求各不相同，需要根据自身企业的经济业务制定，但大体的报销要求如下所述。

- ❑ **发票要求** 发票必须是用复写纸写或计算机打印的发票联与报销联，存根联、发货联或记账联不能作为报销单据。
- ❑ **单据内容** 单据中的抬头、日期、品名、单价、数量、金额等项目要填写齐全，严禁涂改。字迹要清楚，金额要准确，大、小写要一致。
- ❑ **单据印章** 单据中的印章要齐全，即单据中要由收款单位公章(或收款专用章)与收款人签字(章)。其中，事业单位的收据要有财务专章，企业或个体户的收据必须是税务部门统一印制的收据。
- ❑ **无发票时** 当购买的商户不具有正式发票时，需要使用财务科印发的自制单据，该自制单据要用墨水笔填写，内容要填写齐全。

## 4.1.2 费用报销单的粘贴规范

在报销日常费用时，为适应会计档案管理工作的需要，还需要将原始单据粘贴在一起，以备财务人员审核。粘贴原始单据的方法与要求如下所述。

- ❑ **准备粘贴单** 粘贴单即原始凭证粘贴单，需要到财务处领取。粘贴时，需要在粘贴单左边空出2公分的距离，用于装订。
- ❑ **分类粘贴** 在粘贴时需要将票据按照经济内容进行分类粘贴，其中差旅费应单独填写差旅费报销凭单，出差过程中发生的会务费、考察费或餐费等费用不包含在差旅费报销凭单内，需另行粘贴履行报销手续。
- ❑ **票据粘贴** 将胶水涂抹在票据左侧背面，将票据向右均匀排开横向粘贴。在此，需要注意不要将票据集中在粘贴纸中间，以免造成中间厚四周薄、凭证装订起来不整齐的现象。
- ❑ **分配粘贴** 当粘贴的票据大小不一时，可以按照先大后小的顺序粘贴。当票据比较多时，可以使用多张粘贴单。当票据大于粘贴单时，超过部分可以按照粘贴单大小将票据的右边、下边折叠在粘贴范围内。对于很小的票据，可以摊开几行粘贴，容易凭证装订。
- ❑ **填写粘贴单** 票据粘贴完整后，需要经办人在票据上签字、汇总票据金额，并注明票据张数，并由审批人签字后方可到财务处报销。

### 4.1.3　报销凭证的填制要求

在日常费用报销的过程中，除了对原始单据及粘贴要求之外，还需要在填制报销凭证时，遵循财务处的如下要求。

❏ **书写要求**　报销原始单据时，需要按照财务规定，用蓝、黑色钢笔或签字笔填写。大写金额需要用正楷体书写，小写金额需要用阿拉伯数字书写，大小写金额必须一致。

❏ **角分金额的填写**　大写金额时，无角分时应填写"整"或"正"字，有分，则不用填写"整"或"正"字。小写金额时，无角分时可用"00"或"-"表示，有角分则必须用阿拉伯数字书写。

❏ **报销方式**　在填制报销凭证时，必须选择报销方式，以方便出纳付款。

❏ **附件张数**　在填制报销凭证时，还需要填写附件的具体张数。

另外，在购买备品备件、材料，以及领用所需材料时，一定要办理入库、出库手续。

## 4.2　制作借款单

借款单是用于企业员工或部门在向企业借款时所填写的单据。在实际操作中，为了加强企业流动资金的管理，避免滥用资金，财务部门需要根据借款程序要求员工填写借款单，并交由负责人签字后方可实施借款业务。在本小节中，将运用 Excel 2010 中的数据处理功能，详细介绍制作借款单的操作方法与技巧。

### 4.2.1　制作付款凭证联

借款单主要分为用于记录借款信息的付款凭证联和用于结算的计算凭证联及结算回执联，而付款凭证联主要用于记录借款部门、资金性质、借款理由等借款信息，其具体制作方法如下所述。

#### 1．制作借款单标题

在 Excel 2010 中，用户可以利用合并单元格、设置字体格式以及插入形状等功能，来制作借款单标题，其主要操作步骤主要包括设置标题文本与插入形状 2 大步骤。

❏ **设置标题文本**

首先，合并单元格区域 A1:F1，在合并的单元格中输入"借款单"文本，并在编辑栏中将光标定位在第 2 个字符前面，按下空格键调整第 1 个字符与第 2 个字符之间的间距。利用同样的方法，调整第 2 与第 3 字符

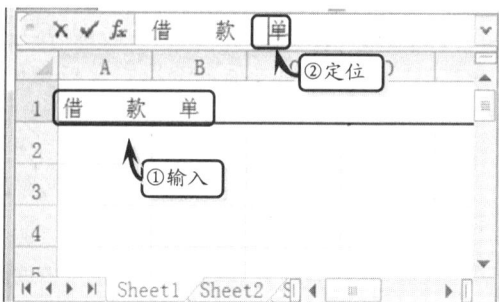

图 4-1　调整字符间距

之间的距离，如图 4-1 所示。

然后，选择合并后的单元格，执行【开始】|【字体】|【加粗】命令，同时执行【字号】|【20】命令，设置标题文本的字体格式，如图 4-2 所示。

❑ 插入形状

插入形状是在标题文本下方插入 2 个"直线"形状。首先，执行【插入】|【插图】|【形状】|【直线】命令，拖动鼠标在标题下方绘制一条直线，如图 4-3 所示。利用同样的方法，在标题下方绘制第 2 条直线。

然后，同时选择 2 个形状，执行【格式】|【形状样式】|【其他】|【细线-强调颜色 2】命令，设置形状样式，如图 4-4 所示。最后，为了突出标题下方的形状，还需要调整标题行的行高。

**2．制作付款凭证联框架**

制作付款凭证联框架即是制作付款凭证联的表格内容，主要包括表头、表尾及侧栏等内容。其具体制作方法如下所述。

❑ 制作表头

表头部分主要包括借款日期、资金性质与借款单编号。首先，为了区分标题与表头，需要调整第 2 行的行高，使其作为一个空白行分割标题与表头。然后，合并单元格区域 C3:E3，输入"年月日"文本，并调整字符间距。最后，在单元格 A4 与 E4 中分别输入表头文本，在文本后面分别添加"直线"形状，并设置形状样式，如图 4-5 所示。

❑ 制作表格正文

首先，需要输入表格内容。在单元格中输入"部门"文本，并合并单元格区域 B5:F5。然后，在单元格 A6 与 D6 中分别

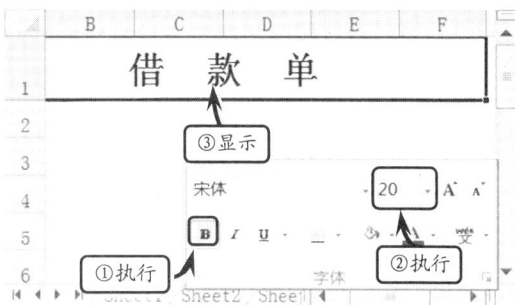
图 4-2　设置文本格式

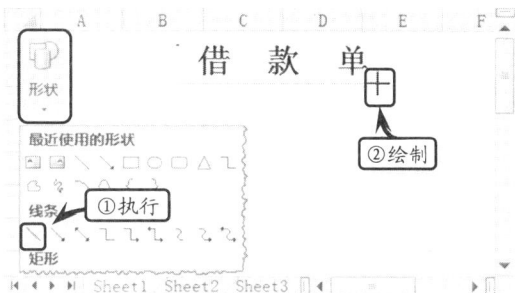
图 4-3　绘制"直线"形状

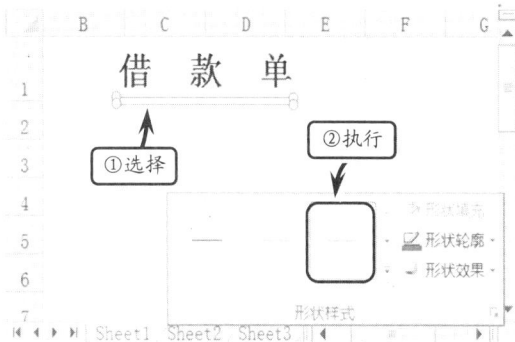
图 4-4　设置形状样式

图 4-5　制作表头

输入"项目名称"与"预算科目"文本，并分别合并单元格区域 B6:C6 与 E6:F6。使用同样的方法，分别输入其他文本并合并相应的单元格区域，如图4-6所示。

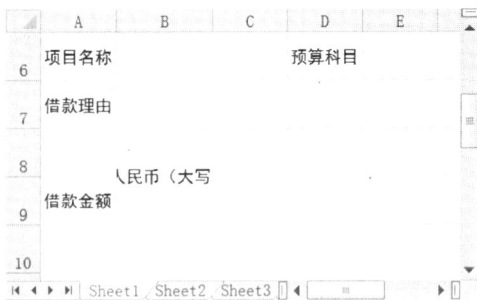

其次，需要设置单元格的"自动换行"格式。同时选择单元格 A6、D6、A7、A8、B8、A11 与 D11，执行【开始】|【对齐方式】|【自动换行】命令。将鼠标移到列标处，拖动列标线调整单元格的列宽即可，如图4-7所示。

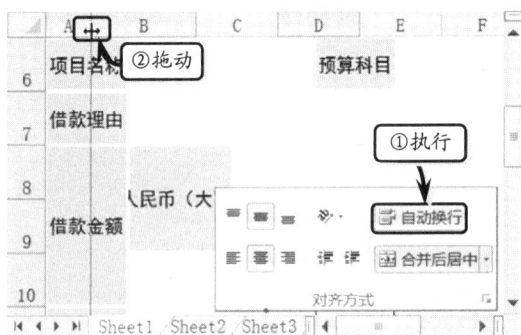

再次，还需要为表格添加"人民币"符号。选择单元格 E10，执行【插入】|【符号】|【符号】命令，在弹出的【符号】对话框中，选择表示"人民币"符号的选项，单击【插入】按钮即可，如图4-8所示。

最后，还需要在"人民币（大写）"文本与"人民币符号"后面添加一个"直线"形状，并设置形状样式。

❑ **制作表尾**

表尾即是表格的最下部分，主要用于显示注明文本、备注文本或签名标题。首先，调整第13行的行高，使其以空白行的形式分割表格内容与表尾部分。合并单元格区域 A14:F14，并执行【开始】|【对齐方式】|【左对齐】命令。然后，在合并后的单元格中输入相应的文本即可，如图4-9所示。

❑ **制作侧栏**

侧栏是指表格主内容侧面的内容。首先，合并单元格区域 G4:G12，执行【开始】|

图 4-6　制作表格内容

图 4-7　设置对齐格式

图 4-8　添加"人民币"符号

图 4-9　设置表尾

【对齐方式】|【方向】|【竖排文字】命令。然后，在合并后的单元格中输入文本，并调整其列宽即可，如图4-10所示。

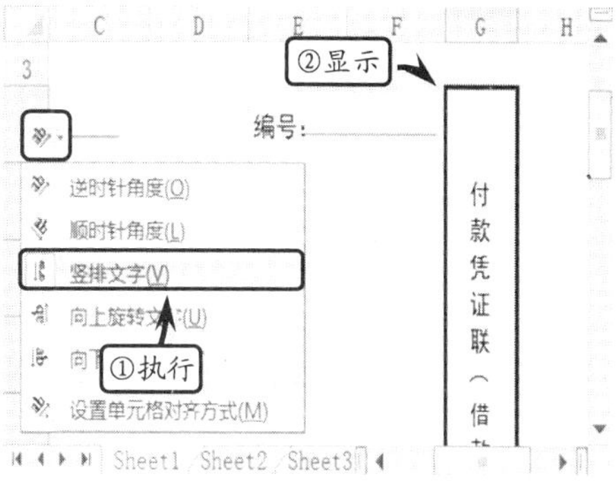

**提 示**

右击单元格执行【设置单元格格式】命令，在弹出的【设置单元格格式】对话框中的【对齐】选项卡中，也可以设置文本的排列方向。

其【方向】命令中所包含的5种选项的具体含义如表4-1所示。

图4-10　制作侧栏

表4-1　【方向】选项

| 按钮 | 选项 | 功能 |
| --- | --- | --- |
|  | 逆时针角度 | 表示文本将按逆时针旋转 |
|  | 顺时针角度 | 表示文本将按顺时针旋转 |
|  | 竖排文字 | 表示文本将以垂直方向排列 |
|  | 向上旋转文字 | 表示文本将向上旋转 |
|  | 向下旋转文字 | 表示文本将向下旋转 |

### 3. 美化表格

为了突出表格中的文本标志，也为了增加表格的美观性，还需要设置表格的文本格式、边框格式与底纹样式。

❏ **设置文本格式**

首先，需要设置文本的字体颜色。选择除侧栏文本之外的所有文本，执行【开始】|【字体】|【字体颜色】|【其他颜色】命令。在弹出的【颜色】对话框中，选择【标准】选项卡中相应的色块即可，如图4-11所示。

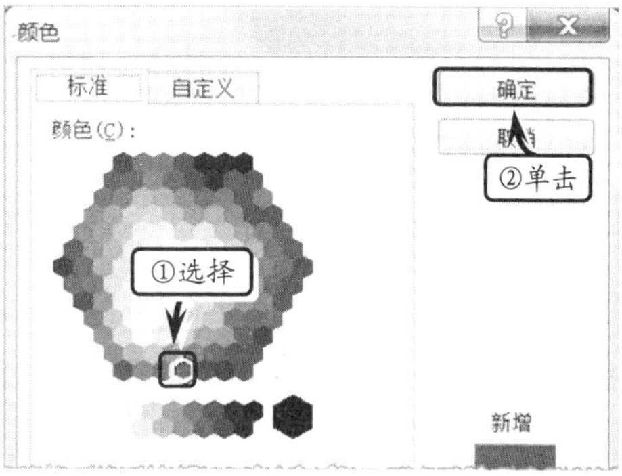

**提 示**

用户还可以在【自定义】选项卡中，根据需要自定义RGB颜色或HSL颜色。

图4-11　设置字体颜色

然后，开始设置文本的字体样式。同时选择表头、表格正文与表尾中的文本，执行【开始】|【字体】|【字体】|【黑体】命令。最后，还需要设置文本的对齐格式。选择表格的正文部分，执行【开始】|【对齐方式】|【居中】命令即可，如图4-12所示。

❏ **设置边框格式**

首先，选择单元格区域B8:F10，执行【开始】|【字体】|【边框】|【外侧框线】命令。然后，同

图4-12　设置字体样式

时选择单元格区域A5:F7、A8:A10与A11:F12，执行【边框】|【所有框线】命令，如图 4-13 所示。

❑ 设置底纹样式

选择合并后的单元格 A14，右击执行【设置单元格格式】命令。在弹出的【设置单元格格式】对话框中，激活【填充】选项卡，单击【图案颜色】下拉按钮，在其下拉列表中选择相应的色块。同时，单击【图案样式】下拉按钮，在其下拉列表中选择相应的图案即可，如图 4-14 所示。

图 4-13 设置边框格式

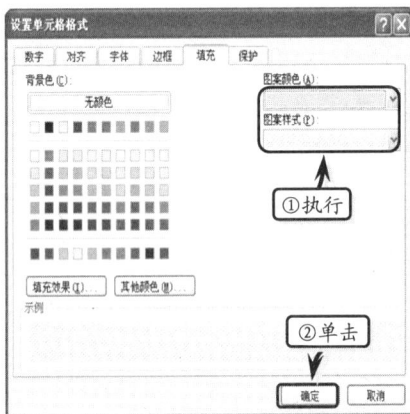

图 4-14 设置底纹样式

## 4.2.2 制作结算凭证联

结算凭证联是用于记录借款人核销、交回与尚欠金额信息的表格，该联是财务人员做账的依据。其制作方法与付款凭证联的制作方法基本相同，主要使用 Excel 2010 中的设置文本格式、插入形状及设置边框格式等功能。

### 1．制作基本信息部分

基本信息部分主要记录借款人姓名、日期、金额及用途等基本信息。首先，在单元格 J1 中输入"编号"文本，在文本后插入一个"直线"形状，并设置形状的长度与样式。然后，在单元格区域 I3:I6 中分别输入其他文本，选择所有文本并执行【开始】|【对齐方式】|【右对齐】命令。最后，在文本后面分别插入"直线"形状，设置形状的长度与样式即可，如图 4-15 所示。

### 2．制作金额记录部分

首先，在单元格区域 I7:I14 中分别输入表格内容。合并单元格区域 J7:K7，移动鼠标至单元格 K7 右下角，当鼠标变为"十"字形状时，向下拖动鼠标合并其他相同区域的单元格，如图 4-16 所示。

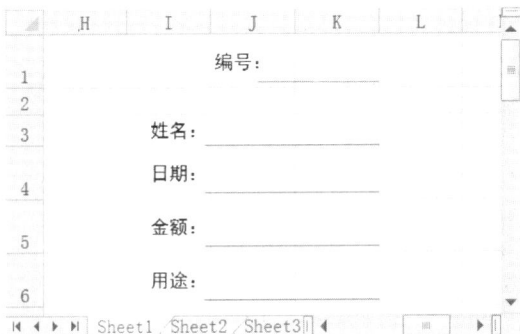

图 4-15 制作基本信息

然后，选择单元格 I7，执行【开始】|【对齐方式】|【自动换行】命令。右击鼠标执行【设置单元格格式】命令，在【边框】选项卡中的【预置】选项组中选择【外边框】选项。同时，在【边框】选项组中执行相应的斜线选项，如图 4-17 所示。

在【边框】选项卡中，主要包含下列 3 种选项。

□ 线条 用于设置线条的样式与颜色，在【样式】列表框中一共包含 14 种线条样式，可以根据需要进行相应的选择。在【颜色】下拉列表中，可以设置线条的主题颜色、标准色与其他颜色。

□ 预置 用于设置单元格的边框类型，包含无、外边框和内部 3 种选项。当启用【外边框】选项时，可为所选的单元格区域添加外侧框线；启用【内部】选项时，可为所选单元格区域添加内部框线；启用【无】选项时，可删除已添加的边框。

□ 边框 用于设置单元格的上框线、中间框线、下框线及斜线框线等 8 种边框样式。

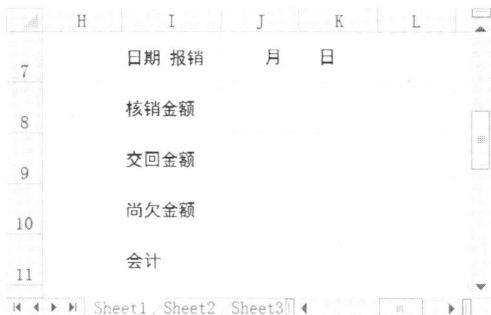

图 4-16 制作表格文本

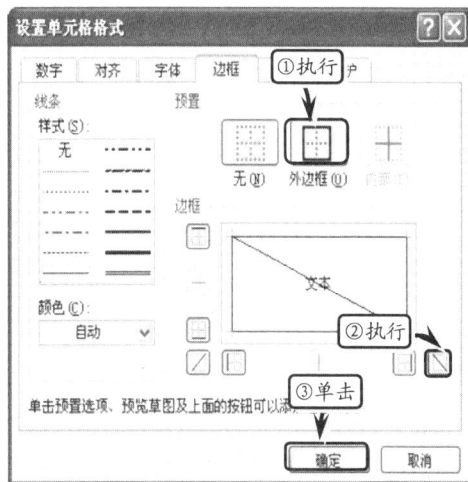

图 4-17 设置斜线表格

设置完斜线之后，在编辑栏中将光标定位在第 1 个字符前面，按下空格键调整字符的位置，使用同样的方法调整其他字符的位置。最后，同时选择单元格区域 J7:K7 与 I8:K14，执行【开始】|【字体】|【边框】|【所有框线】命令，如图 4-18 所示。

### 3. 添加骑缝线

骑缝线是用来盖骑缝章的位置。选择 H 列，右击执行【插入】命令，插入一个空列。调整列宽，并在空行中插入一个垂直的"直线"形状。选择形状，执行【格式】|【形状样式】|【其他】|【细线-强调

图 4-18 设置边框格式

颜色2】命令，同时执行【形状样式】|【形状轮廓】|【虚线】|【短划线】命令，如图4-19所示。

### 4. 美化表格

该表格的侧栏与付款凭证联的侧栏制作方法一致。在此，用户只需复制付款凭证联中的侧栏并修改其文本。另外，用户还需要设置文本的字体颜色。选择表格内除侧栏之外的所有文本，执行【开始】|【字体】|【字体颜色】命令，在其列表中选择相应的色块。同时，还需要选择表格内的所有文本，将【字体】设置为【黑体】，如图4-20所示。

图 4-19　添加骑缝线

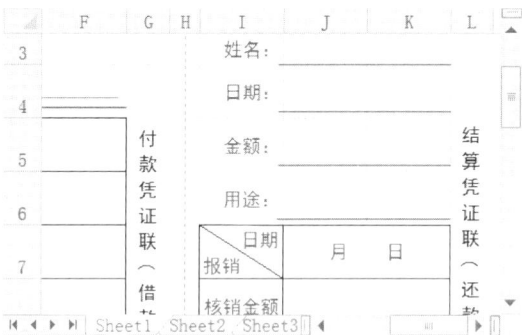

图 4-20　制作侧栏

## 4.2.3　制作结算回执联

结算回执联与结算凭证联的内容大体一致，主要用于记录借款人核销、交回与尚欠金额信息的表格，该联是借款人员的备留联，也是借款人的还款证明单。由于结算回执联与结算凭证联的内容与制作方法大体一致，所以用户只需复制结算凭证联表格与骑缝线，并修改侧栏文本即可，如图4-21所示。

最后，为了使表格具有整齐性，还需要在【视图】选项卡【显示/隐藏】选项组中，禁用【网格线】复选框，隐藏工作表中的网格线，如图4-22所示。

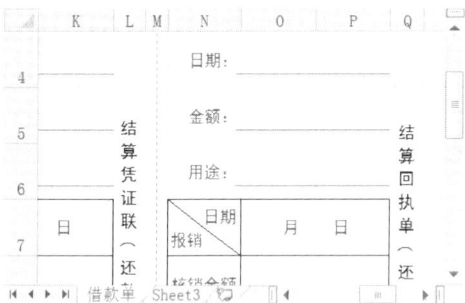

图 4-21　结算回执联

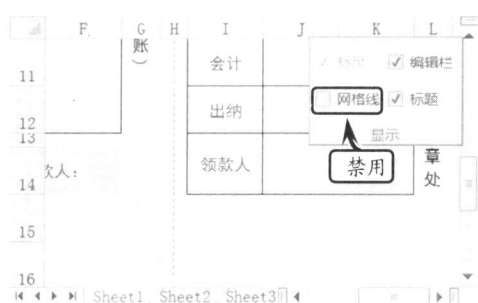

图 4-22　隐藏网格线

**提　示**

用户还可以通过禁用或启用【显示/隐藏】选项组中的【编辑栏】、【标题】或【消息栏】等复选框，来显示或隐藏工作表中的元素。

# 4.3　制作差旅费用报销单

差旅费用报销单是企业办公人员因公出差时报销出差费用的单据，属于企业常用财务单据之一。通过差旅费用报销单，不仅可以加强员工出差经费的控制与管理，而且还可以快速查看与分析差旅费的具体类别。另外，用户可以利用 Excel 2010 制作差旅费用报销单，并利用函数功能快速计算报销金额、补领金额及退还金额。

## 4.3.1 构建差旅费用报销单

在 Excel 2010 中，用户可以通过数据有效性、设置字体格式、设置数字格式及边框格式等功能，构建差旅费用报销单。

### 1. 构建框架

首先，将工作表的【行高】设置为"20"，并将工作表标签更改为"差旅费用报销单"。然后，在工作表中输入表格内容，并根据内容合并相应的单元格区域。最后，在单元格 A1 中输入表格标题，设置其字体格式并合并单元格区域 A1:Q1，如图 4-23 所示。

图 4-23 构建框架

### 2. 设置对齐格式

由于差旅费用报销单内容比较繁多，为了显示表格的整齐性，还需要设置表格文本的居中与自动换行等对齐格式。

❑ 设置居中格式

默认情况下，文本的对齐方式为左对齐，而数字为右对齐，逻辑值与错误值为居中对齐。选择除表头与表尾之外所有的单元格区域，执行【开始】|【对齐方式】|【居中】命令，如图 4-24 所示。

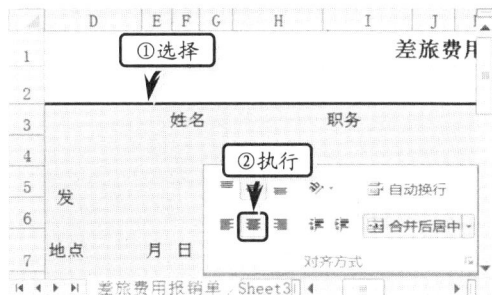

图 4-24 设置居中格式

在【对齐方式】选项组中，主要包括左对齐、居中、右对齐等 6 种对齐方式。其具体情况如表 4-2 所述。

表 4-2 对齐方式

| 按钮 | 名称 | 功能 |
| --- | --- | --- |
| ≡ | 左对齐 | 使所选单元格或单元格区域中的数据左对齐显示 |
| ≡ | 居中 | 使所选单元格或单元格区域中的数据居中显示 |
| ≡ | 右对齐 | 使所选单元格或单元格区域中的数据右对齐显示 |
| ≡ | 顶端对齐 | 使所选单元格或单元格区域中的数据沿单元格顶端对齐显示 |
| ≡ | 垂直居中 | 使所选单元格或单元格区域中的数据对齐文本上下居中显示 |
| ≡ | 底端对齐 | 使所选单元格或单元格区域中的数据沿单元格底端对齐显示 |

❑ 设置自动换行格式

当用户希望文本在单元格内以多行显示时，可以设置单元格格式为自动换行格式，

同时也可以输入手动换行符。首先，同时选择单元格 J7 与单元格 A14，执行【开始】|【对齐方式】|【自动换行】命令。然后，调整单元格的列宽与行高即可，如图 4-25 所示。

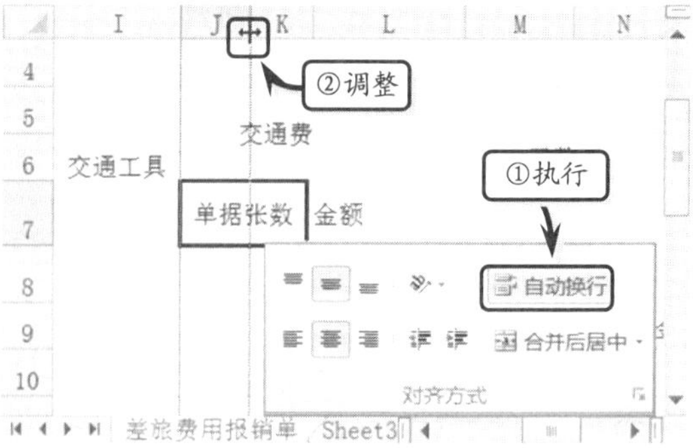


图 4-25　设置自动换行

**技　巧**

用户可右击执行【设置单元格格式】命令，在【对齐】选项卡中启用【自动换行】复选框。然后，设置单元格的行高与列宽即可设置文本的自动换行格式。

另外，用户也可以通过输入换行符来设置文本的自动换行格式。首先，双击单元格并单击需要断行的位置。然后，按下 Alt+Enter 组合键即可。

❑ 设置文本方向

默认情况下，文本的方向都以水平方向即从左到右进行显示。选择单元格 R3，执行【开始】|【对齐方式】|【方向】|【竖排文字】命令即可，如图 4-26 所示。

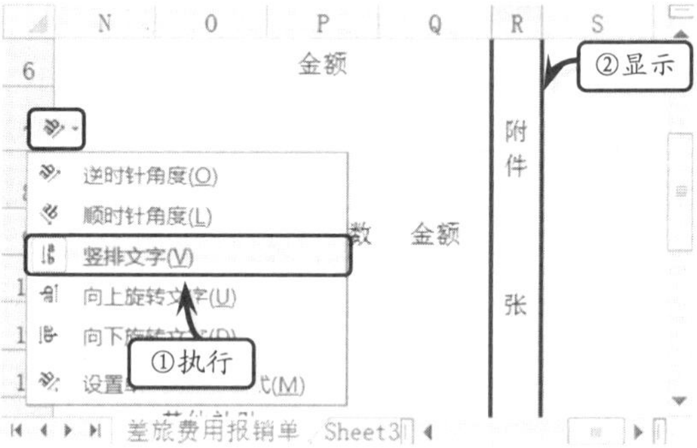


图 4-26　设置文字方向

### 3. 设置边框格式

为了突出差旅费用报销单的层次性，需要设置表格的边框格式。Excel 2010 在【开始】选项卡的【字体】选项组中，为用户提供了 13 种边框样式。首先，选择包含表格正文部分的所有单元格，执行【开始】|【字体】|【边框】|【所有框线】命令，如图 4-27 所示。

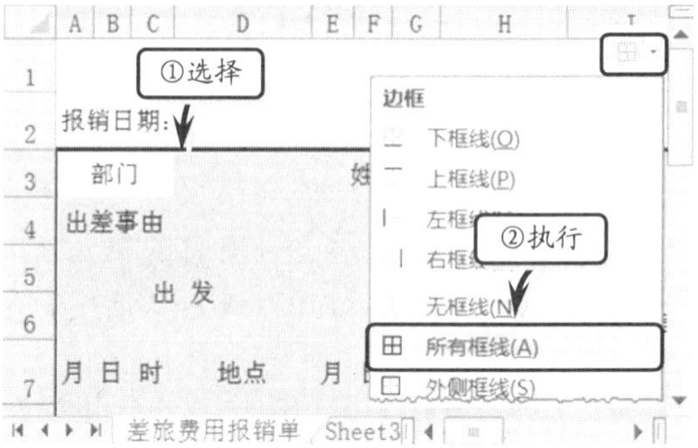


图 4-27　设置所有狂想个数

然后，为表格正文中不同内容的单元格区域设置特殊的外边框。选择单元格区域 A3:Q4，执行【边框】|【粗匣框线】命令。使用同样的方法，分别为其他单元格区域添加粗匣框线，如图 4-28 所示。

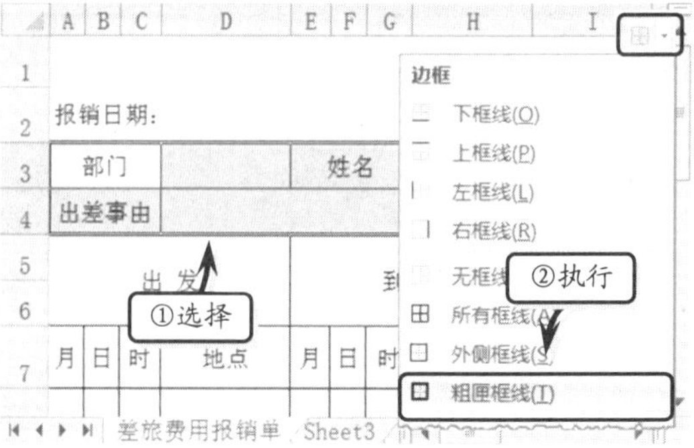


图 4-28　设置边框格式

**技　巧**

用户可通过执行【边框】命令中的【其他边框】命令，或右击鼠标执行【设置单元格格式】命令，在【边框】选项卡中设置边框的样式、线条类型与颜色。

#### 4. 设置数据有效性

使用数据有效性可以控制用户输入到单元格的数据或值的类型，可以防止用户输入无效数据。

❏ 设置有效性条件

有效性条件是指设置单元格的输入限制值。首先，选择单元格 D3，执行【数据】|【数据工具】|【数据有效性】|【数据有效性】命令。在【设置】选项卡【有效性条件】选项组中，将【允许】选项设置为"序列"，并在【来源】文本框中输入相应的文本，如图 4-29 所示。使用同样的方法，为单元格 J3 添加有关职务名称的数据有效性功能。

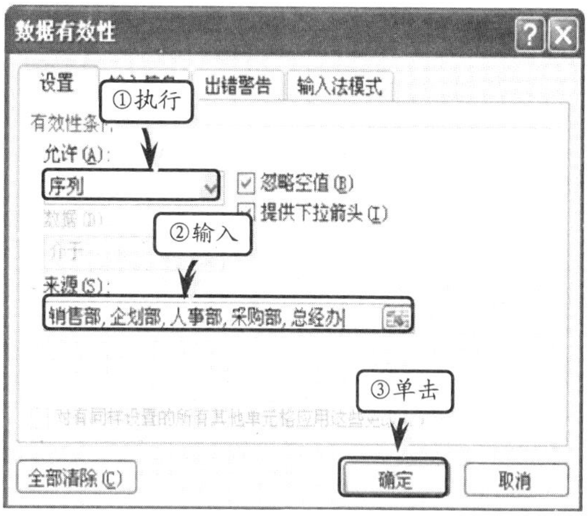

**图 4-29** 设置数据有效性

---

**提 示**

用户可通过单击对话框中的【全部清除】按钮，来清除已设置的数据有效性功能。

---

在【允许】下拉列表中主要包括序列、整数、小数等 8 种选项，其每种选项相关信息及功能如表 4-3 所示。

**表 4-3** 【允许】选项

| 选项 | 功能 |
| --- | --- |
| 任何值 | 该选项为默认选项，表示未使用数据有效性，可输入任何值 |
| 整数 | 表示将数据输入限制为整数，在【数据】列表中选择限制类型，并输入最大值、最小值或特定值，还可以输入返回数值的公式 |
| 小数 | 表示将数据输入限制为小数，在【数据】列表中选择限制类型，并输入最大值、最小值或特定值，还可以输入返回数值的公式 |
| 序列 | 表示可将数据输入限制为下拉列表中的值，可在"来源"文本框中输入文本，并以逗号进行分割。只有当启用【提供下拉箭头】选项时，才会在单元格中显示下拉按钮 |
| 日期 | 表示可将数据输入限制为某时段内的日期，在【数据】列表中选择限制类型，并输入允许的开始日期、结束日期或特定日期，还可以输入返回日期的公式 |
| 时间 | 表示可将数据输入限制为某时段内的时间，在【数据】列表中选择限制类型，并输入允许的开始时间、结束时间或特定时间，还可以输入返回时间的公式 |
| 文本长度 | 表示可将文本输入限制为指定长度，在【数据】列表中选择限制类型，并输入最小文本长度、最大文本长度或特定长度的文本，还可以输入返回数值的公式 |
| 自定义 | 表示使用公式计算允许输入的内容，在【公式】文本框中输入计算结果为逻辑值的公式 |

❏ 设置出错警告

当用户为单元格设置有效数据后，为了提醒其他用户输入有效的数据，可以设置提示信息与出错警告。在【数据有效性】对话框中，激活【出错警告】选项卡。在【样式】下拉列表中选择相应的选项，并在【标题】与【错误信息】文本框中输入提示信息即可，如图 4-30 所示。

另外，在【样式】下拉列表中主要包括停止、警告与信息 3 种选项，其具体功能如下所述。

❑ **停止** 该选项用于阻止用户在单元格中输入无效数据，在弹出的该提示信息对话框中具有"重试"与"取消"2 种选项。

❑ **警告** 在用户输入无效数据时会发出警告，但不会禁止用户输入无效数据。在弹出的提示信息对话框中，可通过执行【是】选项接受无效输入，通过执行【否】选项编辑无效输入，通过执行【取消】删除无效输入。

图 4-30　设置出错警告

❑ **信息** 用于通知用户输入了无效数据，但不会阻止用户输入无效数据，该类型的出错警告是最灵活的一种类型。用户可在弹出的信息提示对话框中，通过执行【确定】选项接受无效值，或通过执行【取消】选项拒绝无效值。

**提 示**

当用户在单元格中通过复制或填充方式输入数据、利用公式计算出的无效数据或宏在单元格中输入无效数据时，不会出现提示或警告信息。

## 4.3.2 计算差旅费用

Excel 2010 的最大功能便是计算功能，用户可通过使用 Excel 2010 中自带的函数功能，来计算报销金额、补领金额、退还金额等数据。

### 1. 计算报销金额

首先，选择合并后的单元格 E15，单击编辑栏中的【插入函数】按钮，在弹出的【插入函数】对话框中，选择【或选择类别】下拉列表中的【数学与三角函数】选项，并在【选择函数】列表框中选择【SUM】选项，如图 4-31 所示。

**提 示**

当用户不清楚某个函数的具体类别时，可通过选择【或选择类别】下拉列表中的【全部】选项，在所有函数中选择需要的函数。

图 4-31　选择函数

然后，在弹出的【函数参数】对话框中，单击【Number1】文本框后面的折叠按钮，在工作表中选择相应的单元格，再次

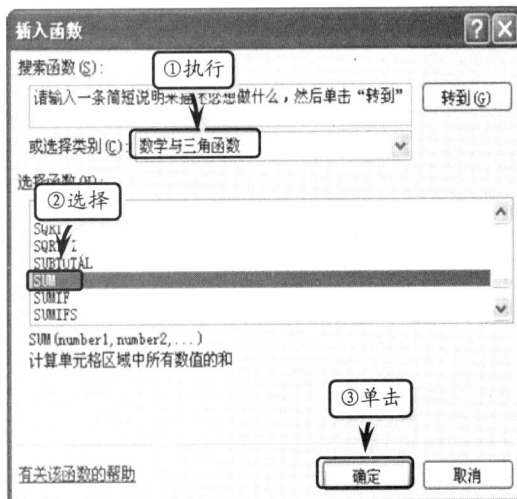

单击折叠按钮圈返回到【函数参数】对话框中。使用同样的方法，设置其他参数，如图4-32所示。

最后，还需要设置报销金额的数字格式。选择单元格 E15，执行【开始】|【数字】|【数字格式】|【会计专用】命令，如图 4-33 所示。

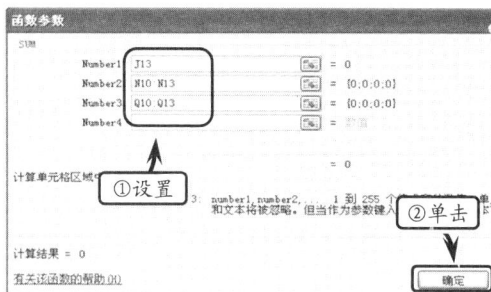

图 4-32 设置参数

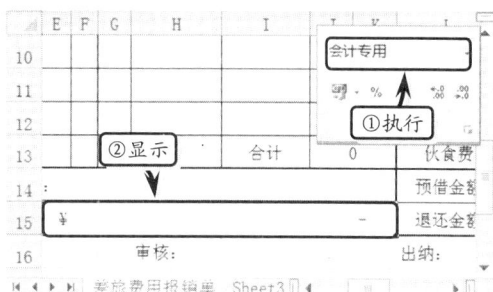

图 4-33 设置数字格式

【数字格式】命令中的各种图标名称与示例如表 4-4 所示。

表 4-4 【数字格式】选项

| 图标 | 选项 | 示例 |
|---|---|---|
| ABC 123 | 常规 | 无特定格式，如 123 |
| 12 | 数字 | 123.00 |
| | 货币 | ￥123.00 |
| | 会计专用 | ￥123.00 |
| | 短日期 | 2010-5-15 |
| | 长日期 | 2010 年 1 月 15 日 |
| | 时间 | 12:36:02 |
| % | 百分比 | 1% |
| ½ | 分数 | 1/2、1/3 |
| 10² | 科学计数 | 0.11e+02 |
| ABC | 文本 | 北京 |

### 2. 计算补领与退还金额

由于员工在出差之前需要跟财务处预借出差费用，所以在报销出差费用时，需要根据预借金额与报销金额计算补领与退还金额。选择单元格 M15，在编辑栏中输入计算公式，按下 Enter 键完成公式的输入，如图4-34 所示。该公式表示，当单元格 M14 中的数值减单元格 E15 中的数值大于零时，返回单元格 M14 减单元格 E15 中的数值的绝对值，否则返回空值。

选择单元格 P14，在编辑栏中输入计算公式，按下 Enter 键完成公式的输入，如图4-35 所示。该公式表示，当单元格 M14 中的数值减单元格 E15 中的数值小于零时，返

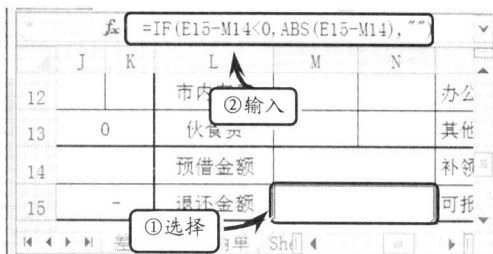

图 4-34 计算退还金额

回单元格 M14 减单元格 E15 中的数值的绝对值，否则返回空值。

公式中的 IF 函数用于判断是否满足某个条件，如果满足返回一个值，否则返回另外一个值。用户可以使用 IF 函数对数值或公式进行条件检测，IF 函数的表达式为 "=IF（logical_test,value_if_true,value_if_false）"。其中，各参数的表达意思如下所述。

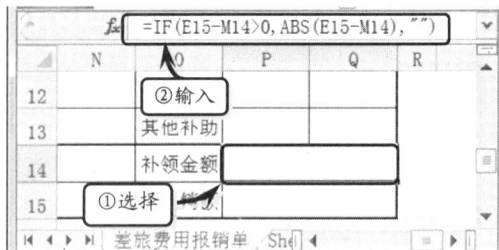

图 4-35　计算补领金额

- ❑ 参数 logical_test: 表示计算结果为 True 或 False 的任意值或表达式。
- ❑ 参数 value_if_true: 是 logical_test 为 True 时返回的值。
- ❑ 参数 value_if_false: 是 logical_test 为 False 时返回的值。

而公式的 ABS 函数用于返回数值的绝对值，该函数的语法为 "=ABS(number)"，其参数 number 表示为需要计算绝对值的数值。

### 3．计算可报销额

为了更好地控制出差费用，管理人员需要制定一系列的报销制度。选择单元格 P15，在编辑栏中输入计算公式，按下 Enter 键完成公式的输入，如图 4-36 所示。

其中，公式中的 "J3="职员"，IF(E15>2000,E15*0.8,E15)" 表示在单元格

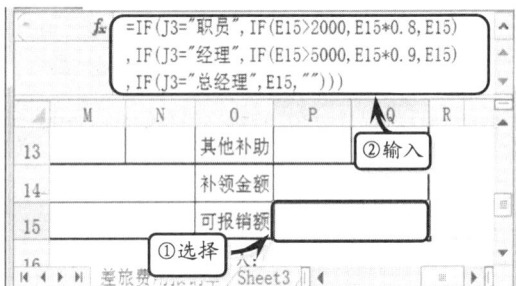

图 4-36　计算可报销额

J3 中的数据为 "职员" 时，且报销金额大于 2000 时，将按报销金额的 80% 进行计算，否则，将返回实际报销金额；公式中的 "IF(J3="经理",IF(E15>5000,E15*0.9,E15))" 表示当单元格 J3 中的数据为 "经理" 时，且报销金额大于 5000 时，将按报销金额的 90% 进行计算，否则，将返回实际报销金额。公式中的 "IF(J3="总经理",E15,"")" 表示当单元格 J3 中的数据为 "总经理" 时，将返回实际报销金额。

## 4.4　分析日常费用统计表

日常费用统计表是根据一系列的费用单据建立的数据统计表，主要用于记录日常费用的支出情况。虽然用户可以利用手工制作的方法来记录各个部门的日常耗费，但是却无法自动计算数据，更无法灵活地分析与查看各部门日常费用的消耗情况。在本小节中，将利用 Excel 2010 建立日常费用统计表，并利用筛选、分类汇总、图表与数据透视表等工具多方位地分析与查看日常费用数据。

### 4.4.1　构建日常费用统计表（选读）⊙downloads\选读4.4.1 构建日常费用统计表

用户可以利用 Excel 2010 中的设置字体格式、数字格式与边框格式，以及数据有效性等功能，来构建日常费用统计表。具体内容参见本书配套光盘。

## 4.4.2 筛选费用统计表

Excel 2010 中的筛选功能可以帮助用户在众多数据中选择符合条件的数据，并删除无用数据，从而可以快速、准确地查找与显示目标数据。在本小节中，将按所属部门与出额 2 方面来筛选日常费用数据。

### 1. 按部门筛选

按部门筛选日常费用数据，是使用 Excel 2010 中的“自动筛选”功能来显示目标数据。自动筛选是一种简单快速的条件筛选，可以按列表值、按格式或者按条件进行筛选。首先，执行【数据】|【排序和筛选】|【筛选】命令，即可在列标题后面显示筛选按钮。然后，单击“所属部门”列标题后面的下拉按钮，在其下拉列表中禁用【全选】复选框，并启用相应部门即可，如图 4-37 所示。

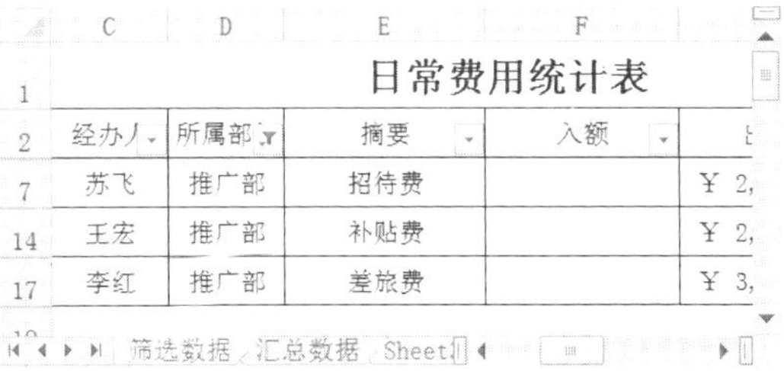


图 4-37 自动筛选

**技 巧**

用户可通过使用 Ctrl+Shift+L 组合键或通过执行【开始】|【编辑】|【排序与筛选】|【筛选】选项，启用“自动筛选”功能。

### 2. 按出额筛选

按出额筛选日常费用数据，是使用 Excel 2010 中的“高级筛选”功能来显示符合多个条件的目标数据。

❑ **制作筛选条件**

在表格下方的第2行中输入字段名称，该字段名称必须与日常费用统计表表格中的列标题字段名称一致。然后，在第 3 行中根据字段名称设置筛选条件，如图 4-38 所示。

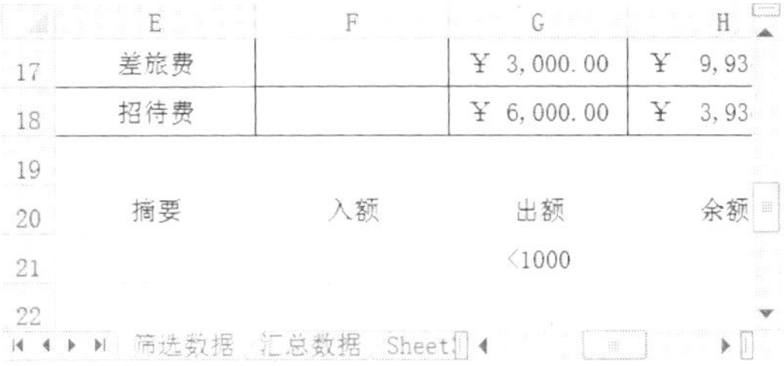


图 4-38 设置筛选条件

**提 示**

在制作筛选条件时，如果在同一行中输入多个筛选条件，则筛选结果必须同时满足多个条件。如果在不同行中输入多个筛选条件，则筛选结果只能满足其中任意一个条件。

❑ **设置筛选区域**

制作完筛选条件之后，用户便可以设置筛选区域，以显示符合条件的目标数据。首先，执行【数据】|【排序和筛选】|【高级】命令，弹出【高级筛选】对话框。然后，选中【将筛选结果复制到其他位置】选项，并设置条件区域与复制位置，如图 4-39 所示。

在【高级筛选】对话框中，主要包括下列几种选项。

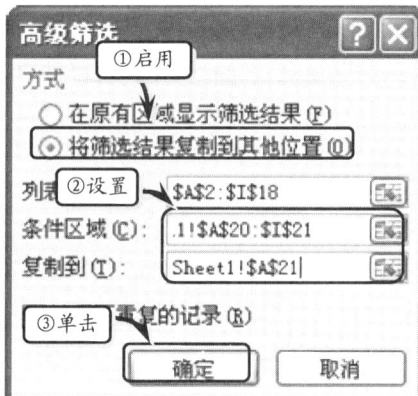
图4-39 设置筛选区域

- **在原有区域显示筛选结果** 表示筛选结果显示在原数据清单位置，原有数据区域将被覆盖。
- **将筛选结果复制到其他位置** 表示筛选后的结果将显示在指定的单元格区域中，与原表单并存。
- **列表区域** 用来设置筛选数据区域。
- **条件区域** 用来设置筛选条件区域，该区域为新制作的筛选条件区域。
- **复制到** 用来设置筛选结果的存放位置。
- **选择不重复的记录** 启用该选项，表示在筛选结果中将不显示重复的数据。

## 4.4.3 汇总费用统计表

汇总费用即通过 Excel 2010 中的"分类汇总"功能，使用系统自带的"求和"、"平均值"等函数对表格中的数据按类别进行汇总，从而帮助用户快速而有效地分析各类数据。在创建分类汇总之前，为了保证数据的原始性，需要对数据进行选择性粘贴、排序等一系列的处理。

### 1. 选择性粘贴

由于费用余额是通过公式计算的，为防止排序操作打乱公式，需要将公式转化为数值。首先，选择单元格区域 H3:H18，执行【开始】|【剪贴板】|【复制】命令。然后，选择单元格 H3，执行【剪贴板】|【粘贴】|【选择性粘贴】选项，在弹出的【选择性粘贴】对话框中，选中【数值】选项即可，如图4-40 所示。

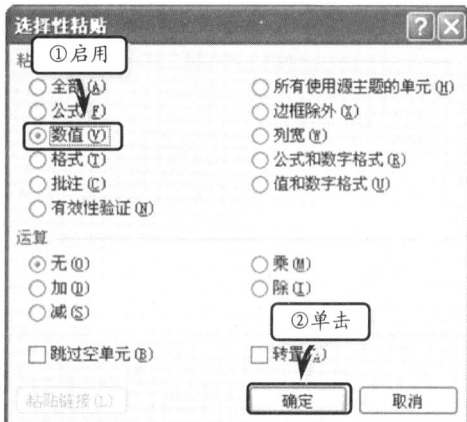
图4-40 选择性粘贴

> **提 示**
>
> 在【选择性粘贴】对话框中，启用【转置】复选框，可将所选数据进行行列转置。

### 2. 排序数据

选择【所属部门】列中的任意一个单元格，执行【数据】|【排序和筛选】|【升序】命令，将部门名称按类别进行排列，如图4-41 所示。

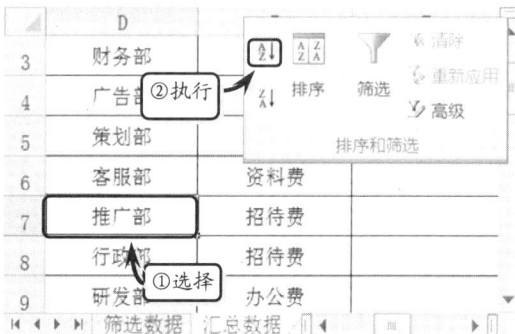
图4-41 排序数据

Excel 2010 中具有默认的排序顺序,在按照升序排序数据时,系统将使用下列排序顺序。

- ❑ **文本** 按汉字拼音的首字母进行排列。其中,当第一个汉字相同时,则按第二个汉字拼音的首字母排列。
- ❑ **数据** 从最小的负数到最大的正数进行排序。
- ❑ **日期** 从最早的日期到最晚的日期进行排序。
- ❑ **逻辑** 在逻辑值中,False 排在 True 之前。
- ❑ **错误** 所有错误值的优先级相同。
- ❑ **空白单元格** 无论是按升序还是按降序排序,空白单元格总是放在最后。

### 3.创建分类汇总

执行【数据】|【分级显示】|【分类汇总】命令,弹出【分类汇总】对话框。将【分类字段】设置为"所属部门",将【汇总方式】设置为"求和",并在【选定汇总项】列表框中启用【出额】选项,单击【确定】按钮即可显示分类后的数据,如图 4-42 所示。

然后,单击工作表左侧的 ➖ 按钮,可折叠数据行,只显示部门汇总数据,如图 4-43 所示。另外,单击工作表左侧的 ➕ 按钮,即可展开数据行。

**技 巧**

用户可以通过单击【分类汇总】对话框中的【全部删除】按钮,删除工作表中的分类汇总功能。

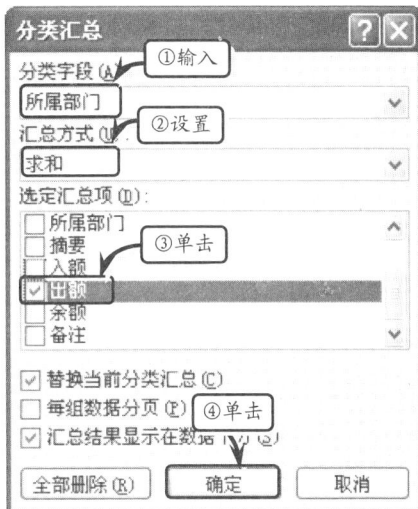

图 4-42 设置分类汇总参数

图 4-43 折叠数据

## 4.5 课堂练习:制作费用支出统计表

企业在运作过程中会产生一定的日常费用,为了有效控制并分析各部门的费用种类,也为了防止资金浪费,用户需要利用 Excel 2010 制作一份费用支出统计表。利用 Excel 2010 不仅可以制作单纯用于记录费用数据的统计表,而且还可以利用分析工具对费用支出数据进行多方位、交互式的动态分析,如图 4-44 所示。

图 4-44 费用支出统计表

**操作步骤**

1 设置行高与名称。单击【全选】按钮，右击执行【行高】命令，将【行高】设置为"20"。然后，双击工作表标签，更改工作表名称，如图 4-45 所示。

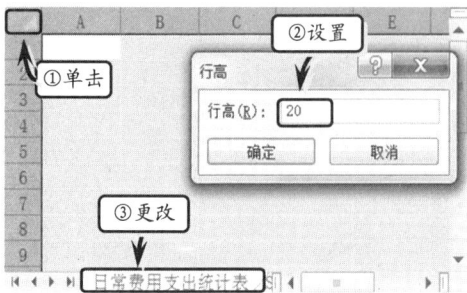

图 4-45　设置工作表

2 在工作表中输入列标题与表头文本，然后在单元格 A1 中输入表格标题，设置字体格式并合并单元格区域，如图 4-46 所示。

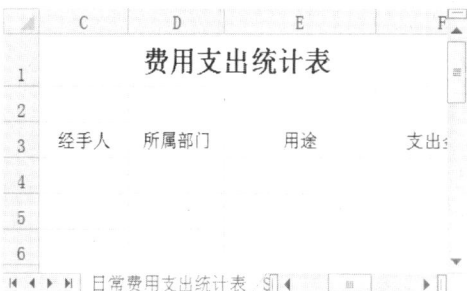

图 4-46　制作表格框架

3 选择【编号】列表下相应的单元格区域，执行【开始】|【数字】|【数字格式】|【文本】命令，使单元格中的数据可以显示前置 0，如图 4-47 所示。

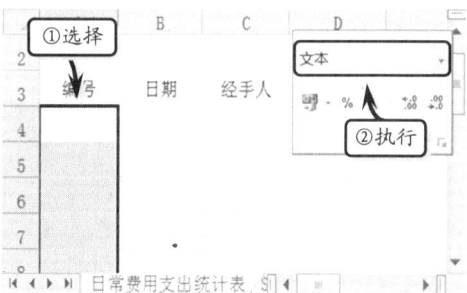

图 4-47　设置数字格式

4 选择【支出金额】列表下的单元格区域，单击【开始】选项卡【数字】选项组中的【对话框启动器】按钮，在【分类】列表框中选择【会计专用】选项，如图 4-48 所示。

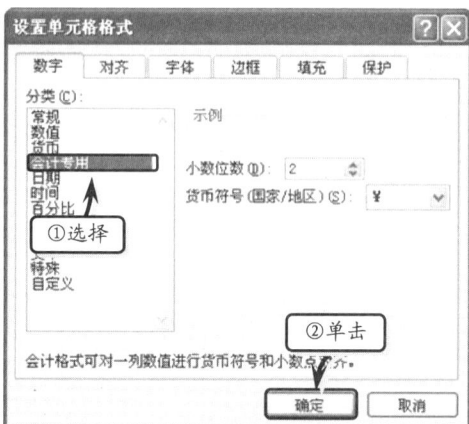

图 4-48　设置会计专用格式

5 选择【所属部门】列表下的单元格区域，执行【数据】|【数据工具】|【数据有效性】命令。分别设置【允许】与【来源】选项即可，如图 4-49 所示。

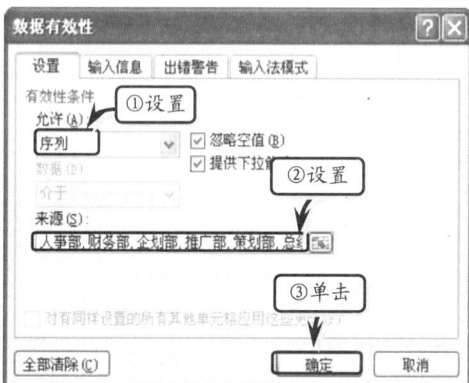

图 4-49　设置数据有效性

6 在表格中输入基本信息之后，选择单元格区域 A3:G20，执行【开始】|【对齐方式】|【居中】命令，并执行【字体】|【边框】|【所有框线】命令，如图 4-50 所示。

7 下面，利用函数返回当前月份。选择单元格 G2，在编辑栏中输入计算公式，按下 Enter

键完成公式的输入,如图 4-51 所示。

图 4-50 设置单元格格式

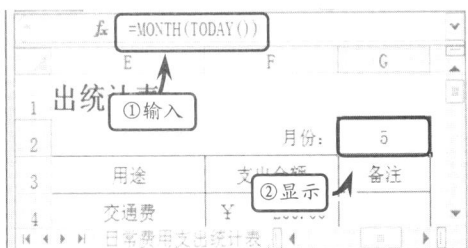

图 4-51 返回当前月份

8 分类汇总功能分析数据。复制工作表,选择
单元格区域 A4:G20,执行【数据】||【排序
和筛选】||【排序】命令。将【主要关键字】
设为"所属部门",如图 4-52 所示。

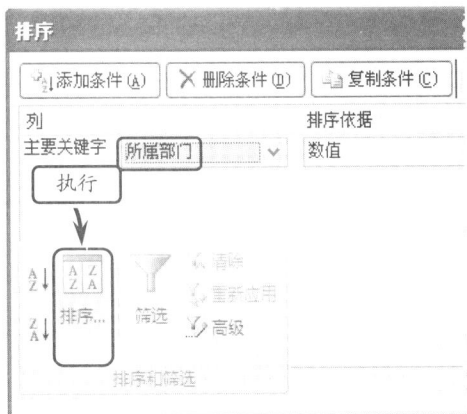

图 4-52 排序数据

9 选择单元格区域 A3:G20,执行【数据】||【分
级显示】||【分类汇总】命令。将【分类字段】
设置为"所属部门",并选择【选定汇总项】
列表框中的【支出金额】选项,如图 4-53
所示。

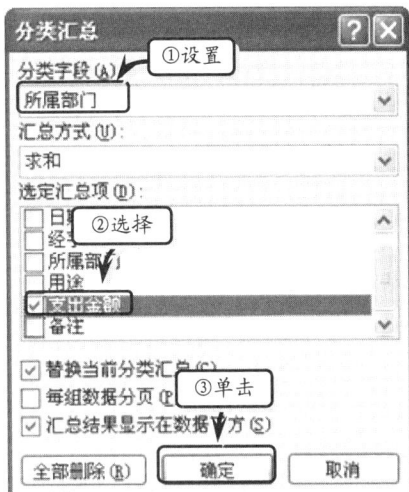

图 4-53 分类汇总

10 单击工作表左侧的折叠按钮 □ ,折叠数据
行。然后,选择所有的汇总数据。执行【插
入】||【图表】||【柱形图】||【簇状圆柱体】
命令,如图 4-54 所示。

图 4-54 选择图表类型

11 选择图表,执行【设计】||【图表样式】||【其
他】||【样式 36】命令,如图 4-55 所示。

图 4-55 设置图表样式

**12** 执行【格式】||【形状样式】||【其他】||【细微效果–橄榄色,强调颜色 3】命令,如图 4–56 所示。

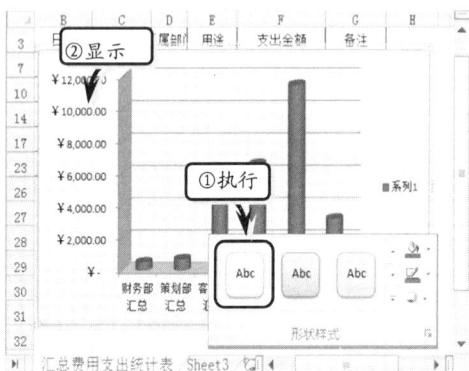

图 4–56 设置形状样式

**13** 执行【设计】||【类型】||【更改图表类型】命令,在弹出的对话框中选择【带数据标记的折线图】选项,如图 4–57 所示。

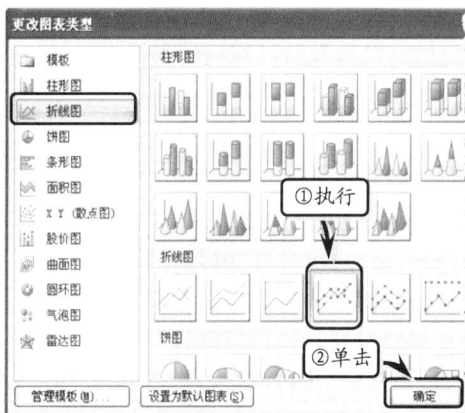

图 4–57 更改图表类型

**14** "数据透视表"功能分析数据。选择"日常费用支出统计表"工作表。执行【插入】||【表格】||【数据透视表】||【数据透视表】命令,如图 4–58 所示。

**15** 在弹出的【创建数据透视表】对话框中,设置数据透视表的单元格区域,并启用【新工作表】选项,如图 4–59 所示。

**16** 在【数据透视表字段列表】窗格中,将【所属部门】字段拖到【行标签】列表框中,将【用途】字段拖到【列标签】列表框中,将

【支出金额】拖到【数值】列表框中,如图 4–60 所示。

图 4–58 准备工作

图 4–59 设置参数

图 4–60 设置数据透视表字段

**17** 下面,设置数据透视表的显示样式。执行【设计】||【布局】||【报表布局】||【以表格形式显示】命令,如图 4–61 所示。

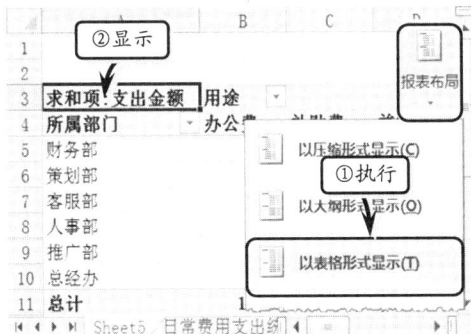

图 4-61　设置显示样式

图 4-62　设置值字段

**18** 执行【选项】|【活动字段】|【字段设置】命令，激活【值显示方式】选项卡，在【值显示方式】列表中选择【全部汇总百分比】选项，如图 4-62 所示。

# 4.6　课堂练习：分析日常费用数据

数据透视表是 Excel 中比较复杂的组件之一，它是一种交互式的动态报表，具备筛选、排序与分类汇总等功能。另外，还可以通过数据透视图直观地分析数据的差异性与趋势性，以及分析各部门费用使用的比重情况，如图 4-63 所示。

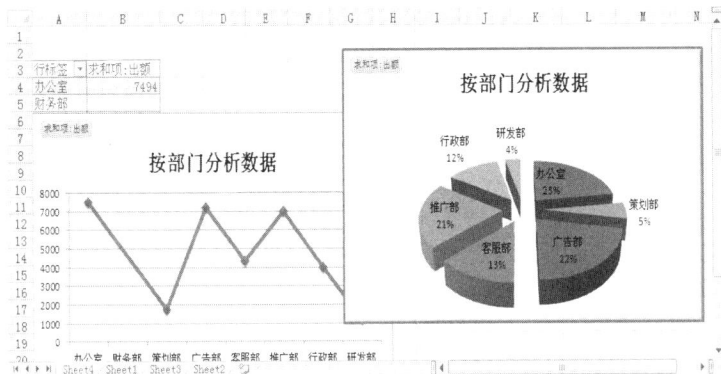

图 4-63　往来账目汇总表

**操作步骤**

**1** 创建数据透视表。打开"日常费用数据"表，执行【插入】|【表格】|【数据透视表】命令，设置数据透视表区域与放置位置，如图 4-64 所示。

**2** 在【数据透视表字段列表】窗格中，添加数据透视表字段，如图 4-65 所示

图 4-64　创建数据透视表

**图 4-65** 添加数据字段

**3** 执行【设计】|【数据透视表样式】|【其他】|【数据透视表样式浅色 26】命令，如图 4-66 所示。

**图 4-66** 设置数据透视表样式

**4** 执行【设计】|【数据透视表样式选项】|【镶边行】命令，为数据透视表添加镶边行，如图 4-67 所示。

**图 4-67** 设置镶边行

**5** 按时间分析数据。在【数据透视表字段列表】窗格中，禁用【摘要】字段，如图 4-68 所示。

**6** 执行【选项】|【计算】|【按值汇总】|【求和数】命令，按支出时间分析数据，如图 4-69 所示。

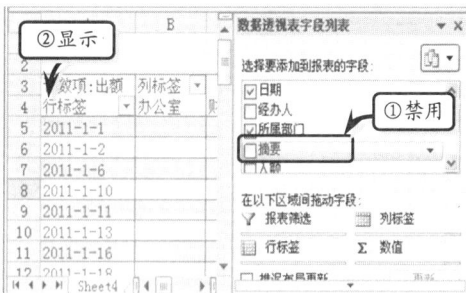

**图 4-68** 禁用字段

**图 4-69** 设置计算方式

**7** 按类别分析数据。在【数据透视表字段列表】窗格中，禁用【日期】字段，同时启用【摘要】字段，如图 4-70 所示。

**图 4-70** 设置显示字段

**8** 将【所属部门】字段拖到【报表筛选】列表框中，此时将在数据透视表的左上角显示筛选按钮，如图 4-71 所示。

**9** 单击【所属部门】筛选按钮，在其列表中选择【办公室】选项，并单击【确定】按钮，如图 4-72 所示。

**10** 创建数据透视图。设置【所属部门】字段，并执行【选项】|【工具】|【数据透视图】

命令，如图 4-73 所示。

图 4-71　添加筛选字段

图 4-72　按部分筛选数据

图 4-73　创建数据透视图

11　在弹出的【插入图表】对话框中，选择【簇状圆柱图】选项，并单击【确定】按钮，如图 4-74 所示。

12　折线图分析数据。禁用【摘要】复选框，并将【所属部门】字段拖到【轴字段】列表框中。执行【设计】|【类型】|【更改图表类

型】命令，选择【带数据标记的折线图】选项，如图 4-75 所示。

图 4-74　选择图表类型

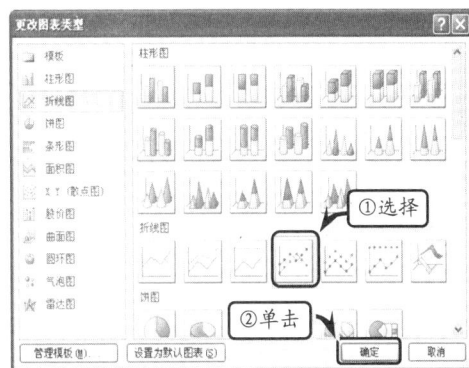

图 4-75　更改图表类型

13　执行【设计】|【图表样式】|【其他】|【样式 22】命令，设置图表的样式，如图 4-76 所示。

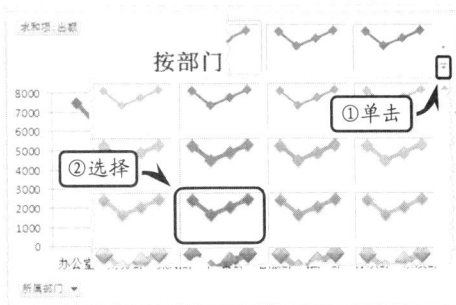

图 4-76　设置图表样式

14　分析费用比重。选择数据透视表，执行【选项】|【工具】|【数据透视图】命令，选择【分离型三维饼图】选项，如图 4-77 所示。

图 4-77 创建数据透视图

15 执行【设计】|【图表布局】|【布局 1】命令，设置图表的布局。然后，选择标题文本，将标题文本修改为"按部门分析数据"，如图 4-78 所示。

图 4-78 设置图表布局

16 执行【格式】|【形状样式】|【彩色轮廓-

红色，强调颜色 2】命令，设置图表的形状样式，如图 4-79 所示。

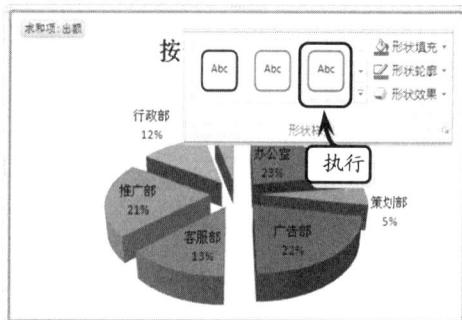

图 4-79 设置形状样式

17 执行【格式】|【形状样式】|【形状效果】|【棱台】|【圆】命令，设置图表的形状效果，如图 4-80 所示。

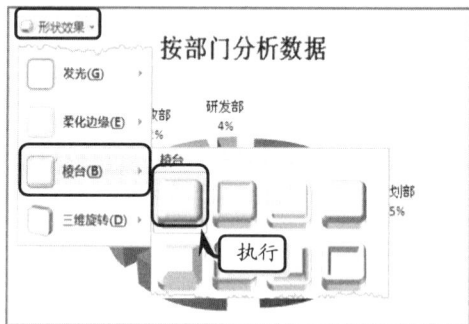

图 4-80 设置形状效果

# 4.7 思考与练习

### 一、填空题

1．在报销费用时，发票必须用_____发票联与报销联，_____、_____或_____不能作为报销单据。

2．报销单据时，需用_____、_____钢笔或签字笔填写。其中，大写金额需要用_____书写。

3．在工作表中绘制直线时，可以通过按住_____键，绘制垂直或水平直线。

4．在 Excel 2010 中，用户除了可以设置标准颜色之外，还可以在【颜色】对话框【自定义】选项卡中设置_____与_____模式的颜色。

5．用户还可以通过使用_____组合键的方法，为文本添加换行符。

### 二、选择题

1．执行【开始】|【对齐方式】|【方向】命令时，在其下拉列表中主要包括_____等选项。

A．竖排文字

B．水平文字

C．顺时针角度

D．向上选择文字

2．在设置单元格的数据有效性时，下列中的_____警告方式为系统自带的方式。

A．警告

B．出错

C．提示

D．帮助

3．在 Excel 2010 中，用户可以通过使用_____组合键，启用"自动筛选"功能。

A．Ctrl+L

B．Shift+L

C．Ctrl+Shift+L

D．Ctrl+Shift+H

4．Excel 2010 具有默认的排序顺序，下列说法错误的为_____。

A．文本是按照汉字的首字母进行排列

B．数据是从最小的负数到最大的正数进行排列

C．日期是从最早日期到最晚日期进行排列

D．逻辑值是 True 排在 False 之前

5．下列各项粘贴报销单的方法错误的是_____。

A．在粘贴报销单时，需要在粘贴单左边空出 2 公分的距离，用于装订

B．在粘贴报销单时，需要按照经济内容进行分类粘贴

C．对于很小的票据，可以粘贴在大票据上面

D．在粘贴报销单时，不可将票据集中粘贴在纸中间

### 三、问答题

1．简述设置高级筛选的操作方法。

2．简述报销凭证的填制要求。

### 四、上机练习

#### 1．制作原始单据粘贴单

在本练习中，将利用合并单元格、设置字体

格式、设置居中格式等基础操作知识，来制作一份原始单据粘贴单，如图 4-81 所示。首先，在工作表中输入表格内容与表格标题，设置文本的字体格式，根据文本内容合并相应的单元格区域。然后，选择表格所有内容，执行【开始】|【对齐方式】|【居中】命令，并执行【开始】|【字体】|【边框】|【所有框线】命令。最后，选择相应的单元格，执行【开始】|【字体】|【填充颜色】命令，在其下拉列表中选择相应的色块即可。

**图 4-81** 原始单据粘贴单

#### 2．制作会计凭证封面

在本练习中，将利用 Excel 2010 中的基础操作知识，制作一份会计凭证封面，如图 4-82 所示。首先，为了美观需要设置工作表的行高。然后，在工作表中输入表格标题与基本内容，合并标题行中相应的单元格区域，并在【字体】选项组中设置所有的字体格式。最后，在【对齐方式】选项组中，设置文本的【居中】对齐样式，并执行【开始】|【字体】|【边框】|【所有框线】命令。

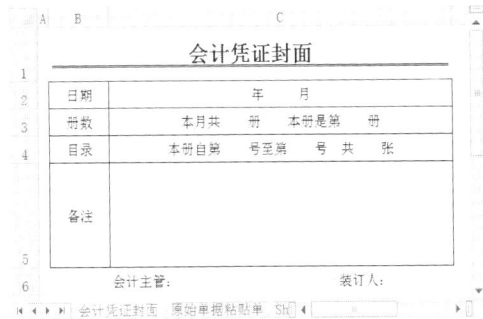

**图 4-82** 会计凭证封面

# 第 5 章

## 薪酬管理

企业运作中的薪酬管理是财务管理中的一个重要部分，也是财务管理中不可或缺的一项工作。对于通过手工做账的公司来讲，薪酬管理中的大量数据及复杂的计算，不仅使得财务人员忙得焦头烂额，而且还容易出现账目错误。因此，用户可通过 Excel 2010 中强大的数据处理功能，不仅可以解决上述问题，而且还可以详细地管理与分析薪酬数据，从而简化每个月必须重复进行的统计工作，达到一劳永逸的效果。

由于每个企业的薪酬管理制度各不相同，并且在遵照国家有关劳动人事管理的政策下，部分工资的基本构成项目、制定标准大致相同。因此，在本章中，将薪酬管理中的部分情况予以简化，仅在必备项目的基础上讲解薪酬管理的基础知识与操作技巧。

**本章学习目标：**

➢ 构建员工信息表
➢ 构建考勤统计表
➢ 构建业绩统计表
➢ 构建应扣应缴统计表
➢ 制作薪酬表
➢ 图表分析薪酬数据
➢ 数据透视表分析薪酬数据

# 5.1 薪酬管理概述

薪酬是员工向其所在的企业提供劳动而获得的各种形式的补偿，也是企业支付给员工的劳动报酬。而薪酬管理是对员工的薪资支付原则、薪酬策略、薪酬结构及薪酬构成进行决策、分配和调整的动态管理过程。在利用 Excel 2010 进行薪酬管理之前，用户还需要了解一下薪酬管理的内容与作用。

## 5.1.1 薪酬管理的内容

薪酬管理的实际运作中，主要包括以下 5 方面的内容。

- **目标管理** 为薪酬制作的总体目标，即服务于企业战略、满足员工需求等内容。
- **水平管理** 表示在制定薪酬体系时，应满足内部的一致性与外部的竞争性，并根据员工绩效、工作能力与行为态度进行动态调整。
- **体系管理** 不仅包括基础工资与绩效工资等基础管理，而且还包括员工的发展空间、职业预期与工作能力的管理。
- **结构管理** 主要包括划分合理的薪级与薪酬、确定合理的等级与等差，以及组织结构化与制定员工岗位等内容。
- **制度管理** 应合理制定薪酬管理制度，应遵循公开与透明性原则，使员工明确各自的工作内容。另外，还应明确薪酬管理的预算、审计与控制体系的建立与设计。

## 5.1.2 薪酬管理的原则

薪酬管理应为实现薪酬目标服务，所以在薪酬管理的过程中，应当遵循以下原则。

- **补偿性原则** 应当补偿员工为劳动所复出的代价，包括精神与物质方面的补偿代价。
- **公平性原则** 该原则为设计薪酬体系和进行薪酬管理的首要原则，应当遵循外部竞争、内部一致性的规律，达到薪酬的内部公平、外部公平、小组公平与个人公平。
- **透明性原则** 将薪酬方案公开，使员工明确薪酬设计体系。
- **激励性原则** 将员工的薪酬与员工的贡献挂钩，充分体现按劳按贡献分配的原则。
- **竞争性原则** 在制定薪酬体系时，应遵循企业核心人才的薪酬水平不应低于市场平均水平的原则，以利于吸引与留住人才。
- **经济性原则** 应遵循比较投入与产出效益的平衡性来制定薪酬体系，即员工的薪酬水平与员工的绩效挂钩。
- **合法性原则** 在制定薪酬制度时，应遵守国家的法律法规，不应违反国家法律法规。

# 5.2 构建基本表格

由于在制作薪酬表时需要引用多个数据表中的数据，因此在制作薪酬表之前，还需要建立员工信息表、考勤表、业绩表等基本表格。这样，财务人员在每个月末制作薪资表时，只需更改基础表格中的数据，便可以快速而准确地生成新的薪资表。

## 5.2.1 构建员工信息表

员工信息表是用来记录员工姓名、部门、职务等基本信息的表格，也是薪酬表中"基本工资"与"职位工资"的数据来源。

### 1. 构建信息表框架

构建信息表框架即制作员工信息表表格的标题与内容，以及设置表格的单元格格式。

❏ **设置工作表**

新建工作表，为了区分工作表中的数据内容，需要重命名工作表。即双击工作表标签"Sheet1"，将工作表标签的名称更改为"员工信息表"。同时，为了使工作表具有一定的美观性，还需要设置工作表的行高。即单击【全选】按钮，选择整个工作表。右击执行【行高】命令，将【行高】设置为"20"，如图5-1所示。

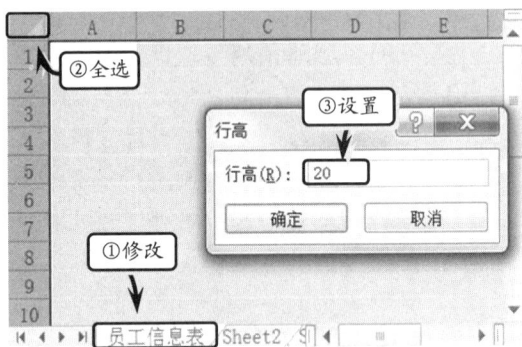

图 5-1 设置工作表

**技 巧**

用户也可以使用Ctrl+A组合键，快速选择整个工作表。

❏ **设置标题**

由于表格标题所占用的单元格数量是根据列标题的单元格数量而定的，所以在设置标题之前，需要先设置表格的列标题字段。首先，在表格的第2行中，分别输入表格的列标题字段。然后，在单元格A1中输入标题文本，合并单元格区域A1:K1，并在【开始】选项卡【字体】选项组中，设置标题文本的字体格式，如图5-2所示。

**提 示**

在设置字体格式时，用户也可以直接使用Ctrl+B组合键设置【加粗】格式，使用Ctrl+I组合键设置【倾斜】格式，使用Ctrl+U组合键设置【下划线】格式。

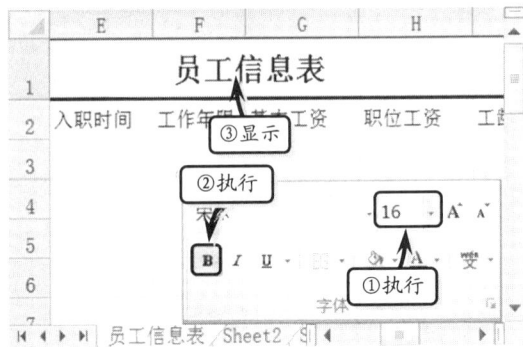

图 5-2 设置标题

❑ 设置单元格格式

设置单元格格式即设置单元格的对齐与边框格式。根据列标题字段选择相应的单元格区域，在此选择单元格区域 A2:K25，右击执行【设置单元格格式】命令，弹出【设置单元格格式】对话框。在【对齐】选项卡中，单击【水平对齐】下拉按钮，在其下拉列表中选择【居中】命令，如图 5-3 所示。

然后，激活【边框】选项卡，在【预置】选项组中选择【外边框】与【内部】选项，并单击【确定】按钮即可，如图 5-4 所示。

2. 输入基础数据

在输入基础数据之前，还需要设置部分单元格区域的数字格式。首先，选择单元格区域 A3:A25，执行【开始】|【数字】|【数字格式】|【文本】命令，如图 5-5 所示。

然后，同时选择单元格区域 G1:J25，单击【数字】选项组中的【对话框启动器】按钮。激活【数字】选项卡，在【分类】列表框中选择【货币】选项，如图 5-6 所示。最后，在工作表中输入员工信息表基础数据即可。

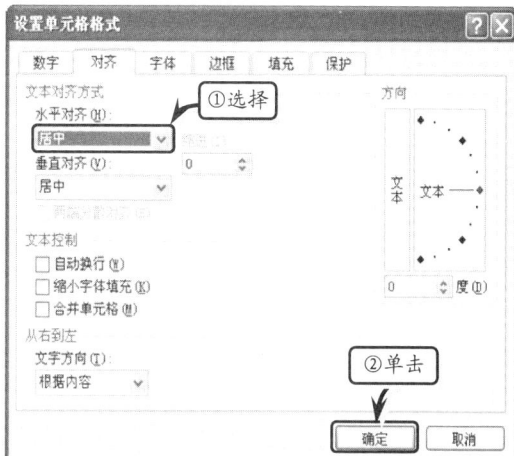
图 5-3 设置对齐方式

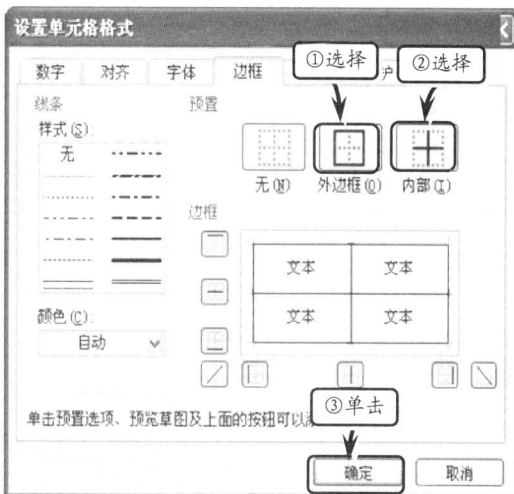
图 5-4 设置边框格式

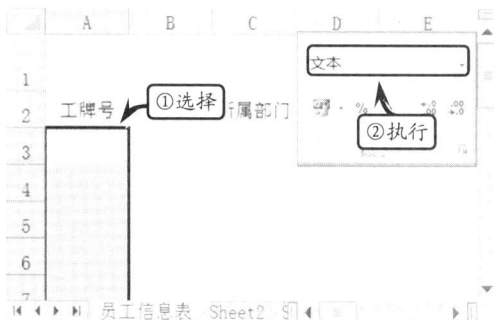
图 5-5 设置数字的文本格式

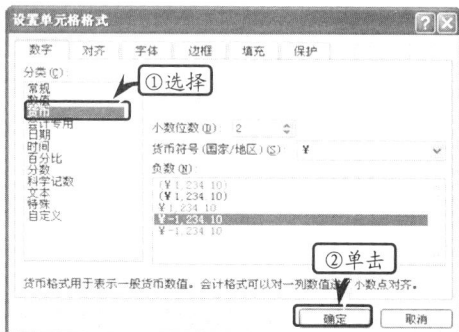
图 5-6 设置数字格式

**提 示**

用户也可以在【设置单元格格式】对话框中的【数字】选项卡中，选择【分类】列表框中的【自定义】选项，自定义数字格式。

### 3．计算工资额

计算工资额主要包括计算基本工资、职位工资、工龄工资以及合计额，由于工资额中包含工龄工资，所以在计算工资额之前需要先计算员工的工作年限。

❏ **计算工作年限**

选择单元格 F3，在编辑栏中输入计算公式，按下 Enter 键返回工作年限值，如图5-7 所示。

图 5-7 计算工作年限

> **提　示**
>
> 为了显示准确的年份值，用户还需要设置【工作年限】列表下单元格区域的数字格式，即将小数位数设置为"0"。

其中，DAYS360 函数表示按每年 360 天返回 2 个日期相差的天数，其表达式为"=DAYS360(start_date,ent_date,method)"。表达式中各参数的说明如下所述。

❏ 参数 start_date：表示计算日期的起始时间。

❏ 参数 ent_date：表示计算日期的终止时间。

❏ 参数 method：表示用于计算方法的逻辑值。False 或忽略表示使用美国方法，True表示使用欧洲方法。

TODAY 函数表示返回当前计算机中的日期，其表达式为"=TODAY（）"，该函数无参数。

FLOOR 函数表示将数值进行四舍五入计算，其表达式为" =FLOOR（number,significance）"。表达式中各参数的说明如下所述。

❏ 参数 number：表示要进行四舍五入的数值。

❏ 参数 significance：表示要进行舍入计算的倍数。

❏ **计算基本工资**

在企业的运作过程中，不同部门的基本工资额也不尽相同。例如，办公室人员的基本工资为"1000"元，而销售部人员主要依靠业绩来显示工作能力，所以其基本工资相对较低。因此，在计算基本工资时，用户需要根据不同的部门输入不同的数据，为了达到快速输入数据的功能，可以利用 Excel 2010 中的 IF 函数，根据部门名称返回相应的基本工资额。选择单元格G3，在编辑栏中输入计算公式，按下 Enter键返回基本工资，如图 5-8 所示。

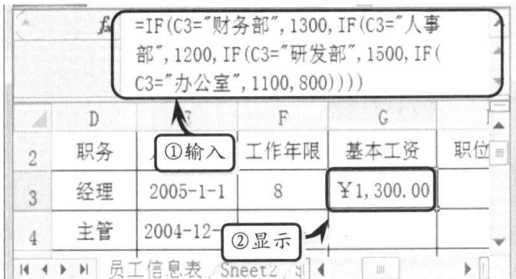
图 5-8 计算基本工资

> **提　示**
>
> IF 函数最多可以进行 64 级嵌套，当 IF 函数的任意参数为数组时，则 IF 会计算数组中的每一个元素。

❑ **计算职位工资**

职务工资与基本工资的性质大体一致，只不过职位工资根据职务的改变而改变。例如，经理的职位工资为"1500"，而主管的职位工资则为"1000"。选择单元格H3，在编辑栏中输入计算公式，按下 Enter 键返回职位工资，如图 5-9 所示。

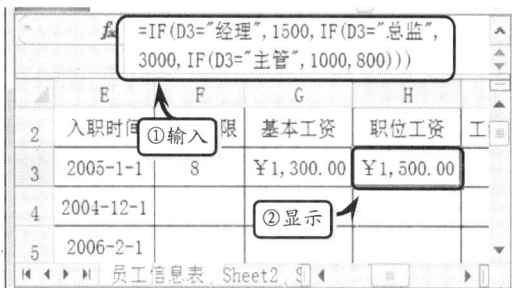

❑ **计算工龄工资**

工龄工资的计算依据是员工的工作年限。例如，当员工的工作年限小于 3 年时，工龄工资为"100"，等于 3 年时为"200"，而大于 4 年时为"500"。选择单元格 I3，在编辑栏中输入计算公式，按下 Enter 键返回工龄工资，如图 5-10 所示。

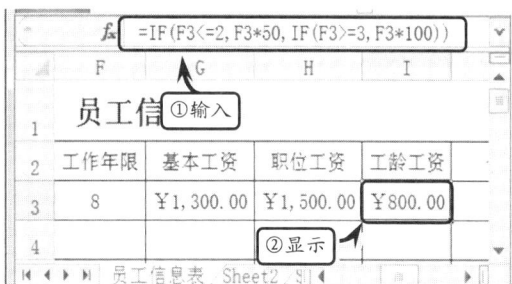

❑ **计算合计额**

选择单元格 J3，在编辑栏中输入计算公式，按下 Enter 键返回合计额。然后，选择单元格区域 F3:J25，执行【开始】|【编辑】|【填充】|【向下】命令，向下填充公式，如图 5-11 所示。

**提 示**

在填充公式时，可以选择单元格区域，将鼠标移至单元格区域的右下角，当鼠标变成"十"字形状时，向下拖动鼠标即可复制公式。

## 5.2.2 构建考勤统计表

考勤统计表是根据员工实际考勤数据统计而来，主要用于记录员工一定时期内的迟到、病假、事假等考勤信息。

### 1. 构建统计表框架

首先，重命名工作表并设置工作表的行高。在工作表第 2 行中输入表格的列标题，根据列标题设置工作表的标题。然后，复制"员工信息表"中的基础数据，并输入"事假"、"病假"与"早退迟到"数据，如图 5-12 所示。

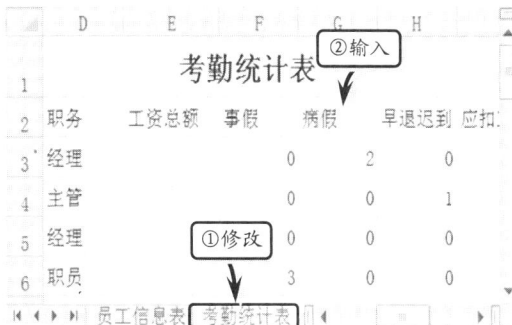

最后，还需要设置表格的单元格格式。选择表格内容所包含的所有单元格，执行

图 5-9　计算职位工资

图 5-10　计算工龄工资

图 5-11　填充公式

图 5-12　制作表格框架

【开始】|【对齐方式】|【居中】命令。同时，执行【开始】|【字体】|【边框】|【所有框线】命令，如图 5-13 所示。

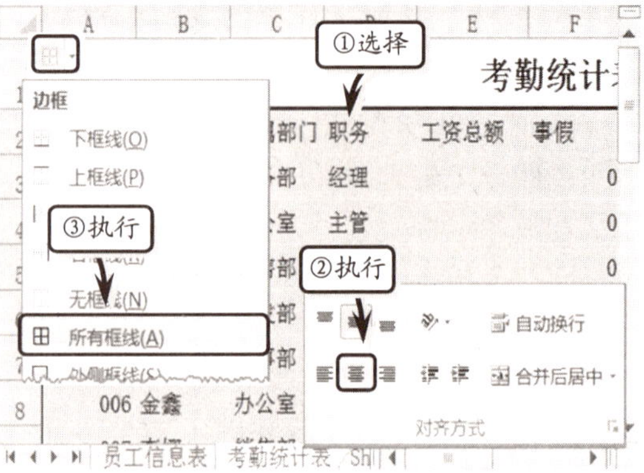

**提 示**

用户还可以通过执行 Excel 2010 中新增的【浮动工具栏】中的命令，来设置单元格的对齐与边框格式。

#### 2．计算应扣额

由于计算应扣额需要依据工资总额，所以在计算应扣额之前还需要利用 VLOOKUP 函数引用"员工信息表"中的工资合计额。

图 5-13　设置单元格格式

❑ **引用基本工资总额**

由于"工牌号"列中的数据格式为"文本"格式，所以在引用数据之前还需要将"工牌号"列中的数据转换为"数字"格式。选择"工牌号"列中的所有单元格，执行【开始】|【数字】|【数字格式】|【常规】命令。同时，单击【数字】选项组中的【对话框启动器】按钮。在【数字】选项卡【分类】列表框中，选择【自定义】选项，并在【类型】文本框中输入"00#"，如图 5-14 所示。

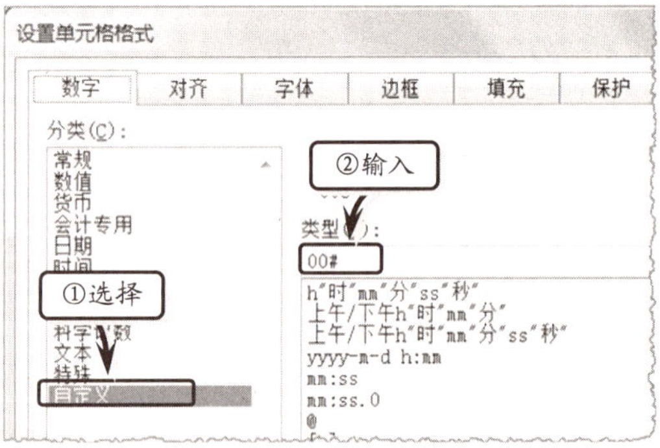

图 5-14　转换数字格式

**提 示**

用户还可以通过执行【开始】|【数据】|【数据格式】|【文本】命令，来显示前置 0 的数据格式。

选择单元格 E3，在编辑栏中输入计算公式，按下 Enter 键返回基本工资总额，如图 5-15 所示。使用同样的方法，计算其他基本工资总额。

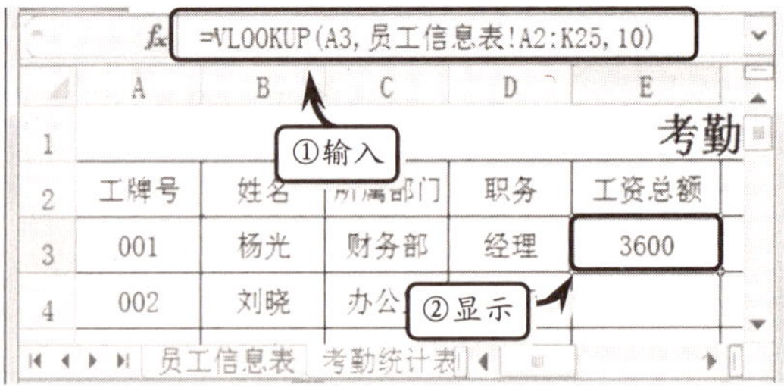

其中，VLOOKUP 函数表示在表格数组的首列查找指定的值，并由此返回表格数据当前行中其他列的值。表达式为 "=VLOOKUP（lookup_value,table_array,col_index_num, range_lookup）"。

图 5-15　引用基本工资总额

❑ 参数 lookup_value：表示需要在表格数组第一列中查找的数值。

❑ 参数 table_array：表示两列或多列的数组数据。

❑ 参数 col_index_num：表示 table_array 中待返回的匹配值列序号。

❑ 参数 range_lookup：表示逻辑值。

❑ 计算应扣额

选择单元格 I3，在编辑栏中输入计算公式，按下 Enter 键返回应扣额，如图 5-16 所示。使用同样的方法，计算其他应扣额。

该公式中的"(E3/22*F3)"表示按照每天工资额扣除事假工资；"(E3/22/2*G3)"表示按照每天工资的一半扣除病假工资；"IF(H3=1,H3*50,，IF(H3>1,H3*200))"表示当早退迟到次数为 1 次时，按每次 50 元进行扣除；当早退迟到次数超过 1 次时，按每次 200 元进行扣除。

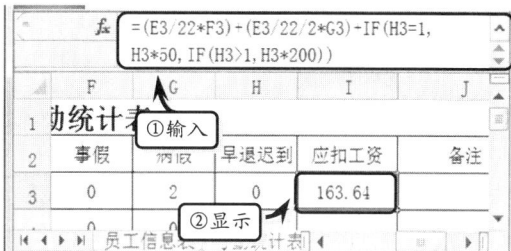

## 5.2.3 构建业绩统计表

业绩统计表是用于统计员工销售业绩的表格。首先，重命名工作表并设置工作表的行高。在工作表制作表格标题并输入基本信息。然后，设置表格单元格的对齐与边框格式，如图 5-17 所示。

选择单元格 F3，在编辑栏中输入计算公式，按下 Enter 键，返回业绩奖金额，如图 5-18 所示。使用同样的方法，计算其他员工的业绩奖金额。

**提 示**

用户可通过单击编辑栏中的【插入函数】按钮，在弹出的【插入函数】对话框中选择相应的函数即可。

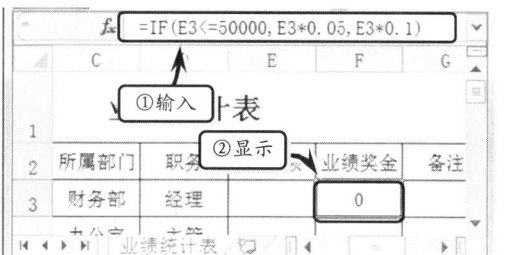

## 5.2.4 构建应扣应缴统计表

应扣应缴统计表是用于统计员工养老保险、医疗保险、失业保险等应扣工资额的表格。

### 1. 构建基本信息

首先，新建工作表，重命名工作表并设置工作表的行高。在工作表制作表格标题并输入基本信息。然后，设置表格单元格的对齐与边框格式，如图 5-19 所示。

图 5-16 计算应扣额

图 5-17 制作业绩统计表

图 5-18 计算业绩奖金额

图 5-19 制作统计表基本信息

### 2．计算应扣额

根据社会保险及住房公积金的缴纳比例，员工应个人支付 8%的养老报销费、2%的
医疗保险费、1%的失业保险费以及 8%的
住房公积金。选择单元格 F3，在编辑栏中
输入计算公式，按下 Enter 键，返回养老保
险额，如图 5-20 所示。利用同样的方法，
分别计算医疗保险、失业保险与住房公积
金额。

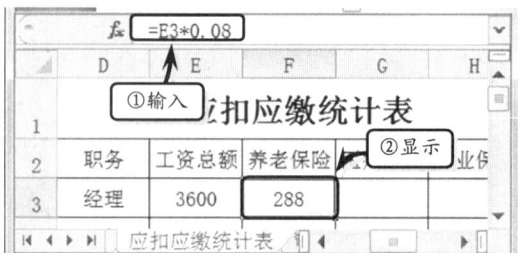

图 5-20　计算养老保险

### 3．计算合计额

最后，还需要计算应扣总额。选择单
元格 J3，在编辑栏中输入计算公式，按下
Enter 键返回合计额，如图 5-21 所示。选择
单元格区域 F3:J3，移动鼠标至单元格 J3
的右下角，当鼠标变为"十"字形状时，
向下拖动鼠标填充公式。

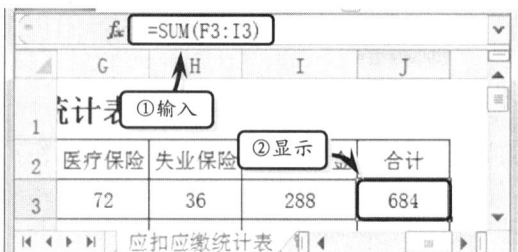

图 5-21　计算合计额

**提　示**

> SUM 函数用于计算单元格区域中所有数值的
> 和，其中单元格区域可以为连续的，也可以为不
> 连续的。

## 5.3　制作薪酬表

构建基本表格之后，便可以制作薪酬表了。薪酬表是记录员工工资基本信息以及应
付工资的表格，用户可利用 Excel 2010 中自带的函数功能，引用基本表格中的数据，并
根据引用数据计算员工应付工资额与实付工资额。

### 5.3.1　引用数据

引用数据即利用 Excel 2010 中的
VLOOKUP 函数，在薪酬表中返回基本信息总
额、考勤应扣额、业绩奖金等数据。

#### 1．构建薪资表框架

首先，新建工作表，重命名工作表并设置
工作表的行高。在工作表中制作表格标题并输入基本信息。然后，设置表格单元格的对
齐与边框格式，如图 5-22 所示。

图 5-22　构建薪资表

**提　示**

> 由于薪资表的框架结构与"员工信息表"的结构大体一致，其操作方法与步骤也大体一致，所以在
> 此将对构建薪资表框架的操作方法与步骤不做详细讲述。

2. 引用各项数据

选择单元格 E3，在编辑栏中输入计算公式，按下 Enter 键返回工资总额，如图 5-23 所示。

选择单元格 F3，在编辑栏中输入计算公式，按下 Enter 键返回考勤应扣额，如图 5-24 所示。

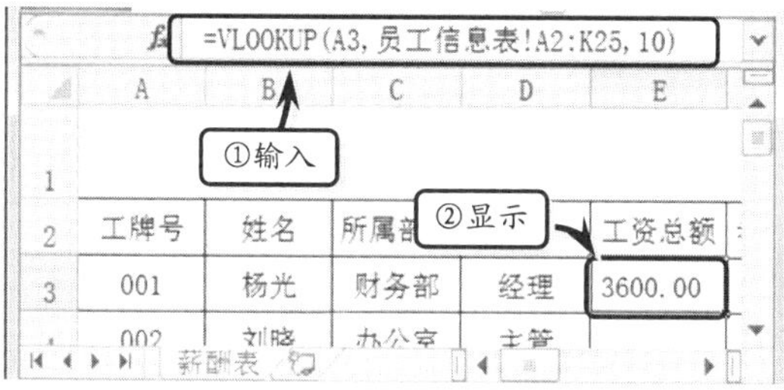


图 5-23 引用工资总额

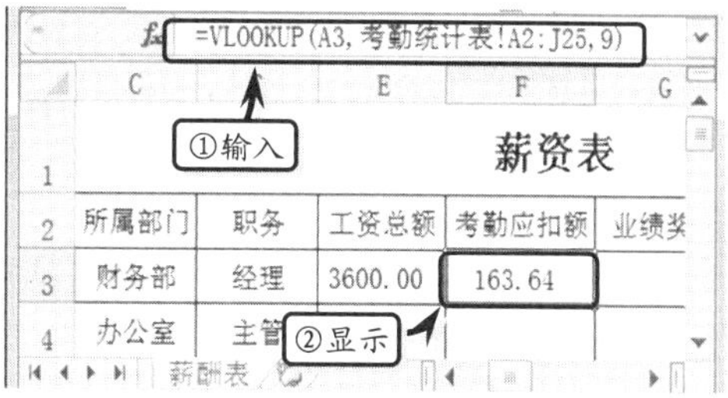


图 5-24 引用考勤应扣额

利用同样的方法，分别在单元格 G3 中输入"=VLOOKUP(A3,业绩统计表!A2:G25,6)"公式，在单元格 H3 中输入"=VLOOKUP(A3,应扣应缴统计表!A2:J25,10)"公式。然后，选择单元格区域 E3:H3，将鼠标移至单元格 H3 的右下角，当鼠标变为"十"字形状时，向下拖动鼠标填充公式，如图 5-25 所示。

**技　巧**

用户也可以选择单元格区域 E3:H25，执行【开始】|【编辑】|【填充】|【向下】命令，即可快速填充公式。

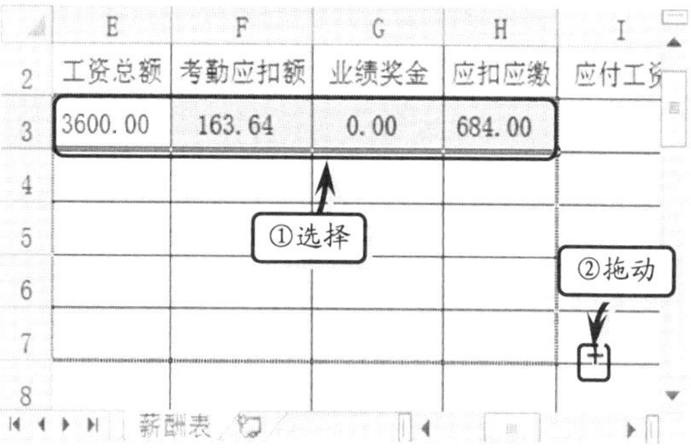


图 5-25 填充公式

## 5.3.2 计算工资数据

工资数据主要包括实付工资、应付工资与扣个税额，用户可利用简单的加减乘除运算来讲述实付与应付工资，利用 IF 函数来讲述扣个税额。

1. 计算扣个税额

按照国家统一税收标准，不同阶层的收入需要交纳一定的个人收入税。例如，工资为 5000~20000 的，应交纳其工资 20% 的个人税。在计算个税之前，首先应制作"个税标准"表格，以便于公式的引用，如图 5-26 所示。

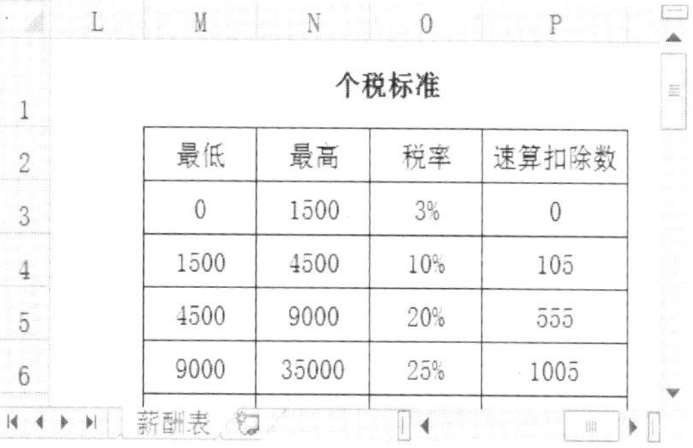

个税标准

| 最低 | 最高 | 税率 | 速算扣除数 |
| --- | --- | --- | --- |
| 0 | 1500 | 3% | 0 |
| 1500 | 4500 | 10% | 105 |
| 4500 | 9000 | 20% | 555 |
| 9000 | 35000 | 25% | 1005 |

图 5-26 个税标准表格

然后，选择单元格 J3，在编辑栏中输入计算公式，按下 Enter 键完成公式的输入，如图 5-27 所示。

**提 示：**

该公式表示当单元格 I3 中的数值大于 3500 时，系统将自动计算单元格 I3 与 3500 数据之间的差值，并根据"个税标准"列表中指定的列差值并扣除个税值。

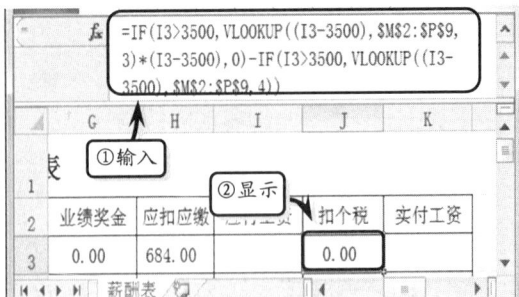

**图 5-27** 计算个税额

### 2. 计算实付与应付工资额

选择单元格 I3，在编辑栏中输入计算公式，按下 Enter 键完成公式的输入。然后，选择单元格 K3，在编辑栏中输入计算公式，按下 Enter 键完成公式的输入，如图 5-28 所示。最后，选择单元格区域 I3:K3，将鼠标移至单元格 K3 的右下角，当鼠标变为"十"字形状时，向下拖动鼠标填充公式。

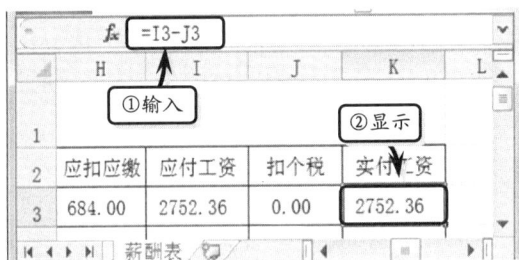

**图 5-28** 计算应付工资额

## 5.3.3 构建工资条

工资条是财务人员发放工资的依据，也是员工查看工资详细信息的凭据。构建薪酬表之后，财务人员便可以根据薪酬表中的数据，利用 VLOOKUP 函数自动生成工资条，为发放工资做好准备。

### 1. 制作工资条框架

首先，新建工作表，重命名工作表并设置工作表的行高。然后，根据薪资表制作工资条框架，并设置其对齐与边框格式，如图 5-29 所示。

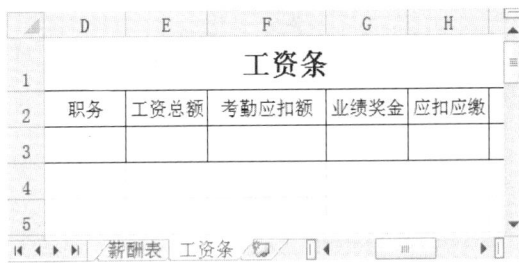

**图 5-29** 构建工资条框架

### 2. 创建工资条

在单元格 A3 中输入工牌号"001"，然后选择单元格 B3，在编辑栏中输入引用公式，按下 Enter 键返回工牌号对应的员工姓名，如图 5-30 所示。

选择单元格 C3，在编辑栏中输入引用公式，按下 Excel 键返回工牌号对应的部门

**图 5-30** 返回员工姓名

名称，如图 5-31 所示。使用同样的方法，分别在下列单元格中输入相应的公式。

**提 示**

该查找公式是根据员工编号，在"薪酬表"数据表中查找相同编号的部门信息。其中，A3 表示工资条内的员工编号；"薪酬表!$A$2:$K$25"表示所要查找的数据区域；3 表示需要在薪酬表数据区域内查找数据的具体列数。

最后，选择单元格区域 A1:K3，将鼠标移至单元格 K3 右下角，当鼠标变为"十"字形状时，向下拖动鼠标即可返回其他工牌号对应的工资数据，如图 5-32 所示。

## 5.3.4 打印工资条

制作完工资条之后，用户还需要将工资条打印出来，裁剪并与工资一起装于工资袋中。在打印工资条之前，为了规范且整齐的打印，还需要设置工作表的页面设置、页眉页脚等页面格式，以及打印范围、打印份数等打印格式。

### 1. 设置纸张方向

在【页面布局】选项卡【页面设置】选项组中，单击【对话框启动器】按钮，弹出【页面设置】对话框。激活【页面】选项卡，选中【方向】选项组中的【横向】选项，如图 5-33 所示。

**提 示**

在【页面布局】选项卡【页面设置】选项组中，执行【纸张方向】下拉列表中相应的选项，也可以设置打印的纸张方向。

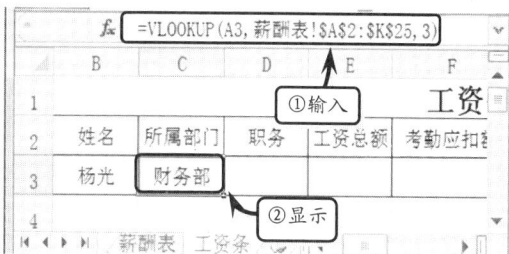

图 5-31　返回部门名称

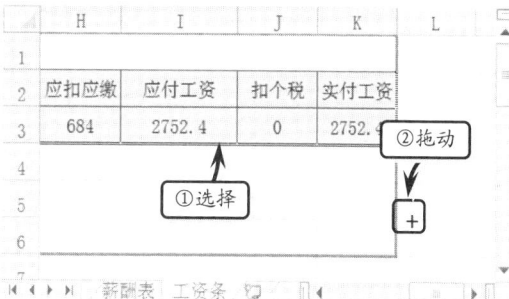

图 5-32　计算其他数据

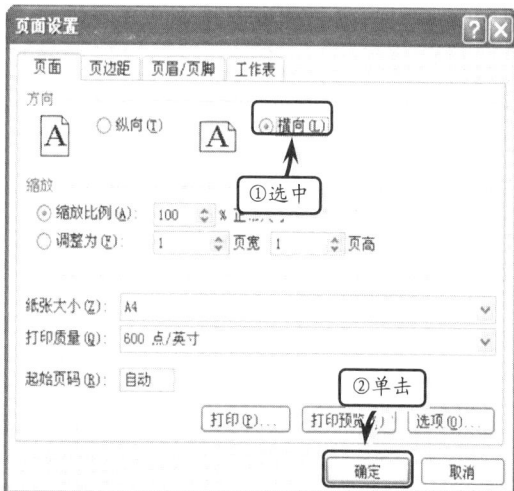

图 5-33　设置纸张方向

在【页面】选项卡中，主要包括【方向】和【缩放】选项组。【方向】选项组主要用来设置打印纸张的方向，分为纵向和横向 2 种方式；【缩放】选项组主要用于设置打印的缩放参数，例如可以在【缩放比例】微调框中设置其数值，使其按百分比来缩放工作表，也可以在【调整为】选项中的执行【页宽】或【页高】微调框，设置页面的宽度或高度。除了上述 2 个选项组之外，该选项卡中还包含下列 3 种选项。

❑ **纸张大小**　用于设置图表所使用的纸张大小类型。

- ❑ **打印质量** 主要用于设置打印图表的质量类型，可以分为 100 点/英寸、200 点/英寸与 300 点/英寸。
- ❑ **起始页码** 用于设置打印的范围，只有当打印的图表占有多个页面，并且只需打印其中的一部分时，才可以在该文本框中输入要打印的起始页。
- ❑ **打印** 单击该选项，可在弹出的【打印内容】对话框中设置打印参数。
- ❑ **打印预览** 单击该选项，可自动切换到打印预览视图中。
- ❑ **选项** 单击该选项，可在弹出的对话框中设置打印页面、方向以及打印机的参数。

### 2．设置页边距

页边距是指打印内容的边界与纸张边沿的距离。在【页面设置】对话框中的【页边距】选项卡中，可设置纸张的上、下、左、右、页眉与页脚的页边距值，如图 5-34 所示。

▶ **图 5-34** 设置页边距

### 3．设置打印区域

在【页面设置】对话框中，激活【工作表】选项卡。单击【打印区域】文本框右侧的【折叠】按钮 ，并在工作表中选择需要打印的单元格区域。然后，再次单击【页面设置-打印区域:】对话框中的【展开】按钮 即可，如图 5-35 所示。

▶ **图 5-35** 设置打印区域

### 4．打印工资条

在选定了打印区域并设置好打印页面后，为了确保打印质量，还需要使用 Excel 中的打印预览功能，查看整体打印效果。执行【文件】|【打印】命令，即可预览并打印工资条，如图 5-36 所示。

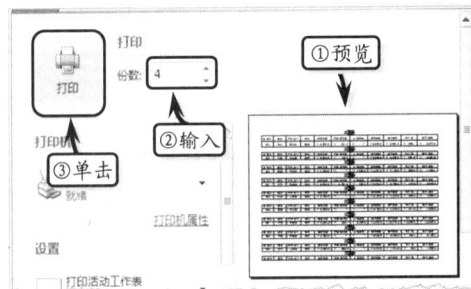

**技　巧**

用户可以通过 Ctrl+F2 组合键，自动展开【打印】窗口，预览工作表的打印效果。

▶ **图 5-36** 打印预览

## 5.3.5　工资发放零钞备用表（选读） downloads\选读5.3.5 工资发放零钞备用表

企业在发放工资时，往往需要发放部门现金。此时，由于实付工资中会涉及元、角等零钞，所以准备现钞将变成一件比较麻烦的事情，而事先准备好所需要的零钞显得十

Excel 财务与会计应用标准教程（第2版）

分重要。此时，用户可以运用 Excel 2010 强大的数据处理功能，来快速解决这个令人头疼的问题。具体内容参见本书配套光盘。

# 5.4 图表分析薪酬数据

Excel 2010 不仅为用户提供了强大的函数功能，而且还为用户提供了可以轻松创建具有专业外观的图表功能。利用图表，不仅可以将数据以某种特殊的图形显示出来，而且还可以反映数据之间的关系与变化趋势。

## 5.4.1 创建图表

在 Excel 2010 中，可以使用柱形图、折线图等图表类型，根据薪酬数据类型创建相应类型的图表，用来分析薪酬数据。

### 1. 汇总薪酬数据

由于薪酬表中的数据是按照工牌号的升序进行排列的，为了使数据按照部分汇总显示，需要对薪酬表中的数据进行分类汇总操作。

（1）排序数据

首先，选择【所属部门】列中任意单元格，执行【数据】|【排序和筛选】|【升序】命令，如图 5-37 所示。

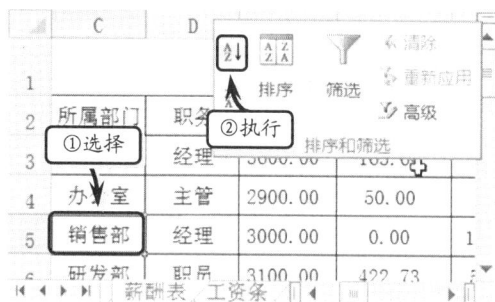
图 5-37　排序数据

> **提　示**
>
> 在使用"分类汇总"功能之前，必须对数据按照所要汇总的类别进行排序，否则系统将无法按指定的类别进行汇总。

（2）汇总数据

执行【数据】|【数据工具】|【分级显示】|【分类汇总】命令，弹出【分类汇总】对话框。然后，选择【分类字段】下拉列表中的【所属部门】选项，同时启用【选定汇总项】列表框中的【考勤应扣额】与【应付工资】复选框，如图 5-38 所示。

在【分类汇总】对话框中，主要包括下列几种选项。

- ❏ **分类字段**　用于设置分类汇总的字段依据，包含数据区域中的所有字段。
- ❏ **汇总方式**　用于设置汇总函数，包含求和、平均值、最大值等 11 种函数。
- ❏ **选定汇总项**　设置汇总数据列。

图 5-38　汇总数据

- ❏ **替换当前分类汇总** 表示在进行多次汇总操作时，启用该选项可以清除前一次汇总结果，按本次分类要求进行汇总。
- ❏ **每组数据分页** 启用该选项，可在打印工作表时，将每一类分别打印。
- ❏ **汇总结果显示在数据下方** 启用该选项，可将分类汇总结果显示在本类最后一行，（系统默认是放在本类的第一行）。
- ❏ **显示汇总数据**

最后，单击工作表左侧的分级显示按钮□折叠数据行，使其只显示汇总数据，如图 5-39 所示。

图 5-39　显示汇总数据

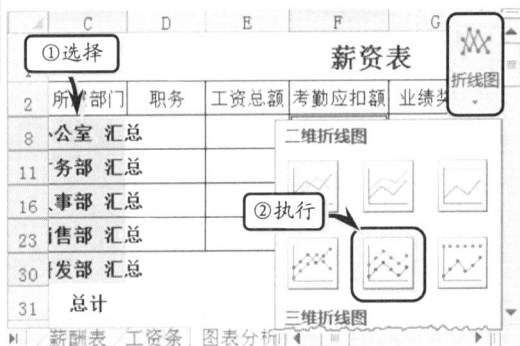

### 2．创建柱形图

首先，同时选择【所属部门】与【考勤应扣额】列表中的单元格区域，执行【插入】|【图表】|【折线图】|【带数据标记的折线图】命令，如图 5-40 所示。

图 5-40　分析考勤应扣额

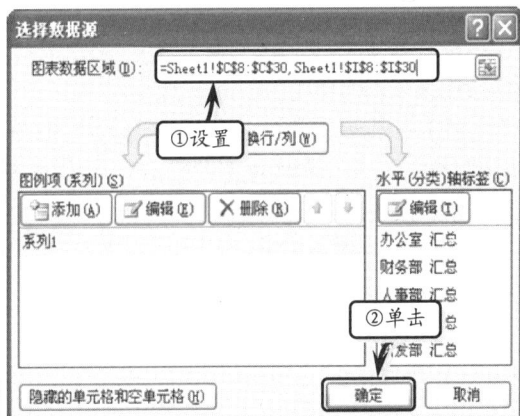

### 3．更改图表数据

创建完图表之后，用户还可以通过更改图表源数据的方法，来比较与分析不同类型的数据。选择图表，执行【设计】|【数据】|【选择数据】命令，弹出【选择数据源】对话框。单击【图表数据区域】文本框后面的折叠按钮，在工作表中重新选择数据区域即可，如图 5-41 所示。

图 5-41　更改图表数据

## 5.4.2 设置图表格式

创建完图表之后，可以通过设置图表的颜色、图案、对齐方式等格式来美化图表。另外，为了满足各种分析要求，用户还可以相互转换各种图表类型。

### 1. 设置图表类型

选择图表，执行【设计】|【类型】|【更改图表类型】命令，在弹出【更改图表类型】对话框中，选择【分离型三维饼图】选项即可，如图5-42所示。

**图5-42** 更改图表类型

**提 示**

选择图表，右击鼠标执行【更改图表类型】选项，在弹出的【更改图表类型】对话框中选择相应的图表类型，即可更改图表类型。

在【更改图表类型】对话框中，除了包括各种图表类型与子类型之外，还包括以下2种选项。

❏ **管理模板** 启用该选项，可在弹出的对话框中对Microsoft提供的模板进行管理。

❏ **设置为默认图表** 可将选择的图表样式设置为默认图表。

### 2. 设置图表区格式

右击图表区域，执行【设置图表区域格式】命令。在弹出的【设置图标区格式】对话框中的【填充】选项卡中，选中【渐变填充】选项，并在【预设颜色】下拉列表中选择颜色类型，如图5-43所示。

**图5-43** 设置图表区格式

## 5.4.3 设置图表样式

为了使图表的整体效果具有美观性，还需要设置图表的布局以及图表的样式。

### 1. 设置图表布局

Excel 2010为用户提供了多种预定义布局样式，执行【设计】|【图表布局】|【其他】命令，在其下拉列表中选择相应的布局样式即可，如图5-44所示。

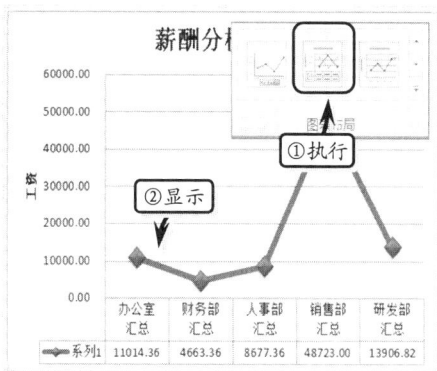

**图5-44** 设置图表布局

在设置图表布局时，用户会发现图表的布局样式会随着图表类型的变化而改变。

### 2．设置图表样式

Excel 2010 为用户提供了 48 种预定义样式，用户可以根据不同的数据类型与颜色喜好，为图表快速应用不同的图表样式。选择图表，执行【设计】|【图表样式】|【其他】命令，在其下拉列表中选择相应的样式，如图 5-45 所示。

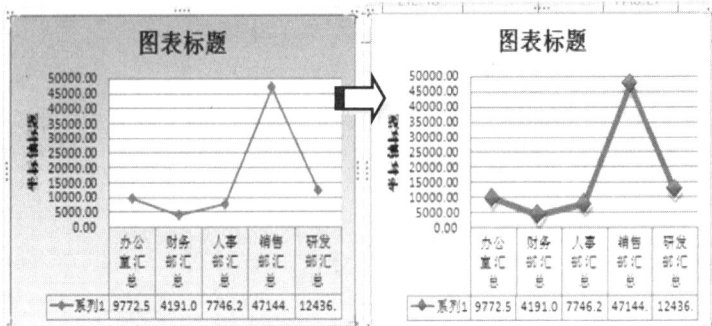

图 5-45　设置图表样式

### 3．添加趋势线

选择数据系列，执行【布局】|【分析】|【趋势线】命令，在其列表中选择一种趋势线类型，如图 5-46 所示。

【趋势线】下拉列表中各趋势线的类型如下所述。

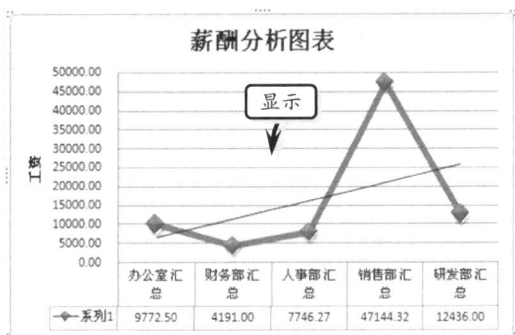

图 5-46　添加趋势线

- ❑ **线性趋势线**　可为选择的数据系列添加线性趋势线。
- ❑ **指数趋势线**　可为选择的数据系列添加指数趋势线。
- ❑ **线性预测趋势线**　可为选择的数据系列添加 2 个周期预测的线性趋势线。
- ❑ **双周期移动平均**　可为选择的数据系列添加双周期移动平均趋势线。

在添加趋势线时，不能为三维图表、堆积型图表、雷达图、饼图与圆环图添加趋势线。

## 5.5　数据透视表分析薪酬数据

数据透视表是 Excel 2010 为用户提供的一种具有创造性与交互性的报表。通过数据透视表，不仅可以汇总、分析与浏览汇总后的数据，而且还可以像分类汇总那样使杂乱无章、数据庞大的数据表快速有序地显示出来。

### ● 5.5.1　创建数据透视表

在"薪酬表"工作表中，选择需要创建数据透视表的数据区域。然后，执行【插入】

|【表格】|【数据透视表】|【数据透视表】命令，在弹出的【创建数据透视表】对话框中，启用【新工作表】选项，如图 5-47 所示。

创建完数据透视表之后，还需要在【数据透视表字段列表】窗口中，按照不同类型将数字字段分别添加到【行标签】、【列标签】与【数值】列表框中，如图 5-48 所示。

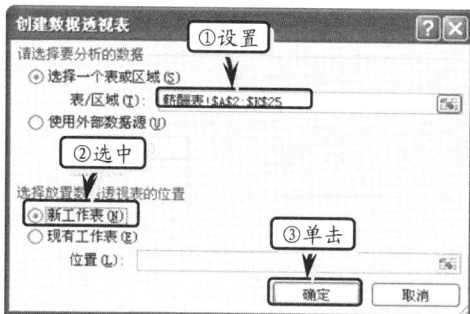

图 5-47　创建数据透视表

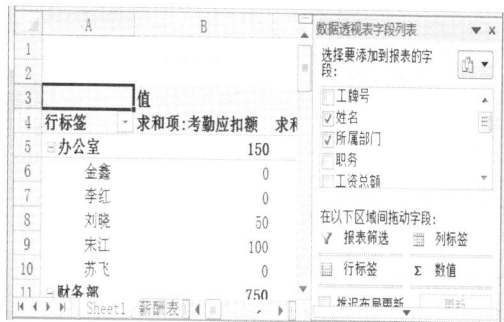

图 5-48　添加数据字段

**提　示**

在【数据透视表字段列表】窗口中，用户可直接拖动字段至【列标签】列表框中，为其添加数字字段。

## 5.5.2　编辑数据透视表

创建数据透视表之后，为了适应分析薪酬数据的需求，需要对数据透视表进行更改计算类型、筛选数据、设置数据透视表样式等编辑操作。

### 1. 更改计算类型

在【数据透视表字段列表】窗口中的【数值】列表框中，单击字段名称后面的下拉按钮，在其下拉列表中选择【值字段设置】选项。在【汇总方式】选项组中的【计算类型】列表框中选择【平均值】选项即可，如图 5-49 所示。

### 2. 设置数据透视表样式

选择数据透视表，执行【设计】|【数据透视表样式】|【其他】命令，在其下拉列表中选择一种样式，如图 5-50 所示。

**提　示**

用户也可以通过执行【设计】|【布局】|【报表布局】命令，来设置数据透视表的布局样式。

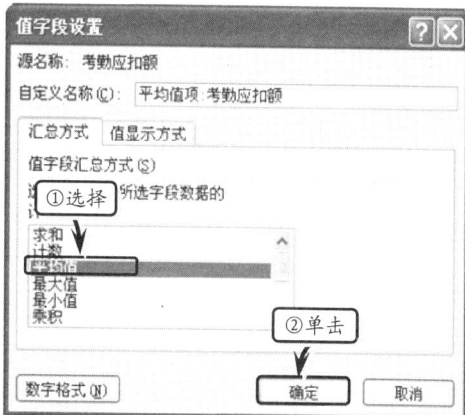

图 5-49　更改计算类型

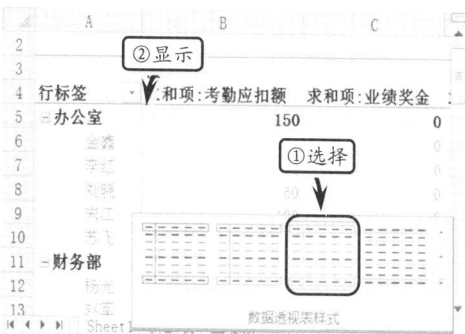

图 5-50　设置样式

### 3．筛选数据

选择数据透视表，在【数据透视表字段列表】窗口中，将需要筛选数据的字段名称拖动到【报表筛选列】列表框中。然后，单击数据透视表上方的筛选按钮，在其下拉列表中选择筛选类别即可，如图5-51所示。

**图 5-51** 筛选数据

**提 示**

用户还可以在【行标签】、【列标签】或【数值】列表框中，单击字段名称后面的下拉按钮，在其下拉列表中选择【移动到报表筛选】选项，即可将该值字段设置为可筛选的字段。

# 5.6　课堂练习：制作业绩统计表

在制定薪酬体系时，为了促进员工的积极性，往往将员工业绩与工资挂钩。也就是根据员工当月业绩制定相应的提成比例，并根据一定时期内的业绩累计金额，再为员工增加相应的奖金。在本练习中，将利用 Excel 2010 中的函数功能，计算累计业绩奖金、本月奖金额与排名名次。另外，还将利用图表功能，比较与查看不同数据的发展趋势，如图5-52所示。

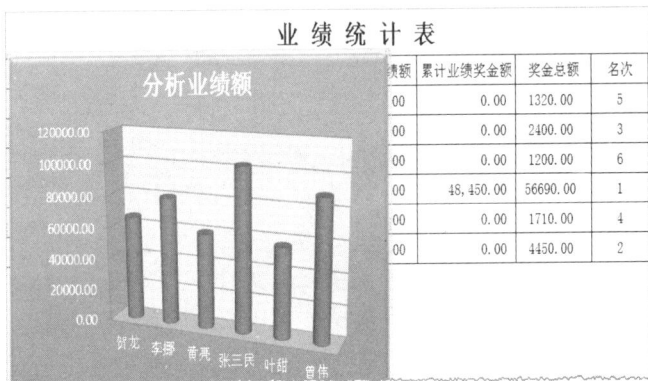

**图 5-52** 业绩统计表

**操作步骤**

**1** 构建统计表框架。设置工作表的行高，并在表格中输入列标题与标题文本，设置标题文本的字体格式并合并相应的单元格，如图5-53所示。

**图 5-53** 设置表格框架

**2** 选择单元格区域 A2:J8，执行【开始】|【对齐方式】|【居中】命令。然后，执行【字体】|【边框】|【所有框线】命令，如图 5-54 所示。

**图 5-54** 设置单元格格式

**3** 选择单元格区域 A3:A8，右击执行【设置单元格格式】命令。在【分类】列表框中选择【自定义】选项，并在【类型】文本框中输入"00#"，如图 5-55 所示。

图 5-55 自定义数字格式

**4** 在表格中输入基本数据，并选择单元格区域 C3:H8，右击执行【设置单元格格式】命令，在【分类】列表框中选择【数值】选项，并将【小数位数】设置为"2"，如图 5-56 所示。

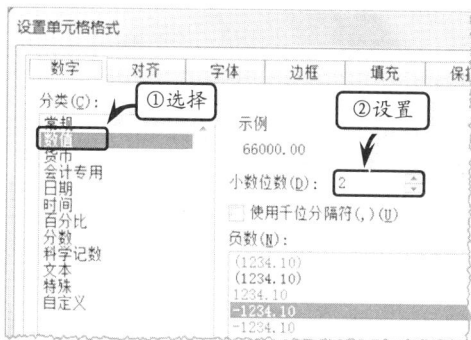

图 5-56 设置小数位数

**5** 选择单元格 D3，在编辑栏中输入计算公式，按下 Enter 键返回本月奖金额，如图 5-57 所示。

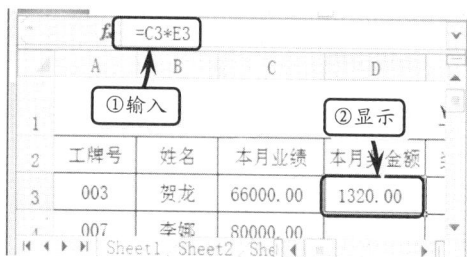

图 5-57 计算本月奖金额

**6** 选择单元格区域 D3:D8，执行【开始】|【编辑】|【填充】|【向下】命令，向下填充公式，如图 5-58 所示。

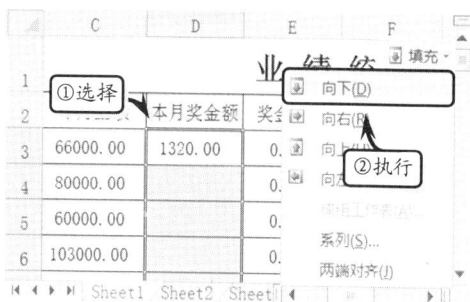

图 5-58 填充公式

**7** 选择单元格 G3，在编辑栏中输入计算公式，按下 Enter 键返回累计业绩奖金额，如图 5-59 所示。

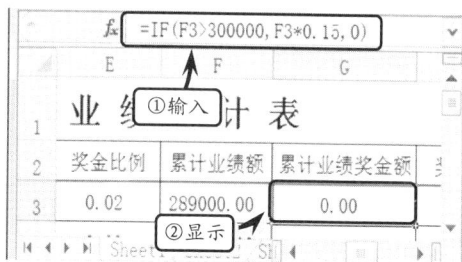

图 5-59 计算累计业绩奖金额

**8** 选择单元格 H3，在编辑栏中输入计算公式，按下 Enter 键返回奖金总额，如图 5-60 所示。

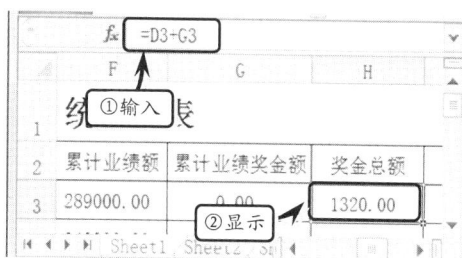

图 5-60 计算奖金总额

**9** 选择单元格 I3，在编辑栏中输入计算公式，按下 Enter 键返回名次，如图 5-61 所示。

fx =RANK(H3,$H$3:$H$8)

① 输入　② 显示

**图 5-61** 计算排名

10 选择单元格区域 G3:I8，执行【开始】|【编辑】|【填充】|【向下】命令，向下填充公式，如图 5-62 所示。

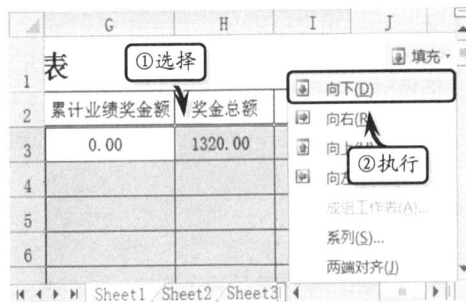

**图 5-62** 填充公式

11 图表分析数据。选择单元格区域 B3:C8，执行【插入】|【图表】|【折线图】|【带数据标记的折线图】命令，如图 5-63 所示。

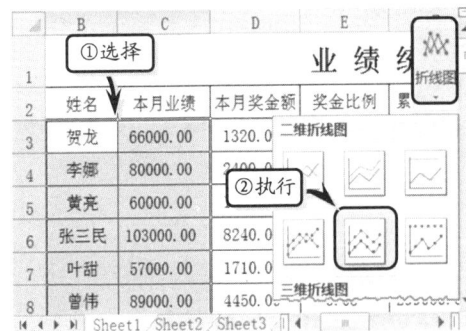

**图 5-63** 创建折线图

12 执行【布局】|【标签】|【图例】|【无】命令，隐藏图例，如图 5-64 所示。

13 执行【布局】|【标签】|【图表标题】|【图表上方】命令，并在新添加的标题框中输入图表标题，如图 5-65 所示。

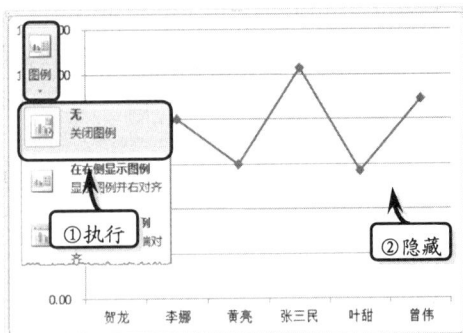

**图 5-64** 隐藏图例

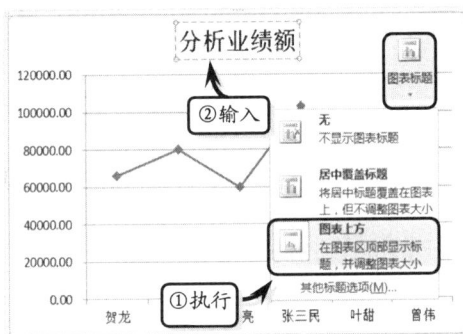

**图 5-65** 显示图表标题

14 选择图表，执行【设计】|【图表样式】|【其他】|【样式 34】命令，如图 5-66 所示。

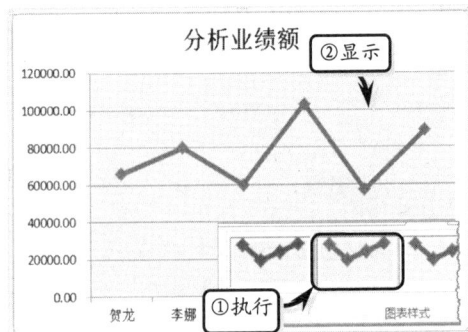

**图 5-66** 设置图表样式

15 执行【格式】|【形状样式】|【其他】|【强烈效果–橙色,强调颜色 6】命令，如图 5-67所示。

16 执行【设计】|【类型】|【更改图表类型】命令，选择【簇状圆柱体】选项，如图 5-68所示。

132 Excel 财务与会计应用标准教程（第 2 版）

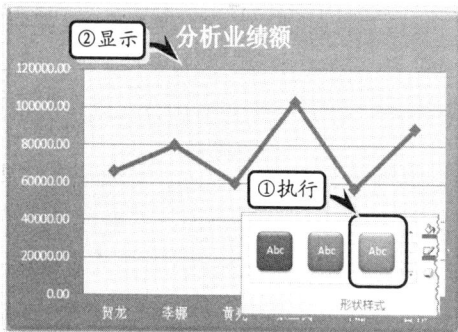

**图 5-67** 设置形状样式

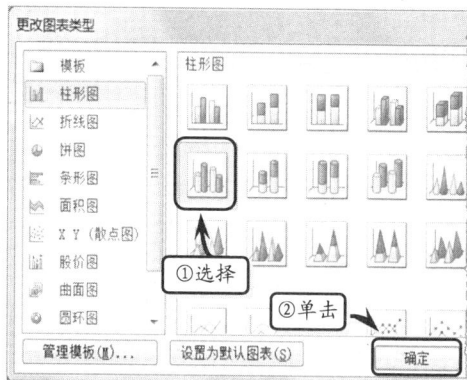

**图 5-68** 更改图表类型

# 5.7 课堂练习：制作考勤统计表

考勤统计表是用于记录员工在一定时期内的出勤情况，也是规范员工工作时间的主要表格。通过考勤统计表，不仅可以对员工迟到、请假进行相应的惩处，而且还可以根据出勤情况及时了解员工的工作状态。在本练习中，将利用 Excel 2010 中 COUNTIF 函数与 IF 函数，来制作一份考勤统计表，如图 5-69 所示。

| 考勤统计区 | | | | | | | | | |
|---|---|---|---|---|---|---|---|---|---|
| 31 | 请假统计 | | | 请假应扣额 | 迟到统计 | | | 迟到应扣额 | 应扣总额 | 满勤奖 |
| | 病假 | 事假 | 矿工 | | 半小时内 | 1小时内 | 1小时以上 | | | |
| | 0 | 0 | 0 | 0 | 0 | 0 | 0 | 0 | 0 | 200 |
| | 1 | 2 | 0 | 450 | 0 | 0 | 0 | 0 | 450 | |
| | 0 | 0 | 0 | 0 | 0 | 0 | 0 | 0 | 0 | 200 |
| | 2 | 1 | 0 | 300 | 0 | 0 | 0 | 0 | 300 | |
| | 0 | 0 | 0 | 0 | 0 | 0 | 0 | 0 | 0 | 200 |
| | 1 | 1 | 0 | 250 | 0 | 0 | 0 | 0 | 250 | |
| | | | | | | | | | | 200 |

**图 5-69** 考勤统计表

### 操作步骤

**1** 制作考勤统计表。设置工作表的行高，在工作表中输入列标题字段，并合并相应的单元格区域，如图 5-70 所示。

**图 5-70** 设置列标题字段

**2** 同时选择 D~AH 列，右击列标执行【列宽】

命令，将【列宽】设置为"3"，如图 5-71 所示。

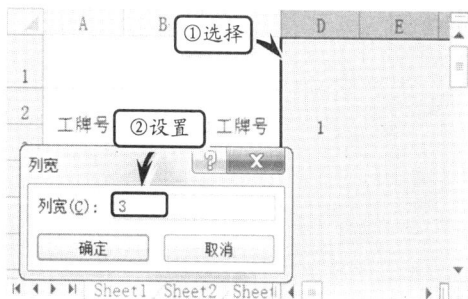

**图 5-71** 调整列宽

**3** 合并单元格区域 A1:AH1，输入标题文本，执行【开始】|【字体】|【字号】与【加粗】

命令，如图 5-72 所示。

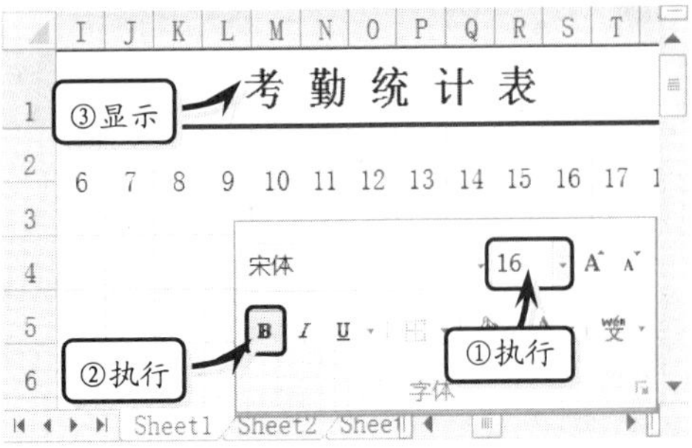


图 5-72 设置标题文本格式

4 在表格中输入基本信息，选择单元格区域 A2:AH26，执行【开始】|【对齐方式】|【居中】命令，并执行【字体】|【边框】|【所有框线】命令，如图 5-73 所示。

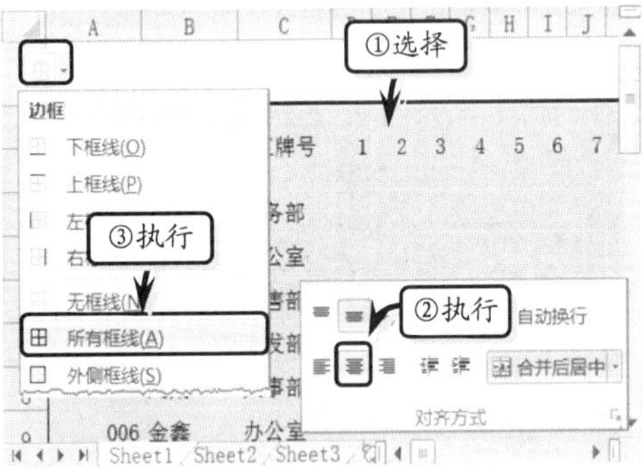


图 5-73 设置表格格式

5 在表格底部制作说明文本，并在表格中按照实际考勤与说明文本，填写员工考勤出勤情况，如图 5-74 所示。

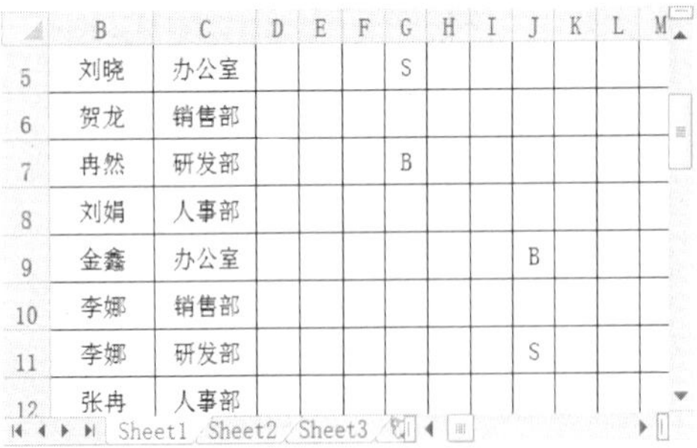


图 5-74 记录考勤

6 下面开始制作考勤统计区。在 AJ~AS 列中制作“考勤统计区”表格的列标题与标题，设置表格区域的对齐与边框格式，如图 5-75 所示。

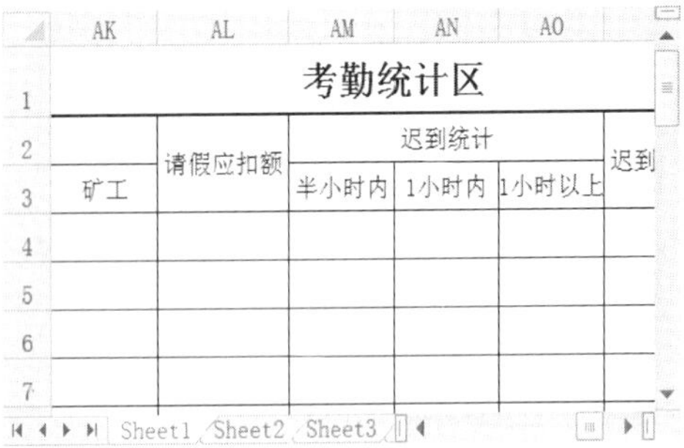


图 5-75 制作考勤统计区

7 选择单元格 AI4，在编辑栏中输入计算公式，按下 Enter 键返回病假天数，如图 5-76 所示。

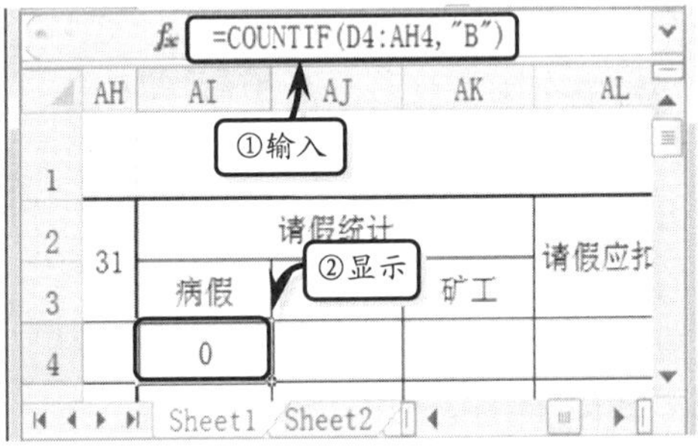


图 5-76 返回病假天数

8 选择单元格 AJ4，在编辑栏中输入计算公式，按下 Enter 键返回事假天数，如图 5-77 所示。

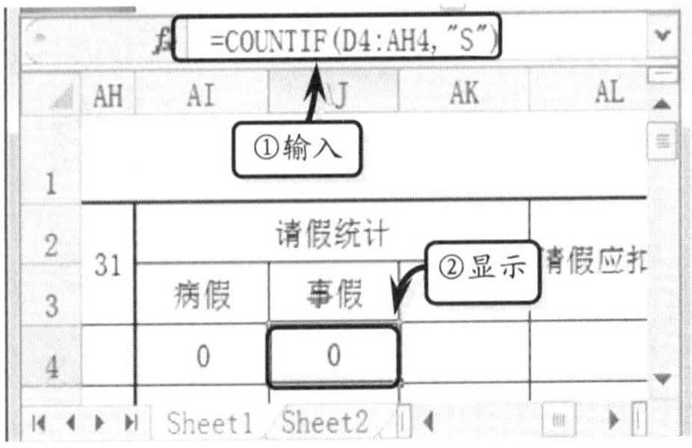


图 5-77 返回事假天数

9 选择单元格 AK4，在编辑栏中输入计算公式，按下 Enter 键返回旷工天数，如图 5-78 所示。

图 5-78　返回旷工天数

10　选择单元格 AL4，在编辑栏中输入计算公式，按下 Enter 键返回请假应扣额，如图 5-79 所示。

图 5-79　返回请假应扣额

11　选择单元格 AM4，在编辑栏中输入计算公式，按下 Enter 键返回迟到半小时内的数值，如图 5-80 所示。

图 5-80　返回迟到半小时内数值

12　选择单元格 AN4，在编辑栏中输入计算公式，按下 Enter 键返回迟到 1 小时内数值，如图 5-81 所示。

13　选择单元格 AO4，在编辑栏中输入计算公式，按下 Enter 键返回迟到 1 小时以上数值，如图 5-82 所示。

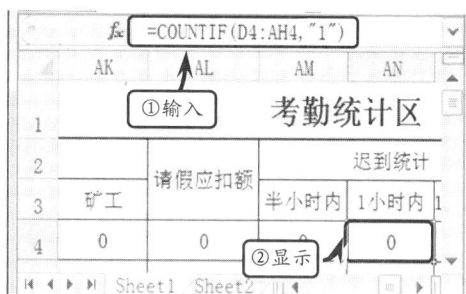

图 5-81　返回迟到 1 小时内数值

图 5-82　返回迟到 1 小时以上数值

14　选择单元格 AP4，在编辑栏中输入计算公式，按下 Enter 键返回迟到应扣额，如图 5-83 所示。

图 5-83　返回迟到应扣额

15　选择单元格 AQ4，在编辑栏中输入计算公式，按下 Enter 键返回应扣总额，如图 5-84 所示。

16　选择单元格 AR4，在编辑栏中输入计算公式，按下 Enter 键返回满勤奖，如图 5-85 所示。

图 5-84　返回应扣总额

图 5-85　返回满勤奖

17　选择单元格区域 AI4:AR26，执行【开始】|【编辑】|【填充】|【向下】命令，向下填充公式，如图 5-86 所示。

图 5-86　填充公式

18　最后，执行【文件】|【另存为】命令，设置保存名称并将【保存类型】设置为"Excel 模板"，如图 5-87 所示。

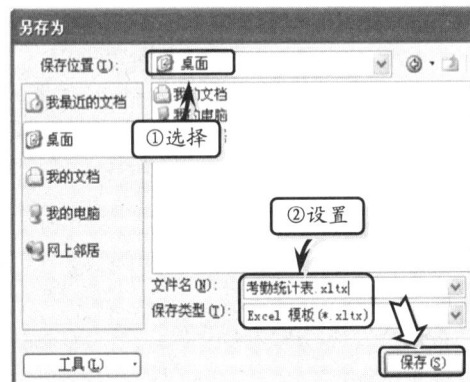

图 5-87　保存模板

# 5.8　思考与练习

## 一、填空题

1．薪酬管理的内容主要包括目标管理、_____、_____、_____与_____ 5 个方面。

2．在进行薪酬管理的过程中，应当遵循补偿性原则、_____、_____、_____、竞争性原则、经济型原则与合法性原则。

3．在选择工作表中的全部单元格时，除了单击【全选】按钮之外，还可以使用_____组合键来选择所有的单元格。

4．在设置字体格式时，用户可通过_____组合键设置【加粗】格式，通过_____组合键设置【倾斜】格式。

5．在【设置单元格格式】对话框中，【边框】选项卡的【边框】选项组中主要包括____种边框样式。

## 二、选择题

1．在使用图标分析薪酬数据时，不能为_____图表、堆积型图表、雷达图、饼图与圆环图添加趋势线。

A．折线

B．三维

C．柱形

D．散点

2．下列选项中，对 VLOOKUP 函数描述错误的为_____。

A．VLOOKUP 函数可在表格数组的首列查找指定的值，并由此返回数据当前行中其他的值

B．参数 lookup_value 表示表格数组第一列中查找的数值

C．参数 range_lookup 表示匹配值的序列号

D．参数 table_array 表示两列或多列的数组数据

3．用户可以通过_____组合键，快速打开【打印】列表。

A．Ctrl+F1

B．Ctrl+S

C．Ctrl+F2

D．Alt+F1

4．利用图表功能中的【趋势线】功能，可以预测数据的发展趋势。其下列选项中，对趋势线描述错误的为_____。

A．可为数据系列添加线性趋势线

B．可为数据系列添加指数趋势线

C．可为数据系列添加单周期预测的线性趋势线

D．可为数据系列添加双周期移动平均趋势线

5．薪酬管理原则中的公平性原则主要包括个人公平、小组公平、_____与_____。

A．公司公平

B．内部公平

C．市场公平

D．外部公平

三、问答题

1．简述薪酬管理应遵循的原则。

2．简述图表分析薪酬数据的操作步骤。

3．简述薪酬管理的内容。

4．如何使用数据透视表分析薪酬数据？

四、上机练习

1．构建加班统计表

在本练习中，将利用 IF 函数、MINUTE 函数与 HOUR 函数，来制作一份加班统计表，如图 5-88 所示。首先，制作表格标题、列标题并输入基本信息。然后，选择单元格 H3，在编辑栏中输入计算公式，按下 Enter 键返回加班时间。选择单元格 I3，在编辑栏中输入计算公式，按下 Enter 键返回加班费。最后，向下填充公式即可。

**加班统计表**

| 姓名 | 所属部门 | 职务 | 加班日期 | 开始时间 | 结束时间 | 加班时间 | 加班费 |
|---|---|---|---|---|---|---|---|
| 杨光 | 财务部 | 经理 | 2009-12-1 | 18:00 | 19:10 | 1 | 160 |
| 刘晓 | 办公室 | 主管 | 2009-12-2 | 18:00 | 20:10 | 2 | 320 |
| 贺龙 | 销售部 | 经理 | 2009-12-3 | 18:00 | 21:20 | 3 | 600 |
| 冉然 | 研发部 | 职员 | 2009-12-4 | 18:00 | 19:10 | 1 | 160 |
| 刘娟 | 人事部 | 经理 | 2009-12-5 | 18:00 | 20:20 | 2 | 320 |

**图5-88** 加班统计表

2．构建年假统计表

在本练习中，将利用 FLOOR 函数、DAY360 函数、TODAY 函数与 IF 函数制作一份年假统计表，如图 5-89 所示。首先，制作表格标题、列标题并输入基本信息。然后，选择单元格 F3，在编辑栏中输入计算公式，按下 Enter 键，返回工作年限。选择单元格 G3，在编辑栏中输入计算公式，按下 Enter 键，返回年假天数。最后，向下复制公式即可。

**年假统计表**

| 工牌号 | 姓名 | 所属部门 | 职务 | 入职时间 | 工作年限 | 年假天数 |
|---|---|---|---|---|---|---|
| 001 | 杨光 | 财务部 | 经理 | 2005-1-1 | 8 | 24 |
| 002 | 刘晓 | 办公室 | 主管 | 2004-12-1 | 8 | 24 |
| 003 | 贺龙 | 销售部 | 经理 | 2006-2-1 | 7 | 21 |
| 004 | 冉然 | 研发部 | 职员 | 2005-3-1 | 8 | 24 |
| 005 | 刘娟 | 人事部 | 经理 | 2004-6-1 | 8 | 24 |

**图5-89** 年假统计表

# 第6章

## 进销存管理

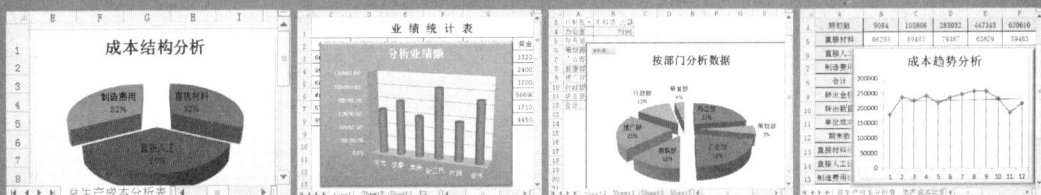

在实际运作过程中，企业的整体运行过程其实就是产品进销存的过程，为了及时了解企业进货、销售商品或原材料的库存量等情况，需要实施有效的进销存管理。进销存管理是对企业生产经营中的原材料、资金流进行全程跟踪管理，从而可以有效地辅助企业解决业务管理、分销管理、营销管理的执行与监控。在本章中，将介绍如何运用 Excel 2010 强大的数据处理功能，进行快捷而准确的进销存管理。

**本章学习目标：**

- ➢ 采购管理
- ➢ 销售管理
- ➢ 库存管理
- ➢ 销售与成本分析

采购管理是采购活动的全过程，是对采购过程中各个环节状态进行严密跟踪与监督的科学管理。通过采购管理，不仅可以快速地汇总采购数据，而且还可以分析采购数据在一定期间内的变化趋势。

## 6.1.1 编制商品类别表

采购后的商品需要根据其类别与用途按类入库，为了便于辨认商品的用途，同时也为了便于出库与统计商品，首先需要设计商品类别表。

### 1．设计商品类别编码

商品类别编码与会计科目代码大体一致，主要用来区分商品的类别。用户可根据企业采购商品的具体情况，分类设置相应的编码。例如，采购入库中的酒水类商品，可以将其编码设置为 11，而酒水类中的白酒编码可以设置为 111，红酒编码设置为 112。其中，白酒下面具体的酒品可以设置为 1111，其他类别的编码依此类推。

商品类别编码不仅可以用作在采购入库方面，而且还可以用在库房出库方面。当商品入库时，可以按照该编码进行操作。另外，当商品出库时，商品的编码与名称必须与入库时保持一致。只有这样，才能严格管理商品的入库与出库情况，避免漏入、漏出情况的出现。同时，设置商品类别编码，还可以方便用户在 Excel 2010 中制作进销存系统中的数据引用操作。

### 2．构建商品类别表

构建商品类别表与构建其他表格一致，主要包括制作表格标题、设计表格内容与设置表格格式等操作。

□ 制作表格标题

首先，将工作表的名称更改为"商品类别表"，并将工作表的【行高】设置为"20"。然后，合并单元格区域A1:C1，输入标题文本。在【开始】选项卡【字体】选项组中，设置文本的【字号】与【加粗】格式，如图 6-1 所示。

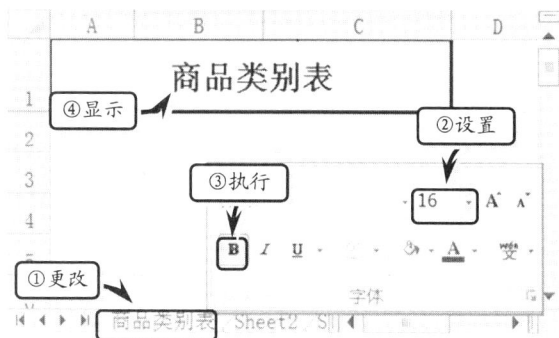

图 6-1 制作表格标题

**技 巧**

在设置工作表的行高时，可以使用 Ctrl+A 组合键，选择工作表中所有的单元格，然后右击行标签执行【行高】命令。

□ 设计表格内容

首先，在工作表的第 2 行分别输入列标题字段。然后，选择【序号】列中的第 1 个单元格，输入数字"1"。将鼠标移至该单元格的右下角，当鼠标变为"十"字形状时，按住 Ctrl 键的同时向下拖动鼠标，快速填充数字。最后，在工作表中输入商品编码与商品名称，如图 6-2 所示。

❑ **设置表格格式**

为了使表格具有统一性，还需要设置表格的单元格格式。首先，选择内容所在的所有单元格，执行【开始】|【字体】|【边框】|【所有框线】命令。同时，执行【开始】|【对齐方式】|【居中】命令，如图 6-3 所示。

图 6-2 设计表格内容

图 6-3 设置表格格式

---

**提 示**

右击鼠标执行【设置单元格格式】命令，在弹出的【设置单元格格式】对话框中，可以同时设置单元格的对齐、字体、数字与填充格式。

---

## 6.1.2 编制采购统计表（选读） ⊙downloads\选读\6.2.1 编制采购统计表

采购统计表是用于统计一定期间内的进货情况，为了简便输入，可以使用 Excel 2010 中的函数根据商品编码自动显示商品名称。具体内容参见本书配套光盘。

## 6.1.3 分析采购数据

统计完采购数据之后，为了详细查看当月每个供货商送货的数量与金额，也为了查看进货数量位于前几位的商品，需要对采购数据进行筛选、分类汇总与图表分析。

### 1. 按排位查看

在对采购数据进行分析之前，需要复制一份"采购统计表"中的原数据，避免在分析过程中丢失数据。在进行排位查看之前，需要删除表格中的最后一行的合计行，以及第 1 行的月份行。然后，选择需要分析的单元格区域，执行【数据】|【排序和筛选】|【筛选】命令。然后，单击【进货数量】单元格中的下拉按钮，在其下拉列表中执行【数字筛选】|【10 个最大值】命令。在弹出的【自动筛选前 10 个】对话框中设置【显示】选项即可，如图 6-4 所示。

单击【进货金额】单元格中的下拉按钮，在其

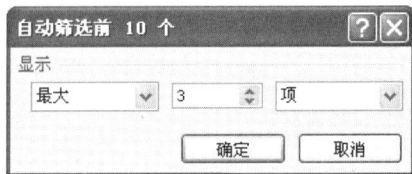

图 6-4 设置显示参数

下拉列表中执行【数字筛选】|【高于平均值】命令,在工作表中将只显示高于进货金额平均值的商品信息,如图 6-5 所示。

**提 示**

对数据进行筛选操作之后,可通过按下 Ctrl+Z 键撤销筛选结果。或者,单击筛选按钮,启用【全部】复选框,单击【确定】按钮,也可取消筛选结果。

### 2. 按供货商查看

按供货商查看即使用 Excel 2010 中的分类汇总功能,按供货商汇总采购数据。选择包含商品信息的所有单元格,执行【数据】|【分级显示】|【分类汇总】命令。在弹出的【分类汇总】对话框中,将【分类字段】设置为"供货商",将【汇总方式】设置为"求和",并在【选定汇总项】列表框中启用【进货金额】复选框,如图 6-6 所示。最后,单击【确定】按钮,即可在工作表中显示汇总信息。

### 3. 按商品类别查看

在单元格区域 L3:M7 中制作分析辅助表,并设置其字体、边框与对齐格式。然后,选择单元格 M4,在编辑栏中输入计算公式,按下 Enter 键返回白酒类进货总额,如图 6-7 所示。使用同样的方法,分别计算其他进货总金额。

选择单元格区域 L4:M7,执行【插入】|【图表】|【饼图】|【分离型三维饼图】命令,如图 6-8 所示。各项商品进货总额值将以百分比的形式显示在图表中,便于用户快速查看与分析进货数据。

**提 示**

执行【设计】|【类型】|【更改图表类型】命令,可以按照不同的图表样式分析采购数据。

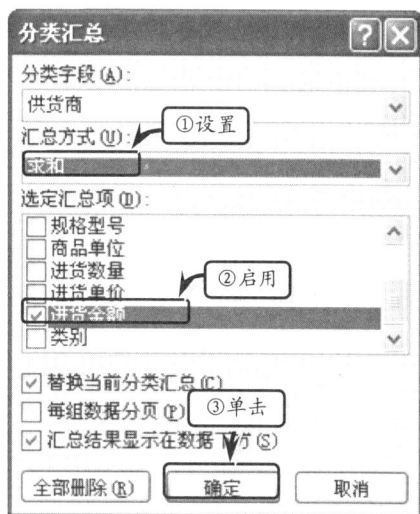

## 6.2 销售管理

销售管理是对一定期间内的销售数据进行

图 6-5 按平均值查看

图 6-6 设置汇总选项

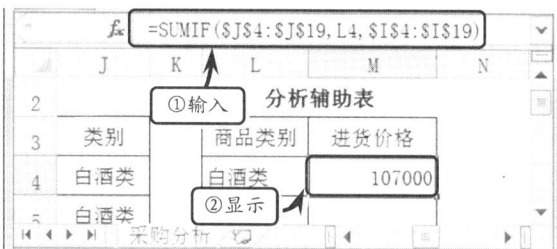

图 6-7 计算白酒类进货总额

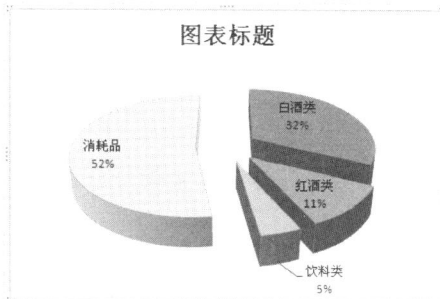

图 6-8 插入图表

统计与分析，从而为管理者制定销售决策提供数据依据。在 Excel 2010 中，可以通过使用分类汇总、函数与数据透视表对销售数据进行多方位的汇总分析。

## 6.2.1 汇总销售数据

汇总销售数据是利用 Excel 2010 中的分类汇总功能，对销售数据按销售额、销售数量进行汇总分析。

### 1. 编制销售统计表

销售统计表的基本框架与采购统计表的框架大体一致，复制采购统计表至新建工作表中。然后，更改标题与列标题文本，并根据实际销售额编制销售数据，如图 6-9 所示。

图 6-9 销售统计表

### 2. 汇总销售数量

汇总销售数据之前，需要对数据按类别排序。选择单元格区域 A3:J14，执行【数据】|【排序和筛选数据】|【排序】命令。在弹出的对话框中，将【主要关键字】设置为"类别"，如图 6-10 所示。

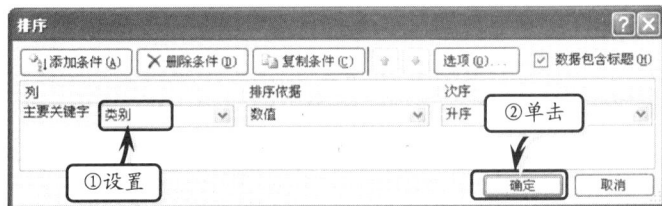

图 6-10 排序数据

> **提 示**
>
> 在【排序】对话框中，可通过单击【添加条件】按钮，来添加第 2 排序条件，以达到进行多个条件排序的目的。

然后，执行【数据】|【分级显示】|【分类汇总】命令。在【分类汇总】对话框中，将【分类字段】设置为"类别"，将【汇总方式】设置为"求和"，并启用【销售数量】复选框，如图 6-11 所示。最后，单击【确定】按钮，即可在工作表中显示汇总后的数据。

### 3. 嵌套汇总销售金额

选择单元格区域 A3:J14，执行【数据】|【分级显示】|【分类汇总】命令。在【分类汇总】对话框中，禁用【销售数量】复选框，启用【销售金额】复选框。同时，取消【替换当前分类汇总】选项，单击【确定】按钮，即可在工作

图 6-11 设置分类汇总选项

表中显示嵌套分类汇总，如图 6-12 所示。

图 6-12　嵌套汇总

## 6.2.2　数据透视表分析销售数据

数据透视表是一种可以快速汇总大量数据的交互式方式，使用数据透视表可以深入汇总、浏览与分析数据，并可以查看与分析数据的发展趋势。

### 1. 生成数据透视表

选择单元格区域 A3:J14，执行【插入】|【表格】|【数据透视表】命令，在弹出的【创建数据透视表】对话框中，选中【新工作表】选项，如图 6-13 所示。

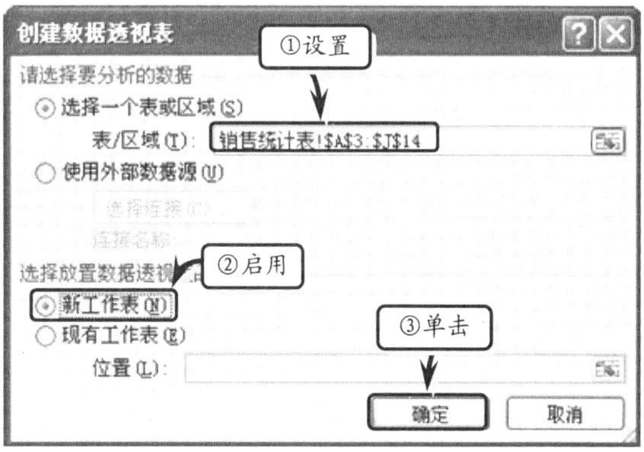

**提　示**

在【创建数据透视表】对话框中，可通过选中【现有工作表】选项，并指定其具体位置的方法，将数据透视表放置在当前的数据表中。

### 2. 汇总销售金额

在【创建数据透视表】对话框中单击【确定】按钮，即可在新工作表中创建数据透视表。然后，在【数据透视表字段列表】窗口中，将【客户名称】与【商品名称】字段拖到【行标签】列表框中，同时将【销售数量】与【销售金额】字段拖到【数值】列表框中。最后，在数据透视表中查看不同供货商下的销售金额，如图 6-14 所示。

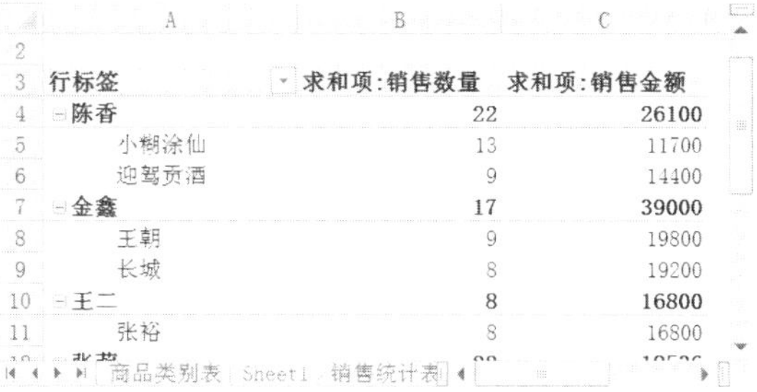

图 6-13　创建数据透视表

图 6-14　添加数据字段

**提　示**

在添加数据表字段时，也可以在【选择要添加到报表的字段】列表中直接启用字段名称，系统会自动按类别显示字段数据的位置。

### 3. 按类别显示数据

按类别显示数据是利用数据透视表的筛选功能，显示不同类别下的销售额与销售数量。在【数据透视表字段列表】窗口中，将【类别】字段拖到【报表筛选】列表框中。然后，单击单元格 B1 中的下拉按钮，在其下拉列表中选择相应的类别，单击【确定】按钮即可，如图 6-15 所示。

第 6 章　进销存管理

143

### 4．按百分比分析销售数据

按百分比分析销售数据是改变数据透视表数值的计算公式，显示每项商品进货金额占总体金额的百分比值。双击【求和项：销售金额】列标题字段，在弹出的【值字段设置】对话框中，激活【值显示方式】选项卡。在【值显示方式】下拉列表中选择【列汇总的百分比】选项，如图 6-16 所示。

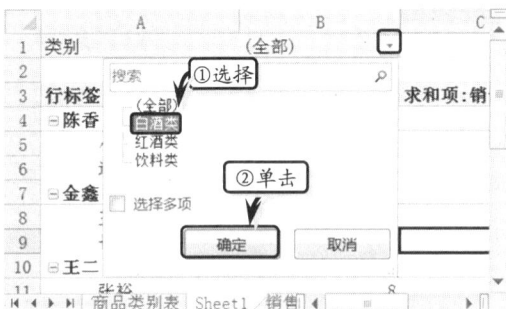

图 6-15　按类别显示数据

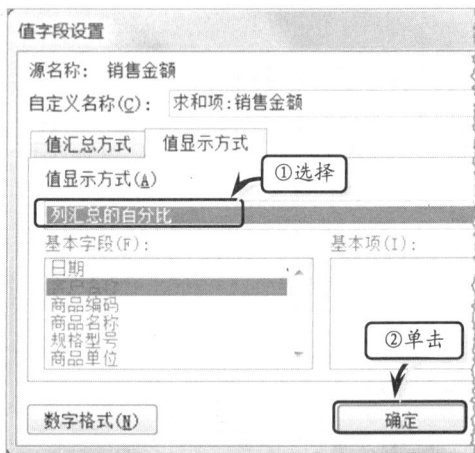

图 6-16　设置值字段

---

**提　示**

用户还可以在【汇总方式】选项卡中，设置汇总数据的计算类型。

---

## 6.2.3　计算盈亏平衡销量（选读）　⊙downloads\选读\6.2.3 计算盈亏平衡销量

计算盈亏平衡销量是假设产品的单位可变成本为固定不变与假设已知产品的固定成本的条件下，运用"规划求解"功能计算盈亏平衡销量。盈亏平衡销量是指产品毛利与固定成本相等时的销售量，主要用来分析产品的销售情况。而规划求解又称为假设分析，属于加载宏范围，是一组命令的组成部分，主要用来确定目标单元格中的最优值。具体内容参见本书配套光盘。

## 6.3　库存管理

库存管理是对企业的存货信息管理和在存货信息管理基础上的决策分析，并对存货进行有效控制。通过存货管理，不仅可以为财务提供各种库存报表与库存分析报表，而且还可以降低库存、减少资金占用，同时也可以避免物品的积压货短期，从而保证企业经营的顺序进行。

### 6.3.1　编制库存统计表

库存统计表用于统计一定期间内的库存商品的发出、收入与结余情况。编制库存统计表与编制其他报表一样，主要包括制作标题、列标题与设置单元格格式。

### 1．编制基本框架

首先，合并相应的单元格区域，并输入统计表的列标题字段。然后，根据列标题字段合并第 1 行中相应的单元格，输入标题文本，并在【字体】选项组中设置文本的【字号】与【加粗】格式，如图 6-17 所示。

图 6-17 编制基本框架

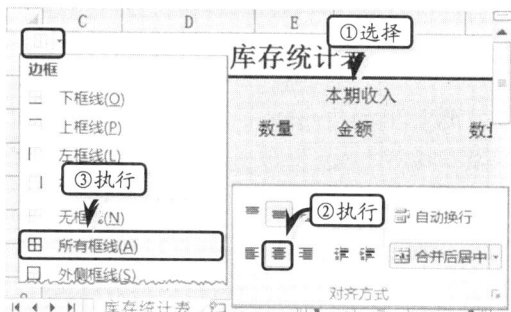

**技 巧**

在合并连续且单元格数量相同的单元格区域时，可先合并一个单元格区域，然后将鼠标放于合并后单元格右下角，当鼠标变为"十"字形状时，拖动鼠标即可复制合并格式。

### 2．设置单元格格式

选择单元格区域 A2:J14，执行【开始】|【字体】|【边框】|【所有框线】选项。同时，执行【开始】|【对齐方式】|【居中】命令，如图 6-18 所示。

同时选择所有"金额"列表中的单元格，执行【开始】|【数字】|【数字格式】|【会计专用】命令，设置数字的显示格式，如图 6-19 所示。

图 6-18 设置边框与对齐格式

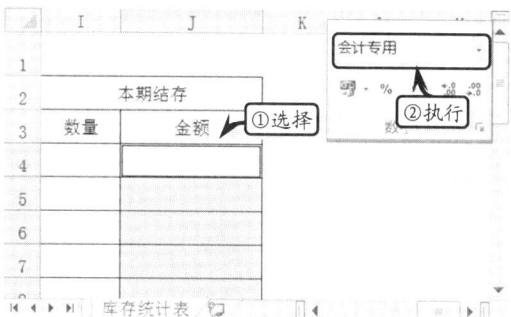

图 6-19 设置数字格式

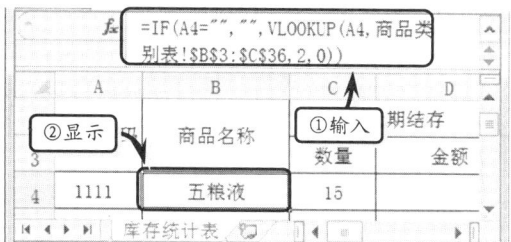

**提 示**

右击鼠标执行【设置单元格格式】命令，在弹出的【设置单元格格式】对话框的【数字】选项卡中，可以设置数字的会计专用格式。

### 3．返回商品名称

在【商品编码】列表中输入商品的编码，然后选择【商品名称】列表中第 1 个单元格，在编辑栏中输入计算公式，按下 Enter 键，返回商品名称，如图 6-20 所示。使用同样的方法，分别返回其他商品名称。

### 4．自动显示本期收入与本期发出值

在表格中输入上期结存的数量与金额

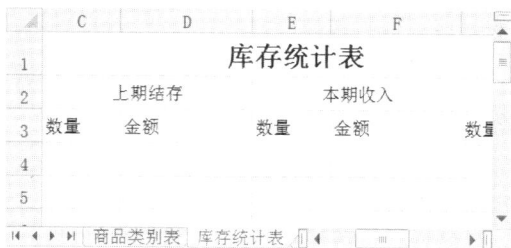

图 6-20 返回商品名称

值，选择单元格 E4，在编辑栏中输入计算公式，按下 Enter 键，返回本期收入数量，如图 6-21 所示。使用同样的方法，分别计算其他本期收入数量。

选择单元格 F4，在编辑栏中输入计算公式，按下 Enter 键，返回本期收入金额，如图 6-22 所示。使用同样的方法，分别计算其他本期收入金额。

图 6-21　计算本期收入数量

**提示**

当用户使用相同的函数引用同一个工作表中的数据时，可通过复制公式并修改公式中所引用的单元格列的方法，达到快速输入公式的目的。

选择单元格 G4，在编辑栏中输入计算公式，按下 Enter 键返回本期发出数量，如图 6-23 所示。使用同样的方法，分别计算其他本期发出数量。

选择单元格 H4，在编辑栏中输入计算公式，按下 Enter 键返回本期发出金额，如图 6-24 所示。使用同样的方法，分别计算其他本期发出金额。

图 6-22　计算本期收入金额

### 5．计算本期结存值

本期结存值=上期结存值+本期收入值–本期发出值。首先，选择单元格 I4，在编辑栏中输入计算公式，按下 Enter 键返回本期结存数量，如图 6-25 所示。

然后，选择单元格 J4，在编辑栏中输入计算公式，按下 Enter 键返回本期结存金额，如图 6-26 所示。

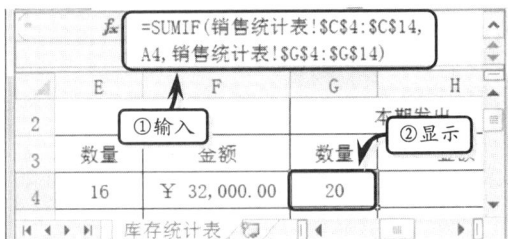

图 6-23　计算本期发出数量

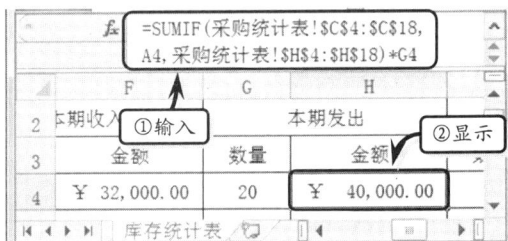

图 6-24　计算本期发出金额

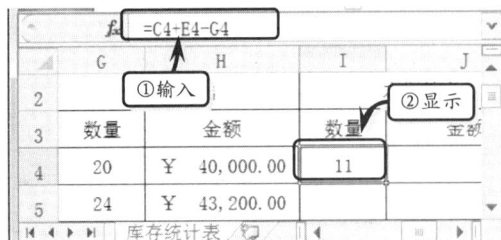

图 6-25　计算本期结存数量

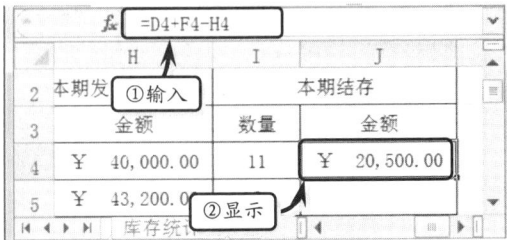

图 6-26　计算本期结存金额

Excel 财务与会计应用标准教程（第 2 版）

## 6.3.2 显示库存特定信息

显示库存特定信息是利用 Excel 2010 中的条件格式功能，用特定颜色显示结余数量低于 10 的数值。首先，选择单元格区域 I4:I14，执行【开始】|【样式】|【条件格式】|【新建规则】命令，在弹出的【新建格式规则】对话框中，将【格式样式】设置为"图标集"，将【图标样式】设置为"三个符号（无圆圈）"，并分别设置图标的值与类型，如图 6-27 所示。

**提 示**

用户可以在【选择规则类型】列表框中，选择格式的规则，用来设置不同规则的格式。

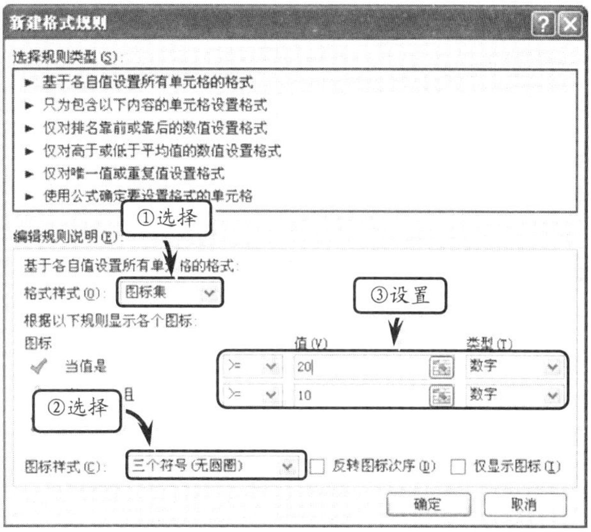

图 6-27 新建格式规则

# 6.4 销售与成本分析

销售与成本分析是对采购数据与销售数据的汇总分析，是进销存管理工作中的重要组成部分。通过销售与成本分析，不仅能帮助用户掌握销售与库存数据的比率，而且还可以帮助用户根据分析结果调整库存结构与销售策略，使企业尽可能地获取更大利润。

## 6.4.1 计算出库价格

商品出库价格关系到整个进销存数据的准确性，可根据企业自身特点将出库价格设置为先进先出或加权平均价格等价格方式。在此，将以加权平均价格为基准，结算采购价格的操作技巧。

### 1. 构建出库价格统计表

首先，在工作表中输入表格列标题，并根据列标题制作表格标题。选择包含正文的所有单元格，在【字体】与【对齐方式】选项组中，设置单元格的边框与居中格式，如图 6-28 所示。

然后，输入上月结存数量与上月平均价格。上月结算数量等于库存统计表中的上期结存数量。选择单元格 B3，在编辑栏

图 6-28 设置表格框架

中输入计算公式，按下 Enter 键返回上月结
存数量，如图 6-29 所示。使用相同的方法，
计算其他上月结存数量。

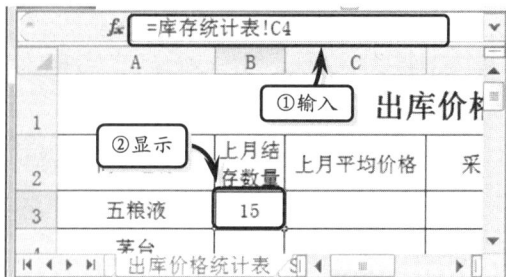

图 6-29　返回上月结存数量

上月平均价格为库存统计表中上期结
存金额与上期结存数量的商。选择单元格
C3，在编辑栏中输入计算公式，按下 Enter
键返回上月平均价格，如图 6-30 所示。使
用相同的方法，计算其他上月平均价格。

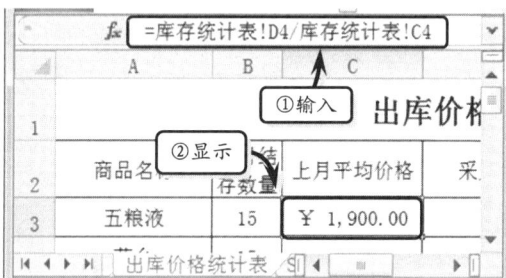

### 2. 引用采购与销售数据

引用采购金额是利用 Excel 2010 中的
SUMIF 函数，根据指定单元格中的数值返
回采购统计表中相应的数据。选择单元格
D3，在编辑栏中输入计算公式，按下 Enter
键返回采购金额，如图 6-31 所示。使用相
同的方法，计算其他采购金额。

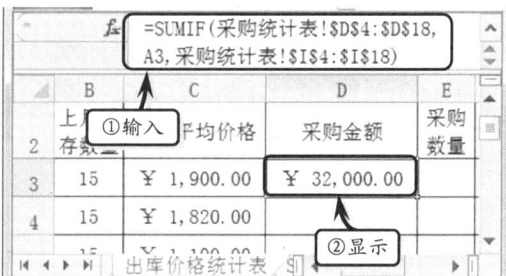

选择单元格 E3，在编辑栏中输入计算
公式，按下 Enter 键返回采购数量，如图 6-32
所示。使用相同的方法，计算其他采购数量。

选择单元格 F3，在编辑栏中输入计算
公式，按下 Enter 键返回销售数量，如图 6-33
所示。使用相同的方法，计算其他销售数量。

图 6-30　返回上月平均价格

图 6-31　计算采购金额

图 6-32　计算采购数量

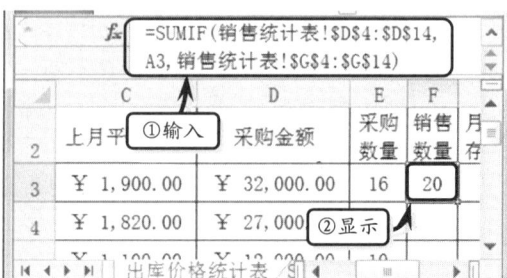

图 6-33　计算销售数量

### 3. 计算加权平均价格

计算加权平均价格之前，需要先计算月末结存数量。选择单元格 G3，在编辑栏中输

入计算公式，按下 Enter 键返回月末结存数量，如图 6-34 所示。使用相同的方法，计算其他月末结存数量。

由于加权平均价格的计算公式为"加权平均价格=（采购金额+上月结存数量×上月平均价格）/（采购数量+上月结存数量）"，所以在单元格 H3 中输入"=(D3+B3*C3)/(E3+B3)"公式，按下 Enter 键返回加权平均价格，如图 6-35 所示。使用相同的方法，计算其他加权平均价格。

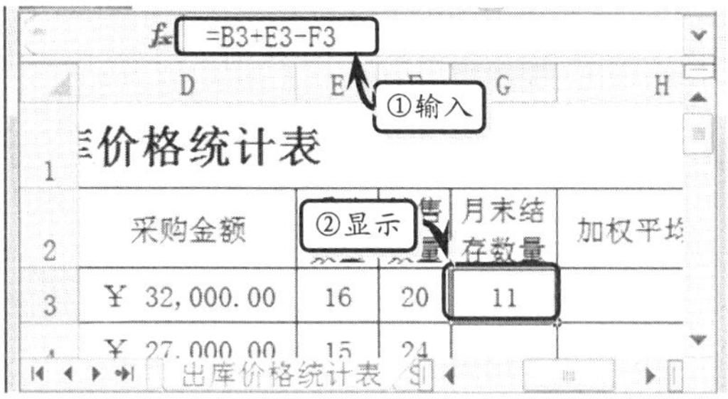

图 6-34　计算月末结存数量

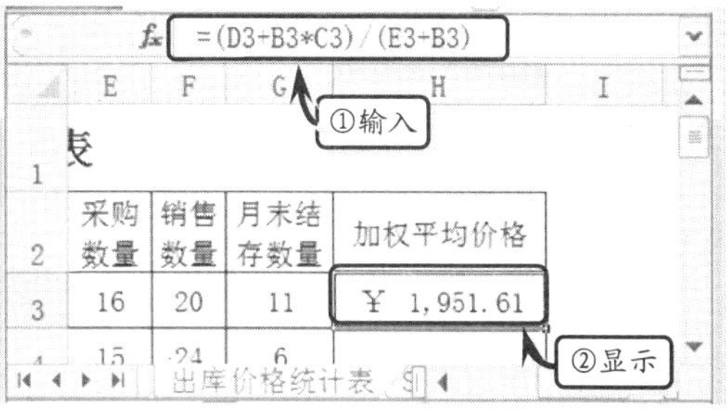

图 6-35　计算加权平均价格

## 6.4.2　构建销售与成本分析模型

销售与成本分析模型主要包括库存分析数据与销售分析数量 2 部分内容。首先，设置工作表的标题、列标题与基本数据，并在【开始】选项卡中设置其字体、边框与对齐格式，如图 6-36 所示。

### 1．构建库存分析模型

库存分析模型中主要包括库存数量、加权平均价格、库存金额与库存占用率。首先，利用 SUMIF 函数计算库存数量与加权平均价格。

❑ 计算库存数量与加权平均价格

选择单元格 B4，在编辑栏中输入计算公式，按下 Enter 键，返回库存数量，如图 6-37 所示。使用相同的方法，计算其他库存数量。

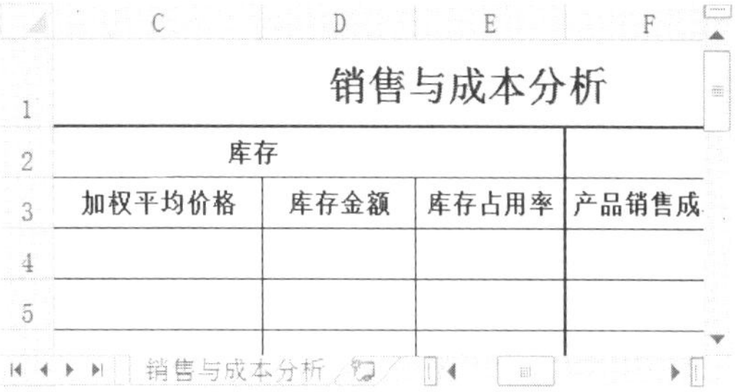

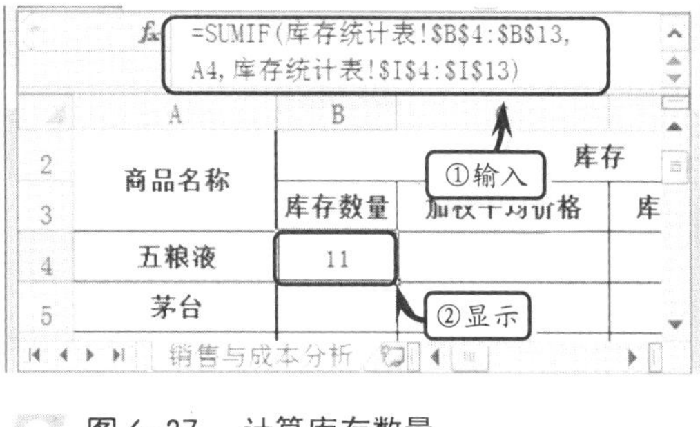

图 6-36　构建销售与成本分析模型

**提　示**

在使用 SUMIF 函数时，可以在 criteria 参数中使用通配符【包括问号 (?) 和星号 (*)】。问号匹配任意单个字符；星号匹配任意一串字符。如果要查找实际的问号或星号，请在该字符前键入波形符 (~)。

图 6-37　计算库存数量

选择单元格 C4，在编辑栏中输入计算公式，按下 Enter 键返回加权平均价格，如图

6-38 所示。使用相同的方法，计算其他加权平均价格。

❑ 计算库存金额与占用率

选择单元格 D4，在编辑栏中输入计算公式，按下 Enter 键返回库存金额，如图 6-39 所示。使用相同的方法，计算其他库存金额。

选择单元格 E4，在编辑栏中输入计算公式，按下 Enter 键返回库存占用率，如图 6-40 所示。使用相同的方法，计算其他库存占用率。

**2．构建销售分析模型**

销售分析模型主要包括产品销售成本、销售收入、毛利润与毛利率等数据。

❑ 计算销售成本与收入

选择单元格 F4，在编辑栏中输入计算公式，按下 Enter 键返回产品销售成本额，如图 6-41 所示。使用相同的方法，计算其他产品销售成本额。

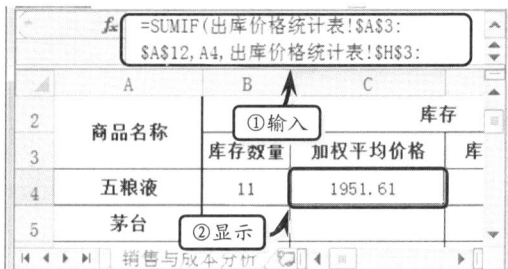

图 6-38　计算加权平均价格

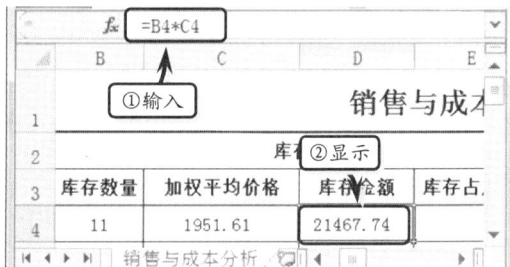

图 6-39　计算库存金额

图 6-40　计算库存占用率

图 6-41　计算产品销售成本额

选择单元格 G4，在编辑栏中输入计算公式，按下 Enter 键返回销售收入，如图 6-42 所示。使用相同的方法，计算其他销售收入额。

❑ 计算毛利润与毛利率

选择单元格 H4，在编辑栏中输入计算公式，按下 Enter 键返回毛利润，如图 6-43 所示。使用相同的方法，计算其他毛利润。

图 6-42　计算销售收入

毛利率是指商品毛利润占总毛利润的比率。选择单元格 I4，在编辑栏中输入计算公式，按下 Enter 键返回毛利率，如图 6-44 所示。使用相同的方法，计算其他毛利率。

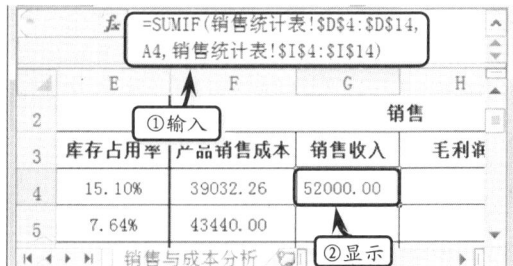

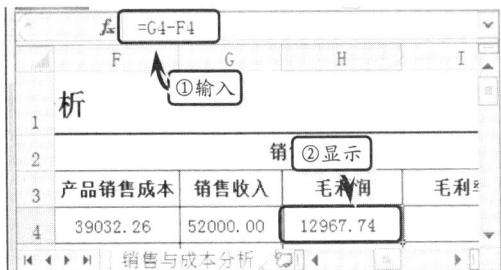

图 6-43 计算毛利润

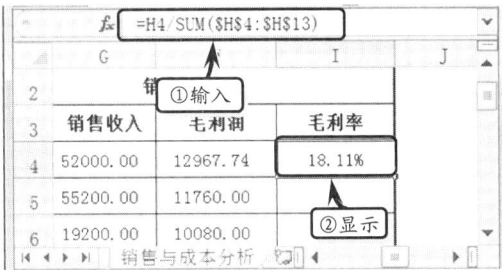

图 6-44 计算毛利率

# 6.5 课堂练习：分析销售数据

销售数据用来反映企业某一期间内的商品销售情况，通过分析销售数据，可以帮助用户查看销售量最好与最坏的商品，以及每位销售员所销售商品的具体情况。在本练习中，将运用 Excel 2010 中的函数功能制作一份销售数据统计表，并运用筛选与分类汇总等功能对销售数据进行多方位的分析，如图 6-45 所示。

图 6-45 分析销售数据

**操作步骤**

1 制作销售统计表。新建工作表，单击【全选】按钮，右击鼠标执行【行高】命令，设置工作表的行高，如图 6-46 所示。

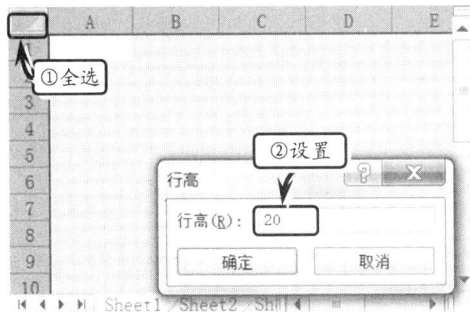

图 6-46 设置行高

2 合并单元格区域 A1:I1，输入标题文本，并在【字体】选项组中设置其【字号】与【加粗】格式，如图 6-47 所示。

3 在单元格 A2 中输入"月份"，然后选择单元格 B2，在编辑栏中输入计算公式，按下Enter 键返回当前月份，如图 6-48 所示。

4 在工作表的第 2 行中输入列标题字段，选择单元格区域 A3:I33，设置其边框与居中格式，如图 6-49 所示。

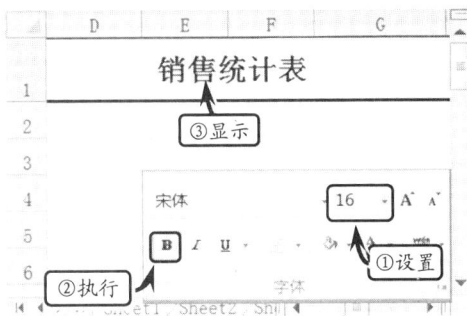

图 6-47 制作标题

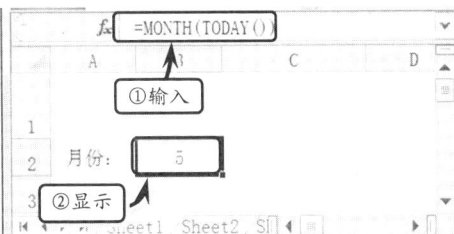

图 6-48 显示当前月份

5 选择单元格区域 B4:B33，执行【数据】|【数据工具】|【数据有效性】命令，设置【允许】与【来源】选项，如图 6-50 所示。使

用同样的方法，分别设置其他列表的数据有效性。

图 6-49　制作表格内容

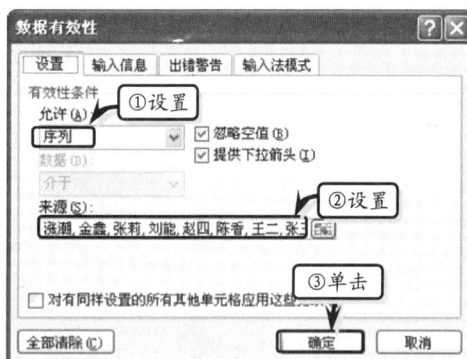

图 6-50　设置数据有效性

**6** 在表格中输入基本数据，选择单元格区域 G4:I33，执行【开始】|【数字】|【数字格式】|【会计专用】命令，如图 6-51 所示。

图 6-51　设置数字格式

**7** 选择单元格 H4，在编辑栏中输入计算公式，按下 Enter 键返回金额值，如图 6-52 所示。

**8** 选择单元格 I4，在编辑栏中输入计算公式，按下 Enter 键返回销售提成额，如图 6-53 所示。

**9** 选择单元格区域 H4:I33，执行【开始】|【编辑】|【填充】|【向下】命令，如图 6-54

所示。

图 6-52　计算金额值

图 6-53　计算销售提成额

图 6-54　填充公式

**10** 筛选销售数据。更改各个工作表的名称，将销售数据统计表中的数据复制到"销售统计表"工作表中，如图 6-55 所示。

图 6-55　重命名工作表

Excel 财务与会计应用标准教程（第2版）

**11** 在表格的最底部制作筛选条件表格，并输入筛选条件，如图 6-56 所示。

| | D | E | F | G | |
|---|---|---|---|---|---|
| 32 | 白酒 | 箱 | 20 | ￥ 2,600.00 | |
| 33 | 红酒 | 箱 | 22 | ￥ 2,200.00 | |
| 34 | | | 筛选条件 | | |
| 35 | 商品类别 | 单位 | 数量 | 单价 | |
| 36 | 白酒 | | | | |
| 37 | | | 筛选结果 | | |
| 38 | | | | | |
| 39 | | | | | |

图 6-56 制作筛选条件

**12** 选择单元格区域 A3:I33，执行【数据】|【排序和筛选】|【高级】命令。设置筛选参数，如图 6-57 所示。

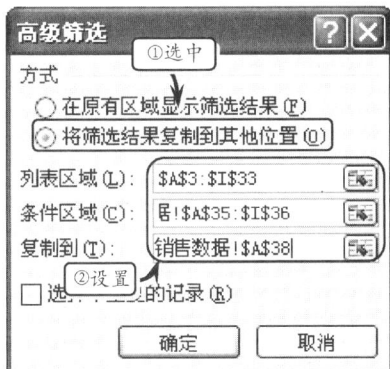

图 6-57 设置筛选条件

**13** 在【高级筛选】对话框中，单击【确定】按钮，即可在工作表指定的位置显示筛选结果，如图 6-58 所示。

| | D | E | F | G | |
|---|---|---|---|---|---|
| 36 | 白酒 | | | | |
| 37 | | | 筛选结果 | | |
| 38 | 商品类别 | 单位 | 数量 | 单价 | |
| 39 | 白酒 | 箱 | 20 | ￥ 2,600.00 | |
| 40 | 白酒 | 箱 | 20 | ￥ 2,700.00 | |
| 41 | 白酒 | 箱 | 20 | ￥ 2,600.00 | |
| 42 | 白酒 | 箱 | 20 | ￥ 2,600.00 | |

图 6-58 显示筛选结果

**14** 数据透视表分析销售数据。选择"销售统计表"工作表中的单元格区域 A3:I33，执行【插入】|【表格】|【数据透视表】命令，选中【新工作表】选项，如图 6-59 所示。

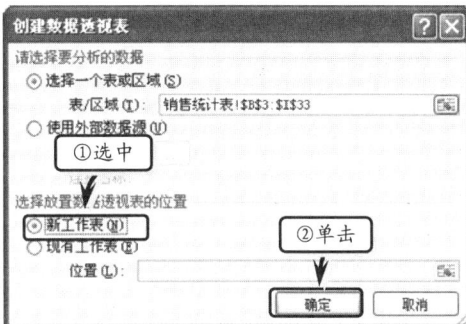

图 6-59 设置放置位置

**15** 在【数据透视表字段列表】窗口中，依次启用【销售员】、【商品名称】、【金额】与【销售提成】字段名称，如图 6-60 所示。

图 6-60 添加数据字段

**16** 执行【设计】|【布局】|【空行】|【在每个项目后面插入空行】命令，设置数据透视表的布局样式，如图 6-61 所示。

**17** 执行【设计】|【数据透视表样式】|【其他】|【数据透视表样式浅色 14】命令，设置数据透视表的样式，如图 6-62 所示。

**18** 双击"求和项：金额"字段，将【自定义名称】设置为"销售金额"。并在【值显示方式】下拉列表中，选择【全部汇总百分比】

选项，如图 6-63 所示。

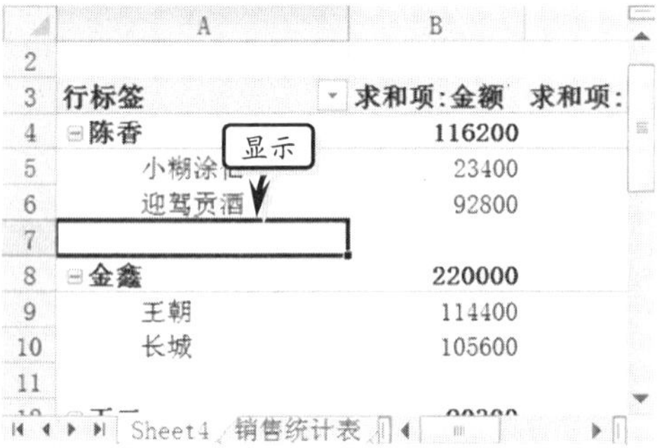

图 6-61　插入空行

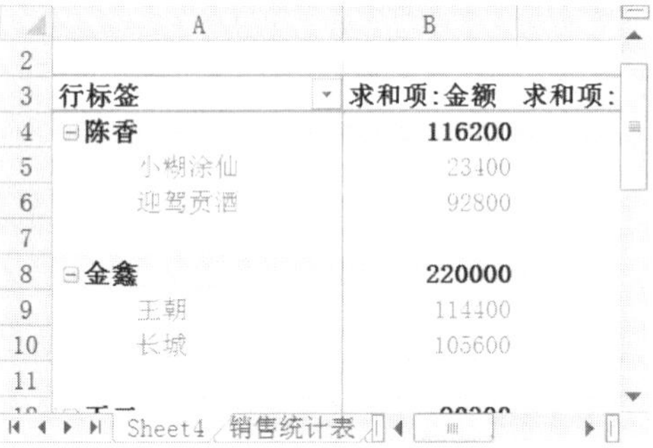

图 6-62　设置数据透视表样式

19　在【数据透视表字段列表】窗口中，将【商品类别】字段添加到【报表筛选】列表框中。并单击其下拉按钮，在下拉列表中选择【白

酒】选项，如图 6-64 所示。

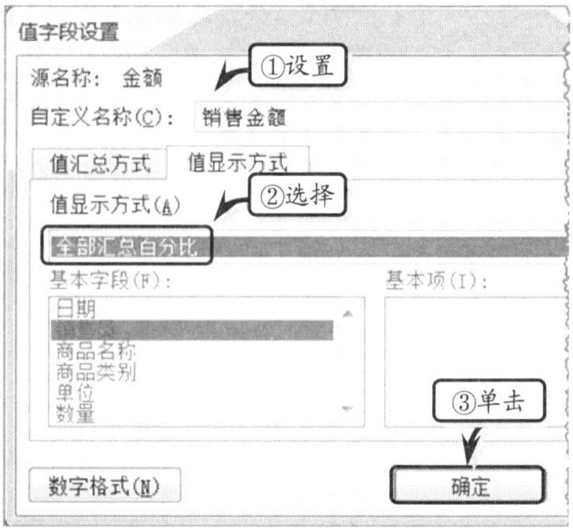

图 6-63　自定义名称与值显示

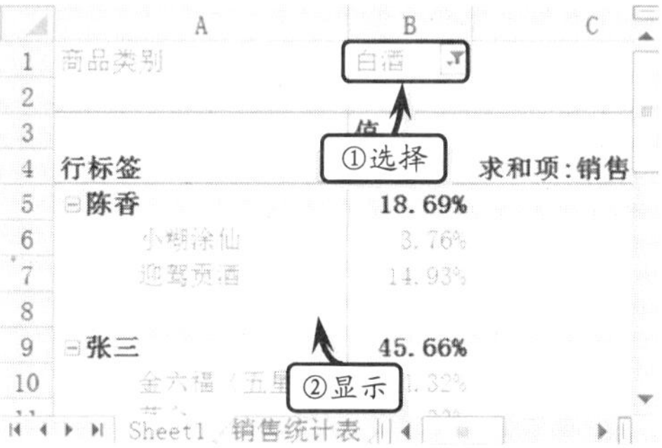

图 6-64　筛选数据

## 6.6　课堂练习：进销存管理模型

进销存管理模型包括采购管理、销售管理与库存管理，是财务管理中必不可少的工作。在本练习中，将运用 Excel 2010 中的 SUMIF 函数、RANK 函数，以及简单的四则运算公式，来制作一份进销存管理模型，如图 6-65 所示。

### 销售与成本分析

| 商品名称 | 库存 | | | | 销售 | | | |
|---|---|---|---|---|---|---|---|---|
| | 库存数量 | 加权平均价格 | 库存金额 | 库存占用率 | 产品销售成本 | 销售收入 | 毛利润 | 毛利率 |
| 五粮液 | 11 | 1951.61 | 21467.74 | 14.78% | 39032.26 | 52000.00 | 12967.74 | 24.94% |
| 茅台 | 6 | 1810.00 | 10860.00 | 7.48% | 43440.00 | 55200.00 | 11760.00 | 21.30% |
| 长城 | 17 | 1140.00 | 19380.00 | 13.34% | 9120.00 | 19200.00 | 10080.00 | 52.50% |
| 王朝 | 20 | 1031.03 | 20620.69 | 14.20% | 9279.31 | 19800.00 | 10520.69 | 53.13% |
| 百事可乐（听） | 25 | 579.03 | 14475.76 | 9.97% | 4632.24 | 7104.00 | 2471.76 | 34.79% |
| 百事可乐（瓶） | 7 | 774.59 | 5422.12 | 3.73% | 7745.88 | 8500.00 | 754.12 | 8.87% |
| 小糊涂仙 | 7 | 805.00 | 5635.00 | 3.88% | 10465.00 | 11700.00 | 1235.00 | 10.56% |
| 迎驾贡酒 | 9 | 1000.00 | 9000.00 | 6.20% | 9000.00 | 14400.00 | 5400.00 | 37.50% |
| 张裕 | 22 | 1500.00 | 33000.00 | 22.72% | 12000.00 | 16800.00 | 4800.00 | 28.57% |
| 金六福（五星） | 3 | 1800.00 | 5400.00 | 3.72% | 21600.00 | 32400.00 | 10800.00 | 33.33% |

图 6-65　进销存管理模型

**操作步骤**

**1** 制作采购统计表。将工作表标签"Sheet1"更改为"采购统计表"，在工作表中制作表格框架，如图6-66所示。

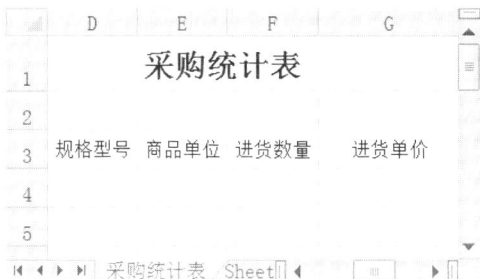

**图6-66** 制作表格框架

**2** 选择单元格C2，在编辑栏中输入计算公式，按下Enter键返回当前月份，如图6-67所示。

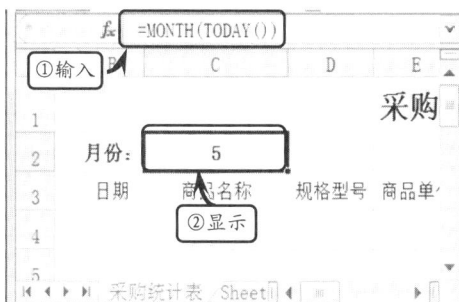

**图6-67** 显示月份值

**3** 选择单元格区域B3:H13，执行【开始】I【字体】I【边框】I【所有框线】命令。同时，执行【对齐方式】I【居中】命令，如图6-68所示。

**图6-68** 设置表格格式

**4** 同时选择单元格区域 B2:C2、B3:B13 与

D3:H3，执行【开始】I【字体】I【加粗】命令，如图6-69所示。

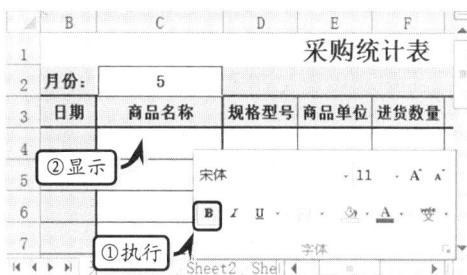

**图6-69** 设置字体格式

**5** 在表格中输入基础数据，选择单元格H4，在编辑栏中输入计算公式，按下Enter键返回进货金额，如图6-70所示。使用同样的方法，分别计算其他进货金额。

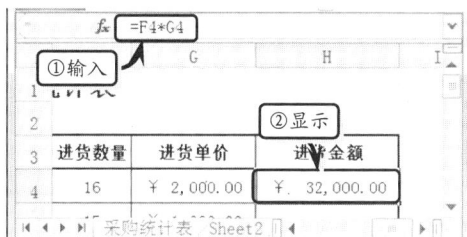

**图6-70** 计算进货金额

**6** 同时选择单元格区域B3:C13与D3:H3，执行【字体】I【填充颜色】命令，在其下拉列表中选项相应的色块，如图6-71所示。

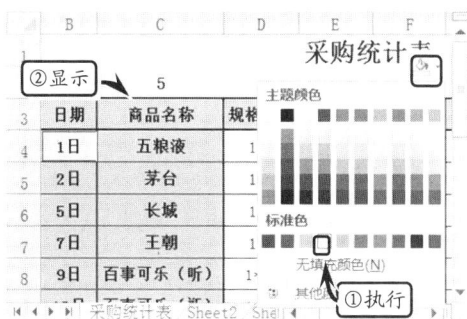

**图6-71** 设置填充颜色

**7** 制作销售统计表。重命名"Sheet2"的工作表名称，在工作表中制作表格框架，输入基本数据并设置其单元格格式与填充颜色，如

图 6-72 所示。

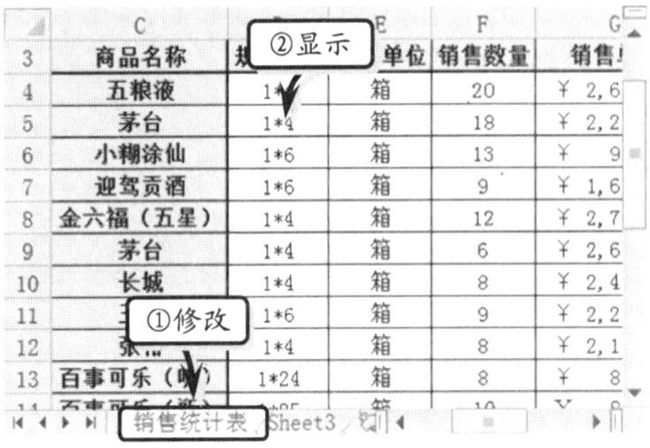

图 6-72 制作基本数据

**8** 选择单元格 H4，在编辑栏中输入计算公式，按下 Enter 键返回销售金额，如图 6-73 所示。使用同样的方法，计算其他销售金额。

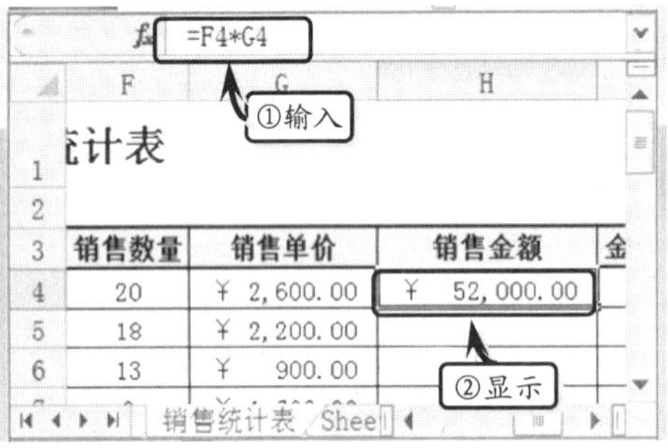

图 6-73 计算销售金额

**9** 选择单元格 I4，在编辑栏中输入计算公式，按下 Enter 键返回金额排名，如图 6-74 所示。使用同样的方法，分别计算其他排名。

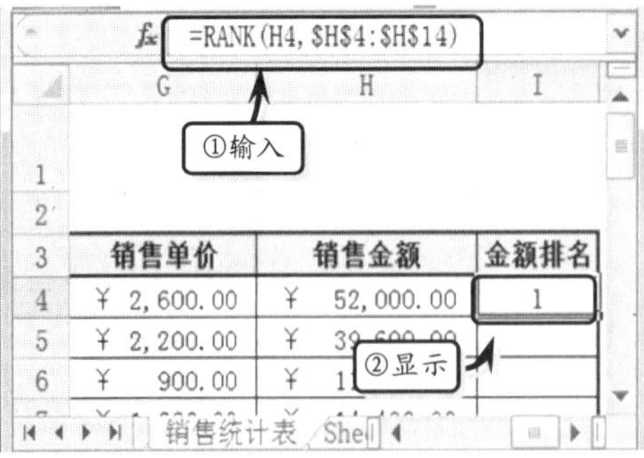

图 6-74 计算排名

**10** 制作价格统计表。将"销售统计表"中的数据复制到"Sheet3"工作表中。修改工作表数据并重命名工作表，如图 6-75 所示。

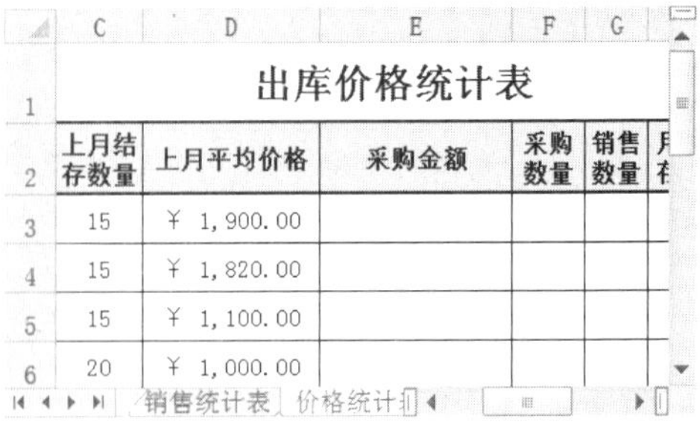

图 6-75 制作基础数据

**11** 选择单元格 E3，在编辑栏中输入计算公式，按下 Enter 键返回采购金额，如图 6-76 所示。

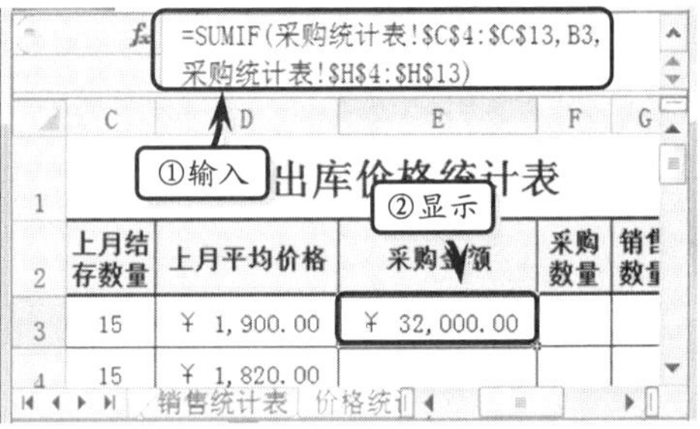

图 6-76 计算采购金额

**12** 选择单元格 F3，在编辑栏中输入计算公式，按下 Enter 键返回采购数量，如图 6-77 所示。

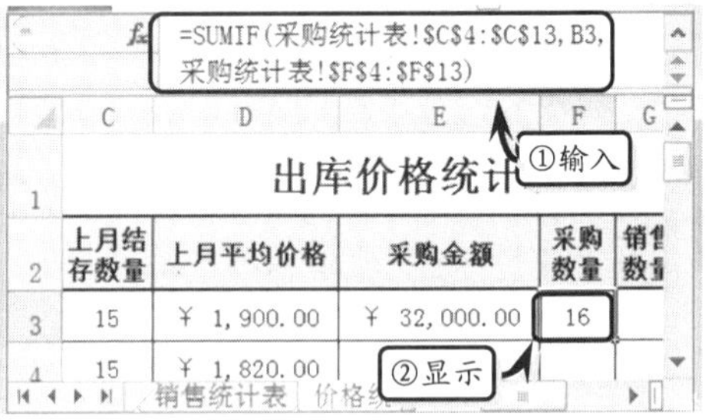

图 6-77 计算采购数量

**13** 选择单元格 G3，在编辑栏中输入计算公式，按下 Enter 键返回销售数量，如图 6-78 所示。

**14** 选择单元格 H3，在编辑栏中输入计算公式，按下 Enter 键返回月末结存数量，如图 6-79 所示。

**15** 选择单元格 I3，在编辑栏中输入计算公式，按下 Enter 键返回加权平均价格，如图 6-80

所示。

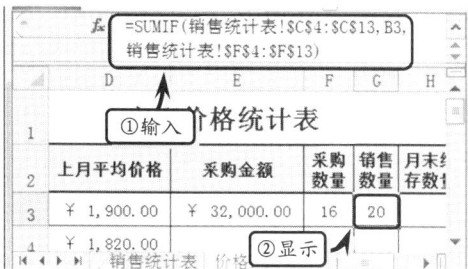

=SUMIF(销售统计表!$C$4:$C$13, B3, 销售统计表!$F$4:$F$13)

①输入

价格统计表

| | 上月平均价格 | 采购金额 | 采购数量 | 销售数量 | 月末结存数量 |
|---|---|---|---|---|---|
| 3 | ￥ 1,900.00 | ￥ 32,000.00 | 16 | 20 | |
| 4 | ￥ 1,820.00 | | | | |

②显示

**图 6-78** 计算销售数量

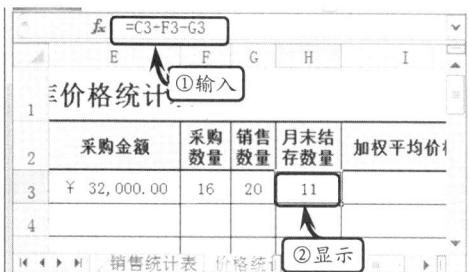

=C3-F3-G3

①输入

售价格统计

| | 采购金额 | 采购数量 | 销售数量 | 月末结存数量 | 加权平均价 |
|---|---|---|---|---|---|
| 3 | ￥ 32,000.00 | 16 | 20 | 11 | |

②显示

**图 6-79** 计算月末结存数量

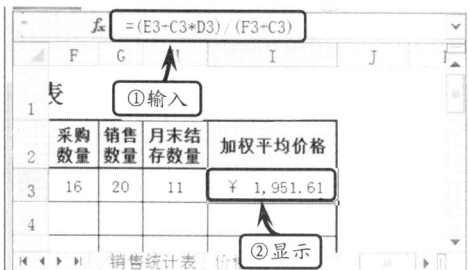

=(E3-C3*D3)/(F3-C3)

①输入

| | 采购数量 | 销售数量 | 月末结存数量 | 加权平均价格 |
|---|---|---|---|---|
| 3 | 16 | 20 | 11 | ￥ 1,951.61 |
| 4 | | | | |

②显示

**图 6-80** 计算加权平均价格

16 选择单元格区域 E3:I12，执行【开始】|【编辑】|【填充】|【向下】命令，如图 6-81 所示。

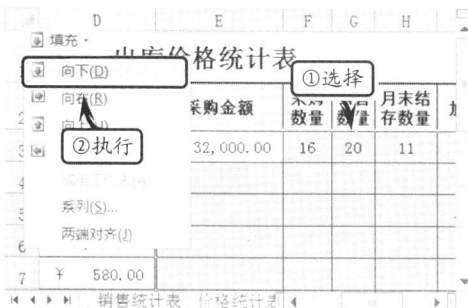

填充·

向下(D)

向右(R)

库存价格统计表

①选择

②执行

| | 采购金额 | 采购数量 | 销售数量 | 月末结存数量 | 加 |
|---|---|---|---|---|---|
| | 32,000.00 | 16 | 20 | 11 | |

系列(S)...

两端对齐(J)

| 7 | ￥ | 580.00 |

**图 6-81** 填充公式

17 制作库存统计表。新建工作表，重命名工作表，在工作表中制作表格标题、列标题，并设置单元格格式与填充颜色，如图 6-82 所示。

库存统计表

| | 上期结存 | | 本期收入 | | 本期 |
|---|---|---|---|---|---|
| | 金额 | 数量 | 金额 | 数量 | |
| 4 | | | | | |
| 5 | | | | | |
| 6 | | | | | |
| 7 | | | | | |

**图 6-82** 制作表格框架

18 选择单元格 C4，在编辑栏中输入计算公式，按下 Enter 键返回上期结存数量，如图 6-83 所示。

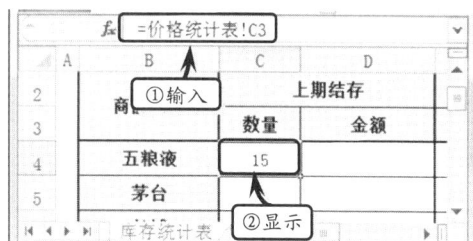

=价格统计表!C3

①输入

| | 商品 | 上期结存 | |
|---|---|---|---|
| 3 | | 数量 | 金额 |
| 4 | 五粮液 | 15 | |
| 5 | 茅台 | | |

②显示

**图 6-83** 计算上期结存数量

19 选择单元格 D4，在编辑栏中输入计算公式，按下 Enter 键返回上期结存金额，如图 6-84 所示。

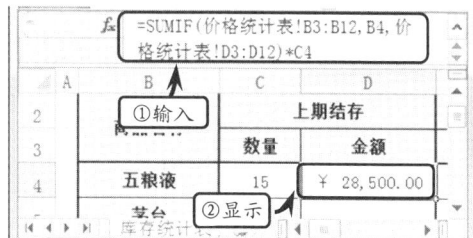

=SUMIF(价格统计表!B3:B12, B4, 价格统计表!D3:D12)*C4

①输入

| | 上期结存 | |
|---|---|---|
| 3 | 数量 | 金额 |
| 4 | 15 | ￥ 28,500.00 |

②显示

**图 6-84** 计算上期结存金额

20 选择单元格 E4，在编辑栏中输入计算公式，按下 Enter 键返回本期收入数量，如图 6-85 所示。

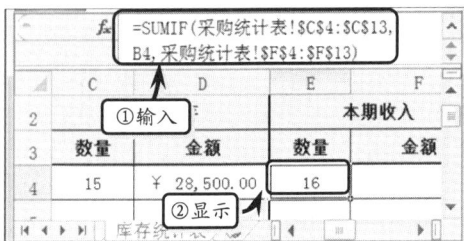

**图 6-85** 计算本期收入数量

**21** 选择单元格 F4，在编辑栏中输入计算公式，按下 Enter 键返回本期收入金额，如图 6-86 所示。

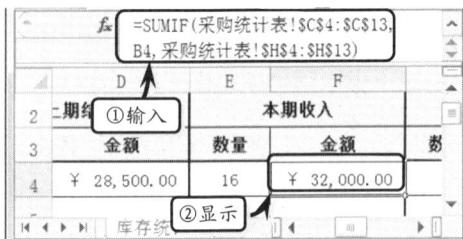

**图 6-86** 计算本期收入金额

**22** 选择单元格 G4，在编辑栏中输入计算公式，按下 Enter 键返回本期发出数量，如图 6-87 所示。

**图 6-87** 计算本期发出数量

**23** 选择单元格 H4，在编辑栏中输入计算公式，按下 Enter 键返回本期发出金额，如图 6-88 所示。

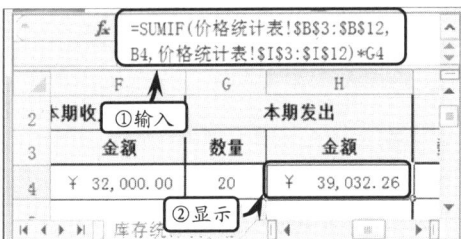

**图 6-88** 计算本期发出金额

**24** 选择单元格 I4，在编辑栏中输入计算公式，按下 Enter 键返回本期结存数量，如图 6-89 所示。

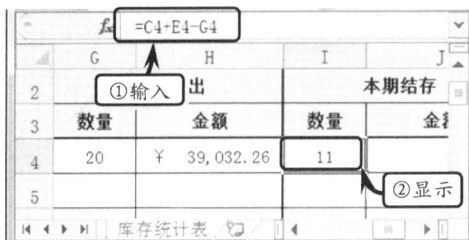

**图 6-89** 计算本期结存数量

**25** 选择单元格 J4，在编辑栏中输入计算公式，按下 Enter 键返回本期结存金额，如图 6-90 所示。最后，填充所有的公式即可。

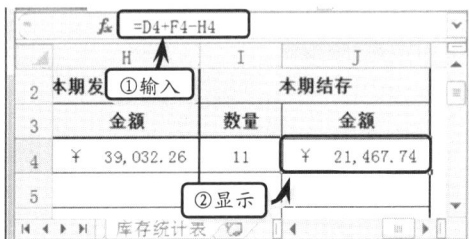

**图 6-90** 计算本期结存金额

**26** 制作销售与成本分析表。新建工作表，重命名工作表。制作表格框架并设置其填充颜色，如图 6-91 所示。

**图 6-91** 制作表格框架

**27** 选择单元格 C4，在编辑栏中输入计算公式，按下 Enter 键，返回库存数量，如图 6-92 所示。

**28** 选择单元格 D4，在编辑栏中输入计算公式，按下 Enter 键返回加权平均价格，如图 6-93

所示。

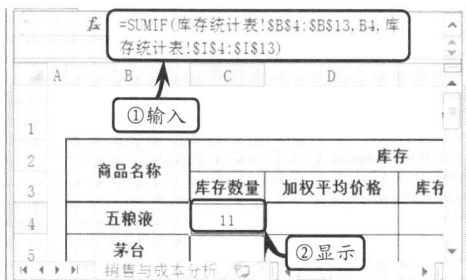

图 6-92　计算库存数量

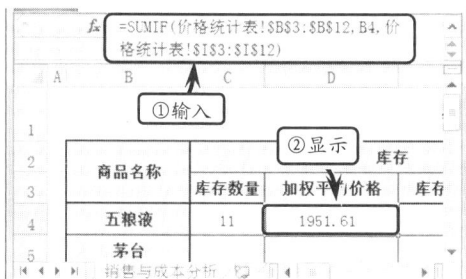

图 6-93　计算加权平均价格

29　选择单元格 E4，在编辑栏中输入计算公式，
　　按下 Enter 键返回库存金额，如图 6-94
　　所示。

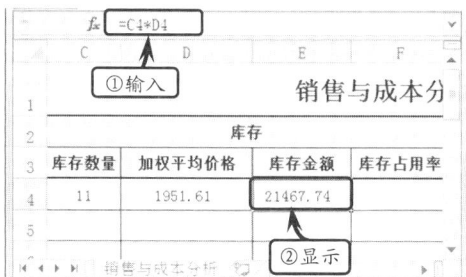

图 6-94　计算库存金额

30　选择单元格 F4，在编辑栏中输入计算公式，
　　按下 Enter 键返回库存占用率，如图 6-95
　　所示。

31　选择单元格 G4，在编辑栏中输入计算公式，
　　按下 Enter 键返回产品销售成本，如图 6-96
　　所示。

32　选择单元格 H4，在编辑栏中输入计算公式，
　　按下 Enter 键返回销售收入，如图 6-97
　　所示。

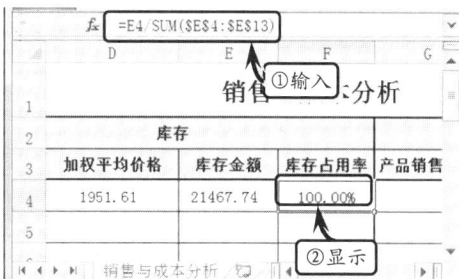

图 6-95　计算库存占用率

图 6-96　计算产品销售成本

图 6-97　计算销售收入

33　选择单元格 I4，在编辑栏中输入计算公
　　式，按下 Enter 键返回毛利润，如图 6-98
　　所示。

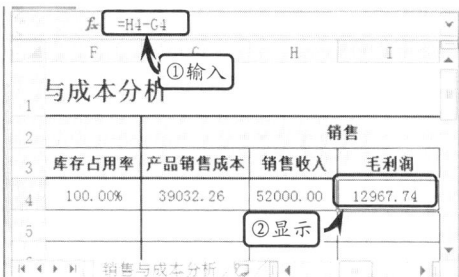

图 6-98　计算毛利润

34　选择单元格 J4，在编辑栏中输入计算公式，

按下 Enter 键返回毛利率，如图 6-99 所示。
最后，填充所有的公式。

图 6-99　计算毛利率

**35** 执行【文件】|【另存为】命令，将【文件

名】设置为"进销存模型"，将【文件类型】
设置为"Excel 模板"，如图 6-100 所示。

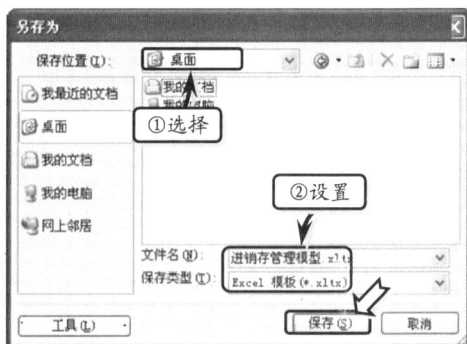

图 6-100　保存为模板

## 6.7　思考与练习

### 一、填空题

1．在设置工作表的行高时，可以通过使用_____组合键，选择整个工作表。

2．MONTH 函数表示返回_____，而 TODAY 函数表示返回_____。

3．商品类别编码与_____大体一致，主要用来区分商品的类别。

4．将鼠标移至单元格的右下角，当鼠标变为"十"字形状时，按住_____键的同时向下拖动鼠标，可以快速填充数字。

5．在合并连续且单元格数量相同的单元格区域时，可以通过_____快速填充单元格格式。

6．计算加权平均价格的公式为_____。

### 二、选择题

1．在利用 Excel 2010 中的函数计算数据时，在引用单元格名称之前通常会出现"$"符号，该符号表示_____。

   A．引用单元格

   B．绝对引用

   C．相对引用

   D．混合引用

2．用于引用数据的 SUMIF 函数表示_____。

   A．引用相对单元格中的数据

   B．引用绝对单元格中的数据

   C．对指定的单元格区域求和

   D．对满足条件的单元格求和

3．在填充单元格格式或公式时，除了使用 Ctrl 键盘与拖动鼠标的方法，还可以通过_____命令，快速填充公式。

   A．格式

   B．公式

   C．填充

   D．剪切

4．在使用图表分析数据时，用户不仅可以通过【插入】选项卡【图表】选项组中相应的命令，来改变图表类型之外，还可以通过_____选项组中的【更改图表类型】命令来改变图表类型。

   A．设计

   B．类型

   C．选项

   D．格式

### 三、问答题

1．分析采购数据主要包括哪几种分析法？

2．如何利用 Excel 2010 计算采购商品的加权平均价格？

3．如何使用数据透视表分析销售数据？

4．如何显示库存的特定信息？

## 四、上机练习

### 1．构建入库单

在本练习中，将运用 Excel 中的设置数据格式和函数功能，构建一份入库单，如图 6-101 所示。首先，合并单元格区域 A1:H1，输入标题文本并设置文本的字体格式。然后，输入表头、表格内容与表尾文本，并设置表格内容的边框、数字与对齐格式。最后，选择单元格 H1，在编辑栏中输入计算公式，按 Enter 键返回金额。使用同样的方法，计算其他金额值。选择单元格 H12，在编辑栏中输入计算公式，按下 Enter 键返回合计值。

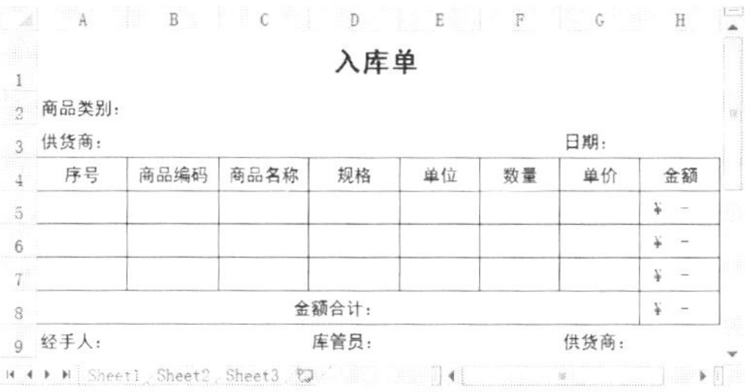
入库单

商品类别：

供货商： 日期：

| 序号 | 商品编码 | 商品名称 | 规格 | 单位 | 数量 | 单价 | 金额 |
|---|---|---|---|---|---|---|---|
| | | | | | | | ¥ - |
| | | | | | | | ¥ - |
| | | | | | | | ¥ - |
| 金额合计： | | | | | | | ¥ - |

经手人： 库管员： 供货商：

图 6-101 入库单

### 2．物品请购单

在本练习中，将运用 Excel 中的设置数据格式和函数功能，构建一份请购单，如图 6-102 所示。首先，合并单元格区域 A1:H1，输入标题文本并设置文本的字体格式。在表格中输入基本数据，并设置其边框与对齐格式。然后，选择单元格区域 A3:H3，执行【字体】|【填充颜色】命令，在其下拉列表中选择相应的色块。最后，选择单元格 H2，在编辑栏中输入计算公式，返回当前日期。

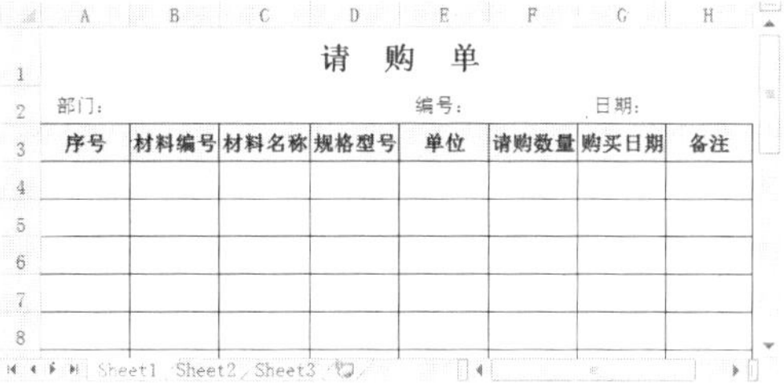
请 购 单

部门： 编号： 日期：

| 序号 | 材料编号 | 材料名称 | 规格型号 | 单位 | 请购数量 | 购买日期 | 备注 |
|---|---|---|---|---|---|---|---|
| | | | | | | | |
| | | | | | | | |
| | | | | | | | |
| | | | | | | | |
| | | | | | | | |

图 6-102 请购单

# 第 7 章

## 流动资产管理

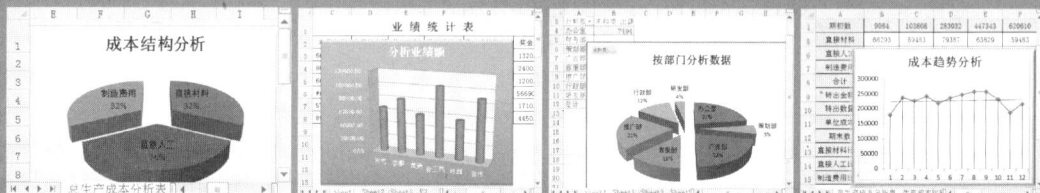

　　流动资产包括财务活动中的现金、应收账款与存货等内容，在企业日常财务管理中占据着重要的地位。通过对流动资产的管理，不仅可以保证企业活动的顺利开展，而且还可以检查流动资产账务的正确性与合理性。另外，良好的流动资产管理方法，不仅可以提高流动资产的使用效益，而且还可以帮助财务人员直观透彻地分析流动资产数据，为保持资产结构的流动性与提高偿债能力，提供了有利的数据依据。在本章中，将利用Excel 2010 中的函数、图表等功能，详细介绍流动资产管理的基础知识与操作方法。

**本章学习目标：**

➢ 现金管理
➢ 分析应收账款
➢ 应收账款的信用决策模型
➢ 存货经济批量模型
➢ 存在数量折扣的经济批量模型
➢ 允许缺货时的经济批量模型

# 7.1 流动资产管理概述

流动资产是指投放在流动资产上的资金，是企业可以在短期内变现或消耗的资产。其强大的流动性与运动性，反映了企业经营管理水平与经营生产、发展能力的大小。在进行流动资产管理之前，用户还需要了解流动资产的特点与具体内容。

## 7.1.1 流动资产的特点

流动资金在周转过程中，从货币形态开始，依次改变其形态，最后又回到货币形态。是一个不断投入和收回的循环过程。因此，流动资产投资评价的基本方法是以最低的成本满足生产经营周转的需要。另外，流动资产还具有以下特点。

- ❏ **占用形态具有变动性** 由于流动资产在周转过程中，其形态不断改变，形成流动资金运动的周而复始性，从而为资金的保值与增值创造了条件，也有助于财务人员合理地配置各种资产占用形态，促使流动资产的周转得以顺利进行。
- ❏ **占用数量具有波动性** 随着经营活动中的供产销的变化，资金占用数量也会随之起伏不定，具有一定的波动性。所以，在考虑流动资金的来源与供应方式时，不仅要保持稳定的资金来源，而且又要保持一定的机动性与灵活性，以便合理安排资金的供需平衡。
- ❏ **循环与生产周期具有一致性** 在经营活动中，生产经营周期与流动资产的循环具有一致性。其中，生产经营周期决定着流动资金的循环时间，反之流动资产周转又反映了企业供产销的过程。流动资产的该特点，不仅可以实现加速流动资产周转的目的，还充分发挥流动资产促进生产经营活动的积极作用。
- ❏ **来源具有灵活多样性** 由于流动资产占用数量具有波动性，所以企业在筹集流动资金的方式上比筹集长期资金更具有灵活多样性。

## 7.1.2 流动资产管理的内容

流动资产管理的主要项目是现金、应收账款与存货，它们占用了绝大部分的流动资金。

### 1. 现金管理

现金是可以立即投入流动的交换媒介，具有普遍的可接受性与流动性最强的特点。企业在经营活动中必须置存一定数量的现金，这对满足交易性需要、预防性需要与投机性需要具有非常重要的意义。一般情况下，现金管理主要包括库存现金、银行存款和银行本票、银行汇票等内容。另外，具有变现能力强、兑换灵活的有价证券也是企业现金的一种转换形式。

### 2. 应收账款管理

应收账款是对外销售产品、材料、供应劳务以及其他原因应收取的款项，包括应收销售款、其他应收款、应收票据等。在企业经营过程中，造成应收账款的主要原因为商业竞争及销售的时间差距。其中，商业竞争是发生应收账款的主要原因。应收账款是企业的一项资金投放，只有在应收账款所增加的盈利大于所增加的成本时，才应当实施应收账款赊销业务，并适当放宽信用条件来增加赊销量。

### 3．存货管理

存货是企业在生产经营过程中为销售或耗用而储备的物质，包括材料、燃料、易耗品、半成品等。其中，存货的原因是为保证政策或销售的经营需要，以及出自价格的考虑。在企业运营中，由于存货占用流程资产的比重比较大，因此企业在进行存货时，应在满足正常经营活动的前提下，尽量减少存货，提高存货周转率。

## 7.2 现金管理

在企业经营过程中，现金的管理除了控制日常收支，加速现金流转速度之外，还需要控制现金的持有量。一般情况下，成本分析模式与存货模式是确定最佳现金持有量的方法。

### 7.2.1 成本分析模式

成本分析模式是通过分析持有现金的成本，寻找持有成本最低时的现金持有量。在本小节中，将向用户介绍成本分析模型的成本种类及分析方法。

#### 1．现金的成本种类

在企业的运营中，现金主要分为机会成本、管理成本与短缺成本 3 种成本。

- ❑ **机会成本**　现金作为企业的一项资金占用，需要具有一定的机会成本代价。由于现金资产的流动性最佳、盈利性最差，又不能投入生产经营活动。所以，现金失去了获得利益的机会，而机会成本的代价会随着现金持有量的增加而上升。
- ❑ **管理成本**　当企业拥有现金时，则会发生人员工资、人员费用等管理费用。管理费用又称作现金的管理成本，该成本是一种固定成本，与现金持有量之间无明显的比例关系。
- ❑ **短缺成本**　短缺成本是因缺乏必要的现金，不能应付业务开支而使企业蒙受损失或付出的代价。现金的短缺成本会随着现金持有量的增加而下降。

#### 2．成本分析

通过计算与比较现金持有量的机会成本、管理成本与短缺成本之和，所显示的最小的现金持有量就是最近现金持有量。

首先，在工作表中输入 3 种现金持有方案。选择单元格 A2，右击鼠标执行【设置单元格格式】命令。在弹出的【设置单元格格式】对话框中，激活【边框】选项卡。在【预置】选项组中，选中【外边框】选项，同时选择【边框】选项组中的【右斜线】选项，如图 7-1 所示。

**提　示**

在绘制斜线表头时，用户也可以通过执行【开始】|【字体】|【边框】|【其他边框】命令，来打开【设置单元格格式】对话框。

然后，执行【开始】|【对齐方式】|【自动换行】命令，并调整文本的位置。选择单元格区域 A2:E7，执行【字体】|【边框】|【所有框线】命令。同时，选择单元格区域 B2:E2 与 A3:E7，执行【对齐方式】|【居中】命令，如图 7-2 所示。

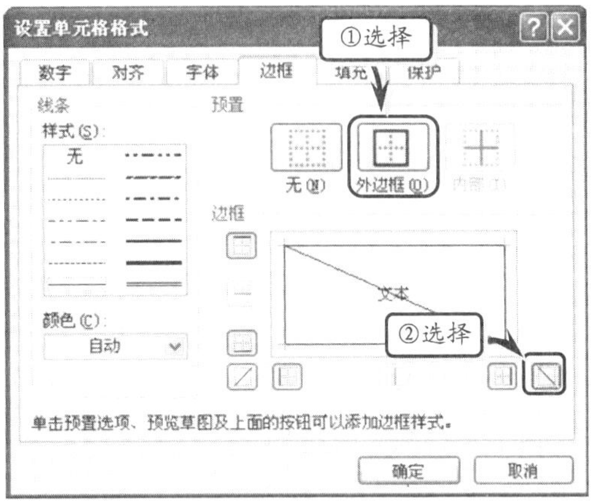


图 7-1　设置斜线表头

**提　示**

机会成本率为该企业的资本收益率，一般情况下为 12%。

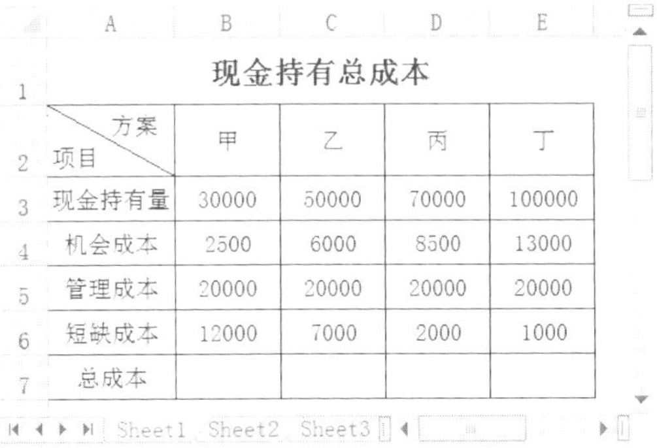

| | A | B | C | D | E |
|---|---|---|---|---|---|
| 1 | 现金持有总成本 | | | | |
| 2 | 方案 项目 | 甲 | 乙 | 丙 | 丁 |
| 3 | 现金持有量 | 30000 | 50000 | 70000 | 100000 |
| 4 | 机会成本 | 2500 | 6000 | 8500 | 13000 |
| 5 | 管理成本 | 20000 | 20000 | 20000 | 20000 |
| 6 | 短缺成本 | 12000 | 7000 | 2000 | 1000 |
| 7 | 总成本 | | | | |

图 7-2　设置表格格式

最后，选择单元格 B7，在编辑栏中输入计算公式，按下 Enter 键返回甲方案的总成本。使用同样的方法，分别计算其他方案的总成本，如图 7-3 所示。

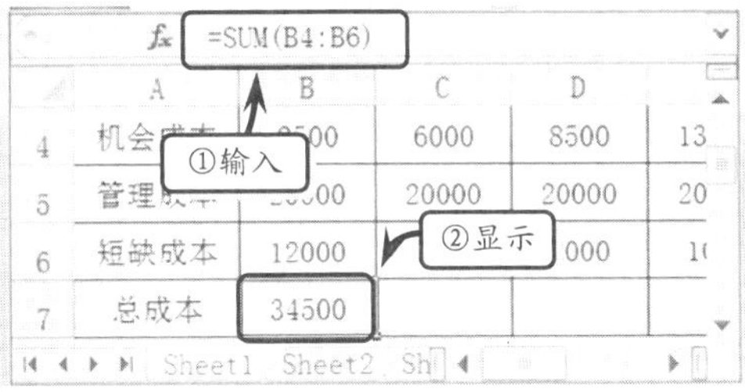


图 7-3　计算总成本

通过比较各方案的总成本，可以发现丙方案的总成本最低，也就是说当企业持有 70000 元现金时，各方面的总代价最低，对企业的经营最合算，因此 70000 元是企业的最佳现金持有量。

## 7.2.2　存货模式

现金持有量的存货模式又称为鲍曼模型，是威廉•鲍曼提出的用以确定目标现金持有量的模型。存货模式表示企业在持有较少现金的情况下，通过出售有价证券转换现金，从而达到提高资金使用效率的目的。

### 1．存货模式公式

企业在进行有价证券与现金之间的转换操作时，需要支付一定的交易成本。现金的交易成本与现金的转换次数，以及每次的转换量有关，而且现金的交易成本与现金平时的持有量成反比。在存货模式中，总成本=机会成本+交易成本，而最佳现金持有量的计算公式为：

$$C=\sqrt{(2T\times F)/K}$$

其中，公式中的各字母表示：

- **C** 表示机会成本。
- **T** 表示一定期间内的现金需求量。
- **F** 表示每次出售有价证券以补充现金所需的交易成本。
- **K** 表示持有现金的机会成本。

### 2. 函数计算现金最佳持有量

利用 Excel 2010 进行存货模式分析时，可通过使用 SQRT 函数来计算最佳现金持有量。首先，在工作表中制作表格标题，并输入表格内容。选择所有的表格内容，为其设置【边框】与【对齐】格式。然后，选择单元格 B5，在编辑栏中输入计算公式，按下 Enter 键，返回最佳现金持有量金额，如图 7-4 所示。

**图 7-4** 计算最佳现金持有量

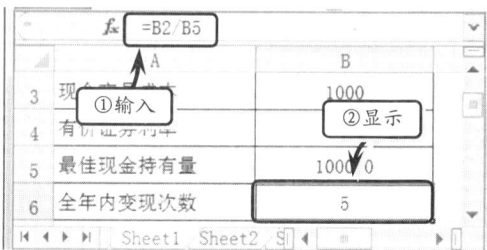

**图 7-5** 计算变现次数

**提 示**

SQRT 函数表示可返回数值的正平方根，其表达公式为"=SQRT(number)"。其中，参数 number 表示需要计算平方根的数值。

然后，选择单元格 B6，在编辑栏中输入计算公式，按下 Enter 键返回全年内变现次数，如图 7-5 所示。

### 2. 规划求解计算现金最佳持有量

当用户在存货模式下计算现金最佳持有量时，除了可以利用函数功能来计算之外，还可以利用 Excel 2010 中的规划求解功能，来求解现金最佳持有量。

**图 7-6** 【Excel 选项】对话框

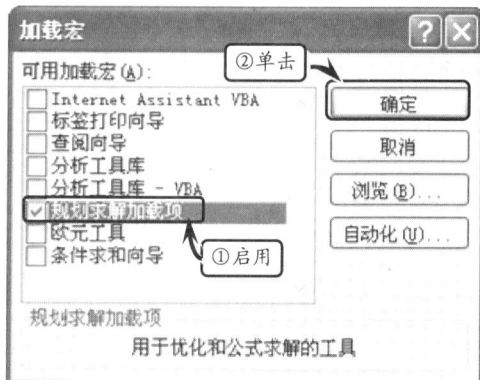

#### □ 加载规划求解

由于规划求解是 Excel 2010 的一个加载项，所以在使用之前还需要加载规划求解选项。执行【文件】|【选项】命令，在【加载项】选项卡中，单击【转到】按钮，如图 7-6 所示。

在弹出的【加载宏】对话框中，启用【规划求解加载项】复选框，如图 7-7 所示。单击【确定】按钮后，在【数据】选项卡中，将自动增加【分析】选项组。

#### □ 了解总成本公式

在使用归还求解计算现金最佳持有量之

**图 7-7** 加载规划求解

前，用户还需要了解一下总成本的计算公式。其中，当机会成本等于交易成本时，总成本最低，此时的现金持有量为最佳现金持有量。总成本的计算公式为：

$$总成本 = 机会成本 + 交易成本$$

$$= \frac{最佳现金持有量}{2} \times 机会成本率 + \frac{现金需要量}{最佳现金持有量} \times 现金交易成本$$

❑ 规划求解计算最佳现金持有量

首先，在工作表中制作表格标题，并输入表格内容。选择所有的表格内容，为其设置【边框】与【对齐】格式。然后，选择单元格 E5，在编辑栏中输入计算公式，按下 Enter 键，返回总成本值，如图 7-8 所示。

然后，执行【数据】|【分析】|【规划求解】命令，将【设置目标单元格】设置为"E5"，选中【到】列表中的【最小值】选项。同时，将【可变单元格】设置为"E6"，如图 7-9 所示。

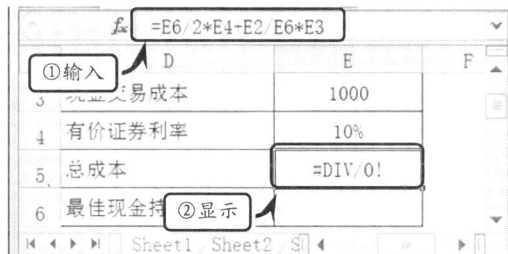

图 7-8　计算总成本

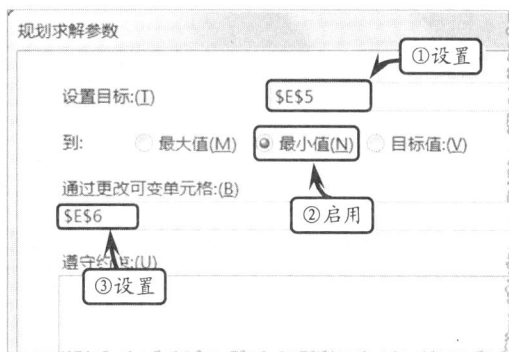

图 7-9　设置基本参数

单击【约束】选项组中的【添加】按钮，在弹出的【添加约束】对话框中设置其约束条件，如图 7-10 所示。单击【确定】按钮，返回到【规划求解参数】对话框中。

**提　示**

在添加约束条件时，只能为决策变量单元格上的约束条件应用"int"、"bin"和"dif"关系。

图 7-10　添加约束条件

最后，在【规划求解参数】对话框中，单击【求解】按钮。在弹出的【规划求解结果】对话框中，选择报告类型即可，如图 7-11 所示。

在【规划求解结果】对话框中，主要包括以下几种选项。

❑ **保留规划求解的解**　可将规划求解结果值替代可变单元格中的原始值。

图 7-11　选择报告类型

- ❑ **还原初值**　可将可变单元格中的值恢复成原始值。
- ❑ **报告**　选择用来描述规划求解执行的结果报告，包括运算结果报告、敏感性报告、极限值报告 3 种报告。
- ❑ **保存方案**　可将规划求解设置作为模型进行保存，便于下次规划求解时使用。
- ❑ **取消**　表示取消本次规划求解操作。

# 7.3　应收账款管理

随着企业的不断扩展，为扩大销售量，提高生产能力，企业需要以商业信用的方式销售产品，从而产生大量的应收账款。为了避免呆账、坏账造成的损失，财务人员需要对企业的应收账款进行统计、分析，以及对账龄比较长的应收账款进行及时的催收等应收账款管理工作。本小节中，将利用 Excel 函数、图表功能，详细讲解应收账款的管理与分析内容及方法。

## 7.3.1　分析应收账款

分析应收账款，可利用 Excel 2010 中的函数、图表等功能，对已统计的应收账款是否到期、逾期天数等内容进行计算与分析。

### 1. 构建应收账款统计表

在 Excel 2010 中分析应收账款之前，用户还需要将日常应收账款数据统计出来，并利用 Excel 2010 中的函数与公式，建立具有自动计算功能的应收账款统计表。

❑ **构建表格内容**

首先，根据用户个人习惯，设置工作表的行高与名称。然后，在工作表中输入表格列标题，并根据列标题合并第 1 行中相应的单元格区域。输入表格标题，并在【字体】选项组中，设置其【字号】与【加粗】格式。最后，在表格中输入应收账款数据即可，如图 7-12 所示。

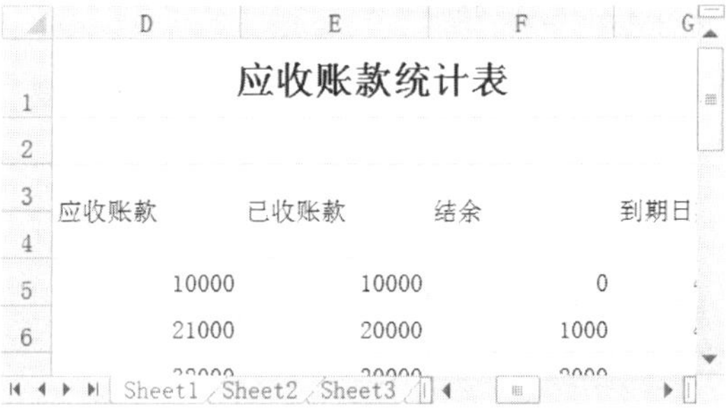

图 7-12　构建表格内容

❑ **设置边框与对齐格式**

选择表格内容包含的所有单元格，执行【开始】|【字体】|【边框】|【所有框线】命令。另外，执行【开始】|【对齐方式】|【居中】命令，如图 7-13 所示。

> **提　示**
>
> 在设置边框与对齐格式时，用户也可以右击鼠标，在弹出的【浮动工具栏】中快速设置各项格式。

图 7-13　设置边框与对齐格式

#### ❏ 设置数字格式

选择包含账款数据的单元格区域，右击鼠标执行【设置单元格格式】命令，在弹出的【设置单元格格式】对话框中，选择【分类】列表框中的【会计专用】选项，如图 7-14 所示。

**提 示**

用户也可以执行【开始】|【数字】|【数字格式】|【会计专用】命令的方法，快速设置数字格式。

#### 2．判断是否到期

判断是否到期，是根据当前日期与到期日期，来判断赊销公司贷款额是否已经到期。首先，需要利用 TODAY 函数返回当前日期，然后在单元格 H5 中，输入计算公式，按下 Enter 键即可返回判断结果，如图 7-15 所示。利用同样的方法，分别判断其他赊销金额是否到期。

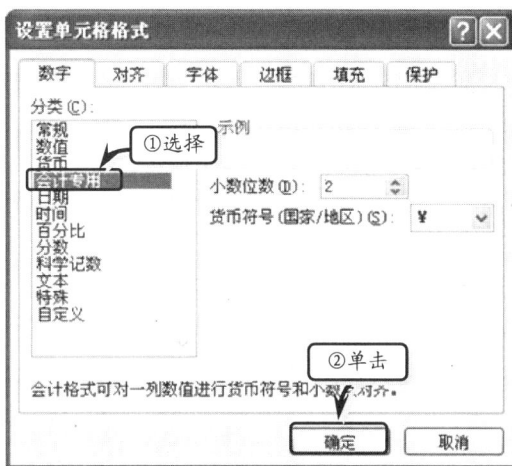
图 7-14　设置数字格式

**提 示**

公式"=IF(G5<$B$2,"S"," ")"表示，当单元格 G5 中的日期小于 B2 中的日期时，返回字母"S"，否则返回空值。

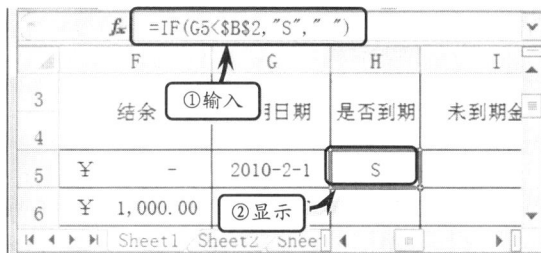
图 7-15　返回判断结果

#### 3．计算结余与未到期金额

结余金额利用普通的加减公式即可计算，其公式为结余金额=应收账款–已收账款。计算完结余金额之后，便可以计算未到期金额了。选择单元格 I5，在编辑栏中输入计算公式，按下 Enter 键即可返回未到期金额，如图 7-16 所示。利用同样的方法，分别计算其他赊销金额的未到期金额。

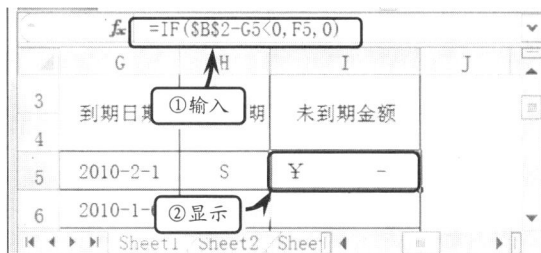
图 7-16　计算未到期金额

**提 示**

在利用同样的公式计算结果值时，用户可以通过执行【开始】|【编辑】|【填充】命令填充公式，从而达到快速计算结果值的目的。

### 7.3.2　分析应收账款账龄

对于应收账款比较庞大的企业来讲，为了降低坏账产生的可能性，需要及时、准确地掌握各应收账款的账龄情况，为采取妥善的催债提供数据依据。

### 1．构建逾期应收账款列表

逾期应收账款是在赊销过程中，客户未按照赊销合同中规定的时间按时还款的应收

账款款项。对于逾期应收账款，财务人员应保持高度的警惕性，合理地控制与处理逾期应收账款，将企业的损失降到最低点。

首先，打开"应收账款统计表"工作表，在表格后面添加表格的列标题，并设置表格的【边框】与【对齐方式】格式。然后，选择表格标题所在的单元格区域，执行【开始】|【对齐方式】|【合并后居中】命令即可，如图 7-17 所示。

**图 7-17** 制作列表

**技 巧**

当用户想扩展已合并的单元格区域时，可以通过执行【合并后居中】命令，取消已合并的单元格区域。然后，再次执行【合并后居中】命令，重新合并已选好的单元格区域。

### 2．计算逾期账款额

计算逾期天数即是利用 IF 函数与 AND 函数，来计算在一定的逾期天数下应收账款

额。选择单元格 J5，在编辑栏中输入计算公式，按下 Enter 键返回逾期天数为一个月的应收账款额，如图 7-18 所示。利用同样的方法，分别计算其他逾期天数下的逾期账款额。

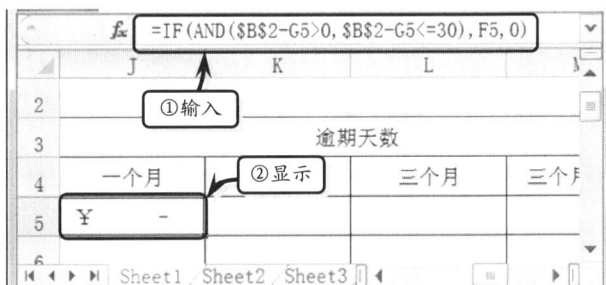

公式中 AND 函数的常见用途是用于检验其他逻辑函数的条件值。例如，当 IF 函数用于指向逻

**图 7-18** 计算逾期账款额

辑检验时，可将 AND 函数用在 IF 函数中的 logical_test 参数里，用以检验多个不同的条件。AND 函数表示当所有参数的计算结果为 True 时，返回 True；而当所有参数中有一个参数的计算结果为 False 时，返回 False。函数的表达式为"=AND（logicall,logical2,...）"，其参数的具体含义如下所述。

- ❑ **logicall** 该参数为必选参数，表示要检验的第一个条件，其计算结果可以为 True 或 False。
- ❑ **logical2** 该参数为可选参数，表示要检验的其他条件，其计算结果可以为 True 或 False，最多可包含 255 个条件。

在使用 AND 函数进行计算时，用户还需要注意以下 3 点。

- ❑ **参数的计算结果** 该函数参数的计算结果值必须为逻辑值,并且参数必须是包含逻辑值的数组或引用。

- ❑ **包含文本或空白单元格** 当数组或引用参数中包含文本或空白单元格,在利用AND函数计算数值时,上述值将被忽略。

- ❑ **错误值#VALUE!** 当指定的单元格中未包含逻辑值时,AND函数将自动返回错误值#VALUE!。

### 3. 图表分析应收账款账龄

图表分析应收账款账龄,即是利用折线图、柱形图或其他图表类型,以图形的样式来显示不同账龄下的应收账款数据。

❑ **构建应收账款账龄表格**

首先,在O~Q列制作应收账款账龄表格。然后,在单元格P5中输入计算公式,按下 Enter 键返回未到期应收账款总额,如图 7-19 所示。利用同样的方法,分别计算逾期金额与总金额。

最后,还需要计算逾期金额占总金额的百分比。选择单元格 Q5,在编辑栏中输入计算公式,按下 Enter 键返回未到期金额占总金额的百分比值,如图 7-20 所示。使用同样的方法,分别计算其他百分比值。

> **提 示**
>
> 公式中的"$"符号表示绝对引用,可通过按下 F4 键来添加或删除绝对引用符号。

图 7-19 计算未到期金额

图 7-20 计算百分比值

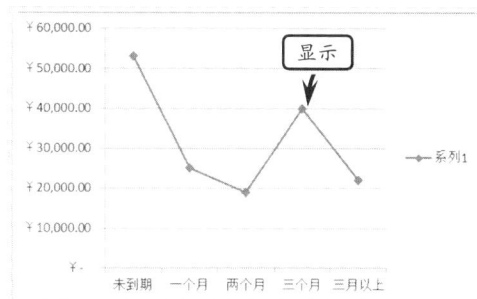

图 7-21 插入图表

❑ **图表分析数据**

选择单元格区域 O5:P9,执行【插入】|【图表】|【折线图】|【带数据标记的折线图】命令,即可在工作表中插入一个折线图图表,如图 7-21 所示。

## 7.3.3 应收账款的信用决策模型

由于企业的信用政策直接影响到企业的利益,所以在应收账款管理中,为了降低企业的损失,提高应收账款赊销的效果,还需要制订应收账款的信用政策。在本小节中,将利用 Excel 2010 强大的数据处理与分析功能,建立一个智能化、动态化的应收账款信

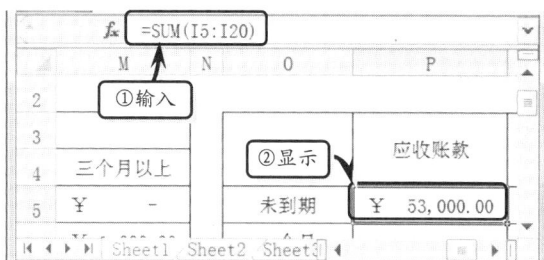

用决策模型。

### 1. 了解应收账款信用决策

应收账款的信用增产是财务政策中的一个重要组成部分，主要包括信用期间、信用标准与现金折扣政策。

#### ❑ 信用期间

信用期间是企业允许顾客从购货到付款之间的赊销时间，即企业给予顾客的付款期限。在制订信用期间时，信用期过短，则很难吸引顾客，使销售额下降。反之，信用期过长，其收益会被增长的费用抵消，甚至造成利润减少。因此，企业必须慎重研究，制订出恰当的信用期。

#### ❑ 信用标准

信用标准是顾客获得企业的交易信用所应具备的条件。一般情况下，企业可根据"5C"系统评估顾客信用标准。5C 系统是评估顾客信用品质的品质（Character）、能力（Capacity）、资本（Capital）、抵押（Collateral）与条件（Conditions）5 个方面。

- ❑ **品质** 指顾客的信誉，即履行偿债义务的可能性，该条件为评价顾客信用的首要因素。
- ❑ **能力** 指顾客的偿债能力，即其流动资产的数量、质量及与流动负债的比例。
- ❑ **资本** 指顾客的财务实力与财务状况，以及顾客可能偿还债务的背景。
- ❑ **抵押** 指顾客拒付款项或无力支付款项时能被用作抵押的资产。
- ❑ **条件** 指可能影响顾客付款能力的经济环境。

#### ❑ 现金折扣政策

现金折扣是当顾客在规定时间之内还款时，在商品价格上所做的扣减。制订现金折扣政策的目的，在于吸引顾客为享受优惠而提前付款，缩短企业的平均收款期。现金折扣的表示方法通常采用 2/10、5/20、n/30 等形式，其含义表述如下。

- ➢ **2/10** 表示 10 天内付款可享受 2%的优惠。
- ➢ **5/20** 表示 20 天内付款可享受 5%的优惠。
- ➢ **n/30** 表示付款的最后期限为 30 天，此时付款无优惠。

企业在采用现金折扣时，需要与信用期间结合起来考虑，以确定各方案的延期与折扣所获取的利益，并计算各方案带来的成本变化，最终确定最佳方案。

### 2. 了解信用决策模型前提条件

在构建信用决策模型之前，需要了解一下案例的背景，以及计算公式。

#### ❑ 已知条件

已知该企业目前销售方式采用现金交易，每年以单价 15 元销售 120 000 件产品。其中，变动成本率为 60%，固定成本为 10 000 元。为扩大销售目的，现准备实施新的信用政策。经过研究，共确定 2 套方案，其每套方案的具体方式如下。

- ➢ **A 方案** 信用期限为 30 天，全年销售为 150 000 件，预计坏账损失率为 2.5%，应收账款费用为 22 000 元，预计应收账款周转天数为 40 天。
- ➢ **B 方案** 信用期限为 60 天，全年销售为 15 8400 件，预计坏账损失率为 4%，应收账款费用为 30 000 元，预计应收账款周转天数为 70 天。

### ❑ 计算公式

其中，信用政策变化对边际贡献的影响公式为：

$$\text{边际贡献增减量}=\text{新方案销售额增减量}\times(1-\text{变动成本率})$$

信用政策变化对现金折扣成本的影响公式为：

$$\text{现金折扣成本增减量}=\text{新方案销售额}\times\text{新方案现金折扣率}\times\text{新方案现金折扣百分比}-\text{原方案销售额}\times\text{原方案现金折扣率}\times\text{原方案现金折扣百分比}$$

信用政策变化对资金占用成本的影响的公式为：

$$\text{资金占用成本增减量}=\left(\frac{\text{新平均收款期}}{360}\times\text{新方案增减销售额}\right)\times\text{变动成本率}\times\text{机会成本率}$$

信用政策变化对坏账损失影响的公式为：

$$\text{坏账损失增减量}=\text{新方案销售额}\times\text{新方案平均坏账损失率}-\text{原方案销售额}\times\text{原方案平均坏账损失率}$$

信用政策变化对收账管理成本的影响公式为：

$$\text{管理成本增减量}=\text{新方案销售额}\times\text{新方案收账管理成本率}-\text{原方案销售额}\times\text{原方案收账管理成本率}$$

### 3. 构建信用决策模型

根据上述资料，在 Excel 表格中建立相应的表格，并设置其【对齐方式】与【边框】格式，如图 7-22 所示。

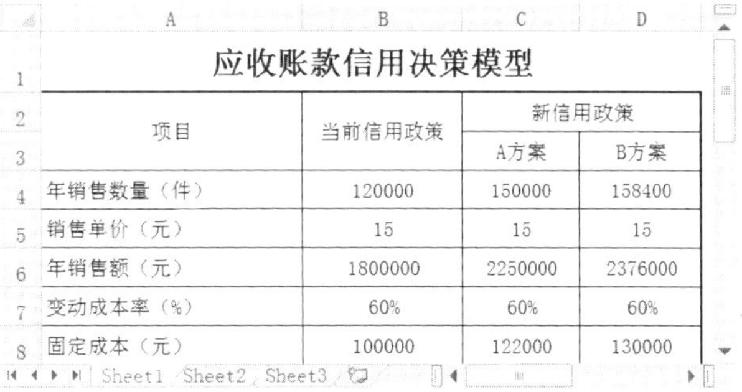

| 应收账款信用决策模型 | | | |
|---|---|---|---|
| 项目 | 当前信用政策 | 新信用政策 | |
| | | A方案 | B方案 |
| 年销售数量（件） | 120000 | 150000 | 158400 |
| 销售单价（元） | 15 | 15 | 15 |
| 年销售额（元） | 1800000 | 2250000 | 2376000 |
| 变动成本率（%） | 60% | 60% | 60% |
| 固定成本（元） | 100000 | 122000 | 130000 |

图 7-22　构建基本表格

然后，选择单元格 C16，在编辑栏中输入计算公式，按下 Enter 键，返回信用政策变化对边际贡献的影响值，如图 7-23 所示。根据计算公式计算其他分析结果值。

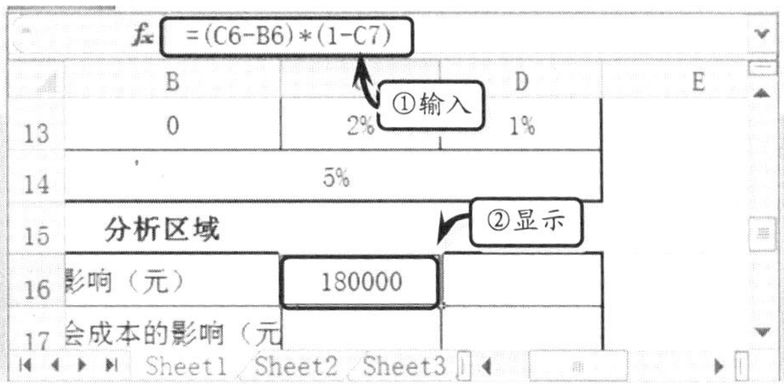


图 7-23　计算边际贡献值

最后，选择单元格 C22，在编辑栏中输入计算公式，按下 Enter 键返回结论结果，如图 7-24 所示。

### 4. 构建动态信用决策模型

构建动态信用决策模型，即是利用 Excel 2010 中的图表与开发工具等功能，制作一份动态机会成本下的图表分析图。

### ❑ 插入图表

同时选择单元格区域 C3:D4 与 C21:D21，执行【插入】|【图表】|【柱形图】|【簇状圆柱体】命令。在插入的图表中选择“图例”，按下 Delete 键删除图例。然后，执行

【布局】|【标签】|【图表标题】|【图表上方】命令，如图 7-25 所示。

$$=IF(AND(C21>0,D21>0),IF(C21>D21,"A方案","B方案"),IF(C21>0,"A方案",IF(D21>0,"B方案","当前信用政策")))$$

| | B | C | D | E |
|---|---|---|---|---|
| 20 | 本的影响（元） | ①输入 | 4752 | |
| 21 | 间（元） | 103800 | 119040 | ②显示 |
| 22 | | B方案 | | |

Sheet1　Sheet2　Sheet3

图 7-24　显示结论结果

❑ 插入控件

在单元格 G4 中输入"20"，并将单元格 C14 中的数值更改为"=G4/100"公式。然后，执行【开发工具】|【控件】|【插入】|【滚动条（窗体控制）】命令，在图表上方绘制控件，如图 7-26 所示。

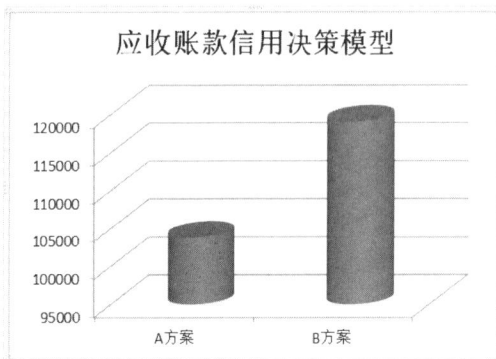

图 7-25　插入图表

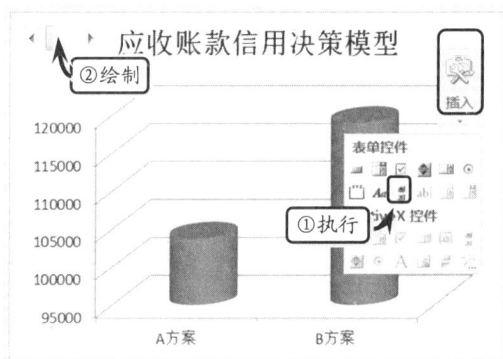

图 7-26　绘制控件

右击控件执行【设置控件格式】命令，在弹出的【设置控件格式】对话框中，将【当前值】设置为"5"，将【最小值】设置为"5"，将【最大值】设置为"50"，将【单元格链接】设置为"G4"，如图 7-27 所示。

最后，单击图表中的滚动条，即可显示不同机会成本率下的信用政策变化带来的增减利润值。

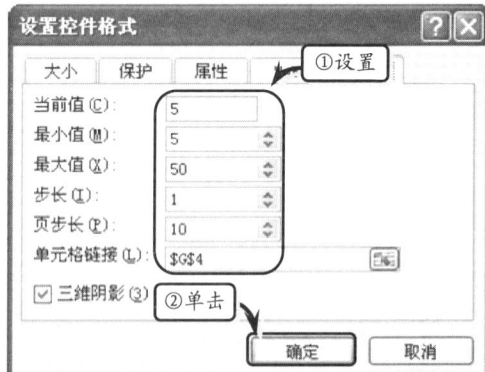

图 7-27　设置控件格式

## 7.3.4　构建往来账明细表（选读）  ◯ downloads\选读\7.3.4 往来账明细表

往来账明细表又称为往来明细账，是记录某项往来业务具体明细的一种表格。通过往来账明细表，不仅可以详细记录一定会计期间内的应收、应付、预付、预收账款，及其他应收、应付账款的具体情况，而且还可以记录一定会计期间内的往来账累计额，并为制作往来账汇总表提供数据依据。具体内容参见本书配套光盘。

# 7.4　存货管理

存货是指企业在生产经营过程中为销售或耗用而储备的物质，是流动资产中的一个重要部分。可以通过建立存货经济批量模型来确定企业存货的多少，从而可以实现存货的高效益。

## 7.4.1　存货经济批量模型

存货经济批量是能够使一定时期存货的相关总成本达到最低点的进货数量。在进行存货经济批量模型制作之前，还需要了解存货的相关成本，以及计算存货经济批量相关值的计算公式。

### 1．存货成本

存货的相关总成本包括订货成本、购置成本、储存成本与缺货成本。其每种成本的具体说明与计算公式如下所述。

❑　**订货成本**

订货成本为组织进货而开支的费用，如电话费、传真费、办公费等。订货成本中与订货次数无关的开支为固定成本，而与订货次数有关的差旅费、邮费等为变动成本，而订货次数则为存货年需量与每次进货量的商，其订货成本的计算公式为：

$$订货成本 = 固定成本 + \frac{存货年需要量}{每次进货量} \times 变动成本$$

❑　**购置成本**

购置成本为存货本身的价值，一般用数量与单价的乘积来确定。其购置成本的计算公式为：

$$购置成本 = 固定成本 + \frac{存货年需要量}{每次进货量} \times 变动成本 + 年需要量 \times 单价$$

订货的购置成本加上订货成本，就是存货的取得成本，其计算公式为：

$$取得成本 = 订货成本 + 购置成本$$
$$= 固定成本 + 变动成本 + 购置成本$$

❑　**存储成本**

存储成本是企业为持有存货而发生的费用，包括存货占用资金所应计的利息、仓库费用、保险费用等。存储成本也分为固定成本与变动成本，其固定成本与存货数量的多少无关，而变动成本则与存货的数量有关。存储成本的计算公式为：

$$存储成本 = 存储固定成本 + 存储变动成本$$
$$= 固定成本 + \frac{每次进货量}{2} \times 单位成本$$

❏ **缺货成本**

缺货成本是由于存货供应中断而造成的损失，包括材料供应中断、产品库存缺货等所造成的损失。当企业以紧急采购解决库存材料中断情况时，缺货成本表现为紧急额外购入成本。储备存货的总成本的计算公式为：

存货的总成本 = 购置成本 + 存储成本 + 缺货成本

### 2．存货经济批量计算公式

要使用经济批量的基本模型来确定最佳存货数量，一般需要满足如下条件。

❏ **订货**　能够及时补充存货，订货时可立即一次到位，并能集中到货。

❏ **单价**　存货价格稳定，应保持不变，并不存在数量折扣。

❏ **无缺货成本**　不允许缺货。

❏ **现金**　存货需求稳定，企业现金充足，不能因现金短缺影响进货。

❏ **供货市场**　所需存货市场供应充足，不会因买不到存货而影响存货平衡。

另外，计算存货经济批量值的公式主要包括以下 5 种公式。

$$经济订货批量：= \sqrt{\frac{2变动成本 \times 年需要量}{单位成本}}$$

$$每年最佳订货次数 = \sqrt{\frac{年需要量 \times 单位成本}{2 \times 变动成本}} = \frac{年需要量}{经济订货批量}$$

$$存货总成本 = \sqrt{2 \times 变动成本 \times 年需要量 \times 单位成本}$$

$$最佳订货周期 = \frac{1}{\sqrt{\frac{年需要量 \times 单位成本}{2 \times 变动成本}}} = \frac{1}{每年最佳订货次数}$$

$$经济订货量占用资金 = \sqrt{\frac{变动成本 \times 年需要量}{2 \times 单位成本}} \times 单价 = \frac{经济订货批量}{2}$$

**提　示**

公式中的变动成本为每次订货的变动成本，单位成本为存储单位成本。

### 3．构建存货经济批量模型

构建存货经济批量模型主要分为构建存货经济批量模型框架，及计算存货经济批量模型结果 2 部分。

❏ **构建框架**

首先，合并单元格 B1:C1，输入表格文本并在【字体】选项组中设置文本的【字号】与【加粗】格式。然后，根据不同的数据类别设置其不同的边框格式，同时设置所有文本内容的【居中】对齐格式，如图 7-28 所示。

图 7-28　设置模型框架结构

最后，选择"计算结果"部分包含数据的单元格区域 C8:C13，右击鼠标执行【设置单元格格式】命令。在弹出的【设置单元格格式】对话框中，激活【数字】选项卡，在【分类】列表框中选择【数值】选项，并将【小数位数】设置为"2"，如图 7-29 所示。

❏ 计算结果

计算结果值即是根据前面列举的计算公式，利用 SQRT 函数引用单元格区域 B3:B6 中的值。首先，选择单元格 C8，在编辑栏中输入计算公式，按下 Enter 键返回最佳经济批量值，如图 7-30 所示。

图 7-29　设置数字格式

第 7 章　流动资产管理

**提 示**

SQRT 函数主要用于计算指定数值的正平方根，该函数只有一个 number 参数。

选择单元格 C9，在编辑栏中输入计算公式，按下 Enter 键返回存货总成本值，如图 7-31 所示。利用同样的方法，根据前面的公式，分别计算其他模型数据。

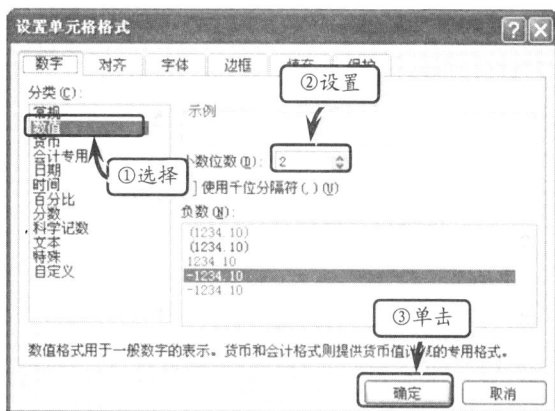

图 7-30　计算最佳经济批量值

图 7-31　计算存货总成本

## 7.4.2　存在数量折扣的经济批量模型

企业在采购原材料时，供货商往往根据采购数量进行一定的折扣扣减。由于此时的存货采购成本与进货数量有着直接的联系，所以在确定经济批量时，除了考虑订货成本和存储成本之外，还应当考虑采购成本。

❏ 构建模型框架

假设，企业年需要量为 6000 件时，每次订货数量在 1000~1500 件之间时，给予 2%的折扣；每次订货数量在 1500~3000 件之间时，给予 5%的折扣，而每次订货数量大于3000 件时，给予 10%的折扣。根据上述资料，构建存在数据折扣的经济批量模型框架，如图 7-32 所示。

❏ 计算模型数据

然后，选择单元格 B9，在编辑栏中输入计算公式，按下 Enter 键返回无折扣时的总成本最低的最佳经济批量值，如图 7-33 所示。

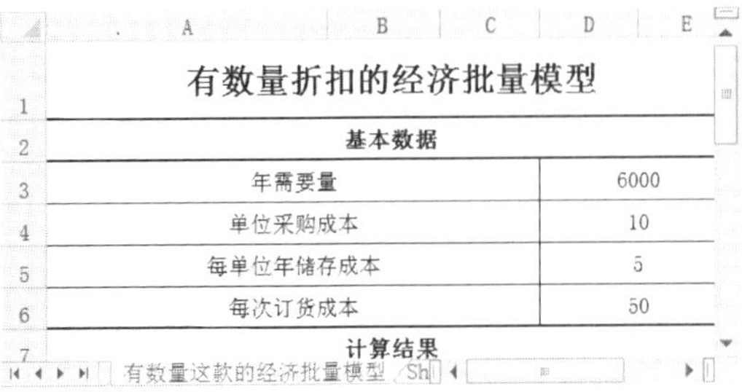

图 7-32　构建批量模型框架

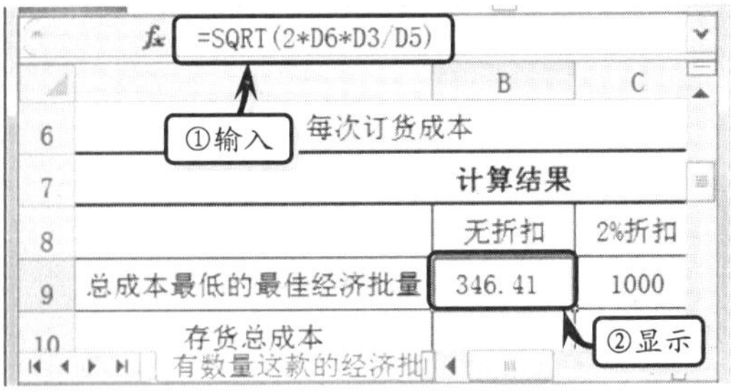

图 7-33　无折扣下的经济批量值

选择单元格 B10，在编辑栏中输入计算公式，按下 Enter 键，返回无折扣时的存货总成本值，如图 7-34 所示。

选择单元格 C10，在编辑栏中输入计算公式，按下 Enter 键返回折扣为 2% 时的存货总成本值，如图 7-35 所示。利用同样的方法，分别计算其他折扣下的存货总成本值。

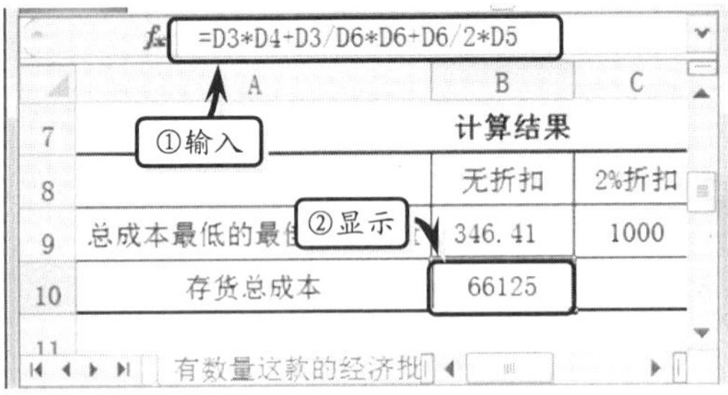

图 7-34　无折扣下的总成本

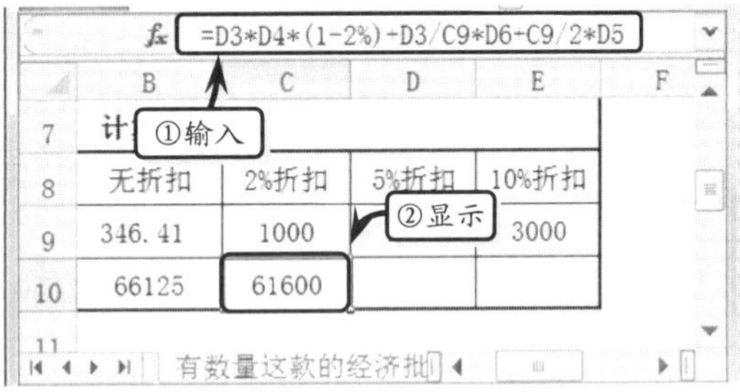

图 7-35　折扣为 2% 的总成本

### 7.4.3　允许缺货时的经济批量模型

企业在存货时，因存货管理不善，偶尔会出现存货缺货的情况，此时企业确定经济进货批量时，还需要考虑缺货成本。

❑ **构建模型框架**

假设，企业年需要量为 6000 件时，单位采购成本为 10 元，每年单位存储成本为 5 元，单位缺货成本为 8 元，每次订货成本为 50 元。此时，根据上述资料，构建允许缺货时的经济批量模型框架，如图 7-36 所示。

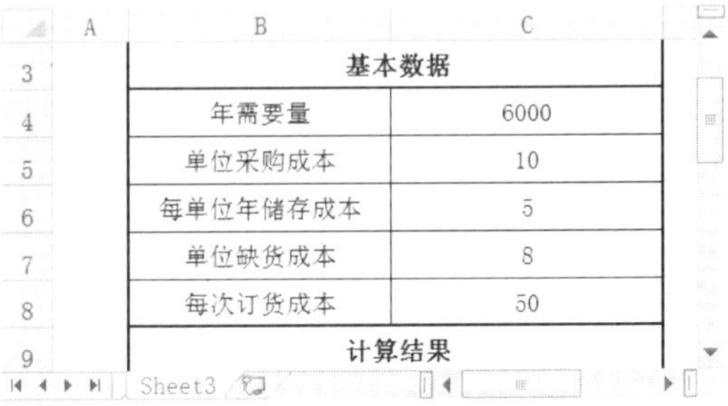

❑ **添加组合框控件**

执行【开发工具】|【控件】|【插入】|【组合框（窗体控件）】命令，拖动鼠标在工作表中绘制控件，并修改空间文本，如图 7-37 所示。

图 7-36　构建模型框架

然后，在单元格区域 F3:F6 中，制作"辅助列表"表格。最后，右击控件执行【设置控件格式】命令，在弹出的对话框中，分别设置【数据源区域】、【单元格链接】与【下拉显示项数】选项，如图 7-38 所示。

图 7-37　插入控件

图 7-38　设置控件格式

**提　示**

在【设置控件格式】对话框中，可通过启用【三维阴影】复选框，来增加控件的三维效果。

❑ **计算模型数据**

在计算模型数据之前，还需要了解一下允许缺货条件下的经济订货批量与年最低订储费用的计算公式：

$$经济订货批量 = \sqrt{\frac{2 \times 年需要量 \times 订货成本}{存储成本} \times \frac{缺货成本 + 存储成本}{缺货成本}}$$

$$年最低订储费用 = \sqrt{2 \times 年需要量 \times 订货成本 \times 存储成本 \times \frac{缺货成本}{缺货成本 \times 存储成本}}$$

然后，选择单元格 C10，在编辑栏中输入计算公式，按下 Enter 键返回经济订货批量值，如图 7-39 所示。

选择单元格 C11，在编辑栏中输入计算公式，按下 Enter 键返回年最低订储费用，如图 7-40 所示。

图 7-39　计算经济订货批量值

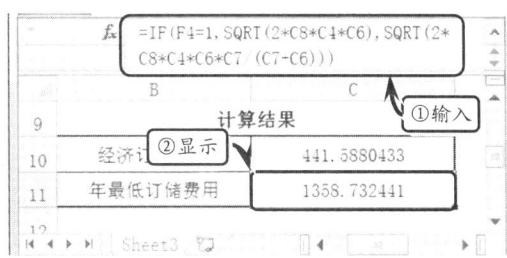

图 7-40　计算最低订储费用

# 7.5　课堂练习：构建银行日记账

银行日记账是用于记录企业在各大银行存取业务的表格，通过银行日记账不仅可以随时查看企业银行账的支存情况，而且还为银行对账提供数据依据。在本练习中，将利用 Excel 2010 中的函数与数据有效性等功能,构建一份自动显示汇总数据的银行日记账,如图 7-41 所示。

### 银行日记汇总表

汇总日期: 2013-5-15

| 日期 | 借方 | | 贷方 | | 余额 | | 备注 |
|---|---|---|---|---|---|---|---|
| 期初余额 | | | | | ￥ | 400,000.00 | |
| 2013-3-1 | ￥ | 200,000.00 | ￥ | – | ￥ | 600,000.00 | |
| 2013-3-2 | ￥ | – | ￥ | – | ￥ | 600,000.00 | |
| 2013-3-3 | ￥ | – | ￥ | 10,000.00 | ￥ | 590,000.00 | |
| 2013-3-4 | ￥ | – | ￥ | 10,000.00 | ￥ | 580,000.00 | |
| 2013-3-5 | ￥ | 10,000.00 | ￥ | 23,100.00 | ￥ | 566,900.00 | |

图 7-41 银行日记账

### 操作步骤

**1** 首先,设置工作表。新建工作簿,双击工作表标签"Sheet1",将其更改为"银行日记账-农"。然后,全选工作表,设置其行高,如图 7-42 所示。

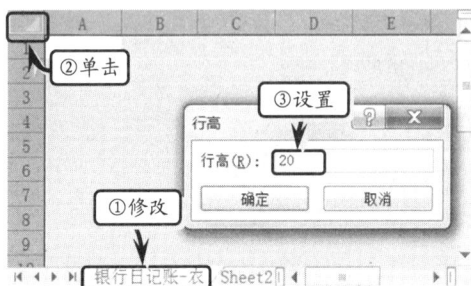

图 7-42 设置工作表

**2** 在第 2 行中输入表格列标题字段,合并单元格区域 A1:H1,输入表格标题并设置其字体格式,如图 7-43 所示。

图 7-43 设置表格标题

**3** 选择所有的表格内容,在【字体】选项组中设置其【边框】格式。同时,在【对齐方式】选项组中,设置其【居中】格式,如图 7-44 所示。

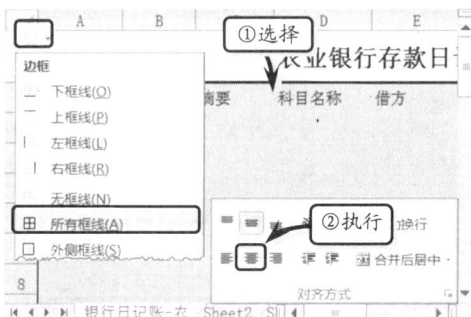

图 7-44 设置单元格格式

**4** 选择"借方"、"贷方"与"余额"列表中的单元格区域,执行【数字】|【数字格式】|【货币】命令,如图 7-45 所示。

**5** 选择"结算方式"列表中的单元格区域,执行【数据】|【数据工具】|【数据有效性】命令。在弹出的对话框中设置【允许】与【来源】选项,如图 7-46 所示。

**6** 选择"科目名称"列表中的单元格区域,执行【数据工具】|【数据有效性】命令。在弹出的对话框中设置【允许】与【来源】选

项，如图 7-47 所示。

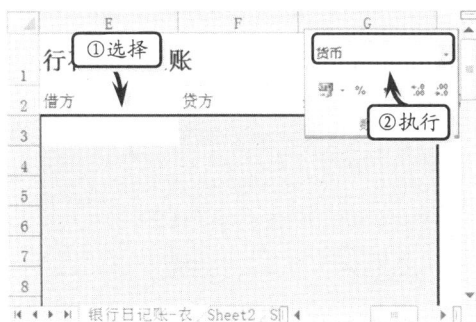

图 7-45　设置数字格式

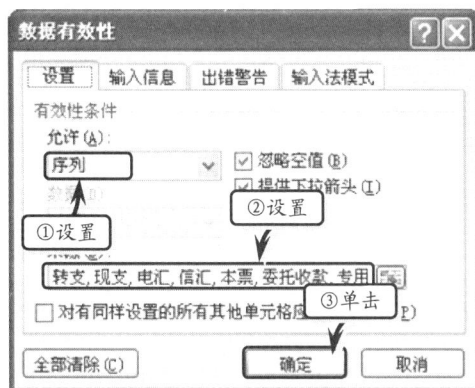

图 7-46　设置"结算方式"选项

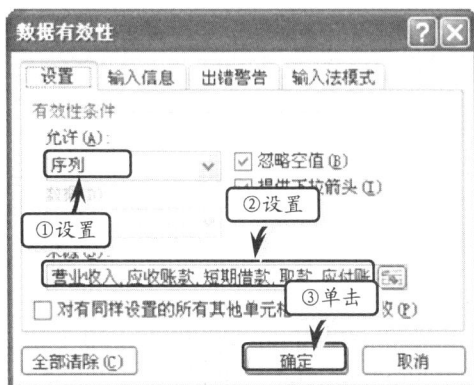

图 7-47　设置"科目名称"选项

**7** 在表格中输入基本数据，选择单元格 G4，在单元格中输入计算公式，按下 Enter 键返回余额值，如图 7-48 所示。使用同样的方法，分别计算其他余额。

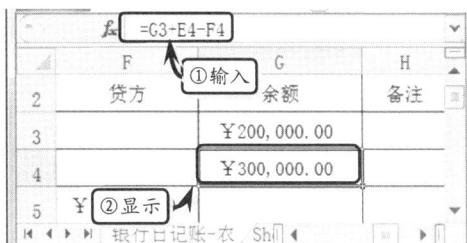

图 7-48　计算余额

**8** 选择"借方"列表中的最后一个单元格，在编辑栏中输入计算公式，按下 Enter 键返回借方合计额，如图 7-49 所示。利用同样的方法，计算贷方合计额。

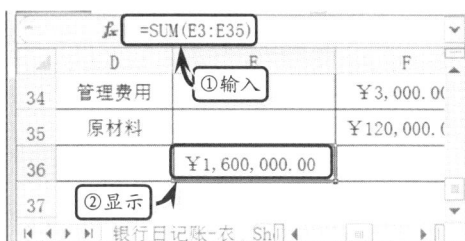

图 7-49　计算借方合计额

**9** 为了检验余额公式的正确性，还需要验证最终余额值。即在单元格 G27 中输入计算公式，按下 Enter 键返回最终余额值，如图 7-50 所示。

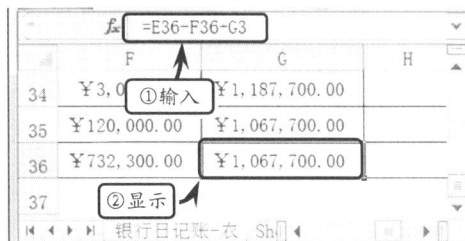

图 7-50　验证余额值

**10** 重复步骤（1）～（9），分别制作其他银行存款日记账。双击工作表标签"Sheet3"，将其更改为"银行日记账汇总表"，并设置工作表的行高，如图 7-51 所示。

**11** 合并单元格区域 A1:E1，输入标题文本，并在【字体】选项组中设置【字号】与【加粗】格式，如图 7-52 所示。

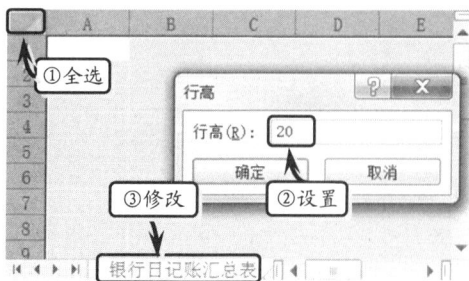

图 7-51　设置工作表

图 7-52　设置表格标题

12　在表格中输入表头与列标题字段，选择单元格区域 A3:E35，在【字体】选项组中设置其【边框】格式，在【对齐方式】选项组中，设置其【居中】格式，如图 7-53 所示。

图 7-53　设置单元格格式

13　选择单元格区域 B3:D35，右击鼠标执行【设置单元格格式】命令，激活【数字】选项卡。并在【分类】列表框中选择【会计专用】选项，如图 7-54 所示。

14　选择单元格 B2，在编辑栏中输入计算公式，按下 Enter 键返回计算机中的当前日期，如图 7-55 所示。

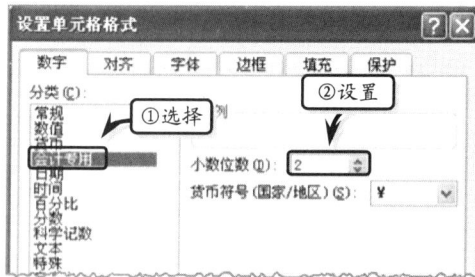

图 7-54　设置数字格式

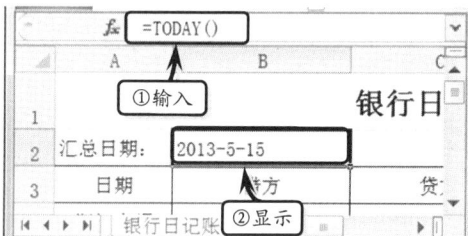

图 7-55　返回当前日期

15　选择单元格 B5，在编辑栏中输入计算公式，按下 Enter 键返回借方金额，如图 7-56 所示。

图 7-56　汇总借方金额

16　选择单元格 C5，在编辑栏中输入计算公式，按下 Enter 键返回贷方金额，如图 7-57 所示。

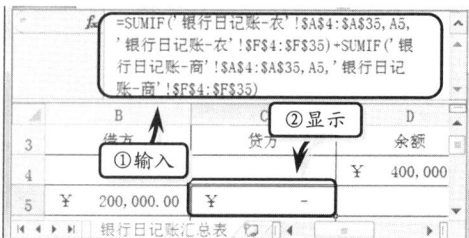

图 7-57　汇总贷方金额

Excel 财务与会计应用标准教程（第 2 版）

17　选择单元格 D5，在编辑栏中输入计算公式，按 Enter 键返回余额，如图 7-58 所示。

图 7-58　计算余金额

18　选择单元格区域 B5:D34，执行【开始】|【编辑】|【填充】|【向下】命令，向下填充公式，如图 7-59 所示。

19　选择单元格 B35，在编辑栏中输入计算公式，按下 Enter 键，返回借方合计额，如图 7-60 所示。利用同样的方法，计算贷方

合计额。

图 7-59　填充公式

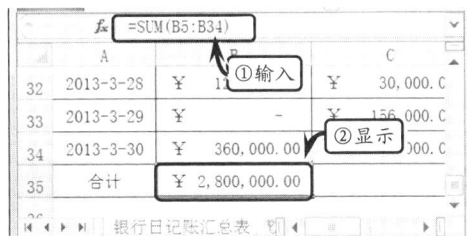

图 7-60　计算借方总额

## 7.6　课堂练习：构建应收账款统计图表

　　应收账款是对外销售产品、材料、供应劳务以及其他原因应收取的款项，包括应收销售款、其他应收款、应收票据等。在本练习中，将利用 Excel 2010 中的函数、图表与数据有效性功能，来制作一份应收账款统计表，如图 7-61 所示。

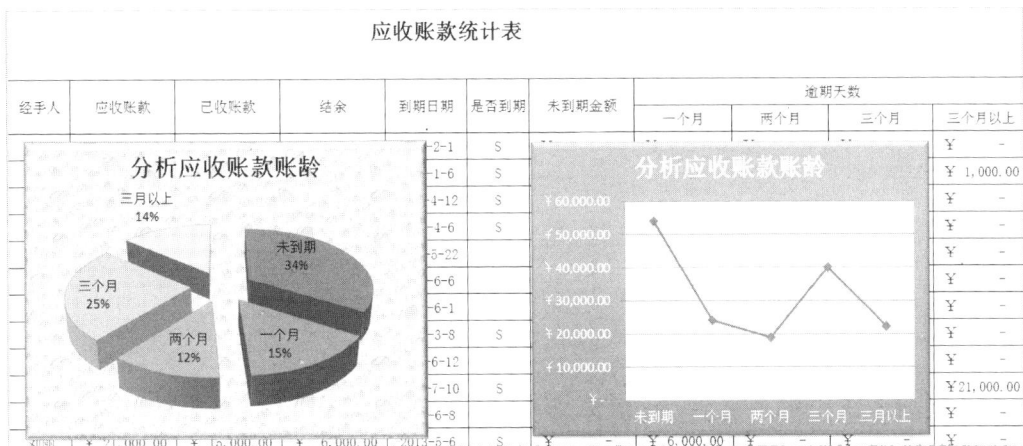

图 7-61　应收账款统计图表

**操作步骤**

1　制作统计表格。新建工作表，设置工作表的行高。合并单元格区域 A1:M1，并制作表格

标题，如图 7-62 所示。

2　在单元格 A2 中输入"当前日期"文本，并

在单元格 B2 中输入计算公式，按下 Enter
键返回当前日期值，如图 7-63 所示。

图 7-62　设置标题

图 7-63　返回当前日期

3　合并单元格 A3:A4，并输入列标题字段。使
用同样的方法，分别制作其他列标题字段，
如图 7-64 所示。

图 7-64　制作列标题字段

4　选择单元格区域 A5:A20，执行【数据】|【数
据工具】|【数据有效性】命令。设置【允
许】与【来源】选项即可，如图 7-65 所示。

5　选择单元格区域 C5:C20，执行【数据工具】
|【数据有效性】命令，设置其【允许】与
【来源】选项即可，如图 7-66 所示。

6　选择单元格区域 A3:M20，在【字体】选项
组中设置其【边框】格式，并在【对齐方式】
选项组中，设置其【居中】对齐格式，如图
7-67 所示。

图 7-65　设置"客户名称"下拉选项

图 7-66　设置"经手人"下拉选项

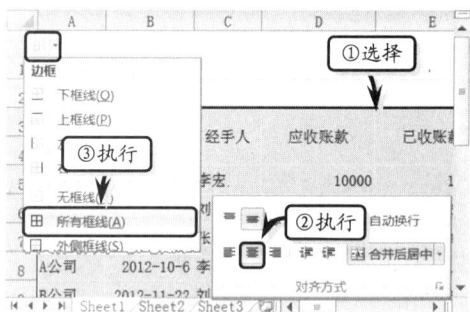

图 7-67　设置单元格格式

7　同时选择单元格区域 D5:F20 和 I5:J20，执
行【开始】|【数字】|【数字格式】|【会计
专用】命令，如图 7-68 所示。

8　在表格中输入基本数据。选择单元格 F5，
在编辑栏中输入计算公式，按下 Enter 键返
回结余额，如图 7-69 所示。使用同样的方
法，计算其他结余额。

**图 7-68** 设置数字格式

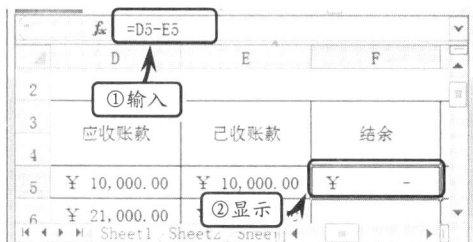

**图 7-69** 计算结余额

9　选择单元格 H5，单击编辑栏中的【插入函数】按钮，在弹出的【插入函数】对话框中，选择【逻辑】类别下的【IF】选项，如图 7-70 所示。

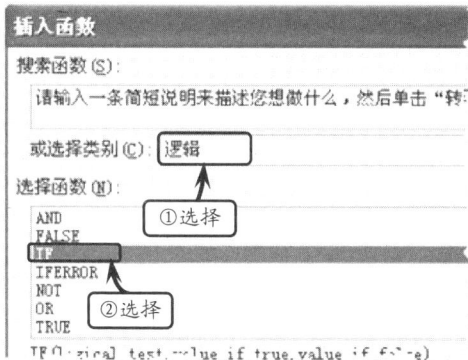

**图 7-70** 选择函数

10　在弹出的【函数参数】对话框中，设置函数的各项参数，单击【确定】按钮，即可显示结果值，如图 7-71 所示。

11　选择单元格区域 H5:H20，执行【开始】|【编辑】|【填充】|【向下】命令，向下填充公式，如图 7-72 所示。

12　选择单元格 I5，在编辑栏中输入计算公式，按下 Enter 键返回未到期金额，如图 7-73

所示。

**图 7-71** 设置函数参数

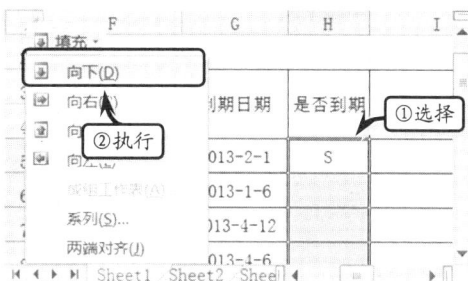

**图 7-72** 填充公式

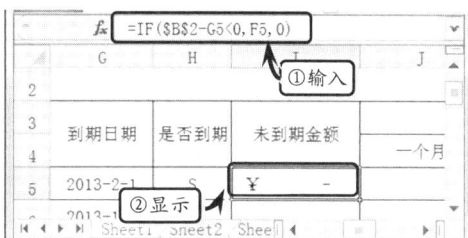

**图 7-73** 计算未到期金额

13　选择单元格 J5，在编辑栏中输入计算公式，按下 Enter 键返回逾期一个月的款额，如图 7-74 所示。

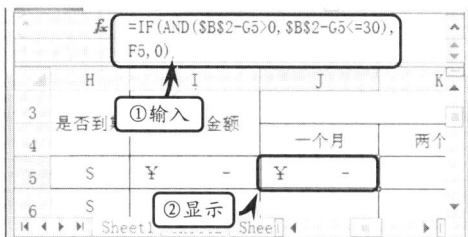

**图 7-74** 返回逾期一个月款额

14　选择单元格 K5，在编辑栏中输入计算公式，按下 Enter 键返回逾期两个月的款额，如图

7-75 所示。

=IF(AND($B$2-G5>30,$B$2-G5<=60),
F5,0)

①输入

②显示

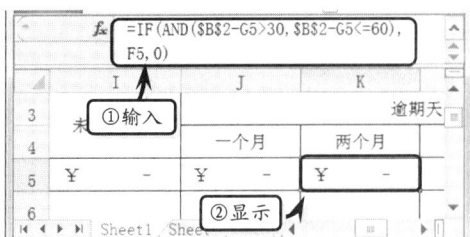

**图 7-75** 返回逾期两个月的款额

15 选择单元格 L5，在编辑栏中在输入计算公式，按下 Enter 键返回逾期三个月的款额，如图 7-76 所示。

=IF(AND($B$2-G5>60,$B$2-G5<=90),
E5,0)

①输入

②显示

**图 7-76** 返回逾期三个月的款额

16 选择单元格 M5，在编辑栏中输入计算公式，按下 Enter 键返回逾期三个月以上的款项，如图 7-77 所示。

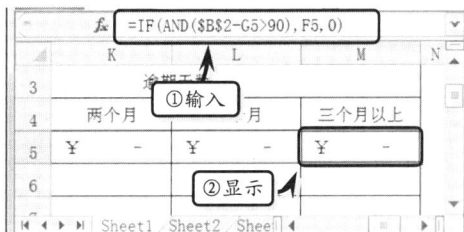

=IF(AND($B$2-G5>90),F5,0)

①输入

②显示

**图 7-77** 返回逾期三个月以上的款项

17 选择单元格区域 I5:M20，执行【开始】|【编辑】|【填充】|【向下】命令，向下填充公式，如图 7-78 所示。

18 下面，开始制作账龄分析表格。合并单元格区域 O1:Q1，输入表格标题，并在【字体】选项组中，设置其字体格式，如图 7-79 所示。

19 在表格中制作基础内容，并在单元格 P5 中

输入计算公式，按下 Enter 键，返回未到期的应收账款额，如图 7-80 所示。利用同样的方法，分别计算其他应付账款额。

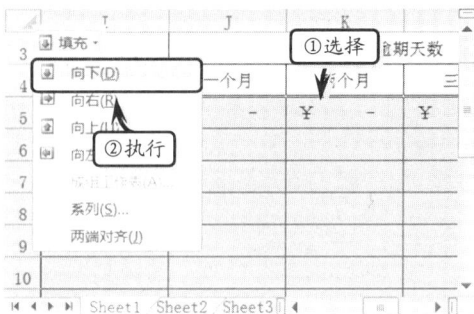

①选择

②执行

**图 7-78** 填充公式

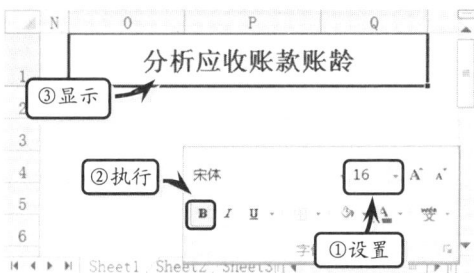

分析应收账款账龄

③显示

②执行

①设置

**图 7-79** 设置表格标题

=SUM(I5:I20)

①输入

②显示

账龄　　应收账款

未到期　　¥ 54,000.00

**图 7-80** 计算未到期应收账款额

20 选择单元格 P10，在编辑栏中输入计算公式，按下 Enter 键返回应收账款合计额，如图 7-81 所示。

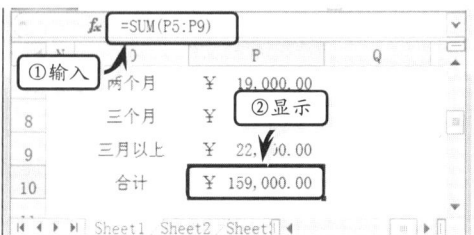

=SUM(P5:P9)

①输入

②显示

两个月　　¥ 19,000.00

三个月　　¥ 22,000.00

三月以上　¥ 22,000.00

合计　　　¥ 159,000.00

**图 7-81** 计算应收账款合计额

21 选择单元格 Q5, 在编辑栏中输入计算公式, 按下 Enter 键返回未到期额所占总额的百分比值, 如图 7-82 所示。使用同样的方法, 分别计算其他百分比值。

图 7-82　计算百分比值

22 选择单元格区域 O5:P9, 执行【插入】|【图表】|【折线图】|【带数据标记的折线图】命令, 如图 7-83 所示。

图 7-83　插入"折线图"图表

23 选择图表中的图例, 执行【布局】|【标签】|【图例】|【无】命令, 如图 7-84 所示。

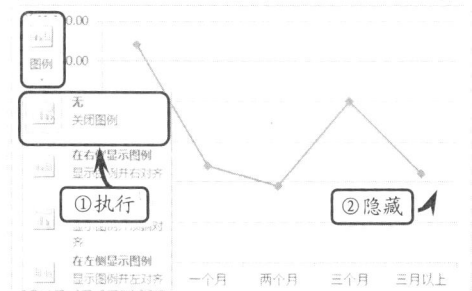

图 7-84　删除图例

24 执行【格式】|【形状样式】|【其他】|【强烈效果-橙色,强调颜色 6】选项, 如图 7-85 所示。

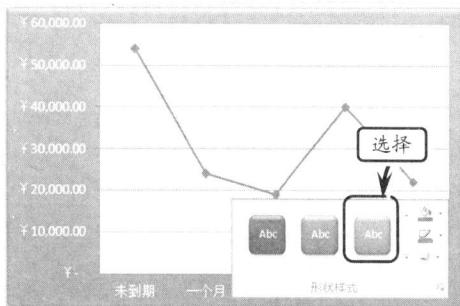

图 7-85　设置形状样式

25 执行【布局】|【标签】|【图表标题】|【图表上方】命令, 并输入图表标题文本, 如图 7-86 所示。

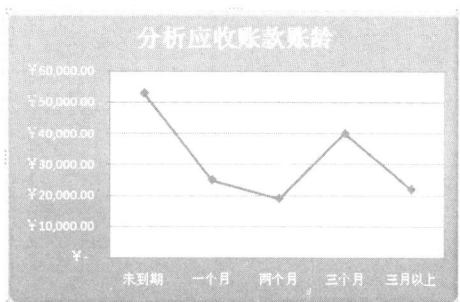

图 7-86　添加图表标题

26 同时选择单元格区域 O5:O9 与 Q5:Q9, 执行【插入】|【图表】|【饼图】|【分离型三维饼图】命令, 如图 7-87 所示。

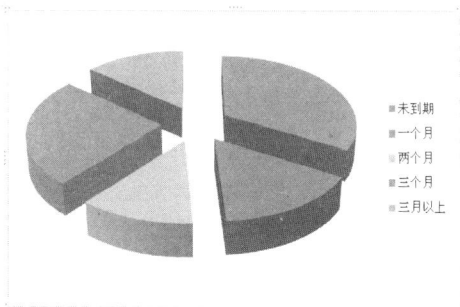

图 7-87　插入饼图

27 执行【设计】|【图表布局】|【布局 1】命令,设置图表的布局样式,并输入标题文本,如图 7-88 所示。

第 7 章　流动资产管理

187

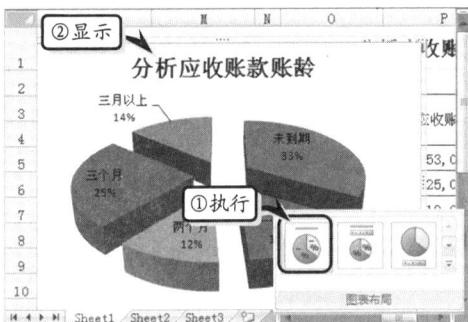

图 7-88　设置图表布局

28　执行【设计】|【图表样式】|【其他】|【样式 37】命令，设置图表的样式，如图 7-89 所示。

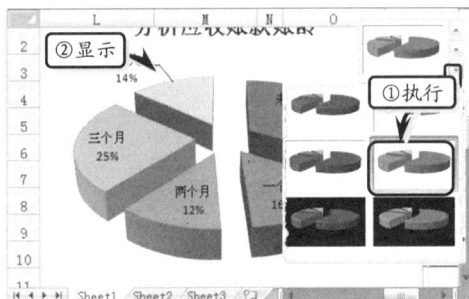

图 7-89　设置图表样式

29　右击图表执行【设置图标区格式】选项，选

中【图片或纹理填充】选项，单击【纹理】下拉按钮，在其下拉列表中选择相应的选项即可，如图 7-90 所示。

图 7-90　设置图表区格式

30　选择图表，执行【格式】|【形状样式】|【形状效果】|【棱台】|【圆】命令，如图 7-91 所示。

图 7-91　设置形状效果

# 7.7　思考与练习

### 一、填空题

1．流动资金在周转过程中，从_____形态开始，依次改变其形态，最后又回到_____形态。

2．流动资产投资评价的基本方法是_____。

3．现金管理对_____需要、_____需要与_____需要具有非常重要的意义。

4．在企业经营过程中，造成应收账款的主要原因为_____及_____差距。

5．存货的原因是为保证_____或_____的经营需要，以及出自价格的考虑。

6．在企业的运营中，现金主要分为_____、_____与_____ 3 种成本。

7．现金持有量的存货模式又称为_____模型，是_____提出的用以确定目标现金持有量的模型。

8．应收账款的信用增产是财务政策中的一个重要组成部分，主要包括_____、_____与_____。

### 二、选择题

1．下列对流动资产说法错误的为_____。

A．占用形态具有固定性

B．占用数据具有波动性

C．循环与生产周期具有一致性

D．来源具有灵活多样性

2．在现金管理中，随着现金持有量的增加而上升的成本为_______。

A．机会成本

B．管理成本

C．短缺成本

D．机会成本与管理成本

3．下列公式中，表示购置成本的公式为_______。

A．$固定成本+\frac{存货年需要量}{每次进货量}\times变动成本$

B．$固定成本+\frac{存货年需要量}{每次进货量}\times变动成本+年需要量\times单价$

C．固定成本＋变动成本＋购置成本

D．$固定成本+\frac{每次进货量}{2}\times单位成本$

4．在使用经济批量的基本模型确定最佳存货数量时，需要满足_______条件。

A．及时补充货物

B．存货价格应该保持波动性

C．现金需求稳定

D．允许缺货

5．信用标准是顾客获得企业的交易信用所应具备的条件。一般情况下，企业可根据“5C”系统评估顾客信用标准。下列选项中，不符合“5C”系统的因素为_______。

A．品质

B．能力

C．条件

D．还债

6．在现金折扣政策中，$n$/30 表示_______。

A．表示折扣金额为 $n$/30

B．表示付款的最后期限为 30 天，此时付款优惠为 $n$

C．表示付款的最后期限为 30 天，此时无付款优惠

D．表示折扣金额为 30

7．下列选项中，为订货成本的是_______。

A．电话费

B．仓库费用

C．保险费

D．办公费

## 三、问答题

1．流动资产具备哪些特点？

2．什么是应收账款管理？

3．存货经济批量模式的公式包括哪些？

## 四、上机练习

### 1．构建现金日记账

首先，在工作表中制作表格标题与列标题字段，并在【对齐方式】与【字体】选项组中，分别设置其对齐与边框格式。同时，选择单元格区域 C4:C11，执行【数据】|【数据工具】|【数据有效性】命令，设置【允许】与【来源】选项即可。然后，在单元格 F4 中输入计算公式，按下 Enter 键返回余额值。使用同样的方法，计算其他余额值。最后，在单元格 D12 与 E12 中，分别输入计算合计的公式，如图 7-92 所示。

现金日记账

| 日期 | 摘要 | 科目名称 | 借方 | 贷方 | 余额 |
|---|---|---|---|---|---|
| | 期初余额 | | | | 50000 |
| 3月1日 | 收营业款 | 营业款 | 60000 | | 110000 |
| 3月2日 | 营业部报销油票 | 费用报销 | | 500 | 109500 |
| 3月3日 | 供货商保证金 | 保证金收入 | 20000 | | 129500 |
| 3月4日 | 员工离职 | 备用金 | | 2000 | 127500 |
| 3月5日 | 某某员工还款 | 个人还款 | 600 | | 128100 |

Sheet1 Sheet2 Sheet3

图 7-92 现金日记账

### 2．构建成本分析模型

首先，在工作表中制作表格标题与列标题字段，并在【对齐方式】与【字体】选项组中，设置其居中与边框格式。然后，在表格中输入基本数据，并在单元格 B7 中输入计算公式，按下 Enter 键返回总成本值。使用同样的方法，分别计算其他总成本值。最后，根据总成本值，可以判断当企业在现金持有量为 70000 时，其总成本额最少，如图 7-93 所示。

现金持有总成本

| 项目 \ 方案 | 甲 | 乙 | 丙 | 丁 |
|---|---|---|---|---|
| 现金持有量 | 30000 | 50000 | 70000 | 100000 |
| 机会成本 | 2500 | 6000 | 8500 | 13000 |
| 管理成本 | 20000 | 20000 | 20000 | 20000 |
| 短缺成本 | 12000 | 7000 | 2000 | 1000 |
| 总成本 | 34500 | 33000 | 30500 | 34000 |

Sheet1 Sheet2 Sheet3

图 7-93 成本分析模型

# 第8章

# 固定资产管理

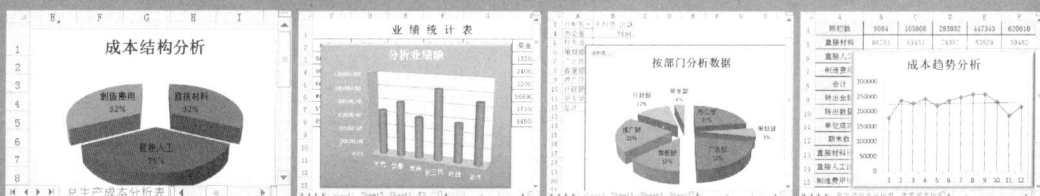

固定资产包括用于生产经营的房屋、设备、用具等资产，是企业财务管理的重要组成部分。因其使用周期长、使用地点分散、核算与计提繁琐等缺点，造成固定资产管理的难度。为解决固定资产管理的难度，也为了明确产权、防止资产流失，以及提高资产的使用效率与投入产出效率，需要利用 Excel 2010 强大的数据处理功能，制作一份固定资产管理系统，从而达到财务核算、计提折旧与日常管理的一体化功能。

**本章学习目标：**

➤ 构建固定资产管理表
➤ 固定资产的调整管理
➤ 固定资产的折旧管理
➤ 生成固定资产记账凭证
➤ 查询固定资产
➤ 构想固定资产查询表
➤ 实现自动查询功能

# 8.1 固定资产管理概述

在企业生产过程中,用来改变或影响劳动对象的劳动资料,为固定资产的实物形态。该实物状态会随着企业生产经营活动逐渐转移到产品成本中,为准确计算固定资产的消耗值,需要对固定资产进行合理的管理。在对固定资产进行管理之前,还需要了解固定资产的概念与分类。

## 8.1.1 固定资产的概念

固定资产是指使用期超过一年的房屋、建筑物、机械、运输工具及其他与生产、经营有关的设备、器具及工具等。对于不属于生产经营主要设备的物品,其单位单价在 2000 元以上,并且使用年限超过两年的资产,也应当作为固定资产。固定资产是企业赖以生产经营的主要资产,其价值会被逐渐转移到产品成本中,并构成产品价值的一个组成部分。被转移的该部分价值被称作资产折旧,可在固定资产的有效使用年限内进行分摊,形成折旧费用,并计入各期成本中。

## 8.1.2 固定资产的分类

固定资产的种类繁多,可按照不同的分类标准,分成不同的类别。从会计核算角度来看,固定资产可以进行以下分类。

### 1. 按经济类别分类

固定资产按经济类别分类可分为生产用固定资产与非生产用固定资产。

- ❑ **生产用固定资产** 是直接服务于企业生产经营的固定资产,包括房屋、建筑物、动力设备、传导设备、工作机器、工具、运输设备等。
- ❑ **非生产用固定资产** 是非直接服务于生产经营的固定资产,包括职工宿舍、文化生活、卫生保健、科研实验等使用的房屋、设备和器具等。

另外,按经济类别分类,不仅可以反映固定资产之间的组成变化情况,而且还可以考核与分析固定资产的管理与使用情况,从而可以充分发挥固定资产的使用率。

### 2. 按使用情况分类

固定资产按使用情况分类,可分为使用中的固定资产、未使用的固定资产与不需用的固定资产。

- ❑ **使用中的固定资产** 指正在使用的经营性与非经营性的固定资产,主要包括由于季节性经营或修理等原因,暂停使用的固定资产。另外,企业出租及内部替换使用的固定资产,也属于使用中的固定资产。
- ❑ **未使用的固定资产** 指已完工或已购建,且尚未交付使用的固定资产,及因进行改建、扩建等原因停止使用的固定资产。
- ❑ **不需用的固定资产** 指因多余或不适用,需要调配处理的固定资产。

另外，按使用情况进行分类，不仅有利于企业掌握固定资产的使用情况，而且也有利于企业准确合理地计提固定资产折旧额。

### 3．按所有权分类

固定资产按所有权进行分类，可分为自有固定资产与租入固定资产，其中自有固定资产是企业拥有且可自由支配的固定资产。而租入固定资产是企业采用租赁方式从其他单位租入的固定资产。

### 4．综合分类

综合分类是固定资产按经济用途与使用情况而进行的综合分类，可分为生产经营用固定资产、非生产经营用固定资产、租出固定资产、不需用固定资产、未使用固定资产、土地、融资租入固定资产。

## 8.1.3　固定资产原值的计价标准

企业的固定资产应当按照会计规定，确定其原值，并登记入账。一般固定资产原值的计价标准如下：

- ❑ **购入**　按照实际支付的买价或售出单位的账面价格、包装费、运杂费与安装费成本记账。
- ❑ **自行建造**　按照建筑过程中的实际发生额记账。
- ❑ **投资转入**　对于其他单位投资转入的固定资产，需要按照评估确认或合同价登记入账。
- ❑ **融资租入**　按租赁协议确定的设备价格、运输费、保险费、安装调试费等登记入账。
- ❑ **改建、扩建**　对于在原有固定资产基础上进行改建或扩建的固定资产，应按账面原价减去改建或扩建过程中发生的变价收入，并加上改建或扩建增加的支出记账。
- ❑ **捐赠**　应按照同类资产的市场价格，或根据捐赠者提供的凭据登记入账。另外，接受捐赠时所发生的各项费用也应计入固定资产原值。
- ❑ **盘盈**　应按照重置的完全价格登记入账。

## 8.2　编制固定资产管理表

在进行固定资产管理之前，为了便于系统地管理固定资产，也为了固定资产的调整、折旧计提及分析，还需要将企业固定资产资料记录到工作簿中，构建一份固定资产管理表。

## 8.2.1　构建固定资产管理表

固定资产管理表主要体现了固定资产的名称、形态类别、使用状况等基本情况，以及折旧方法与折旧计提金额等内容。在计算折旧计提之前，需要先构建基本框架、设置数字格式与限制输入的输入类别。

### 1. 构建基本框架

首先，设置工作表的行高，并为工作表命名。然后，设置工作表的标题与列标题字段，并设置表格正文部分的对齐方式与边框格式。最后，设置列标题字段的填充色，如图8-1所示。

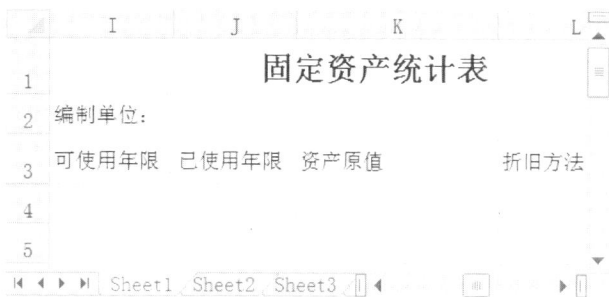

图 8-1 构建基本框架

### 2. 设置对齐格式

同时选择需要设置文本格式的单元格或单元格区域，执行【开始】|【对齐方式】|【自动换行】命令。同时，拖动鼠标调整单元格的列宽与行高，如图8-2所示。

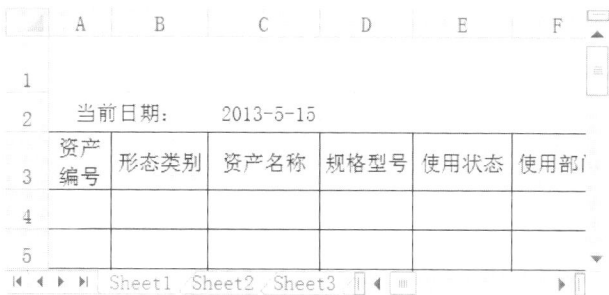

图 8-2 设置对齐格式

### 3. 设置数字格式

设置数字格式主要包括设置前置0、会计专用等数字的显示方式。

❏ 设置"前置0"格式

选择"资产编号"列表中的所有单元格，右击执行【设置单元格格式】命令，在弹出的【设置单元格格式】对话框中，激活【数字】选项卡。在【分类】列表框中选择【自定义】选项，并在【类型】文本框中输入"00#"，如图8-3所示。

❏ 设置日期格式

选择"增加日期"列表中的所有单元格，右击执行【设置单元格格式】命令。在【数字】选项卡中，选择【分类】列表框中

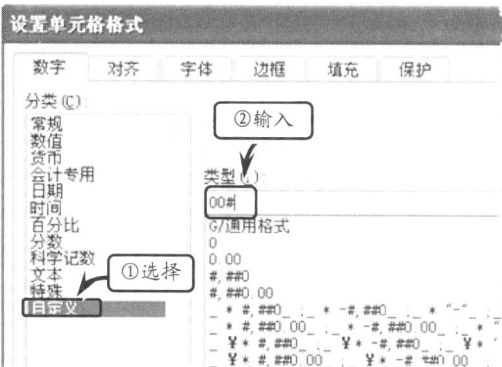

图 8-3 自定义数字格式

的【日期】选项，并在【类型】列表框中选择相应的日期格式，如图8-4所示。

　□ 设置数值格式

选择"资产原值"列表中的所有单元格，执行【开始】|【数字】|【数字格式】|【会计专用】命令。同时，选择"残值率"列表中的所有单元格，执行【数字格式】|【百分比】命令，如图8-5所示。

**3. 限制输入类别**

图 8-4　设置日期格式

限制输入类别即是限制数据的输入类别，可通过【数据有效性】功能来实现。首先，选择"形态类别"列表中的单元格，执行【数据】|【数据工具】|【数据有效性】命令。在【允许】下拉列表中选择【序列】选项。同时，在【来源】文本框中输入相应的选项，如图8-6所示。

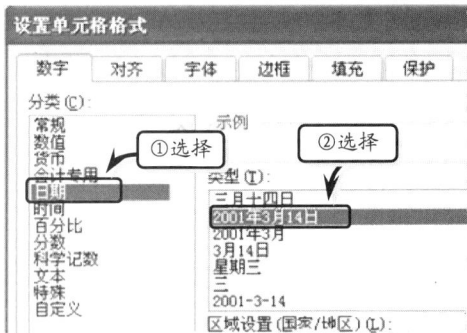

图 8-5　设置数值格式　　　　图 8-6　设置限制类型

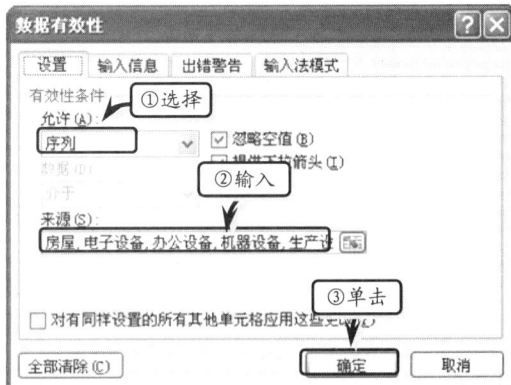

**提　示**

在【来源】文本框中输入选项时，每个选项之间需要用英文状态下的逗号分隔。

然后，激活【出错警告】选项卡，在【样式】下拉列表中选择相应的样式，并在【标题】文本框与【错误信息】文本框中，分别输入标题名称与说明性文本，如图8-7所示。使用同样的方法，分别设置其他限制输入类型。

**4. 计算基础数据**

在表格中输入固定资产的基础数

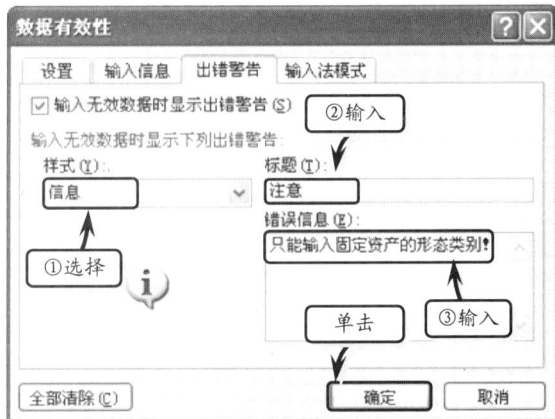

图 8-7　设置提示信息

据，选择单元格C2，在编辑栏中输入计算公式，按下 Enter 键返回当前日期值，如图8-8

所示。

然后，计算资产的已使用年数。选择单元格 J4，在编辑栏中输入计算公式，按下 Enter 键返回资产的使用年数，如图 8-9 所示。使用同样的方法，分别计算其他资产的使用年数。

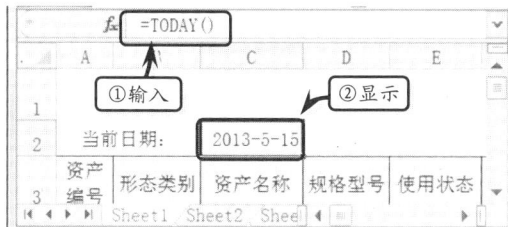

图 8-8 返回当前日期

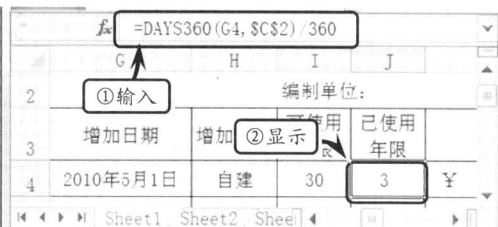

图 8-9 计算资产的使用年数

**提 示**

DAYS360 函数表示按每年 360 天返回两个日期之间相差的天数。

## 8.2.2 固定资产的调整管理

企业在实际运作中通常会根据市场形式与企业发展，调整固定资产的新增、减少与调拨等固定资产状态，从而提高企业的经营利润。

### 1. 固定资产新增

固定资产新增是指企业通过自建、新增投资、接受捐赠、直接购买或部门调拨等途径增加的固定资产存量。对于新增加的固定资产，可以直接输入到资产管理表中。另外，也可以通过【记录单】进行录入，如图 8-10 所示。

**提 示**

在使用记录单之前，需要执行【Office 菜单】命令中的【Excel 选项】选项，在【自定义】选项卡中添加【记录单】命令。

### 2. 固定资产减少

在企业的运作过程中，固定资产还可以通过报废、出售或部门调拨等途径相对

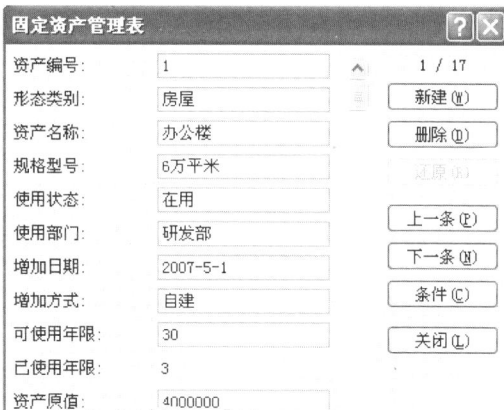

图 8-10 记录单

减少。对于减少的固定资产，只需将"使用状态"设置为"报废"即可。

首先，选择单元格区域，执行【数据】|【排序和筛选】|【筛选】命令。单击【资产编号】下拉按钮，在下拉列表中执行【数字筛选】|【自定义筛选】选项。在弹出的对话框中，输入资产编号即可显示所查找的资产，如图 8-11 所示。

然后，单击【使用状态】单元格中的下拉按钮，在其下拉列表中选择【报废】选项，如图 8-12 所示。

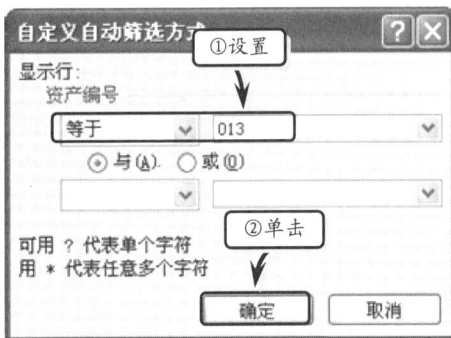

图 8-11　查找资产

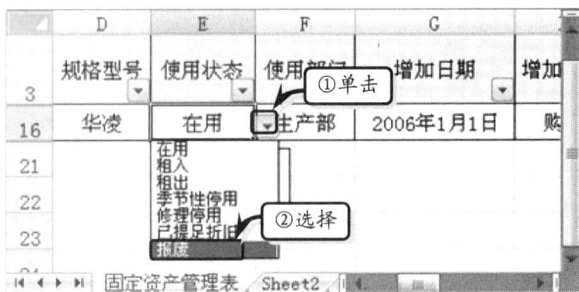

图 8-12　设置资产状态

**提　示**

再次执行【筛选和排序】中的【筛选】命令，可将数据恢复到筛选前的状态。

# 8.3　固定资产的折旧管理

固定资产在使用中所消耗的部分，应根据固定资产的使用期限计提折旧额。对于折旧额应按当月提取折旧，在当月增加的固定资产，当月不提折扣。而当月减少的固定资产，其折旧额当月照样计提。

## 8.3.1　固定资产的折旧方法

常用的折旧的计提方法有平均年限法、双倍余额递减法、年数总和法等计算方法。

### 1．平均年限法

平均年限法又称直线法，是将固定资产的应计折旧额平均分摊到各期的一种计算方法。该方法计算的每期折旧额是等额的。其计算公式表示为：

$$年折旧额 = \frac{固定资产原值 - 净残值}{使用年限}$$

$$年折旧率 = \frac{1 - 预计净残值率}{预计使用年限} \times 100\%$$

$$月折旧额 = 固定资产原值 \times 月折旧率$$

$$月折旧率 = \frac{年折旧率}{12}$$

### 2．双倍余额递减法

双倍余额递减法是在排除固定资产净残值的情况下，根据固定资产的每期期初账面余额与双倍的直线法折旧率，来计算固定资产折旧的一种方法。在使用双倍余额递减法计提折旧的固定资产时，应在固定资产折旧年限到期前两年内，将固定资产净值（扣除净残值）平均摊销。其计算公式表示为：

$$年折旧额 = （固定资产 - 预计净残值）\times 年折旧率$$

$$年折旧率 = \frac{2}{预计使用年限}\times 100\%$$

$$月折旧额 = 固定账面净值 \times 月折旧率$$

$$月折旧率 = \frac{年折旧率}{12}$$

### 3. 年数总和法

年数总和法又称合计年限法，是以固定资产原值减去净残值后的金额为基准，按逐年递减的折旧率计算每年折旧额的一种折旧方法。其计算公式表示为：

$$年折旧额 = （固定资产原值 - 预计使用年限）\times 年折旧率$$

$$年折旧率 = \frac{预计使用年限 - 已使用年限}{\dfrac{预计使用年限 \times （预计使用年限 + 1）}{2}}\times 100\%$$

$$月折旧额 = （固定资产原值 - 预计净残值）\times 月折旧率$$

$$月折旧率 = \frac{年折旧率}{12}$$

## 8.3.2 固定资产的折旧计提

固定资产的折旧计提是利用 SLN、VDB 与 DDB 等函数，来计算已计提月份、至上月为止累计折旧、本月计提折旧额与本月末账面净值等折旧额。

### 1. 计算已计提月份

已计提月份是指固定资产从开始进行折旧计提到当前时间的总日期。选择单元格 N4，在编辑栏中输入计算公式，按下 Enter 键返回已计提月份，如图 8-13 所示。

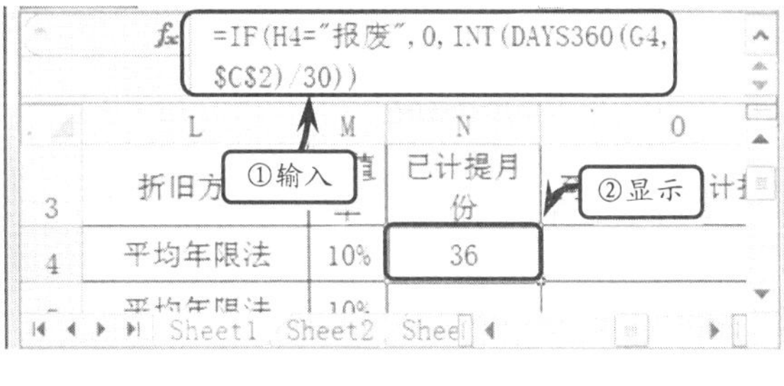

图 8-13 计算已计提月份

> **提 示**
>
> 在本公式中，主要利用了 INT 函数与 DAYS360 函数计算已计提月份，其中，INT 函数表示将数值向下舍入到最接近的整数，其表达式为"=INT(number)"。参数 number 为需要进行向下舍入取整的实数。

### 2. 计算至上月止累计折旧额

选择单元格 O4，在编辑栏中输入计算公式，按下 Enter 键返回至上月止累计折旧额，如图 8-14 所示。

在本公式中，主要利用了 VDB 函数、DDB 函数与 MOD 函数计算至上月止累计折旧，其每种函数的说明如下所述。

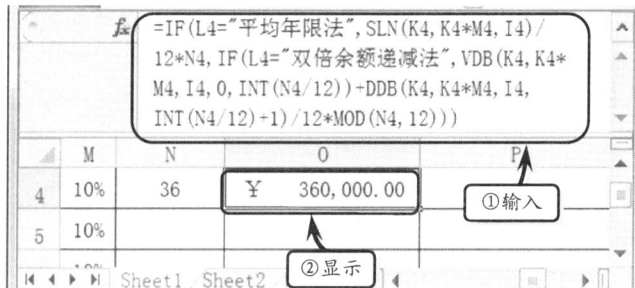

图 8-14　计算至上月止累计折旧额

❑ **VDB 函数**

VDB 函数表示可返回指定的任何期间内的资产折旧值，其表达式为 " =VDB(cost,salvage, life,start_period,end_period,factor, no_switch)"，各参数的具体含义如下。

➢ **参数 cost**　为资产原值。

➢ **参数 salvage**　为资产在折旧期末的价值（资产残值）。

➢ **参数 life**　为折旧期限（资产的可使用年限）。

➢ **参数 start_period**　为进行折旧计算的起始期间，必须与 life 具有相同的单位。

➢ **参数 end_period**　为进行折旧计算的截止时间，必须与 life 具有相同的单位。

➢ **参数 factor**　为余额递减速率（折旧因子），如果省略该参数，则假设为双倍余额递减法。

➢ **参数 no_switch**　为一逻辑值，当折旧值大于余额递减计算值时，是否专用直线折旧法。

**提　示**

在使用 VDB 函数时，需要注意函数参数中除 no_switch 之外的所有参数必须为正数。

❑ **DDB 函数**

DDB 函数表示计算资产在给定期间内的折旧值，其表达式为 "=DDB(cost,salvage,life,period,factor)"，各参数的具体含义如下。

➢ 参数 cost：为资产原值。

➢ 参数 salvage：为资产原值折旧期末的价值（资产残值），该值可以为 0。

➢ 参数 life：为折旧期限（资产可使用年限）。

➢ 参数 period：为需要计算折旧值的期间，必须与 life 使用相同的单位。

➢ 参数 factor：为余额递减率，省略该参数则假设为双倍余额递减法。

❑ **MOD 函数**

MOD 函数表示返回两数相除的余数，其表达式为"=MOD(number,divisor)"，各参数的具体含义如下。

➢ **参数 number**　为被除数。

➢ **参数 divisor**　为除数。

**注　意**

在使用 MOD 函数时，还需要注意当参数 divisor 为 0 时，则函数将返回错误值#DIV/0!。

**3．计算本月计提折旧额**

选择单元格 P4，在编辑栏中输入计算公式，按下 Enter 键返回本月计提折旧额，如

图 8-15 所示。

在本公式中，主要利用了 SYD 函数计算本月计提折旧额。SYD 函数表示返回某项资产按年限总和折旧法计算的指定期间的折旧值，其表达式为 "=SYD(cost,salvage,life,per)"，各参数的具体含义如下。

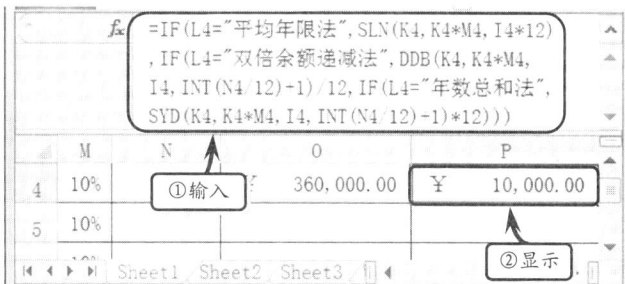

```
=IF(L4="平均年限法", SLN(K4, K4*M4, I4*12)
, IF(L4="双倍余额递减法", DDB(K4, K4*M4,
I4, INT(N4/12)-1)/12, IF(L4="年数总和法",
SYD(K4, K4*M4, I4, INT(N4/12)-1)*12)))
```

| | M | N | O | P |
|---|---|---|---|---|
| 4 | 10% | | 360,000.00 | ￥ 10,000.00 |
| 5 | 10% | | | |

①输入    ②显示

图 8-15　计算本月计提折旧额

- ❑ **参数 cost**　为资产原值。
- ❑ **参数 salvage**　为资产在折旧期末的价值（资产残值）。
- ❑ **参数 life**　为折旧期限（资产可使用年限）。
- ❑ **参数 per**　为期间，必须与 life 具有相同的单位。

### 4．本月末账面净值额

选择单元格 Q4，在编辑栏中输入计算公式，按下 Enter 键返回本月末账面净值额，如图 8-16 所示。最后，选择单元格区域 N4:Q4，将鼠标移至单元格 Q4 右下角，当鼠标变为 "十" 字形状时，向下拖动鼠标填充公式。

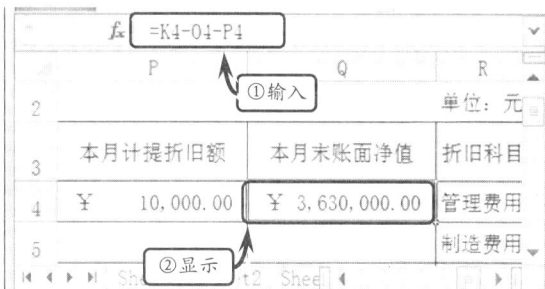

=K4-O4-P4

| | P | Q | R |
|---|---|---|---|
| 2 | | | 单位：元 |
| 3 | 本月计提折旧额 | 本月末账面净值 | 折旧科目 |
| 4 | ￥ 10,000.00 | ￥ 3,630,000.00 | 管理费用 |
| 5 | | | 制造费用 |

①输入    ②显示

图 8-16　计算本月末账面净值额

## 8.3.3　生成固定资产记账凭证

计算固定资产的折旧额之后，便可以使用函数功能，自动生成固定资产记账凭证了。

### 1．构建记账凭证

合并单元格区域 A1:E1，输入标题文本，并在【字体】选项组中设置其【字号】与【加粗】格式。然后，右击标题执行【设置单元格格式】命令。在弹出的【设置单元格格式】对话框中，选择【字体】选项卡，并选择【下划线】下拉列表中的【会计用双下划线】选项，如图 8-17 所示。

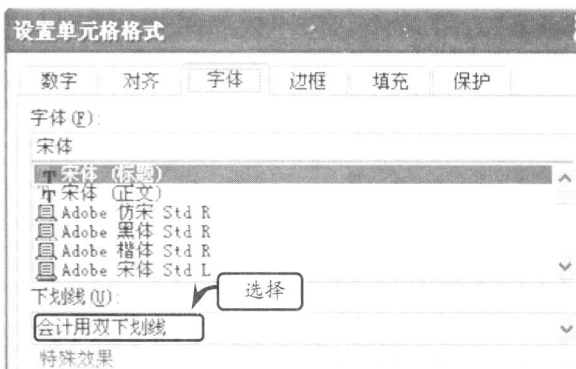

设置单元格格式

数字　对齐　字体　边框　填充　保护

字体(F)：
宋体

宋体 (标题)
宋体 (正文)
Adobe 仿宋 Std R
Adobe 黑体 Std R
Adobe 楷体 Std R
Adobe 宋体 Std L

下划线(U)：　选择
会计用双下划线

特殊效果

图 8-17　设置字体格式

**注　意**

为标题设置了 "会计用双下划线" 格式之后，执行【开始】|【字体】|【下划线】命令，可取消该格式。

最后，在工作表中设置列标题字段、表头、内容等表格内容，并在【字体】与【对齐方式】选项组中，设置表格的对齐与边框格式，如图 8-18 所示。

### 2．引用资产数据

选择单元格 D5，在编辑栏中输入计算公式，按下 Enter 键返回管理费用借方金额，如图 8-19 所示。使用同样的方法，分别计算其他借方额。

选择单元格 E8，在编辑栏中输入计算公式，按下 Enter 键返回管理费用贷方金额，如图 8-20 所示。

**注 意**

该公式表示使用 SUM 函数来计算"固定资产统计表"工作表中的单元格区域 P4:P20 数据的合计值。

选择单元格 D9，在编辑栏中输入计算公式，按下 Enter 键返回借方合计额，如图 8-21 所示。利用同样的方法，计算贷方合计额。

图 8-18 设置单元格格式

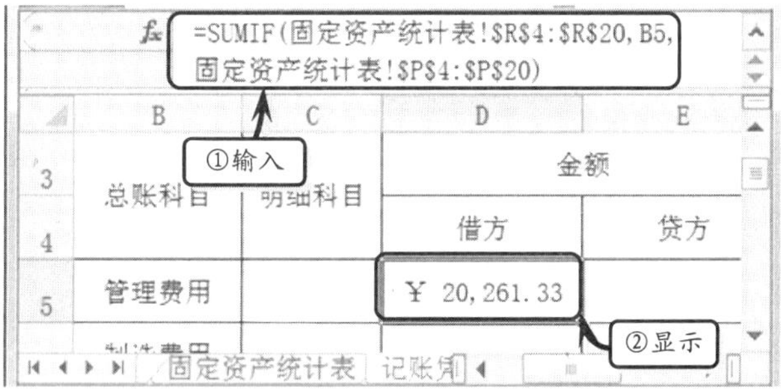

图 8-19 引用管理费用金额

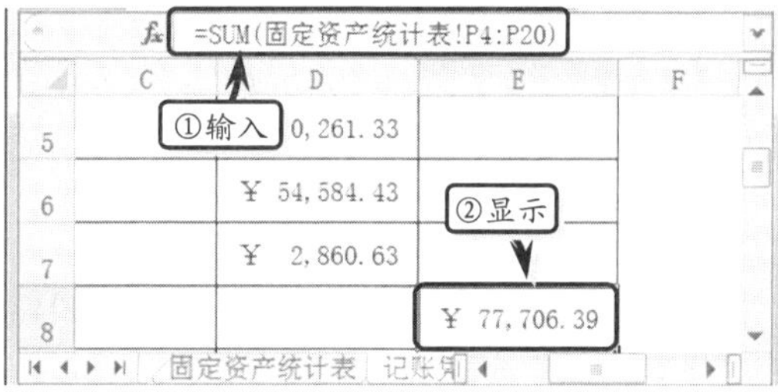

图 8-20 引用贷方金额

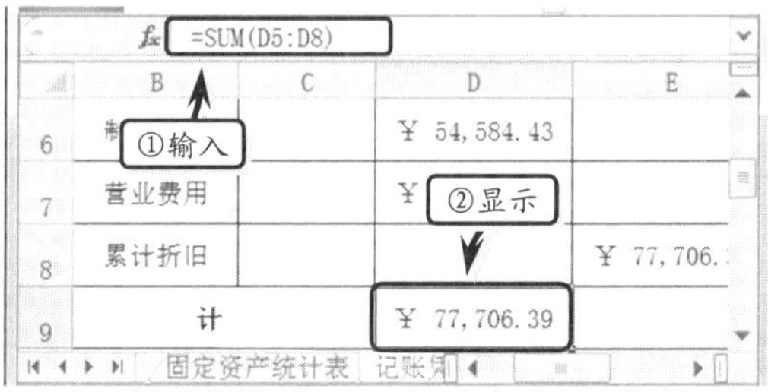

图 8-21 计算借方合计额

# 8.4 查询固定资产

对于资产比较繁多的企业，可以使用 Excel 2010 中的筛选功能，来实现快速查询、统计与分析固定资产的目的，从而为公司制作管理决策提供依据。

## 8.4.1 查询增减固定资产

在 Excel 2010 中，可以使用筛选与高级筛选的方法，来查询固定资产的新增资产与减少资产。

### 1. 查询新增固定资产

选择需要查询的数据区域，执行【数据】|【排序和筛选】|【筛选】命令。单击【增加日期】单元格中的下拉按钮，在其下拉列表中选择【日期筛选】|【自定义筛选】选项。在弹出的【自定义自动筛选方式】对话框中，设置查询日期即可，如图8-22所示。

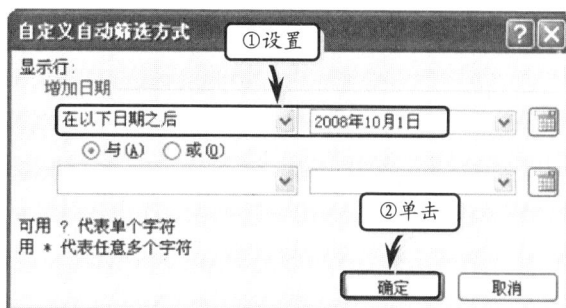

### 2. 查询减少固定资产

减少的固定资产通常以报废、售出或部门调拨等方式显示，在查询该形态的资产时，需要使用筛选功能。首先，选择需要筛选的数据区域，执行【数据】|【排序和筛选】|【筛选】命令。然后，单击【使用状态】单元格中的下拉按钮，在其下拉列表中取消【全选】选项，并启用【报废】复选框，如图8-23所示。

图 8-22 设置查询日期

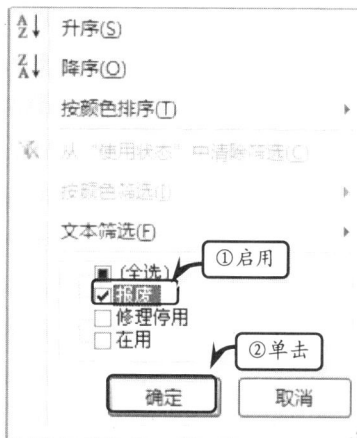

**提 示**

也可以在【自定义自动筛选方式】对话框中，设置筛选方式的方法来查询减少的固定资产。

图 8-23 制查询减少的固定资产

## 8.4.2 按部门查询

在固定资产管理表格中，可以利用高级筛选功能，来查询固定资产的使用部门与资产状态。首先，在工作表的下方制作查询条件表格。其中，查询条件表格中的列标题字段必须与主表格中的列标题字段一致，如图8-24所示。

然后，执行【数据】|【排序和筛选】|【高级】命令，选中【将筛选结果复制到其他位置】选项，设置【列表区域】与【条件区域】选项，并设置数据的复制位置即可，如图8-25所示。

图 8-24 制作查询条件

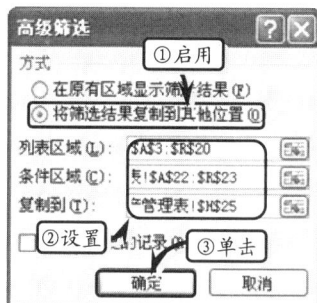

图 8-25 设置查询参数

# 8.5 制作固定资产查询系统

虽然利用 Excel 2010 中的筛选功能可以准确地查找到符合条件的固定资产，但是，仅仅依靠手动查询比较繁琐，而且在分析固定资产数据时，还需要手动计算剩余计提折旧额、剩余使用月数等数据。此时，用户可利用函数功能，实现固定资产自动查询功能。

## 8.5.1 构建固定资产查询表

构建固定资产查询表主要包括制作标题、列标题字段、查询内容以及设置单元格格式等操作。

### 1. 构建基础框架

首先，合并单元格区域，输入标题文本并在【字体】选项组中，设置文本的【字号】与【加粗】格式。然后，输入表头与查询内容，并在【字体】与【对齐方式】选项组中，设置表格的边框与对齐格式，如图 8-26 所示。

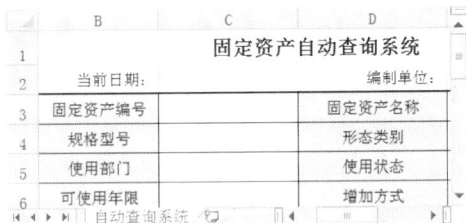

图 8-26 构建基础框架

### 2. 设置填充效果

同时选择单元格区域 B3:B11 与 D3:D11，右击鼠标执行【设置单元格格式】命令。在弹出的【设置单元格格式】对话框中，激活【填充】选项卡。设置其【图案颜色】与【图案样式】即可，如图 8-27 所示。

**提示**

也可在【开始】选项卡【字体】选项组中，执行【填充颜色】命令，在其下拉列表中选择相应的色块，为单元格设置填充颜色。

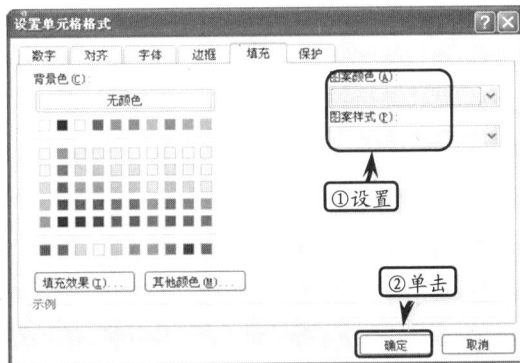

图 8-27 设置填充效果

## 8.5.2 实现自动查询功能

构建完固定资产查询表之后，便可以使用 INDEX 函数与 MATCH 函数，以及简单的计算公式，通过固定资产编号来实现固定资产的自动查询功能。

### 1. 引用数据

在表格中输入固定资产编号，选择单元格 C4，在编辑栏中输入计算公式，按下 Enter键返回资产的规格型号，如图 8-28 所示。

选择单元格 C5，在编辑栏中输入计算公式，按下 Enter 键返回固定资产名称，如图 8-29 所示。使用相同的方法，分别引用其他固定资产数据。

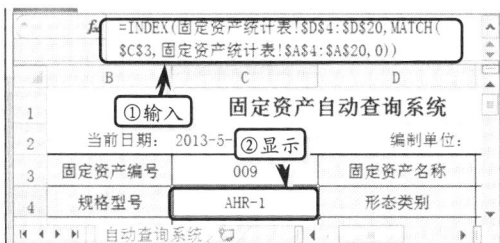

图 8-28　返回规格型号

图 8-29　返回固定资产名称

**提　示**

INDEX 函数存在数组形式和引用形式 2 种函数形式，其中数组形式是用来返回指定单元格或单元格数组的值，而引用形式是用来返回指定单元格的引用。

### 2. 计算数据

选择单元格 E9，在编辑栏中输入计算公式，按下 Enter 键返回净残值，如图 8-30 所示。

选择单元格 C11，在编辑栏中输入计算公式，按下 Enter 键返回剩余计提折旧额，如图 8-31 所示。

选择单元格 E11，在编辑栏中输入计算公式，按下 Enter 键返回剩余使用月数，如图 8-32 所示。

图 8-30　计算净残值

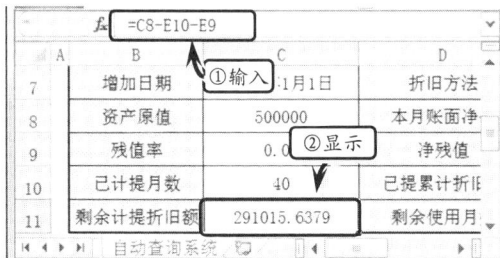

图 8-31　计算剩余计提折旧额

图 8-32　计算剩余使用月数

## 8.6　课堂练习：图表分析折旧数据

财务人员除了按指定条件、新增日期与使用部门查询固定资产数据之外，还可以按折旧科目与使用部门汇总资产数据，以帮助财务人员分析一定会计期间内固定资产的使用状况与折旧费用。在本练习中，将运用 Excel 中的函数与图表功能，分析固定资产折旧数据，如图 8-33 所示。

**图表分析折旧数据**

| 按折旧科目汇总 | | | 按使用部门汇总 | | |
|---|---|---|---|---|---|
| 折旧科目 | 累计折旧额 | 本月末账面净值 | 使用部门 | 累计折旧额 | 本月末账面净值 |
| 管理费用 | 710,905.67 | 3,296,186.00 | 研发部 | 693,184.00 | 3,295,218.00 |
| 制造费用 | 4,872,534.45 | 20,041,311.53 | 生产部 | 4,717,892.40 | 19,310,560.14 |
| 营业费用 | 195,263.54 | 121,535.42 | 销售部 | 225,000.00 | 771,250.00 |

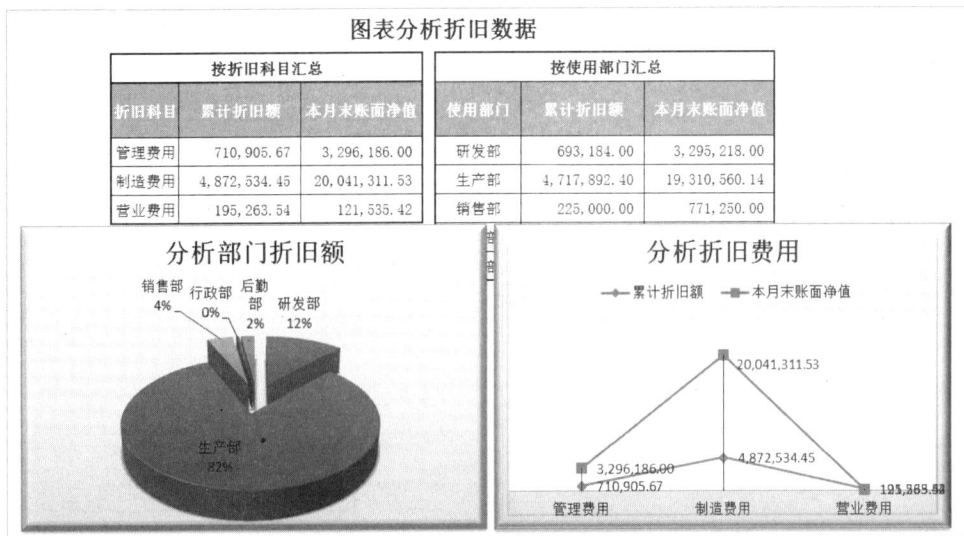

图 8-33 图表分析资产数据

## 操作步骤

**1** 构建基础表格。构建列表标题和框架，并设置表格的对齐、数字与边框样式，如图 8-34 所示。

图 8-34 构建表格框架

**2** 计算折旧数据。选择单元格 V4，在编辑栏中输入汇总公式，按下 Enter 键返回计算结果，如图 8-35 所示。

图 8-35 计算累计折旧额

**3** 选择单元格 W4，在编辑栏中输入汇总公式，按下 Enter 键返回计算结果，如图 8-36 所示。

图 8-36 计算本月末账面净值

**4** 选择单元格区域 V4:W6，执行【开始】|【编辑】|【填充】|【向下】命令，向下填充公式，如图 8-37 所示。

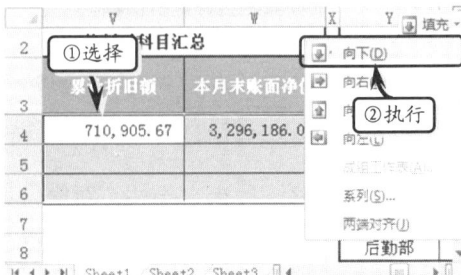

图 8-37 填充公式

Excel 财务与会计应用标准教程（第2版）

**5** 选择单元格 Z4，在编辑栏中输入计算公式，按下 Enter 键返回计算结果，如图 8-38 所示。

=SUMIF($F$4:$F$21,Y4,$O$4:$O$21)

①输入　②显示

图 8-38 计算累计折旧额

**6** 选择单元格 AA4，在编辑栏中输入计算公式，按下 Enter 键返回计算结果，如图 8-39 所示。

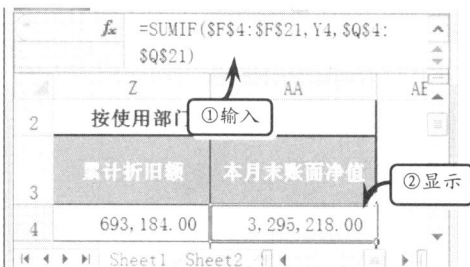

=SUMIF($F$4:$F$21,Y4,$Q$4:$Q$21)

①输入　②显示

图 8-39 计算本月末账面净值

**7** 选择单元格区域 Z4:AA84，执行【开始】|【编辑】|【填充】|【向下】命令，向下填充公式，如图 8-40 所示。

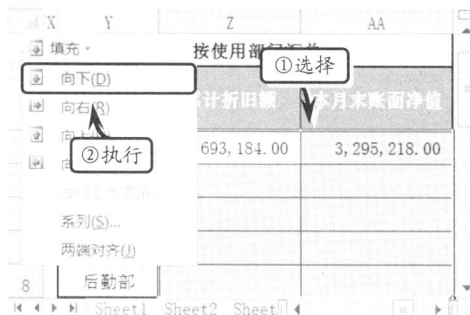

①选择　②执行

图 8-40 填充公式

**8** 折线图图表分析数据。选择单元格区域 U4:V6，执行【插入】|【图表】|【折线图】|【带数据标记的折线图】命令，如图 8-41 所示。

①选择　②执行

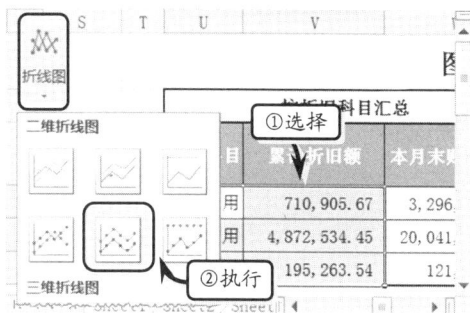

图 8-41 插入图表

**9** 执行【设计】|【图表布局】|【布局 2】命令，设置图表的布局样式，并更改图表标题，如图 8-42 所示。

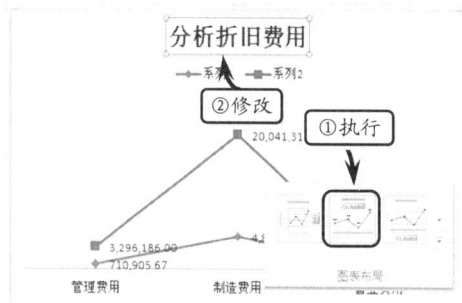

①执行　②修改

图 8-42 设置图表布局

**10** 执行【布局】|【分析】|【折线】|【垂直线】命令，为图表添加折线，如图 8-43 所示。

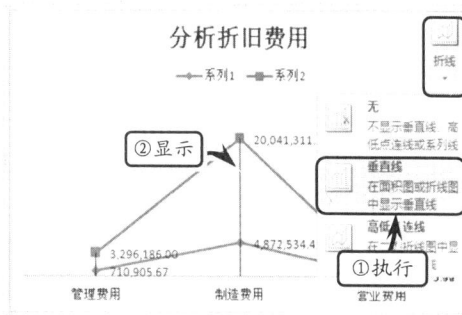

①执行　②显示

图 8-43 添加折线

**11** 执行【格式】|【形状样式】|【细微效果-红色，强调颜色 2】命令，设置图表的形状样式，如图 8-44 所示。

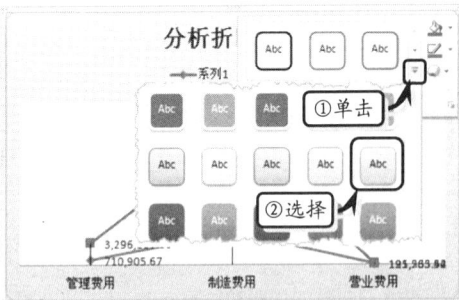

**图 8-44** 设置形状样式

12 执行【设计】|【数据】|【选择数据】命令，单击【编辑】按钮，设置【系列名称】选项，并单击【确定】按钮。使用同样的方法，更改"系列 2"数据系列的名称，如图 8-45 所示。

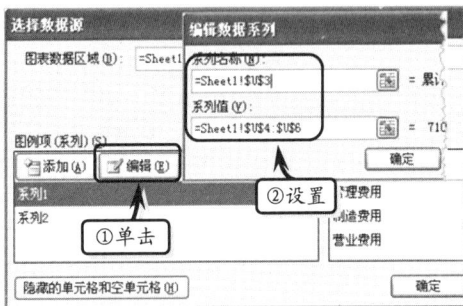

**图 8-45** 编辑图表数据

13 执行【格式】|【形状样式】|【形状效果】|【棱台】|【草皮】命令，设置图表的棱台效果，如图 8-46 所示。

**图 8-46** 设置棱台效果

14 饼图图表分析数据。选择单元格区域 X4:Y8，执行【插入】|【图表】|【折线图】

|【分离型三维饼图】命令，如图 8-47 所示。

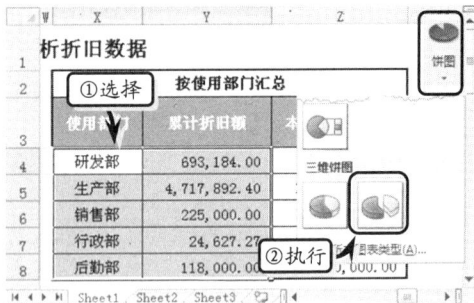

**图 8-47** 插入图表

15 执行【设计】|【图表布局】|【布局 1】命令，设置图表的布局样式。同时，执行【格式】|【形状样式】|【细微效果-蓝红色，强调颜色 1】命令，如图 8-48 所示。

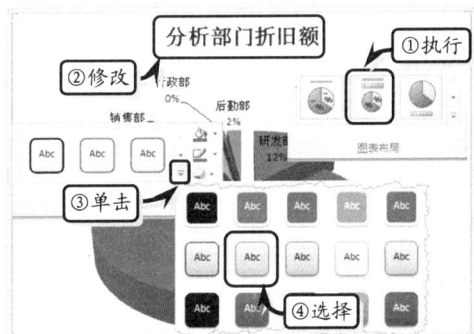

**图 8-48** 设置形状样式

16 执行【格式】|【形状样式】|【形状效果】|【棱台】|【冷色斜面】命令，设置图表的棱台效果，如图 8-49 所示。

**图 8-49** 设置棱台效果

# 8.7 课堂练习：汇总分析折旧数据

企业在完成统计固定资产的工作后，为了快速而全面地了解固定资产的分配情况，也为了掌握每个部门固定资产的使用情况，需要利用 Excel 2010 中的数据透视表功能，对固定资产数据按部门、按类别或按资产形态等方式进行详细分析，如图 8-50 所示。

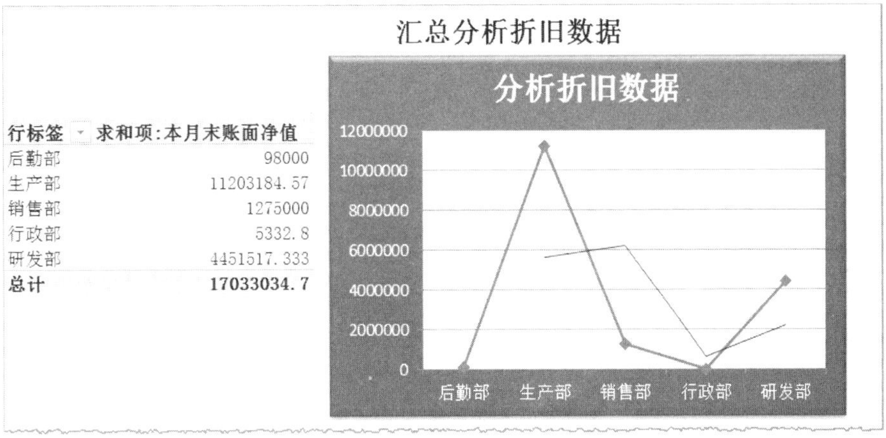

图 8-50 分析折旧数据

**操作步骤**

**1** 打开"固定资产统计模型"工作簿，选择"固定资产统计表"工作表。执行【插入】|【表格】|【数据透视表】命令，如图 8-51 所示。

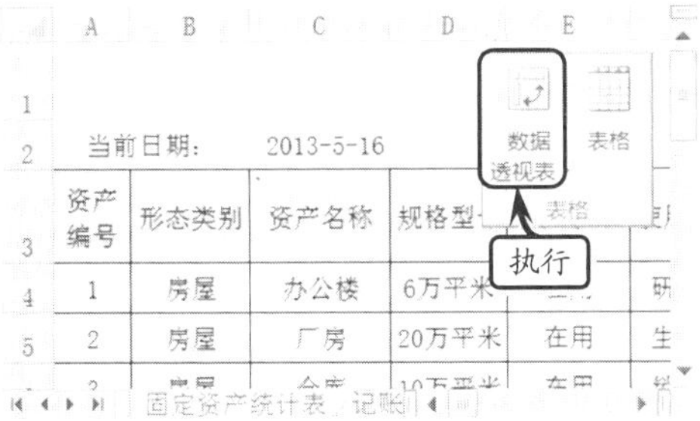

图 8-51 准备工作

**2** 在弹出的【创建数据透视表】对话框中，设置数据区域，并选中【新工作表】选项，如图 8-52 所示。

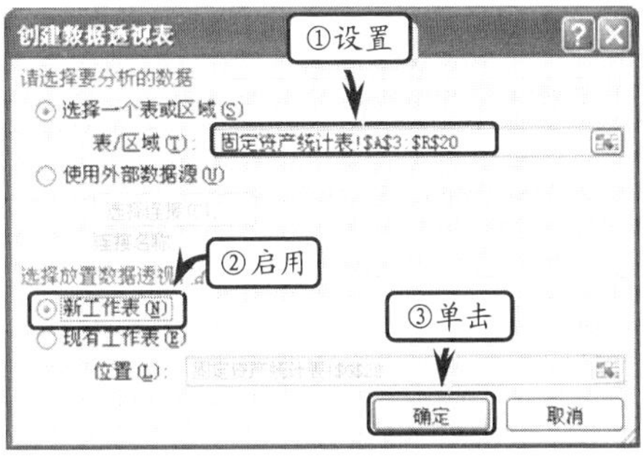

**3** 在【数据透视表字段列表】窗口中，将数据透视表字段分别添加到【行标签】【列标签】或【数值】列表框中，如图 8-53 所示。

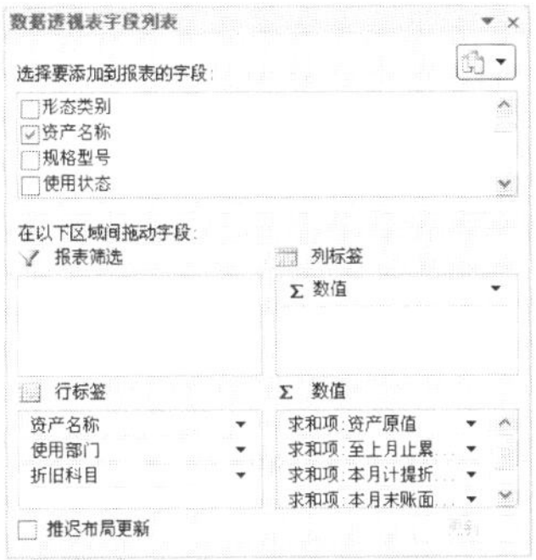

图 8-52 设置参数

图 8-53 添加数据字段

**4** 执行【设计】|【数据透视表样式】|【其他】|【数据透视表样式浅色 17】命令,如图 8-54 所示。

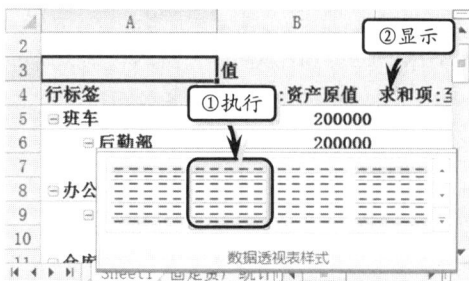

图 8-54　设置数据透视表样式

**5** 合并单元格区域 A1:E1,输入标题文本,并在【字体】选项卡组中,设置其【字号】与【加粗】格式,如图 8-55 所示。

图 8-55　制作标题

**6** 选择数据透视表,执行【设计】|【布局】|【空行】|【在每个项目后插入空行】命令,如图 8-56 所示。

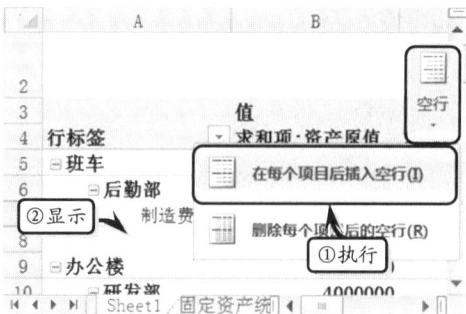

图 8-56　调整项目的间距

**7** 双击"求和项:资产原值"字段在【值显示方式】选项卡中,选择【值显示方式】下拉

列表中的【列汇总的百分比】选项,如图 8-57 所示。

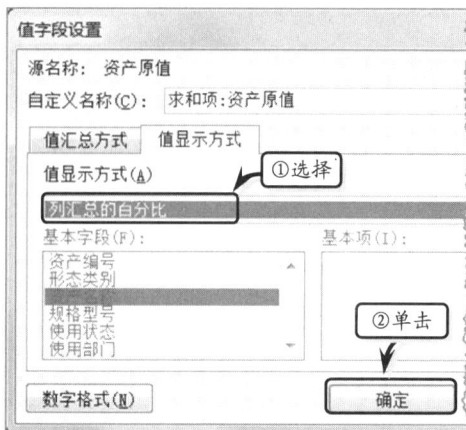

图 8-57　设置值的显示方式

**8** 在【数据透视表字段列表】窗口中,将【使用部门】字段添加到【报表筛选】列表框中,如图 8-58 所示。

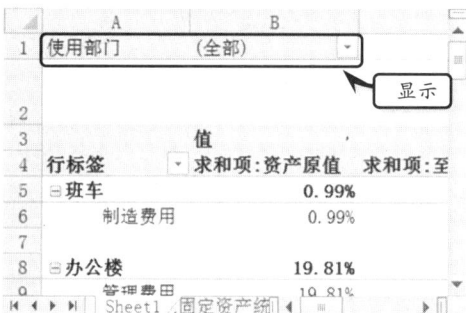

图 8-58　添加筛选字段

**9** 单击【使用部门】后面的筛选下拉按钮,选择【生产部】选项,按部分筛选数据,如图 8-59 所示。

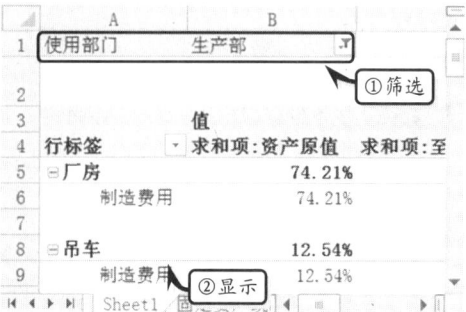

图 8-59　按部门筛选数据

Excel 财务与会计应用标准教程(第2版)

**10** 在【数据透视表字段列表】窗口中,取消【报表筛选】列表中的【使用部门】字段,添加【折旧科目】字段,按折旧科目筛选数据,如图 8-60 所示。

图 8-60 按折旧科目筛选数据

**11** 在【数据透视表字段列表】窗口中,取消【行标签】列表中所有的字段。并将【使用部门】字段添加到【行标签】列表中,按部门显示折旧数据,如图 8-61 所示。

图 8-61 按部门显示折旧数据

**12** 在【数据透视表字段列表】窗口中,取消【行标签】中的字段,并将【形态类别】字段添加到【行标签】列表框中,按形态类别显示折旧数据,如图 8-62 所示。

图 8-62 按性质类别显示折旧数据

**13** 执行【选项】|【工具】|【数据透视图】命令,在弹出的【插入图表】对话框中,选择相应的图表类型,如图 8-63 所示。

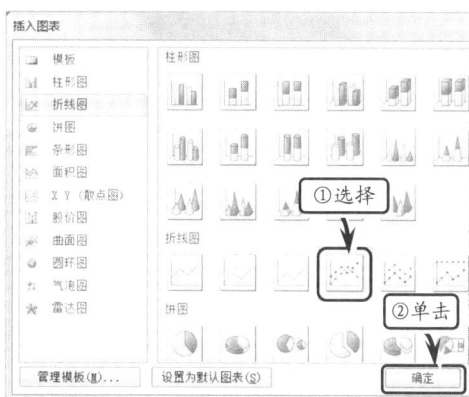

图 8-63 插入数据透视图

**14** 在【数据透视表字段列表】窗口中,取消所有的字段。并启用【使用部门】字段与【本月计提折旧额】字段,如图 8-64 所示。

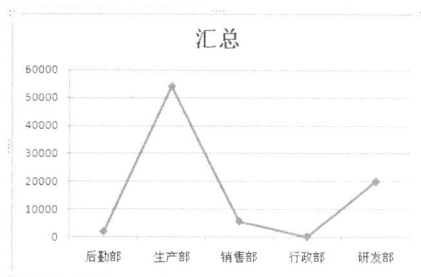

图 8-64 设置示数据

**15** 更改图表标题,并执行【格式】|【形状样式】|【其他】命令,在其下拉列表中选择相应的选项,来设置图表的样式,如图 8-65 所示。

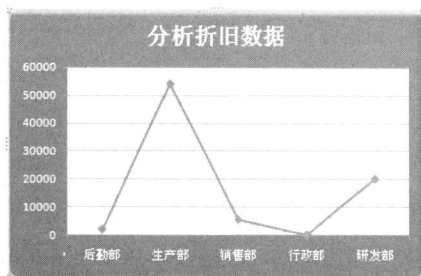

图 8-65 设置图表样式

16 执行【布局】|【分析】|【趋势线】|【双周期移动平均】命令，为图表添加趋势线，如图8-66所示。

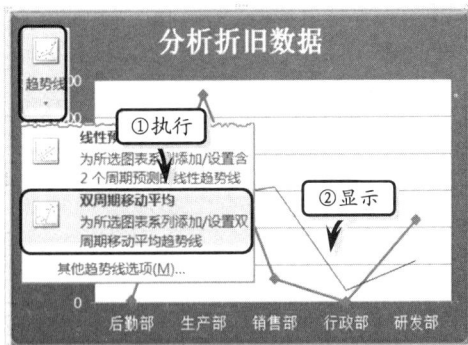

图 8-66 添加趋势线

## 8.8 思考与练习

### 一、填空题

1．固定资产是指使用期超过一年的_____、_____、机械、运输工具及其他与_____、_____有关的设备、器具及工具等。

2．不属于生产经营主要设备的物品，其单位单价在_____元以上，并且使用年限超过_____的资产，也应当作为固定资产。

3．固定资产按综合分类可分为_____、_____、租出固定资产、不需用固定资产、未使用固定资产、_____、融资租入固定资产。

4．在输入显示前置 0 的数据时，可以先输入_____，然后再输入包含前置 0 的数据。

5．DAYS360 函数表示按每年 360 天返回_____。

6．平均年限法又称_____法，是根据固定资产的_____与_____，按照预计使用年限平均计算折旧的一种计算方法。

7．双倍余额递减法是在排除_____的情况下，根据固定资产的每期期初账面余额与双倍的直线法折旧率，来计算固定资产折旧的一种方法。

8．年数总和法又称合计年限法，是将固定资产的_____减去_____乘以一个逐渐递减的分数计算每年折旧额的一种折旧方法。

### 二、选择题

1．固定资产按经济类别分类，可分为生产用固定资产与_____。
  A．使用中的固定资产
  B．非生产用固定资产
  C．自有固定资产
  D．非生产经营用固定资产

2．在 Excel 2010 中，用户可通过_____功能来限制输入的输入。
  A．数据透视表
  B．图表
  C．数据有效性
  D．单变量求解

3．下列公式中，表示计算平均年限法的年折旧额的公式为_____。
  A． $\dfrac{\text{固定资产原值} - \text{净残值}}{\text{使用年限}}$
  B．（固定资产 – 预计净残值）×年折旧率
  C．（固定资产原值 – 预计使用年限）×年折旧率
  D． $\dfrac{\text{固定资产} - \text{净残值}}{\text{使用年限}}$ ×年折旧率

4．下列选项中，对函数的说明描述错误的为_____。
  A．VDB 函数表示可返回指定的任何期间内的资产折旧值
  B．DDB 函数表示计算资产在给定期间的折旧值
  C．SYD 函数表示返回某项资产按年限总和折旧法计算的指定期间的折旧值
  D．INT 函数表示将数值向上舍入

5．减少的固定资产通常以报废、售出或

_________等方式显示。

A．停用

B．维修

C．部门调拨

D．再用

6．常用的折旧的计提方法有平均年限法、_________、年数总和法等计算方法。

A．双倍余额递减法

B．平均余额递减法

C．平均总和法

D．年限总和法

## 三、问答题

1．固定资产的折旧方法包括哪几种？

2．固定资产的调整管理包括哪些方法？每种方法具有哪些特点？

## 四、上机练习

### 1．按使用年限查询固定资产

打开“固定资产统计表”工作表，在工作表的底部制作筛选条件。然后，执行【数据】|【排序和筛选】|【高级筛选】命令，启用【将筛选结果复制到其他位置】选项，并将【列表区域】设置为“A3:R20”，将【条件区域】设置为“A22:R23”，将【复制到】设置为“A25”。最后，单击【确定】按钮，在工作表中将显示符合条件的固定资产，如图 8-67 所示。

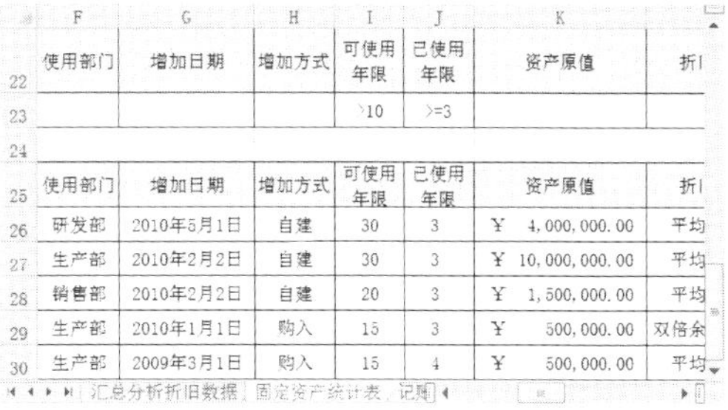

| | F | G | H | I | J | K | |
|---|---|---|---|---|---|---|---|
| 22 | 使用部门 | 增加日期 | 增加方式 | 可使用年限 | 已使用年限 | 资产原值 | 折 |
| 23 | | | | >10 | >=3 | | |
| 24 | | | | | | | |
| 25 | 使用部门 | 增加日期 | 增加方式 | 可使用年限 | 已使用年限 | 资产原值 | 折 |
| 26 | 研发部 | 2010年5月1日 | 自建 | 30 | 3 | ￥ 4,000,000.00 | 平均 |
| 27 | 生产部 | 2010年2月2日 | 自建 | 30 | 3 | ￥ 10,000,000.00 | 平均 |
| 28 | 销售部 | 2010年2月2日 | 自建 | 20 | 3 | ￥ 1,500,000.00 | 平均 |
| 29 | 生产部 | 2010年1月1日 | 购入 | 15 | 3 | ￥ 500,000.00 | 双倍余 |
| 30 | 生产部 | 2009年3月1日 | 购入 | 15 | 4 | ￥ 500,000.00 | 平均 |



图 8-67　查询固定资产

### 2．构建固定资产记账凭证

首先，新建工作表，设置工作表的行高。然后，合并单元格区域 A1:E1，输入标题文本并设置其【字体】格式。最后，在工作表中输入表头、表格内容与表尾文本。选择单元格区域 A3:E9，为其设置【所有框线】与【居中】格式，如图 8-68 所示。

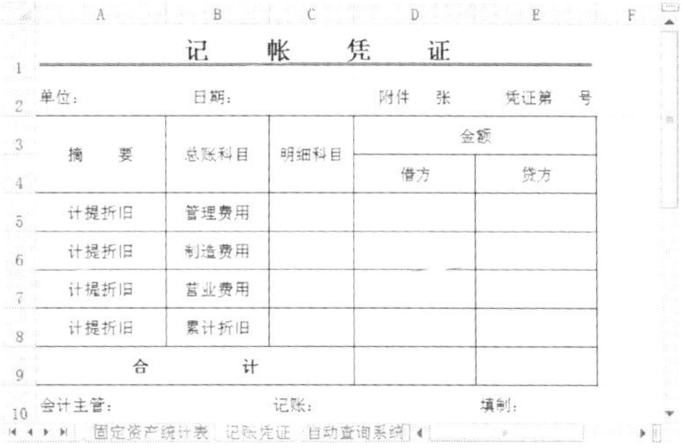

记　帐　凭　证

单位：　日期：　附件　张　凭证第　号

| 摘　要 | 总账科目 | 明细科目 | 金额 | |
|---|---|---|---|---|
| | | | 借方 | 贷方 |
| 计提折旧 | 管理费用 | | | |
| 计提折旧 | 制造费用 | | | |
| 计提折旧 | 营业费用 | | | |
| 计提折旧 | 累计折旧 | | | |
| 合　计 | | | | |

会计主管：　记账：　填制：



图 8-68　固定资产记账凭证

# 第 9 章

## 分析财务报表

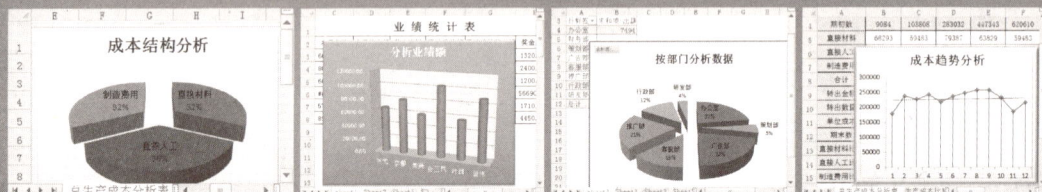

资产负债表、利润表与现金流量表是财务报表中的三大主表，也是财务报告中最重要的组成部分。在实际运作中，单纯地依靠财务报表中的数据，无法明确地发现与了解企业的经营状况。此时，用户需要利用 Excel 2010 中的函数与图表功能，依据财务分析比率对三大报表中的数据进行分析，从而可以清晰地查看一定时期内企业的财务状况、经营成果以及现金流量情况。在本章中，将详细介绍利用 Excel 2010 编制与分析财务报表的方法与技巧。

**本章学习目标：**

➤ 分析资产负债表
➤ 分析利润表
➤ 编制现金流量表
➤ 财务比率分析

# 9.1 财务报表概述

财务分析的目的是运用财务数据评价公司当期和过去的业绩并评估其可持续性，而财务报表分析的目的是将财务报表数据转换成有用的信息，帮助报表使用人改善决策。在对三大财务报表进行分析之前，用户还需要了解一下财务报表分析方法与分析原则。

## 9.1.1 财务报表分析的方法

财务报表是以货币为计量单位，总括反映企事业单位在一定时期内的经济活动和财务收支状况及其结果的报表。财务报表分析方法主要包括比较分析法与因素分析法 2 种方法。

### 1. 比较分析法

比较分析法是对多个有关的可比数据进行对比，显示其差异与矛盾的一种分析方法。比较分析法按比较对象可分为如下几种对比方法。

- ❏ **与本公司历史对比** 表示对本公司不同时期的指标进行对比分析，该方法又被称作"趋势分析"法。
- ❏ **与同类公司对比** 表示与行业平均数或竞争公司进行对比分析，该方法又被称作"横向比较"法。
- ❏ **与计划预算对比** 表示实际结果与计划预算表进行对比分析，该方法又被称作"预算差异分析"法。

另外，比较分析法按比较内容可分为如下几种对比方法。

- ❏ **比较会计要素的总量** 总量是指财务表报表中的项目总金额，主要用于时间序列分析与行业对比分析。
- ❏ **比较结构百分比** 该比较分析法用于发现存在显著问题的项目，揭示进一步分析的方向。利用该分析法，可以将资产负债表、利润表与先进流量表转换为结构百分比报表进行分析。
- ❏ **比较财务比率** 财务比率是各会计要素之间的数量关系，反映了会计要素的内在联系。财务比率是最重要的比较内容，其计算相对简单。

### 2. 因素分析法

因素分析法是依据财务指标与其驱动因素之间的关系，从数量上确定各因素对指标影响程度的一种分析方法。利用该分析法可以从数量上测定各因素的影响程度，从而可以抓住主要矛盾，或更有说服力地评价经营状况。

## 9.1.2 财务报表分析的原则

在对财务报表进行分析时，需要遵循以下 5 个原则。

- ❏ 要从实际出发，坚持实事求是，反对主观臆断、结论先行、搞数字游戏。

□ 要全面看问题，坚持一分为二，反对片面地看问题。要兼顾有利因素与不利因素、主观因素与客观因素、经济问题与技术问题、外部问题与内部问题。

□ 要注重事物之间的联系，坚持相互联系地看问题，反对孤立地看问题。要注意局部与全局的关系、偿债能力与盈利能力的关系、报酬与风险的关系。

□ 要发展地看问题，反对静止地看问题。要注意过去、现在和将来之间的联系。

□ 要定量分析与定性分析结合。定性分析是基础和前提，没有定性分析就弄不清本质、趋势和与其他事物的联系。定量分析是工具和手段，没有定量分析就弄不清数量界限、阶段性和特殊性。财务报表分析要透过数字看本质，没有数字就得不出结论。

## 9.2 分析资产负债表

资产负债表是根据资产总额等于负债与所有者权益总额的平衡等式为基础编制的，主要用于反映企业在某一特定时期财务状况的报表。通过资产负债表，不仅可以分析企业各项资金占用和资金来源的变动情况，检查各项资金的取得和运用的合理性，而且还可以评价企业财务状况的优势。

### 9.2.1 编制资产负债表

资产负债表主要分资产、负债与所有者权益 3 个方面。其中，资产位于资产负债表的左方，负债与所有者权益位于资产负债表的右方，并且左右双方的数据必须平衡。在编制资产负债表之前，首先需要制作资产负债表框架及内容。

#### 1. 编制资产负债表框架

首先，单击行标签 1，选择第 1 行，并将【行高】设置为"30"。然后，合并单元格区域 A1:H1，并在合并后的单元格中输入"资产负债表"文本。重新选择单元格 A1，执行【开始】|【字体】|【字号】|【16】命令，同时执行【加粗】命令，如图 9-1 所示。

图 9-1 设置表格标题

**技 巧**

用户可执行【开始】|【编辑】|【清除】|【清除格式】命令，清除工作表中的合并与字体等格式。

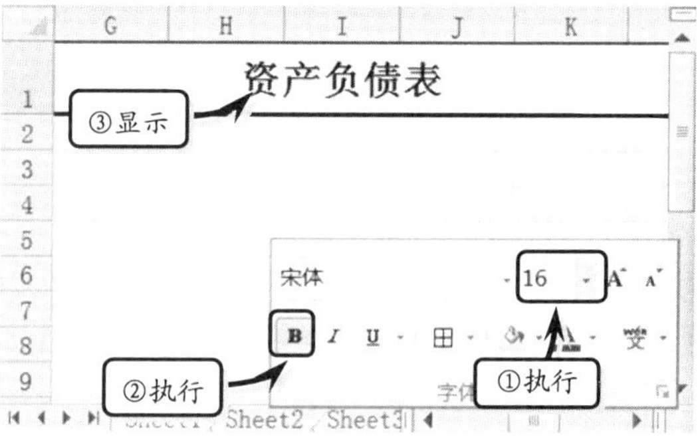

在工作表中的第 2 行输入表头信息，并根据资产负债表相应的格式输入表格内容与表尾文本。然后，同时选择表头、内容与表尾文本，执行【开始】|【字体】|【字号】|【10】命令，如图 9-2 所示。

## 2．计算合计额

计算合计额即是计算资产负债表中的流动资产、固定资产、流动负债等项目的合计金额。首先，选择"流动资产合计"对应的年初数单元格 C20，单击编辑栏中的【插入函数】按钮，选择【SUM】选项，并单击【确定】按钮，如图 9-3 所示。

**技 巧**

在计算合计额时，还可以执行【开始】|【编辑】|【自动求和】命令，对相邻的单元格区域进行求和。

在弹出的【函数参数】对话框中，单击【Number1】文本框后面的选择按钮，在工作表中选择数据区域后，单击选择按钮返回到【函数参数】对话框中，此时执行【确定】选项即可在单元格中插入该函数，如图 9-4 所示。利用同样的方法，分别计算资产负债表中的其他合计额。

**提 示**

在设置函数参数时，可以在【Number2】中继续输入不相邻的单元格区域。

## 3．美化资产负债表

首先，选择除表头与表尾之外的所有表格内容，执行【开始】|【字体】|【边框】|【所有框线】命令。然后，将列标题与行次、年初数、期末数列中的数据设置为【居中】对齐方式。最后，同时选择单元格 B3 与 F3，执行【开始】|【对齐方式】|【自动换行】命令，调整单元格的行高与列宽即可，如图 9-5 所示。

## 4．突出显示表格数据

由于资产负债表所涉及的数据比较多，为了便于查看重要数据，还需要通过添加单元格底色以及设置字体格式等方法，来突出显示资产负债表中的数据。

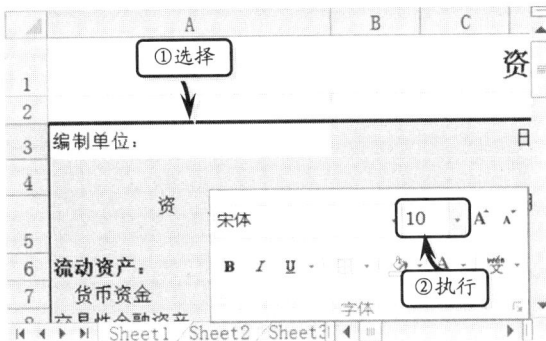

图 9-2　设置表格内容

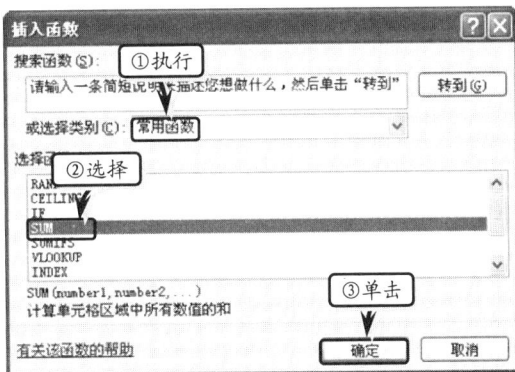

图 9-3　选择函数

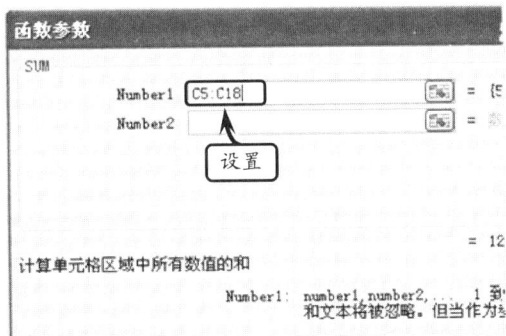

图 9-4　设置参数

图 9-5　美化表格

❑ **突出显示类别**

选择"流动资产"名称，执行【开始】|【字体】|【加粗】命令。然后，同时选择类别对应的"年初数"与"期末数"单元格区域，执行【开始】|【字体】|【填充颜色】命令，在其下拉列表中选择相应的色块，如图 9-6 所示。利用同样的方法，分别设置其他类别名称的字体格式与填充颜色。

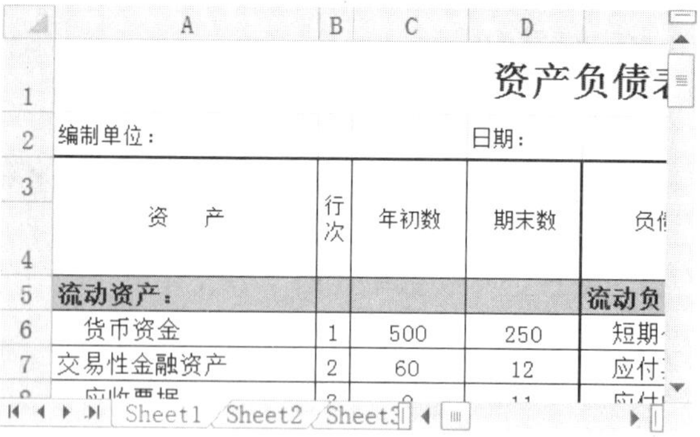

图 9-6 突出显示类别

**提 示**

用户还可以通过执行【填充颜色】|【其他颜色】命令，在弹出的【颜色】对话框中自定义颜色。

❑ **突出显示合计额**

同时选择"流动资产合计"对应的"年初数"与"期末数"单元格，执行【开始】|【字体】|【倾斜】和【加粗】命令，如图 9-7 所示。

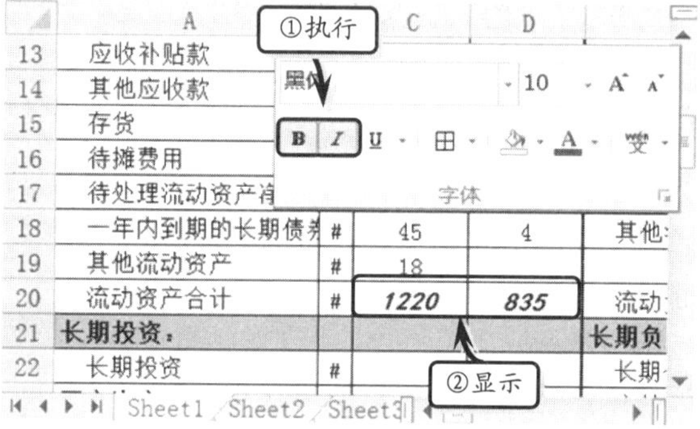

图 9-7 显示合计额

## 9.2.2 分析资产负债表

在一般情况下，可以使用比较法与结构法，分析上期相对于本期数据的增加差异与比率情况，从而了解企业在一定会计期间内的经营能力、财务结构与盈利情况。

### 1. 比较法

比较法是对资产负债表中的上期与本期额进行比较分析，即比较之间的增减金额、增减百分比及比例排序等。

❑ **设置列标题**

打开资产负债表，选择第 3 行，右击鼠标执行【插入】命令，插入新的 1 行。然后，选择 E 列，右击鼠标执行【插入】命令，插入 4 列。合并相应的单元格区域，输入列标题文本并设置其边框格式，如图 9-8 所示。最后，复制"比较法"表格内容至资产负债表最右侧，为负债和所有者权益内容添加比较法框架。

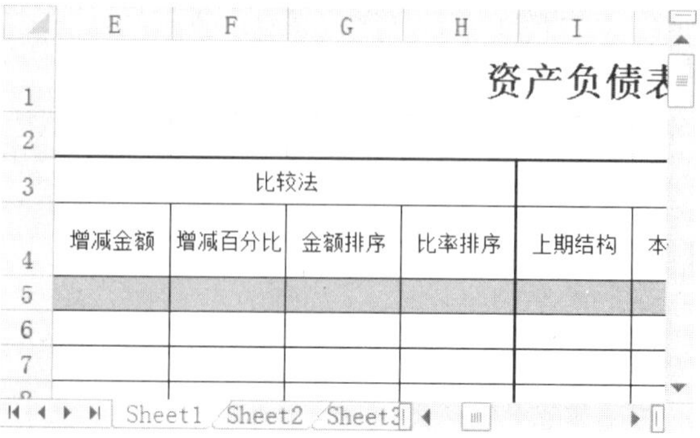

图 9-8 设置列标题

## ❑ 制作辅助表

为了便于计算金额排序与比率排序，还需要制作比较法辅助表。在 AB~AG 列中制作辅助表的标题、列标题与内容。合并相应的单元格区域，并设置表格边框与对齐方式。然后，选择单元格 AB6，在编辑栏中输入计算公式，按下 Enter 键返回项目名称，如图 9-9 所示。利用同样的方法，分别返回其他项目名称。

选择单元格 AC6，在编辑栏中输入计算公式，按下 Enter 键返回货币资金的增加金额，如图 9-10 所示。利用同样的方法，分别返回其他项目的货币资金的增加金额与增加百分比额。

图 9-9 返回项目名称

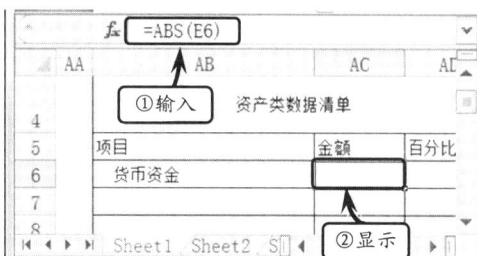

图 9-10 返回项目增加数据

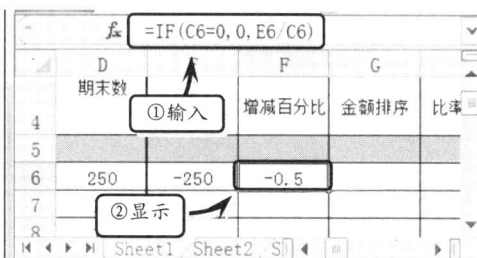

**提 示**

ABS 函数主要用于返回给定数值的绝对值，该函数值包括 number 一个参数，该参数表示需要计算绝对值的实数。

## ❑ 计算数据

选择单元格 E6，在编辑栏中输入计算公式，按下 Enter 键返回货币资金的增加金额。选择单元格 F6，在编辑栏中输入计算公式，按下 Enter 键返回货币资金的增加百分比额，如图 9-11 所示。

选择单元格 G6，编辑栏中输入计算公式，按下 Enter 键返回货币资金的金额排序，如图 9-12 所示。

选择单元格 H6，在编辑栏中输入计算公式，按下 Enter 键返回货币资金的比率排序，如图 9-13 所示。最后，选择单元格区域 E6:H6，将鼠标移至单元格 H6 右下角，当鼠标变为"十"字形状时，向下拖动鼠标即可填充公式。

**提 示**

用户还可以执行【开始】|【编辑】|【填充】命令的方法，来快速填充公式。

图 9-11 返回增加百分比额

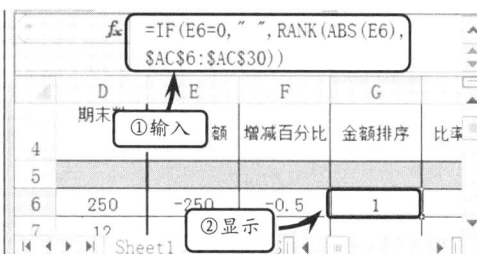

图 9-12 返回金额排序

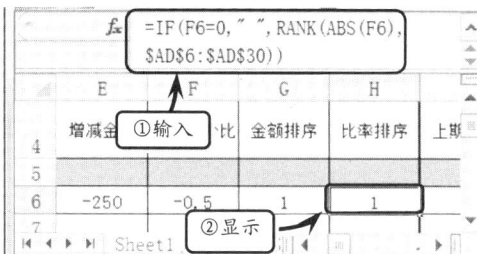

图 9-13 返回比率排序

217

## 2．结构法

结构法是用于分析各项数值占总数值的比例以及比例增减一种分析方法。通过该分析法，可以查看各项资产占总资产的比例情况，以及各项负债占总负债的比例情况。

❏ **设置列标题**

选择 I 列，右击鼠标执行【插入】命令，插入新的 1 列。利用同样的方法，再插入 4 列。合并相应的单元格区域，并输入结构法列标题，如图 9-14

图 9-14　制作结构法表格

所示。然后，复制结构法表格内容至资产负债表最右侧，为负债和所有者权益内容添加结构法框架。

❏ **制作辅助表**

结构法的辅助表与比较法的辅助表大体一致，直接将比较法表格复制到指定位置，并在单元格 AB35 中输入计算公式，按下 Enter 键返回本期结构值，如图 9-15 所示。利用同样的方法，分别返回其他项目名称的本期结构值与比率增减值。

❏ **计算数据**

选择单元格 I6，在编辑栏中输入计算公式，按下 Enter 键返回上期结构值，如图 9-16 所示。然后，使用同样的方法，分别计算本期结构值、比例增减值、结构排序与增加排序值。

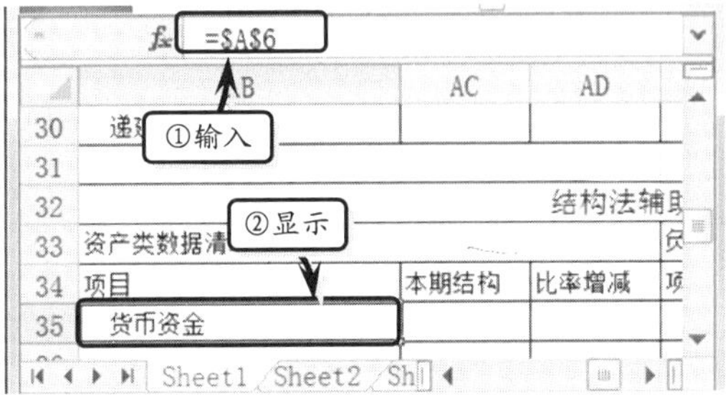

图 9-15　返回本期结构值

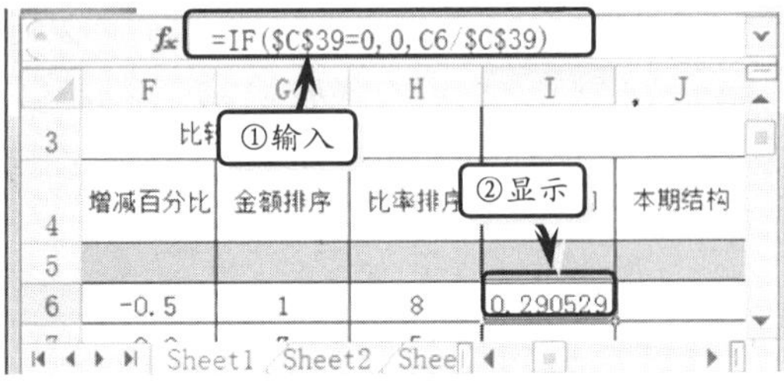

图 9-16　计算上期结构值

**提　示**

该计算公式表示，当单元格 C39 中的数值为 0 时，则返回数值 0；而当单元格 C39 中的数值不为 0 时，则返回单元格 C6/C39 的值。

## 9.2.3　预算资产负债表（选读）　downloads\选读 9.2.3 预算资产负债表

预算资产负债表是总括反映预算期内企业财务状况的一种财务预算，是以期初资产负债表为基础，根据销售、生产、资本等预算的有关数据加以调整编制而成的。具体内容参见本书配套光盘。

## 9.3 分析利润表

利润表又叫收益表、损益表，是反映企业在一定时期内利润（或亏损）实际情况的会计报表。通过利润表，不仅可以反映企业某个时期内的业务经营状况，而且还可以反映企业的利润能力与经营趋势。

### 9.3.1 编制利润表

利润表是根据"收入-费用=利润"平衡公式，并依照一定的标准与顺序，将企业一定时期内的收入、费用和利润项目予以适当排列编制而成。利润表一般分为单步式损益表与多步式损益表 2 种格式，下面将以多步式损益表为例，介绍编制利润表的具体操作方法与技巧。

**1. 编制利润表框架**

首先，单击行标签 1，选择第 1 行，将【行高】设置为"30"。然后，合并单元格区域 A1:E1，并在合并后的单元格中输入"利润表"文本。重新选择单元格 A1，执行【开始】|【字体】|【字号】|【16】命令，同时执行【加粗】命令，如图 9-17 所示。

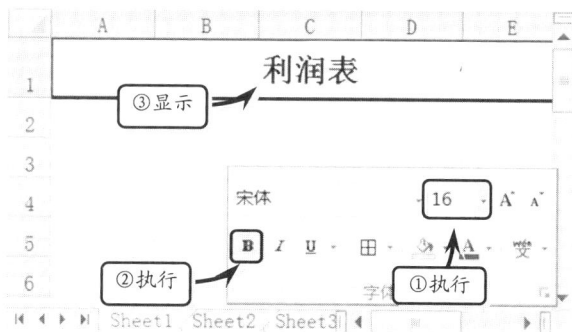

图 9-17 设置标题

> **提 示**
>
> 选择包含标题的单元格，单击【开始】选项卡【字体】选项组中的【对话框启动器】按钮，可在弹出的【设置单元格格式】对话框中，设置文本的字体格式。

在工作表中的第 2 行输入表头信息，并根据利润表相应的格式输入利润表项目与表尾文本。然后，同时选择表头、内容与表尾文本，执行【开始】|【字体】|【字号】|【10】命令，如图 9-18 所示。

**2. 计算合计额**

计算合计额即是计算利润表中的主营业务利润、营业利润、利润总额与净利润金额。每种合计额的计算公式如下所述。

图 9-18 设置表格内容

- ❏ 主营业务利润：主营业务利润 =主营业务收入–主营业务成本–营业费用–主营业务税金及附加
- ❏ 营业利润：营业利润=主营业务利润+其他业务利润-管理费用-财务费用
- ❏ 利润总额：利润总额=营业利润+补贴收入+投资收益+营业外收入–营业外支出+

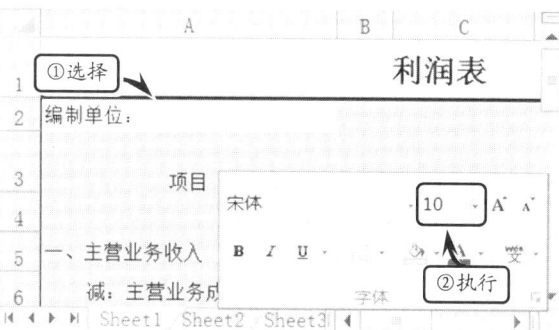

以前年度损益调整

❏ 净利润：净利润=利润总额-所得税

例如，计算主营业务利润额时，只需选择单元格 C9，在编辑栏中输入计算公式，按下 Enter 键，即可返回本月主营业务利润值，如图 9-19 所示。

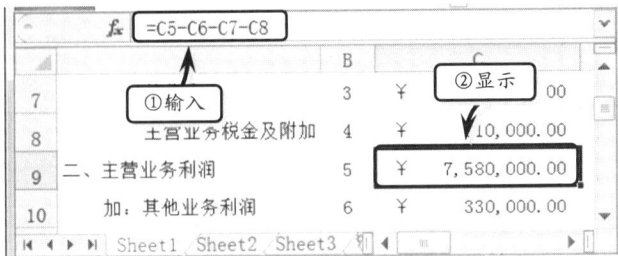

图 9-19　计算主营业务利润值

### 3．美化利润表

首先，选择除表头与表尾之外的所有表格内容，执行【开始】|【字体】|【边框】|【所有框线】命令。然后，将列标题与行次、年初数、期末数列中的数据设置为【居中】对齐方式。最后，选择包含"本月数"、"本年累计"与"上月数"列表中的数值，执行【开始】|【数字】|【数字格式】|【会计专用】命令，如图 9-20 所示。

图 9-20　美化利润表

### 4．突出显示表格数据

为了突出显示利润总额与净利润值，需要设置所在单元格的背景色与字体格式。首先，选择单元格区域 C19:E19，执行【开始】|【字体】|【加粗】命令。同时，执行【字体】|【填充颜色】|【橙色】命令，如图 9-21 所示。利用同样的方法，设置净利润值的填充色与字体格式。

图 9-21　突出显示数据

## 9.3.2　分析利润表

分析利润表与分析资产负债表一样，也是利用比较法与结构法对利润表中本月与上月的数据进行比较分析。

### 1．比较法

比较法是对利润表中的上期与本期金额进行比较分析，即比较之间的增减金额、增减百分比及比例排序等。

❑ 设置辅助列表

首先，在利润表中制作比较法分析列表，以及"比较法项目清单"辅助列表。合并相应的单元格区域，并设置表格边框与对齐方式。然后，选择单元格 J5 在编辑栏中输入计算公式，按下 Enter 键返回项目名称，如图 9-22 所示。利用同样的方法，分别返回其他项目名称。

选择单元格 K5，在编辑栏中输入计算公式，按下 Enter 键返回增加金额，如图 9-23 所示。利用同样的方法，分别返回其他项目的增加金额与增加百分比额。

**提 示**

ABS 函数表示返回数值的绝对值，该函数值包含一个必需参数 number。

❑ 计算数据

选择单元格 E5，在编辑栏中输入计算公式，按下 Enter 键返回主营业务成本的增加金额。选择单元格 F5，在编辑栏中输入计算公式，按下 Enter 键返回主营业务成本的增减百分比额，如图 9-24 所示。使用同样的方法，分别计算其他项目的增加百分比额。

选择单元格 G5，编辑栏中输入计算公式，按下 Enter 键，返回金额排序值，如图 9-25 所示。使用同样的方法，分别计算其他项目的金额排序值。

**提 示**

RANK.EQ 函数用于返回一个数字列表中的排位。如果多个值具有相同的排位，则返回该组数值的最高排位。

选择单元格 H5，在编辑栏中输入计算公式，按下 Enter 键，返回比率排序值，如图 9-26 所示。使用同样的方法，分别计算其他项目的比率排序值。

2．结构法

结构法是对利润表中各项数值占主营业务收入比例的分析，与资产负债表中结构法的分析步骤一致，在分析利润表数据之前还需要制作辅助表格。

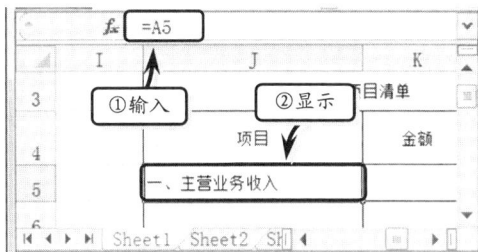

图 9-22　返回项目名称

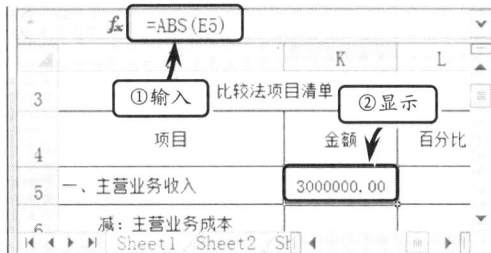

图 9-23　返回增加金额

图 9-24　计算增加百分比额

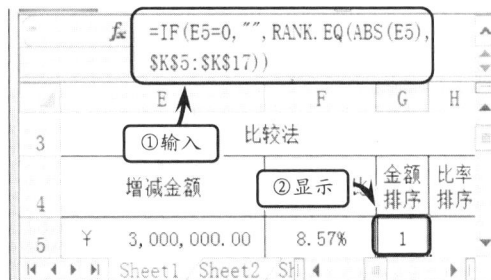

图 9-25　计算金额排序

❑ **设置辅助表格**

在工作表中制作"结构法"分析列表，同时制作"结构法项目清单"辅助列表。然后，选择单元格 K5，在编辑栏中输入计算公式，按下 Enter 键返回项目名称，如图 9-27 所示。利用同样的方法，分别返回其他项目名称。

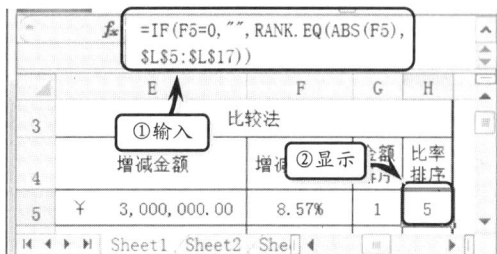

图 9-26　计算比率排序

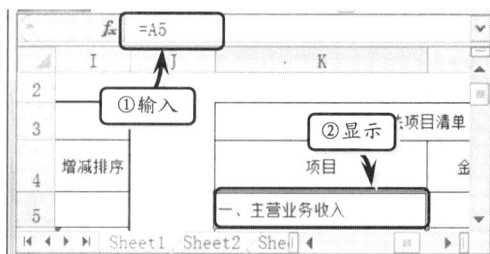

图 9-27　返回项目名称

选择单元格 L5，在编辑栏中输入计算公式，按下 Enter 键返回金额值，如图 9-28 所示。利用同样的方法，分别返回其他项目的本期结构值与百分比额。

❑ **计算数据**

选择单元格 E6，在编辑栏中输入计算公式，按下 Enter 键返回上期结构值，如图 9-29 所示。使用同样的方法，分别计算其他项目的上期结构值与本期结构值。

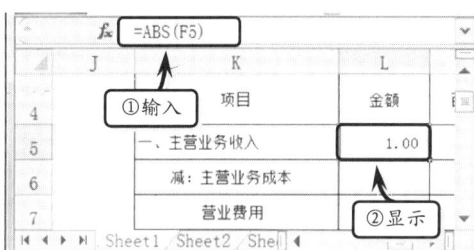

图 9-28　计算本期结构值

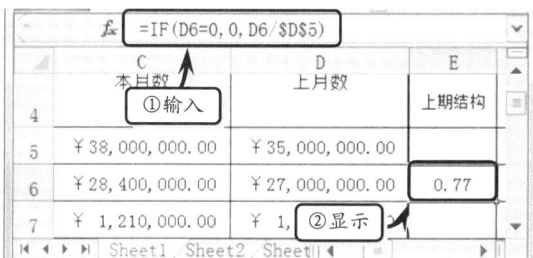

图 9-29　计算上期结构值

选择单元格 G6，在编辑栏中输入计算公式，按下 Enter 键返回比例增减值，如图 9-30 所示。使用同样的方法，分别计算其他项目的比例增减值。

选择单元格 H6，在编辑栏中输入计算公式，按下 Enter 键返回结构排序值，如图 9-31 所示。使用同样的方法，分别计算其他项目的结构排序值与增加排序值。

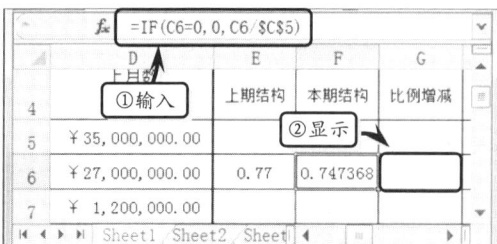

图 9-30　计算比率增减值

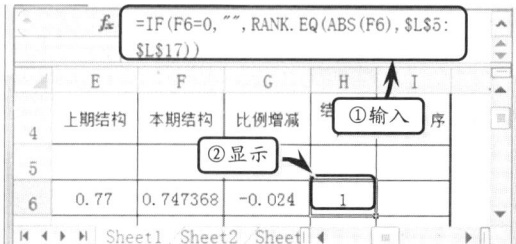

图 9-31　计算结构排序值

### 9.3.3 预算利润表（选读） downloads\选读9.3.3 预算利润表

预算利润表是综合反映预算期内企业经营活动成果的一种财务预算，它是根据销售、产品成本、费用等预算的有关资料编制而成的。具体内容参见本书配套光盘。

## 9.4 编制现金流量表

现金流量表是反映企业在一定会计期间内有关现金和现金等价物的流入与流出的会计报表。通过现金流量表，不仅可以查看企业偿还债务的能力，而且还可以揭示企业在经营活动中产生净现金流量差异的原因。

### 9.4.1 构建现金流量表框架

构建现金流量表框架即是构建现金流量表的标题、表头、内容与表尾文本或数据。首先，将工作表中第 1 行的行高设置为"30"。合并单元格区域 A1:F1，输入标题文本，并设置文本的【字号】与【加粗】格式，如图 9-32 所示。

然后，在表格中输入现金流量表的表头与内容，双击 A 列与 B 列中间的分割线，根据单元格内容调整 A 列列宽。最后，选择表格中所有的文本，在【字体】选项卡中，将【字号】设置为"10"，如图 9-33 所示。

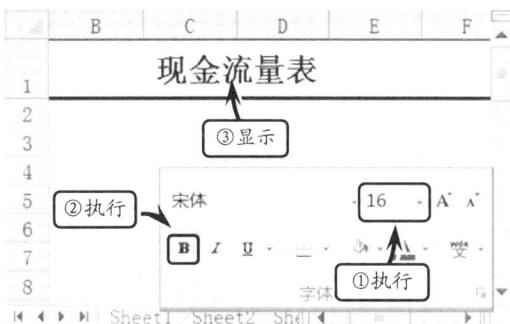

图 9-32 设置表格标题

图 9-33 设置表格内容

### 9.4.2 美化现金流量表

美化现金流量表即是设置表格的对齐方式、边框、数字等单元格格式，从而使表格具有统一性与整齐性。

#### 1. 突出显示

选择"项目"列表中"经营活动产生的现金流量"、"现金流入小计"等项目标题，执行【开始】|【字体】|【加粗】命令。同时，选择项目标题对应的金额，执行【字体】|【加粗】与【倾斜】命令，如图 9-34 所示。

#### 2. 设置边框格式

选择表格正文部分，右击鼠标执行【设置单元格格式】命令，在弹出的【设置单元

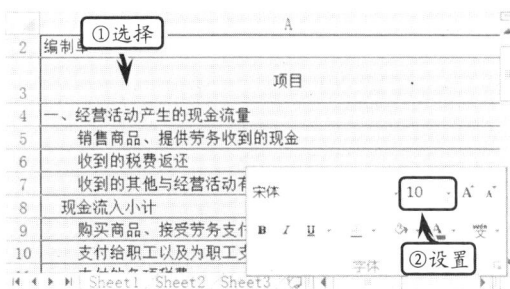

格格式】对话框中激活【边框】选项卡。在【预
置】选项组中，选择【外边框】与【内部】选项
即可，如图 9-35 所示。

在设置边框格式时，用户还可以通过执行【开始】|【字
体】|【边框】命令，在其级联菜单中选择相应选项的
方法，来设置边框的多样式格式。

图 9-34　突出显示数据

### 3．设置对齐方式

选择表格中的所有列标题，按住 Ctrl
键的同时选择"行次"与"金额"列表中
的所有单元格，执行【开始】|【对齐方式】
|【居中】命令。然后，同时选择单元格 B3
与 E3，执行【开始】|【对齐方式】|【自
动换行】命令，并调整单元格的列宽与行
高，如图 9-36 所示。

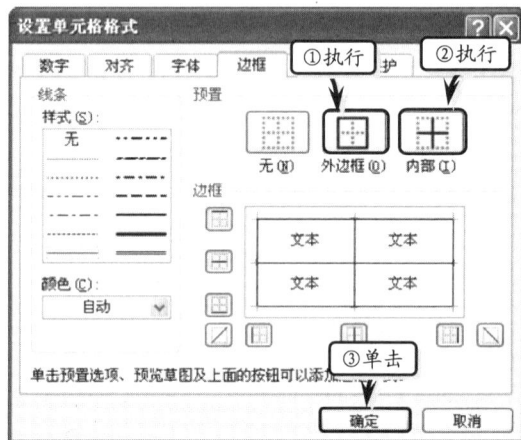

## 9.5　财务比率分析

财务比率分析是对资产负债表、利润
表与现金流量表中的有关项目进行对比，
通过得出的比率值，评价企业的财务状况，
以及企业的偿债能力、盈利能力、经营效
率等情况。

### ● 9.5.1　财务比率分析指标

在利用财务比率分析财务数据之前，
还需要了解一下财务比较分析指标。由于

图 9-35　设置边框格式

图 9-36　设置对齐方式

每个企业的实际情况各不相同，所以在进行财务比率分析时所采用的指标体系也各不相
同。一般情况下，财务比率大体上可以分为短期偿债能力比率、长期偿债能力比率、资
产管理比率与盈利能力比率 4 类。

### 1．盈利能力比率指标

盈利是公司经营的主要目的，其盈利比率指标主要包括销售利润率、资产利润率与
权益净利率。

#### □ 销售利润率

销售利润率又被称作销售净利率与利润率，是净利润与销售收入的比率，通常用百
分数表示。销售利润率可以概括企业的全部经营成果，比率越大，企业的盈利能力越强。

其公式表现为：

$$销售利润率 = \frac{净利润}{销售收入} \times 100\%$$

❑ **资产利润率**

资产利润率是净利润与总资产的比率，反映了公司在受托资产中所得到的净利润，是企业盈利能力的关键指标。其公式表现为：

$$资产利润率 = \frac{净利润}{总资产} \times 100\%$$

在进行资产利润率分析时，影响资产利润率的驱动因素是销售利润率与资产周转率，其公式表现为：

$$销售利润率 = \frac{净利润}{总资产} = \frac{净利润}{销售收入} \times \frac{销售收入}{总资产}$$
$$= 销售利润率 \times 总资产周转次数$$

❑ **权益净利率**

权益净利率是净利润与股东权益的比率，主要用于反映股东资产赚取的净收益的情况。通过权益净利率，可以衡量企业的总体盈利能力。其公式为：

$$权益净利率 = \frac{净利润}{股东权益} \times 100\%$$

### 2. 短期偿债能力比率指标

短期偿债能力比率主要用来衡量公司偿还短期债务的能力，主要包括流动比率、速动比率与现金比率指标。

❑ **流动比率**

流动比率是全部流动资产与流动负债的比率，由于流动比率是相对数，所以适合同业比较及本企业内不同历史时期的数据比较。其计算公式为：

$$流动比率 = \frac{流动资产}{流动负债}$$

❑ **速动比率**

速动资产为货币资金、交易性金融资产及各种应收、预付款项等可以在较短时间内变现的资产。速动资产与流动负债的比值，被称为速动比率。在财务分析过程中，应收账款的变现能力是直接影响速动比率可行性的重要因素。速动比率的计算公式为：

$$速动比率 = \frac{速动资产}{流动负债}$$

❑ **现金比率**

现金资产为速动资产中流动性最强，并可直接用于偿债的资产。现金资产包括货币资产、交易性金融资产等资产。流动资产与流动负债的比值被称为现金比率，其计算公式为：

$$现金比率 = \frac{货币资金 + 交易性金融资产}{流动负债}$$

❑ **现金流量比率**

现金流量是经营现金流量与流动负债的比率，表示流动负债的经营现金流量保障程度，比率越高，偿债越有保障。其计算公式为：

$$现金流量比率 = \frac{经营现金流量}{流动负债}$$

公式中的"经营现金流量"为现金流量表中的"经营活动产生的现金流量净额"，表示企业可以用来偿债的现金流量。公式中的"流动负债"为资产负债表中的"流动负债"的年初与年末数的平均值。

### 3．长期偿债能力比率指标

长期偿债能力是指一年期以上债务和资产、净资产的关系，主要用于反映企业偿还长期债务的能力。另外，长期偿债能力还反映了企业扩展经营的能力。长期偿债能力比率主要包括资产负债率、产权比率、权益乘数及长期负债率等6种比率指标。

❑ **资产负债率**

资产负债率是负债总额占资产总额的百分比，用于衡量企业清算时对债权人利益的保护程度。另外，资产负债率还代表企业的贷款与举债能力。其中，资产负债越低，企业的偿债与举债越有保证。资产负债率的计算公式为：

$$资产负债率 = \frac{负债}{资产} \times 100\%$$

❑ **产权比率与权益乘数**

产权比率与权益乘数是衡量长期偿债能力的指标之一，为资产负债率的另外表现形式，可以反映特定情况下资产利润率与权益利润率之间的关系。产权比率与权益乘数的计算公式为：

$$产权比率 = \frac{负债总额}{股东权益}$$

$$权益乘数 = \frac{总资产}{股东权益}$$

❑ **长期资本负债率**

长期资本负债率是非流动资产占长期流动资本的百分比，主要反映企业长期资本的结构。其计算公式为：

$$长期资本负债率 = \frac{非流动负债}{非流动负债 + 股东权益} \times 100\%$$

❑ **利息保障倍数**

利息保障倍数为息税前利润与利息费用之间的倍数关系。一般情况下，可用财务费用额作为利息费用，也可以根据报表附注资料确定更准确的利息费用数额。其计算公式为：

$$利息保障倍数 = \frac{息税前利润}{利息费用} = \frac{净利润 + 利息费用 + 所得税费用}{利息费用}$$

❑ **现金流量利息保障倍数**

现金流量利息保障倍数为经营现金流量与利息费用之间的倍数关系，由于实际支付利息的是现金而非收益，所以现金流量利息保证倍数比利息保证倍数更可靠。其计算公式为：

$$现金流量利息保障倍数=\frac{经营现金流量}{利息费用}$$

❑ 现金流量债务比率

现金流量债务比率为经营活动所产生的现金净流量与债务总额的比率，其计算公式为：

$$现金流量债务比率=\frac{经营现金流量}{债务总额}\times100\%$$

### 4．资产管理比率指标

资产管理比率反映了企业的资金周转情况，主要用于衡量企业在资产管理方面的效率。其中，主要包括应收账款周转率、存货周转率、流动资产周转率、非流动资产周转率与总资产周转率。

❑ 应收账款周转率

应收账款周转率为应收账款与销售收入之间的比例关系，主要表现为应收账款周转次数、应收账款周转天数与应收账款与收入比。其计算公式如下：

$$应收账款周转次数=\frac{销售收入}{应收账款}$$

$$应收账款周转天数=\frac{365}{销售收入\div应收账款}$$

$$应收账款与收入比=\frac{应收账款}{销售收入}$$

其中，应收账款周转次数表示应收账款一年中所周转的次数。应收账款周转天数也可称为应收账款的收现期，表示从销售开始到回收现金之间的平均天数。应收账款与收入比表示销售收入所需要的应收账款投资额。

❑ 存货周转率

存货周转率为销售收入与存货的比值，主要表现为存货周转次数、存货周转天数与存款与收入比。其计算公式如下：

$$存货周转次数=\frac{销售收入}{存货}$$

$$存货周转天数=\frac{365}{销售收入\div存货}$$

$$存货与收入比=\frac{存货}{销售收入}$$

另外，在计算存货周转率时，用户需要根据分析目的使用"销售收入"或"销售成本"额作为周转额，而且存货周转天数并非越低就越好。

❑ 流动资产周转率

流动资产周转率是销售收入与流动资产的比值，主要分为流动资产周转次数、流动资产周转天数与流动资产与收入比，其计算公式为：

$$流动资产周转次数=\frac{销售收入}{流动资产}$$

$$流动资产周转天数 = \frac{365}{销售收入 \div 流动资产} = \frac{365}{流动资产周转次数}$$

$$流动资产与收入比 = \frac{流动资产}{销售收入}$$

❏ **非流动资产周转率**

非流动资产周转率是销售收入与非流动资产的比值，反映了非流动资产的管理效率。在分析非流动资产周转率时，可以分析其投资预期竞争战略的一致性。非流动资产周转率主要表现为非流动资产周转次数、非流动资产周转天数与非流动资产与收入比，其计算公式为：

$$非流动资产周转次数 = \frac{销售收入}{非流动资产}$$

$$非流动资产周转天数 = \frac{365}{销售收入 \div 非流动资产} = \frac{365}{非流动资产周转次数}$$

$$非流动资产与收入比 = \frac{非流动资产}{销售收入}$$

❏ **总资产周转率**

总资产周转率为销售收入与总资产之间的周转次数，主要表现为总资产周转次数、总资产周转天数与总资产与收入比，其计算公式为：

$$总资产周转次数 = \frac{销售收入}{总资产}$$

$$总资产周转天数 = \frac{365}{销售收入 \div 总资产} = \frac{365}{总资产周转次数}$$

$$总资产与收入比 = \frac{总资产}{销售收入} = \frac{1}{总资产周转次数}$$

## 9.5.2 计算财务比率

通过前面小节的介绍，用户已了解了财务分析的各项指标。下面，将利用 Excel 2010 中的计算功能，来计算各项财务比率指标值。

### 1. 制作财务比较分析表

为了便于查看各项财务比率分析值，需要制作一份财务分析报表。同时，为了使表格具有美观性，也为了突出各类比率分析值，还需要利用 Excel 2010 中的【设置单元格格式】功能，设置字体、边框与对齐格式。

❏ **设置标题**

首先，选择所有的单元格，将【行高】设置为"20"。然后，选择工作表中的第 1 行，将行高设置为"30"。合并单元格区域 A1:C1，输入标题文本并执行【开始】|【字体】|【字号】与【加粗】命令，如图 9-37 所示。

❏ **设置分析内容**

在工作表中输入分析表的列标题、指标名称与指标说明内容，选择所有的文本，在【开始】选项卡【字体】选项组中，设置文本的【字体】格式。然后，合并"盈利能力分析"、"短期偿债能力分析"、"长期偿债能力分析"等比例类别名称所在的单元格，并将类别名称的【字体】格式设置为【加粗】格式，如图 9-38 所示。

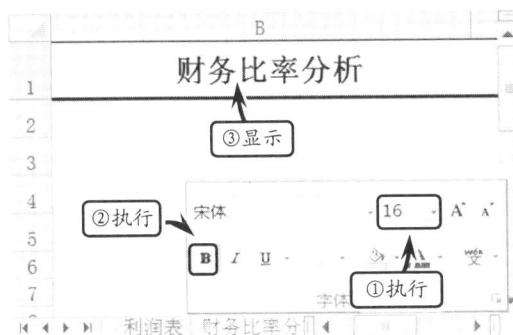

图 9-37　设置标题

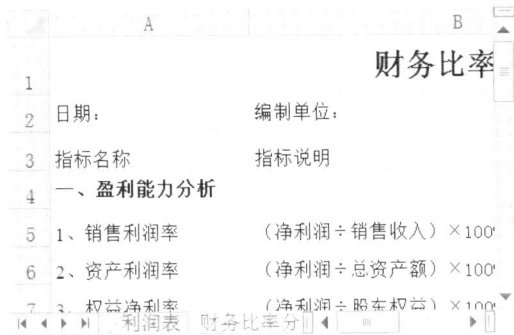

图 9-38　设置分析内容

**提　示**

公式中的乘除符号，可执行【插入】|【符号】|【符号】命令，在弹出的【符号】对话框中，选择相应的符号即可。

❑ **设置边框与对齐格式**

首先，选择包含分析内容的所有单元格，执行【开始】|【字体】|【边框】命令，即可设置其边框格式。另外，选择"指标说明"与"比率"列中的文本内容，执行【对齐方式】|【居中】命令。最后，同时选择比率分析类别名称，执行【对齐方式】|【左对齐】命令，如图 9-39 所示。

❑ **突出显示数据**

同时选择比率类别名称所在的单元格，执行【开始】|【字体】|【填充颜色】命令，在其下拉列表中选择相应的色块即可，如图 9-40 所示。

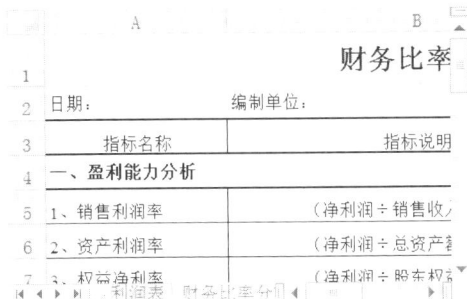

图 9-39　设置边框与对齐格式

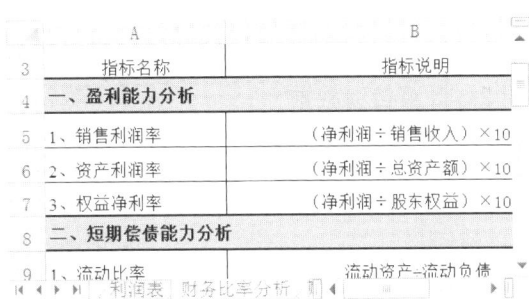

图 9-40　设置背景色

### 2. 计算财务比率

用户可以根据"指标说明"列表中的公式，直接引用资产负债表与利润表中的数据。首先，选择单元格 C5，在编辑栏中输入"="，然后选择利润表中的 C21 单元格，在编辑栏中输入"/"后继续选择利润表中的 C5 单元格，按下 Enter 键即可返回

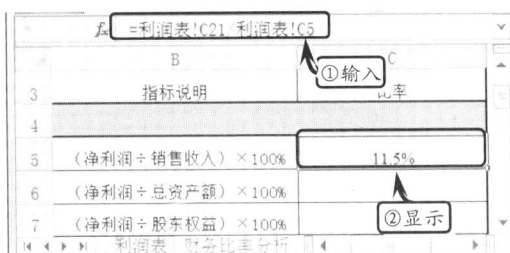

图 9-41　计算销售利润率

销售利润率，如图 9-41 所示。利用同样的方法，分别计算其他财务比率数值。

### 9.5.3 财务比率综合分析

为了反映企业财务报表中各项目之间的对比关系，还需要对财务比率进行综合分析。在进行财务比率综合分析之前，财务人员需要正确地了解与掌握财务比率的重要性系数与标准值。其中，重要性系数即为各项财务比率的重要程序，需要财务人员根据历史数据进行合理的判断，而财务比率的标准值则为财务比率的最优值。

#### 1．制作财务比较综合分析表

首先，将工作表的行高设置为"20"。合并单元格区域 A1:F1，输入标题文本并设置其字体格式。然后，在表格中输入综合分析的内容与数据。最后，选择所有内容所在的单元格，通过【字体】选项组中【边框】命令，为其设置边框格式，如图 9-42 所示。

选择包含数值的所有单元格，右击鼠标执行【设置单元格格式】命令。在【数字】选项卡中，选择【分类】列表框中的【数值】选项，如图 9-43 所示。

图 9-42　设置边框格式

#### 2．计算各项数据

选择单元格 E3，在编辑栏中输入计算公式，按下 Enter 键返回关系比率值，如图 9-44 所示。利用同样的方法，分别计算其他关系比率值。

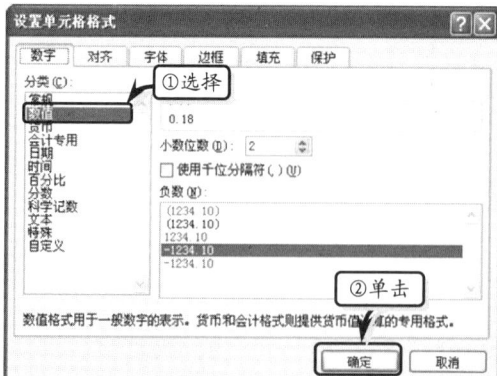

图 9-43　设置对齐与数字格式

图 9-44　计算关系比率值

选择单元格 F3，在编辑栏中输入计算公式，按下 Enter 键返回综合指数值，如图 9-45 所示。利用同样的方法，分别计算其他综合指数值。

选择单元格 B8，在编辑栏中输入计算公式，按下 Enter 键返回重要性系统的合计值，如图 9-46 所示。利用同样的方法，计算综合指数的合计值。

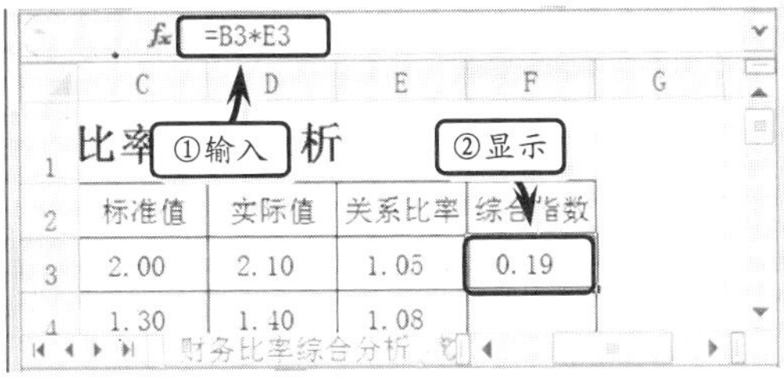


图 9-45 计算综合指数值

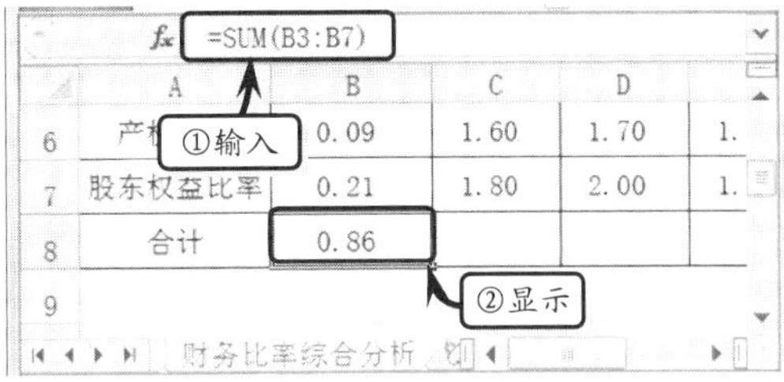


图 9-46 计算合计值

## 9.6 课堂练习：构建资产负债表

资产负债表是财务三大报表之一，主要用于反映企业在一定会计期间的财务状况。为了便于查看与分析报表中各数据的差异与变化趋势，还需要利用简单的分析方法对资产负债表中的本期与上期金额与结构进行比较分析。在本练习中，将利用 Excel 2010 中的函数与设置单元格格式等功能，来制作一份资产负债表，如图 9-47 所示。

资产负债表

编制单位： 日期： 单位：元

| 资产 | 行次 | 年初数 | 期末数 | 比较法 | | | | 结构法 | | | | | 负债和所有者权益 | 行次 | 年初数 | 期末数 |
|---|---|---|---|---|---|---|---|---|---|---|---|---|---|---|---|---|
| | | | | 增减金额 | 增减百分比 | 金额排序 | 比率排序 | 上期结构 | 本期结构 | 比例增减 | 结构排序 | 增减排序 | | | | |
| **流动资产：** | | | | | | | | | | | | | **流动负债：** | | | |
| 货币资金 | 1 | 500 | 250 | -250 | -0.5 | 1 | 8 | 0.290529 | 0.183284 | -0.10724 | 4 | 4 | 短期借款 | 30 | 60 | 35 |
| 交易性金融资产 | 2 | 60 | 12 | -48 | -0.8 | 7 | 5 | 0.034863 | 0.008798 | -0.02607 | 8 | 7 | 应付票据 | 31 | 5 | 4 |
| 应收票据 | 3 | 8 | 11 | 3 | 0.375 | 13 | 10 | 0.004648 | 0.008065 | 0.003416 | 9 | 13 | 应付帐款 | 32 | 60 | 70 |
| 应收帐款 | 4 | 398 | 199 | -199 | -0.5 | 3 | 8 | 0.231261 | 0.145894 | -0.08537 | 5 | 5 | 预收帐款 | 33 | 10 | 4 |
| 减：坏帐准备 | 5 | | | | | | | | | | | | 其他应付款 | 34 | | |
| 应收帐款净额 | 6 | | | | | | | | | | | | 应付工资 | 35 | 2 | 1 |
| 预付帐款 | 7 | 22 | 4 | -18 | -0.81818 | 10 | 4 | 0.012783 | 0.002933 | -0.00985 | 12 | 11 | 应付福利费 | 36 | | |
| 应收补贴款 | 8 | | | | | | | | | | | | 未交税金 | 37 | | |
| 其他应收款 | 9 | 18 | 22 | 4 | 0.222222 | 12 | 13 | 0.010459 | 0.016129 | 0.00567 | 7 | 12 | 未付利润 | 38 | | |
| 存货 | # | 119 | 326 | 207 | 1.739496 | 2 | 1 | 0.069146 | 0.239003 | 0.169857 | 3 | 1 | 其他未交款 | 39 | 12 | 7 |
| 待摊费用 | # | 32 | 7 | -25 | -0.78125 | 9 | 6 | 0.018594 | 0.005132 | -0.01346 | 11 | 9 | 预提费用 | 40 | 9 | 3 |
| 待处理流动资产净损失 | # | | | | | | | | | | | | 一年内到期的长期负债 | 41 | | |
| 一年内到期的长期债券 | # | 45 | 4 | -41 | -0.91111 | 8 | 3 | 0.026148 | 0.002933 | -0.02322 | 12 | 8 | 其他流动负债 | 42 | 3 | 5 |
| 其他流动资产 | # | 18 | | -18 | -1 | 10 | 2 | 0.010459 | | -0.01046 | | 10 | | | | |
| 流动资产合计 | # | *1220* | *835* | | | | | | | | | | 流动负债合计 | 43 | *161* | *129* |
| **长期投资：** | | | | | | | | | | | | | **长期负债：** | | | |
| 长期投资 | # | | | | | | | | | | | | 长期借款 | 44 | 450 | 240 |
| **固定资产：** | | | | | | | | | | | | | 应付债券 | 45 | 200 | 130 |
| 固定资产原价 | # | 390 | 490 | 100 | 0.25641 | 4 | 11 | 0.226612 | 0.359238 | 0.132625 | 1 | 2 | 长期应付款 | 46 | 50 | 45 |

图 9-47 资产负债表

### 操作步骤

1. 构建资产负债表基础表格，并设置表格的字体、对齐和边框格式，如图 9-48 所示。
2. 选择资产类别名称所在行的单元格区域，执行【字体】|【填充颜色】命令，在其下拉列表中选择相应的色块即可，如图 9-49 所示。
3. 选择单元格区域 A3:Z39，执行【字体】|【边框】|【所有框线】命令。同时，选择单元格区域 A3:D39，为其添加【粗匣框线】格式，如图 9-50 所示。

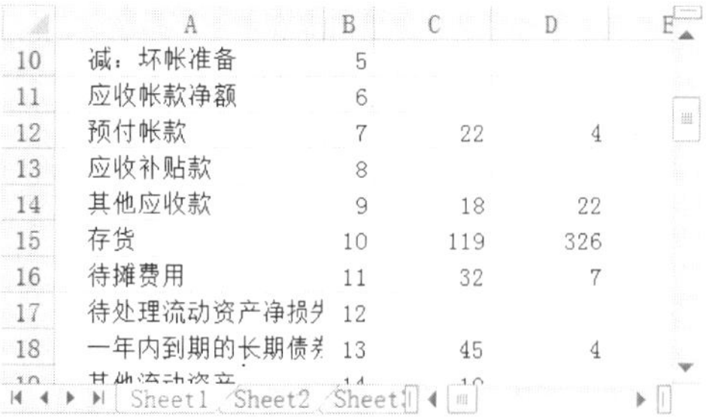

| ▲ | A | B | C | D | E |
|---|---|---|---|---|---|
| 10 | 减：坏帐准备 | 5 | | | |
| 11 | 应收帐款净额 | 6 | | | |
| 12 | 预付帐款 | 7 | 22 | 4 | |
| 13 | 应收补贴款 | 8 | | | |
| 14 | 其他应收款 | 9 | 18 | 22 | |
| 15 | 存货 | 10 | 119 | 326 | |
| 16 | 待摊费用 | 11 | 32 | 7 | |
| 17 | 待处理流动资产净损失 | 12 | | | |
| 18 | 一年内到期的长期债券 | 13 | 45 | 4 | |

图 9-48　突出显示资产类别

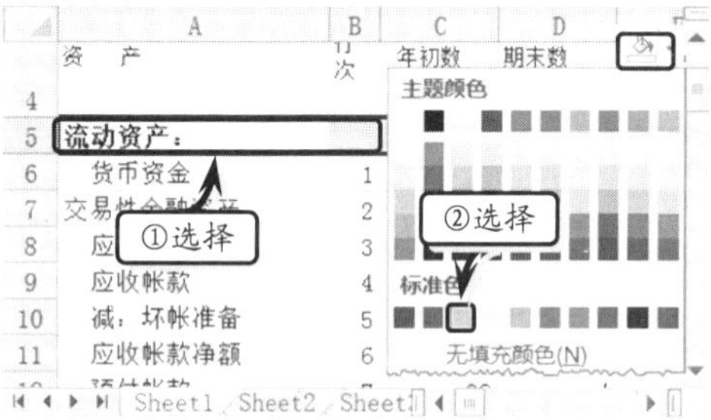

图 9-49　设置填充色

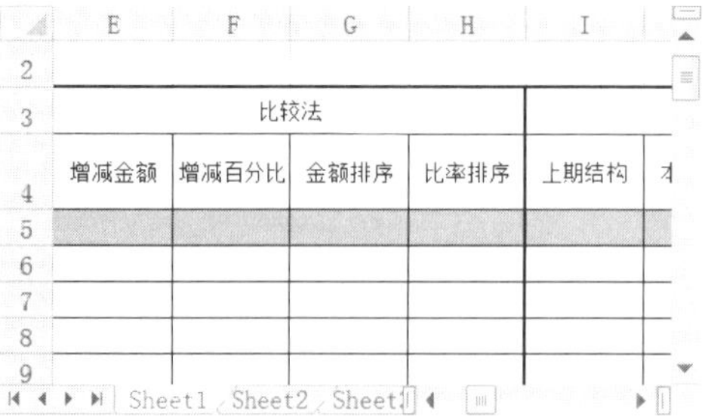

| ▲ | E | F | G | H | I |
|---|---|---|---|---|---|
| 2 | | | | | |
| 3 | | | 比较法 | | |
| 4 | 增减金额 | 增减百分比 | 金额排序 | 比率排序 | 上期结构 |
| 5 | | | | | |
| 6 | | | | | |
| 7 | | | | | |
| 8 | | | | | |
| 9 | | | | | |

图 9-50　设置边框格式

**4** 选择除项目名称列外的所有单元格，执行【对齐方式】|【居中】命令，如图 9-51 所示。

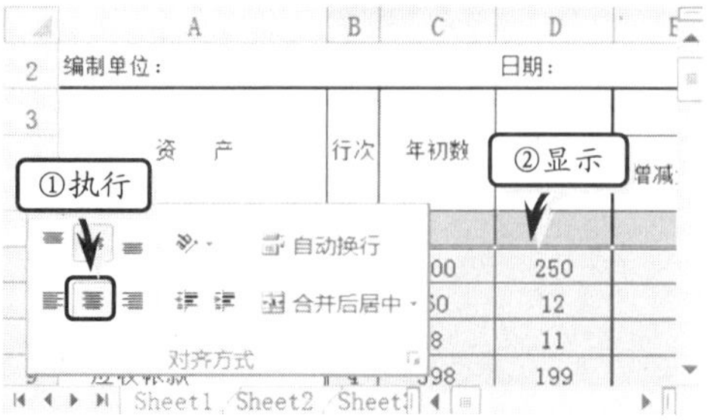

图 9-51　设置居中格式

**5** 制作比较法辅助列表。在单元格区域 AB3:AG30 中制作辅助列表的内容，并设置

其对齐与边框格式，如图 9-52 所示。

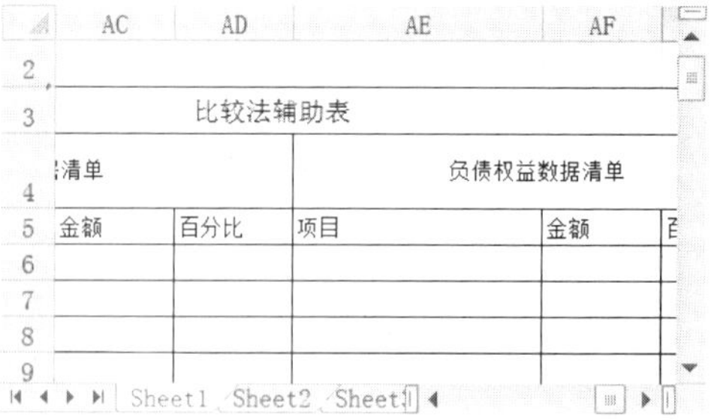

| ▲ | AC | AD | AE | AF |
|---|---|---|---|---|
| 2 | | | | |
| 3 | | 比较法辅助表 | | |
| 4 | 清单 | | 负债权益数据清单 | |
| 5 | 金额 | 百分比 | 项目 | 金额 |
| 6 | | | | |
| 7 | | | | |
| 8 | | | | |

图 9-52　制作辅助列表框架

**6** 选择单元格 AB6，在编辑栏中输入计算公式，按下 Enter 键返回单元格 A6 中的项目名称，如图 9-53 所示。使用同样的方法，分别返回其他项目名称。

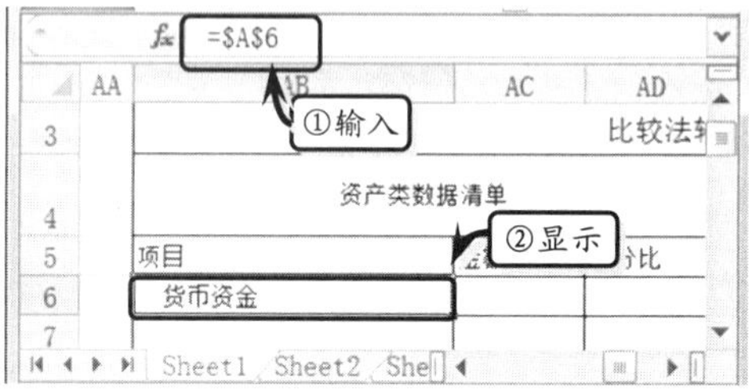

图 9-53　返回项目名称

**7** 选择单元格 AC6，在编辑栏中输入计算公式，按下 Enter 键返回单元格 A6 项目对应的增加金额，如图 9-54 所示。使用同样的方法，分别返回其他项目的增减金额。

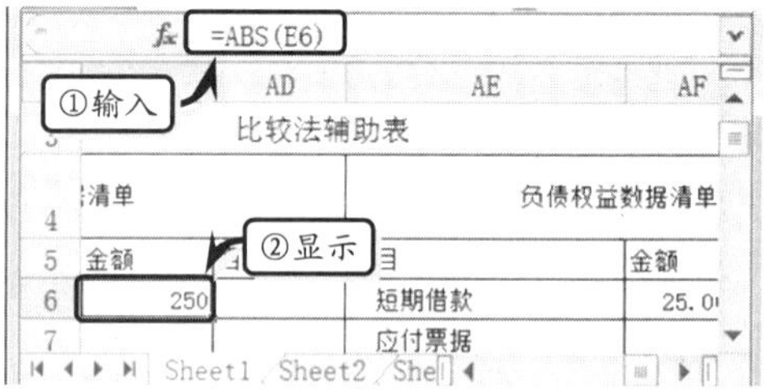

图 9-54　返回增减金额

**8** 选择单元格 AD6，在编辑栏中输入计算公式，按下 Enter 键返回单元格 A6 项目对应的增加百分比，如图 9-55 所示。使用同样的方法，分别返回其他项目的增减百分比。

**9** 使用步骤（9）~步骤（12）中的方法，制作结构法辅助列表，如图 9-56 所示。

**图 9-55** 返回增减百分比

**图 9-56** 结构法辅助列表

10 计算资产方比较法数值。选择单元格 E6，在编辑栏中输入计算公式，按下 Enter 键返回增减金额，如图 9-57 所示。利用同样的方法，计算其他增减金额。

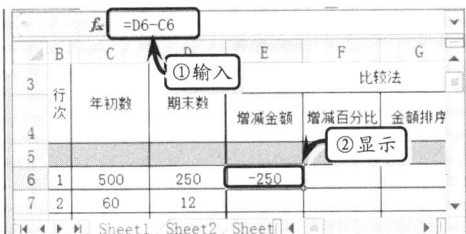

**图 9-57** 计算增减金额

11 选择单元格 F6，在编辑栏中输入计算公式，按下 Enter 键返回增减百分比，如图 9-58 所示。利用同样的方法，计算其他增减金额百分比。

12 选择单元格 G6，在编辑栏中输入计算公式，按下 Enter 键返回金额排序，如图 9-59 所示。利用同样的方法，计算其他金额排序。

13 选择单元格 H6，在编辑栏中输入计算公式，

按下 Enter 键返回比率排序，如图 9-60 所示。利用同样的方法，计算其他比率排序。

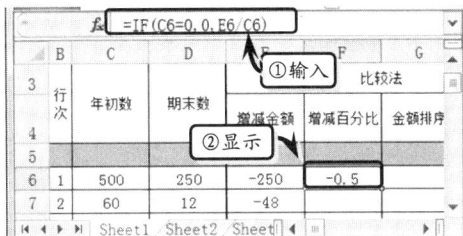

**图 9-58** 计算增减百分比

**图 9-59** 计算金额排序

**图 9-60** 计算比率排序

14 计算资产法结构法数值。选择单元格 I6，在编辑栏中输入计算公式，按下 Enter 键返回上期结构值，如图 9-61 所示。利用同样的方法，计算其他上期结构值。

**图 9-61** 计算上期结构值

**15** 选择单元格 J6，在编辑栏中输入计算公式，按下 Enter 键返回本期结构值，如图 9-62 所示。利用同样的方法，计算其他本期结构值。

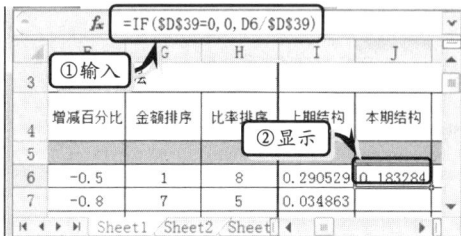

**图 9-62** 计算本期结构值

**16** 选择单元格 K6，在编辑栏中输入计算公式，按下 Enter 键返回比例增减值，如图 9-63 所示。利用同样的方法，计算其他比率增减值。

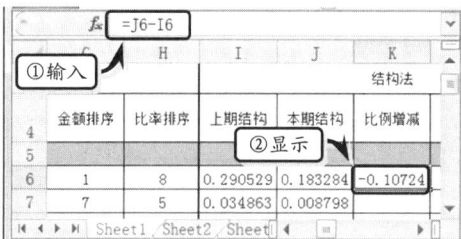

**图 9-63** 计算比较增减值

**17** 选择单元格 L6，在编辑栏中输入计算公式，按下 Enter 键返回结构排序值，如图 9-64 所示。利用同样的方法，计算其他结构排序值。

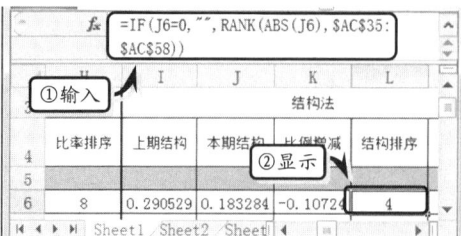

**图 9-64** 计算结构排序值

**18** 选择单元格 M6，在编辑栏中输入计算公式，

按下 Enter 键返回增减排序值，如图 9-65 所示。利用同样的方法，计算其他增减排序值。

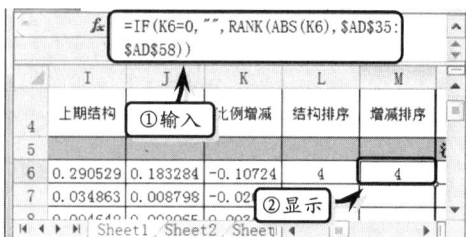

**图 9-65** 计算增减排序值

**19** 计算负债和所有者权益分析数值。使用步骤（14）~步骤（19）中的计算方法，分别计算负债和所有者权益的比较法与结构法分析数值，如图 9-66 所示。

**图 9-66** 计算负债与所有者权益值

**20** 隐藏零值。执行【文件】|【选项】命令，在【高级】选项卡中，禁用【在具有零值的单元格中显示零】复选框，如图 9-67 所示。

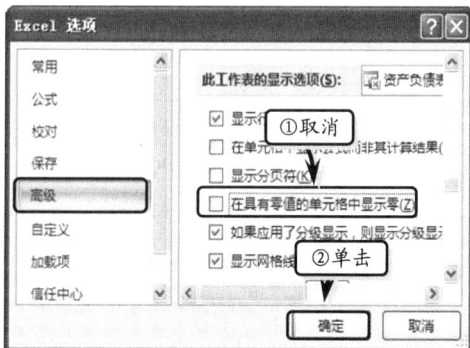

**图 9-67** 隐藏零值

## 9.7 课堂练习：财务比率分析

如果单纯地依靠资产负债表、利润表或现金流量表分析财务数据，无法对三大报表中有关项目进行详细的对比。为了准确且详细地分析财务数据，还需要利用财务比率来分析企业的偿债能力、盈利能力与资产管理效果。在本练习中，将利用 Excel 2010 引用数据的方法，来制作一份财务比率分析表，如图 9-68 所示。

**财务比率分析**

日期：　　编制单位：　　单位：元

| 指标名称 | 指标说明 | 比率 |
|---|---|---|
| **一、盈利能力分析** | | |
| 1、销售利润率 | （净利润÷销售收入）×100% | 11.5% |
| 2、资产利润率 | （净利润÷总资产额）×100% | 25.3% |
| 3、权益净利率 | （净利润÷股东权益）×100% | 42.1% |
| **二、短期偿债能力分析** | | |
| 1、流动比率 | 流动资产÷流动负债 | 6.5 |
| 2、速动比率 | 速动资产÷流动负债 | 3.9 |
| 3、现金比率 | （货币资金+交易性金融资产）÷流动负债 | 2.0 |
| **三、长期偿债能力分析** | | |

图 9-68　财务比率分析表

### 操作步骤

**1** 重命名工作表，设置工作表的行高。然后，制作表格标题和内容，并设置内容的对齐和边框个数，如图 9-69 所示。

| | A | B |
|---|---|---|
| 2 | 日期： | 编制单位： |
| 3 | 指标名称 | 指标说明 |
| 4 | 一、盈利能力分析 | |
| 5 | 1、销售利润率 | （净利润÷销售收入）× |
| 6 | 2、资产利润率 | （净利润÷总资产额）× |
| 7 | 3、权益净利率 | （净利润÷股东权益）× |
| 8 | 二、短期偿债能力分析 | |
| 9 | 1、流动比率 | 流动资产÷流动负债 |

利润表　财务比率分析

图 9-69　设置边框格式

**2** 分别合并单元格区域 A4:C4、A8:C8、A12:C12、A18:C18，并执行【字体】|【填充颜色】命令，在其下拉列表中选择相应的色块即可，如图 9-70 所示。

| | A | B |
|---|---|---|
| 3 | 指标名称 | 指标说明 |
| 4 | | 一、盈利能力分析 |
| 5 | 1、销售利润率 | （净利润÷销售收入）×100% |
| 6 | 2、资产利润率 | （净利润÷总资产额）×100% |
| 7 | 3、权益净利率 | （净利润÷股东权益）×100% |
| 8 | | 二、短期偿债能力分析 |
| 9 | 1、流动比率 | 流动资产÷流动负债 |
| 10 | 2、速动比率 | 速动资产÷流动负债 |

利润表　财务比率分析　财

图 9-70　设置填充颜色

**3** 选择单元格区域 A3:C23，执行【对齐方式】|【居中】命令。同时选择单元格 A4、A8、A12、A18，执行【左对齐】命令，如图 9-71 所示。

**4** 计算盈利能力比率值。选择单元格 C5，在编辑栏中输入计算公式，按下 Enter 键返回销售利润率，如图 9-72 所示。

图 9-71　设置对齐格式

图 9-72　计算销售利润率

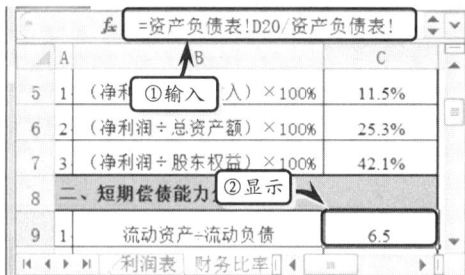

**5** 选择单元格 C6，在编辑栏中输入计算公式，按下 Enter 键返回资产利润率，如图 9-73 所示。

图 9-73　计算资产利润率

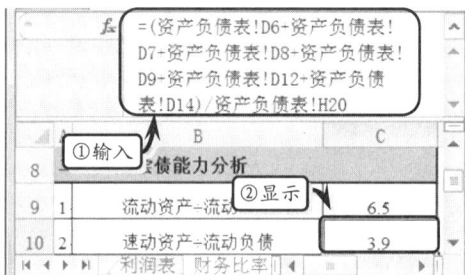

**6** 选择单元格 C7，在编辑栏中输入计算公式，按下 Enter 键返回权益净利率，如图 9-74 所示。

**7** 计算短期偿债能力比率。选择单元格 C9，在编辑栏中输入计算公式，按下 Enter 键返回流动比率，如图 9-75 所示。

**8** 选择单元格 C10，在编辑栏中输入计算公式，按下 Enter 键返回速动比率，如图 9-76 所示。

图 9-74　计算权益净利率

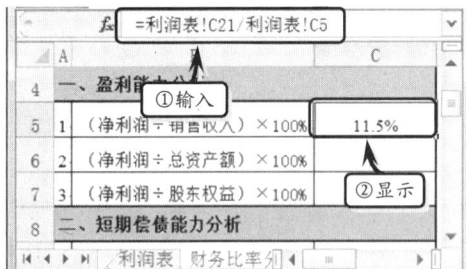

图 9-75　计算流动比率

图 9-76　计算速动比率

**9** 选择单元格 C11，在编辑栏中输入计算公式，按下 Enter 键返回现金比率，如图 9-77 所示。

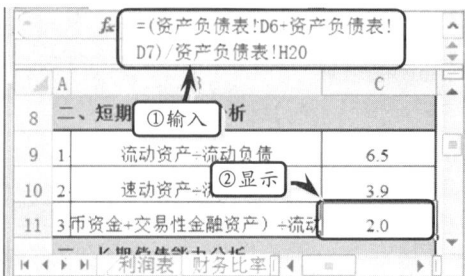

图 9-77　计算现金比率

**10** 计算长期偿债能力比率。选择单元格 C13，在编辑栏中输入计算公式,按下 Enter 键返回资产负债率,如图 9-78 所示。

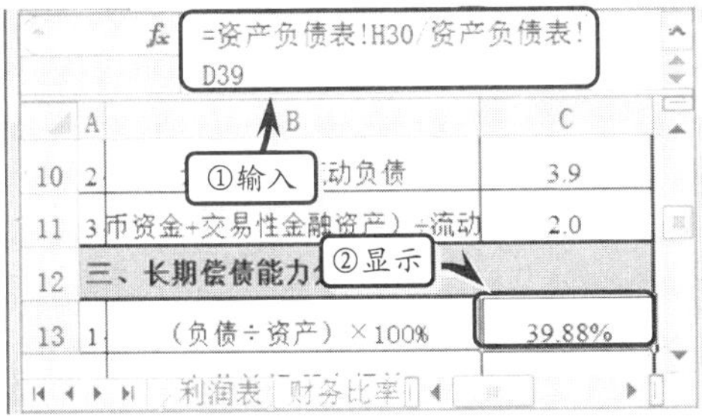

图 9-78 计算资产负债率

11 选择单元格 C14,在编辑栏中输入计算公式,按下 Enter 键返回产权比率,如图 9-79 所示。

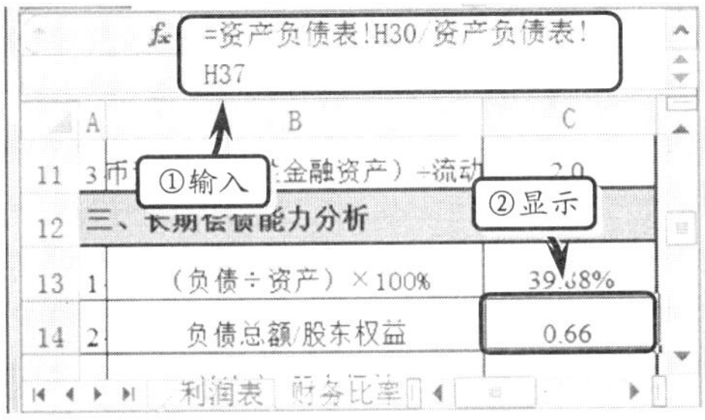

图 9-79 计算产权比率

12 选择单元格 C15,在编辑栏中输入计算公式,按下 Enter 键返回权益比率,如图 9-80 所示。

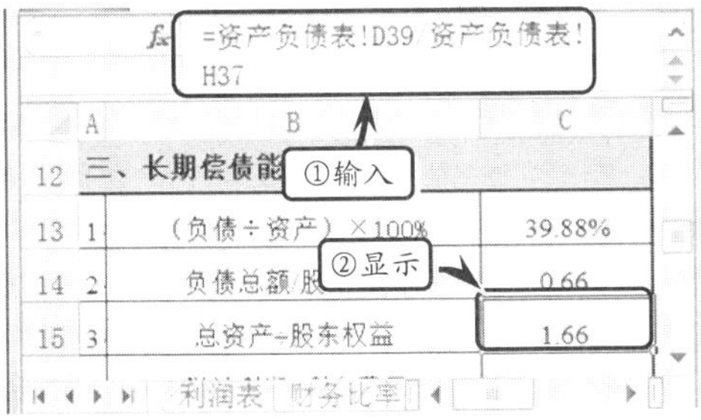

图 9-80 计算权益比率

13 选择单元格 C16,在编辑栏中输入计算公式,按下 Enter 键返回利息保障倍数,如图 9-81 所示。

14 选择单元格 C17,在编辑栏中输入计算公

式,按下 Enter 键,返回长期资本负债率,如图 9-82 所示。

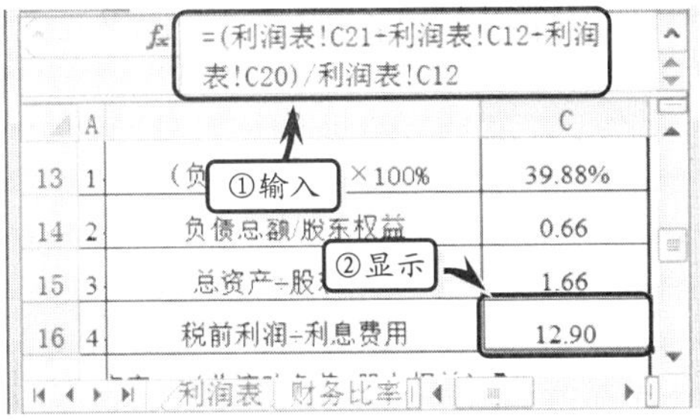

图 9-81 计算利息保障倍数

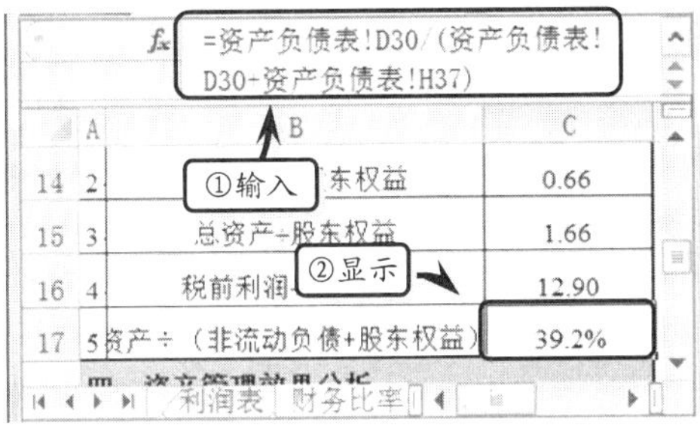

图 9-82 计算长期资本负债率

15 计算资产管理比率。选择单元格 C19,在编辑栏中输入计算公式,按下 Enter 键返回总资产周转率,如图 9-83 所示。

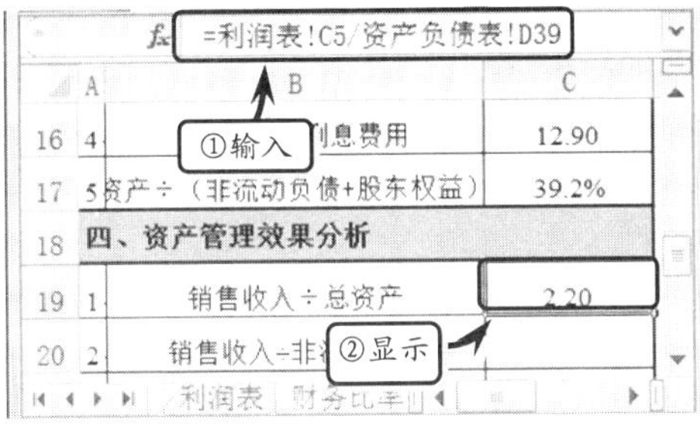

图 9-83 计算总资产周转率

16 选择单元格 C20,在编辑栏中输入计算公式,按下 Enter 键返回非流动资产周转率,如图 9-84 所示。

17 选择单元格 C21,在编辑栏中输入计算公式,按下 Enter 键返回流动资产周转率,如图 9-85 所示。

18 选择单元格 C22,在编辑栏中输入计算公

式，按下 Enter 键返回应收账款周转率，如
图 9-86 所示。

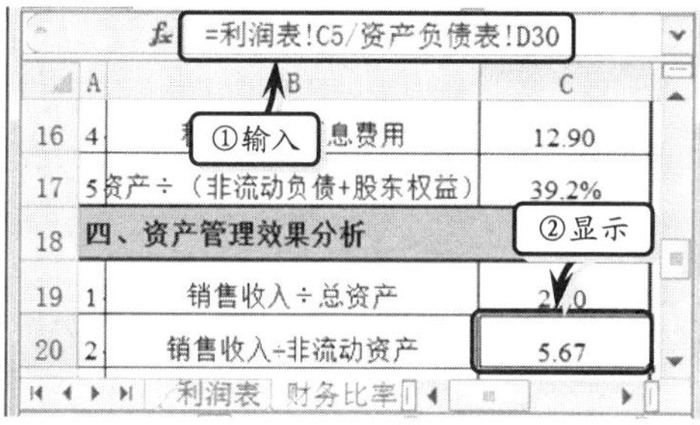

图 9-84 计算非流动资产周转率

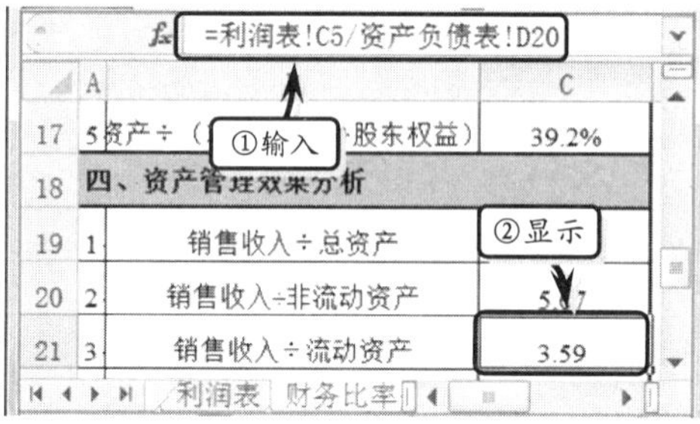

图 9-85 计算流动资产周转率

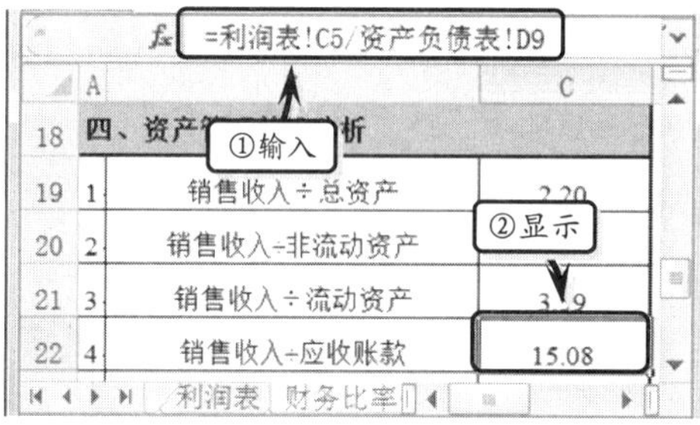

图 9-86 计算流动资产周转率

**19** 选择单元格 C23，在编辑栏中输入计算公
式，按下 Enter 键返回存货周转率，如图
9-87 所示。

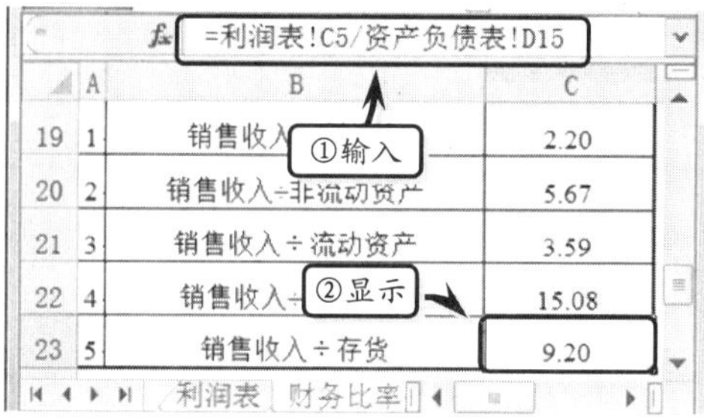

图 9-87 计算存货周转率

**20** 保存为模板文件。执行【文件】|【另存为】
命令，将【文件名】设置为"财务比率分析
模板"，将【保存类型】设置为"Excel 模板"，
如图 9-88 所示。

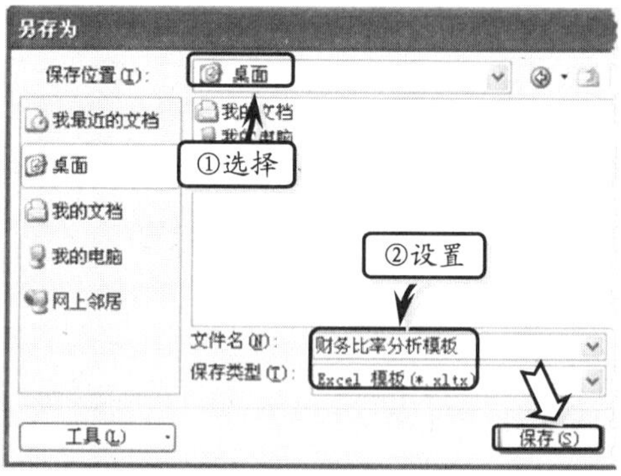

图 9-88 保存模板文件

# 9.8 思考与练习

## 一、填空题

1．财务报表是以_____为计量单位，总
括反映企事业单位在一定时期内的_____和
_____状况及其结果的报表。

2．比较分析法是对多个有关的_____
进行对比，显示其_____与_____的一种
分析方法。

3．因素分析法是依据_____与其
_____之间的关系，从数量上确定各因素对
指标影响程度的一种分析方法。

4．ABS 函数主要用于返回给定数值的绝对
值，该函数值包括_____一个参数，该参数
表示需要计算绝对值的实数。

5．利润表中的主营业利润=主营业务利润
+_____－_____－_____。

6. 一般情况下，财务比率大体上可以分为________、长期偿债能力比率、________与________4 类。

7. 盈利是公司经营的主要目的，其盈利比率指标主要包括________、________与________。

8. 短期偿债能力比率主要用来衡量公司偿还短期债务的能力，主要包括________、________与________指标。

## 二、选择题

1. 财务分析中的比较分析法，按比较对象可分为________。

A. 与同类公司对比
B. 与计划预算对比
C. 与本公司历史对比
D. 与财务数据对比

2. 下列说法中，描述正确的为________。

A. 销售利润率是净利润与销售收入的比率
B. 资产利润率是销售收入与总资产的比率
C. 权益净利率是总资产与股东权益的比率
D. 流动比率是流动资产与流动负债的比率

3. 财务比率分析中的短期偿债能力比率主要包括________。

A. 流动比率
B. 现金流量比率
C. 资产负债率
D. 权益乘数

4. 因素分析法的作用为________。

A. 可以从数量上测定各因素的影响程度
B. 可以更有说服力地评价评价经营情况
C. 可以更详细的分析三大主要报表
D. 可以对多个有关数据进行对比

5. 财务比率中的销售利润率的计算公式为________。

A. 销售利润率=（净利润÷销售收入）×100%
B. 销售利润率=（营业收入÷销售收入）×100%
C. 销售利润率=（净利润÷总资产）×100%
D. 销售利润率=（净利润÷股东权益）×100%

6. 下列选项中，为速动资产的为________。

A. 交易性金融资产
B. 固定资产
C. 存货
D. 待摊费用

## 三、问答题

1. 简述财务报表分析的原则。
2. 盈利能力比率分析指标包括哪些？

## 四、上机练习

### 1. 制作现金流量表

首先，合并单元格区域 A1:F1，输入标题文本并设置文本的【字号】与【加粗】格式。然后，在表格中输入表头与表格内容，选择所有的表头与内容文本，将【字号】设置为【10】。同时选择单元格 B3 与 E3，执行【自动换行】格式。最后，选择表格内容，为其设置边框与对齐格式。选择项目类别名称，为其设置【加粗】格式。同时，选择所有的合计金额，为其设置【加粗】与【倾斜】格式，如图 9-89 所示。

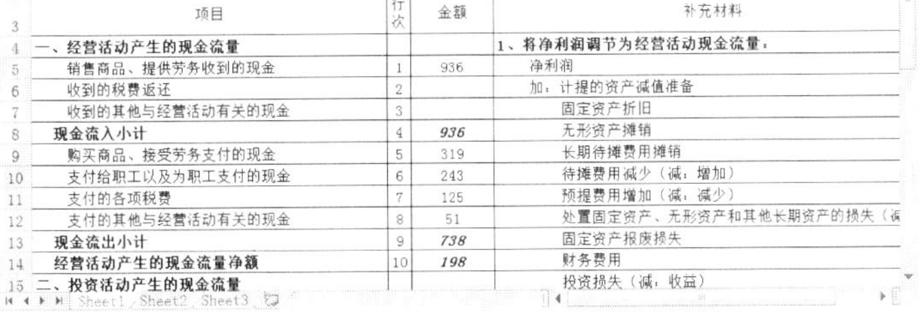

现金流量表

编制单位：　　日期：

| 项目 | 行次 | 金额 | 补充材料 |
|---|---|---|---|
| **一、经营活动产生的现金流量** | | | **1、将净利润调节为经营活动现金流量：** |
| 销售商品、提供劳务收到的现金 | 1 | 936 | 净利润 |
| 收到的税费返还 | 2 | | 加：计提的资产减值准备 |
| 收到的其他与经营活动有关的现金 | 3 | | 固定资产折旧 |
| **现金流入小计** | 4 | ***936*** | 无形资产摊销 |
| 购买商品、接受劳务支付的现金 | 5 | 319 | 长期待摊费用摊销 |
| 支付给职工以及为职工支付的现金 | 6 | 243 | 待摊费用减少（减：增加） |
| 支付的各项税费 | 7 | 125 | 预提费用增加（减：减少） |
| 支付的其他与经营活动有关的现金 | 8 | 51 | 处置固定资产、无形资产和其他长期资产的损失（须 |
| **现金流出小计** | 9 | ***738*** | 固定资产报废损失 |
| **经营活动产生的现金流量净额** | 10 | ***198*** | 财务费用 |
| **二、投资活动产生的现金流量** | | | 投资损失（减：收益） |

图 9-89　设置符号与编号

2．制作利润表

首先，合并单元格区域 A1:E1，输入标题文本并设置文本的【字号】与【加粗】格式。然后，在表格中输入表头与表格内容，选择所有的表头与内容文本，将【字号】设置为【10】。然后，设置表格的对齐与边框格式。选择单元格区域 C5:E21，执行【数字】选项组中的【数字格式】下拉按钮，在其下拉列表中选择【会计专用】选项。最后，将所有类别名称的字体格式设置为【加粗】格式，并为“利润总额”与“净利润”相对应的数值设置填充颜色，如图 9-90 所示。

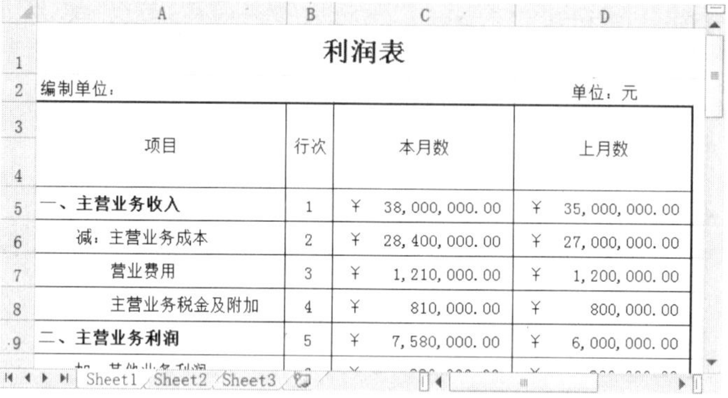

利润表

编制单位：　　　　单位：元

| 项目 | 行次 | 本月数 | 上月数 |
|---|---|---|---|
| **一、主营业务收入** | 1 | ¥ 38,000,000.00 | ¥ 35,000,000.00 |
| 减：主营业务成本 | 2 | ¥ 28,400,000.00 | ¥ 27,000,000.00 |
| 营业费用 | 3 | ¥ 1,210,000.00 | ¥ 1,200,000.00 |
| 主营业务税金及附加 | 4 | ¥ 810,000.00 | ¥ 800,000.00 |
| **二、主营业务利润** | 5 | ¥ 7,580,000.00 | ¥ 6,000,000.00 |

图 9-90　设置符号与编号

# 第 10 章

## 成本分析

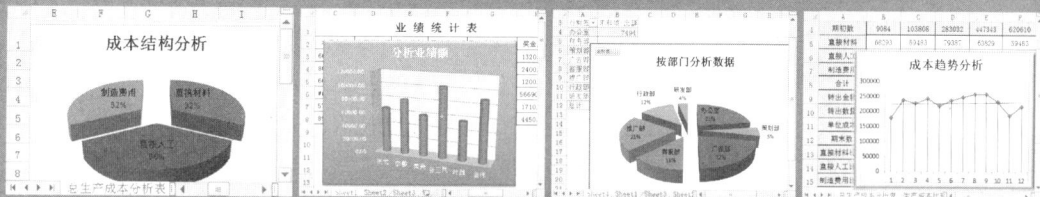

在企业的实际运作中，由于成本不仅直接影响到采购与生产运作的费用产出，而且还直接影响到总费用的构成情况，所以降低成本是企业管理永恒的主题。为了寻求成本降低的途径和方法，以达到获取最大经济效益的目的，还需要进行科学、合理的成本分析。

用户可通过运用 Excel 2010 中的函数功能，对成本进行多角度的分析与预测，为企业在产品定价、资源分配、优化产品组合等决策方面提供有利的数据依据。

**本章学习目标：**

➢ 历史成本法预测
➢ 因素成本法预测
➢ 目标利润法预测
➢ 生产成本月汇总分析
➢ 生产成本年汇总分析

# 10.1 成本分析概述

成本分析是财务管理的重要组成部分，可以正确评价企业成本计划的执行结果，揭示成本升降变动情况的因由。在运用 Excel 2010 进行成本分析之前，还需要了解一下成本分析的概念与方法。

## 10.1.1 什么是成本分析

成本是指为了达到特定目的所失去或放弃的资源。在企业会计中，成本是指取得资产或劳务的支出。生产经营成本一般分为生产成本、销售费用和管理费用三大类。其中：

- ❏ **生产成本**　包括直接材料、直接人工、燃料和动力与制造费用。
- ❏ **销售费用**　包括营销成本、配送成本与客户服务成本。
- ❏ **管理费用**　包括研究与开发成本、设计成本和行政管理成本。

而成本分析是按照一定的原则与方法，利用成本计划、成本核算与其他有关资料，控制实际成本的支出与完成情况。成本分析的内容主要包括成本计划分析、技术经济指标变动对成本影响的分析、单位成本分析等内容。

## 10.1.2 成本分析方法

成本分析法主要包括对比分析法、比率分析法、趋势分析法与因素分析法等方法。由于成本分析中具有多个数量分析方法，所以企业在分析成本时，需要根据分析的目的、分析对象的特点以及财务资料等方法，选择符合企业自身的分析方法。一般情况下，采用的分析方法为对比分析法、因素分析法与相关分析法等分析方法。

### 1．对比分析法

对比分析法是将实际成本指标与不同时期中的指标进行对比，从而揭示它们之间的差异，并分析差异产生的原因。该分析法主要包括实际与计划指标对比、本期与上期指标对比、本期与行业指标对比等形式。通过对比分析法，可以了解企业成本的升降情况及其发展趋势，并根据差距的原因制定改进措施。另外，比较法分析按比较内容分为比较会计要素的总量、比较结构百分比与比较财务比率等内容。

### 2．因素分析法

因素分析法是将综合性指标分解成各个相互关联的因素，并通过测定这些因素对综合性指标的影响程度。在成本分析中，用户可以分解构成成本的各种因素，并根据测定各个因素变动对成本计划的影响程度，来评价企业的成本计划执行情况，并根据分析结果制定合理的改进措施。

### 3．相关分析法

相关分析法是在分析某个指标时，与该指标相关且不相同的指标进行对比分析，从而得出其相互关系的一种分析方法。在进行相关分析法时，一个指标发生变化时，会直接影响其他相关指标的变化。通过相关分析法，可以查找相关指标之间的规律性，从而达到为企业成本管理服务的目的。

## 10.2 生产成本预测

成本预测是企业利用特定的计算方法，根据产品成本分析数据与影响成本变化的因素，预测产品未来成本情况的一种分析方法，从而为制定正确的经营决策提供依据。一般情况下，成本分析法主要包括历史成本法、因素成本法与目标利润法。

### 10.2.1 历史成本法预测

历史成本分析法是一种对历史成本数据进行分析的方法，主要依据以前各期实际成本与产量间的依存关系，来预测一定期间内固定成本与单位变动成本的平均值，并以此估算未来成本。历史成本法分为高低点法回归直线分析法，其中的回归直线法所预测的值是比较精确的结果。

#### 1. 高低点法

高低点法是在历史成本数据中寻找最高产量与最低产量，并以此确定单位变动成本与固定成本，其计算公式为：

$$单位变动成本=\frac{最高成本-最低成本}{最高产量-最低产量}$$

$$固定成本=最高成本-单位变动成本\times最高产量$$

运用 Excel 2010 进行高低点法分析成本时，主要分为以下几个步骤。

❑ **构建预测基础数据**

在工作表中合并相应的单元格区域，输入标题文本并设置其字体格式。然后，在表格中制作基础内容，输入数据并在【字体】与【对齐方式】选项组中，设置其边框与对齐格式，如图 10-1 所示。

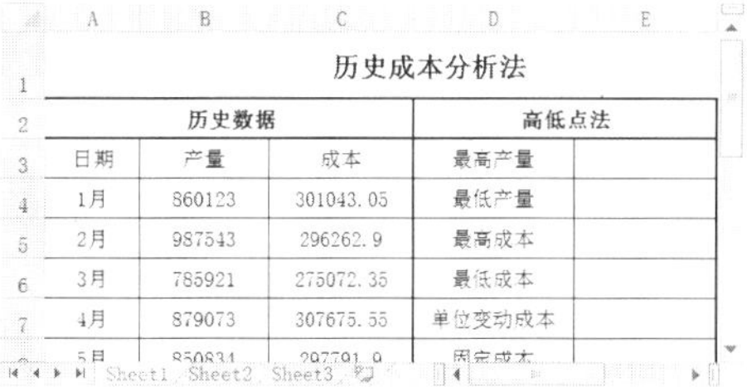
历史成本分析法

| 历史数据 | | | 高低点法 | |
|---|---|---|---|---|
| 日期 | 产量 | 成本 | 最高产量 | |
| 1月 | 860123 | 301043.05 | 最低产量 | |
| 2月 | 987543 | 296262.9 | 最高成本 | |
| 3月 | 785921 | 275072.35 | 最低成本 | |
| 4月 | 879073 | 307675.55 | 单位变动成本 | |
| 5月 | 850834 | 297791.9 | 固定成本 | |

图 10-1 制作历史数据

**技 巧**

在输入日期值时，可先输入“1 月”，然后将鼠标移至该单元格的右下角，当鼠标变成“十”字形状时，向下拖动鼠标即可自动填充月份值。

❑ **计算各项数据**

首先，在单元格 E9 中输入预测产量。然后，选择单元格 E3，在编辑栏中输入计算公式，按下 Enter 键返回最高产量，如图 10-2 所示。使用同样的函数，计算最高成本。

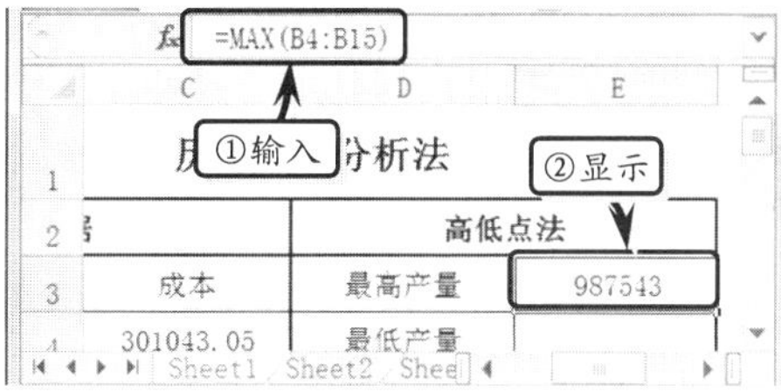


图 10-2 计算最高产量

选择单元格 E4，在编辑栏中输入计算公式，按下 Enter 键返回最低产量，如图 10-3 所示。使用同样的函数，计算最低成本。

选择单元格 E7，在编辑栏中输入计算公式，按下 Enter 键返回单位变动成本，如图 10-4 所示。

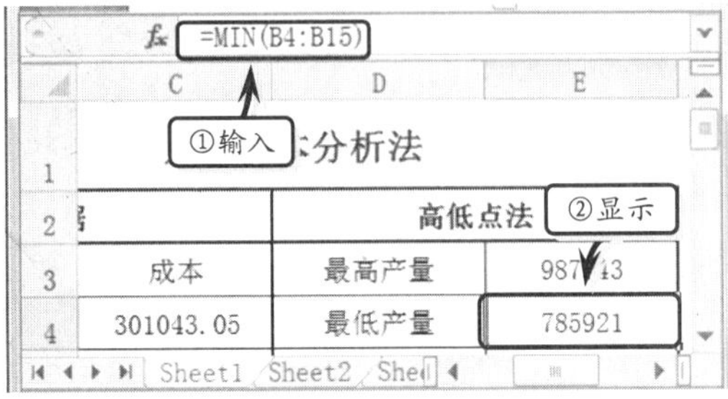

图 10-3　计算最低产量

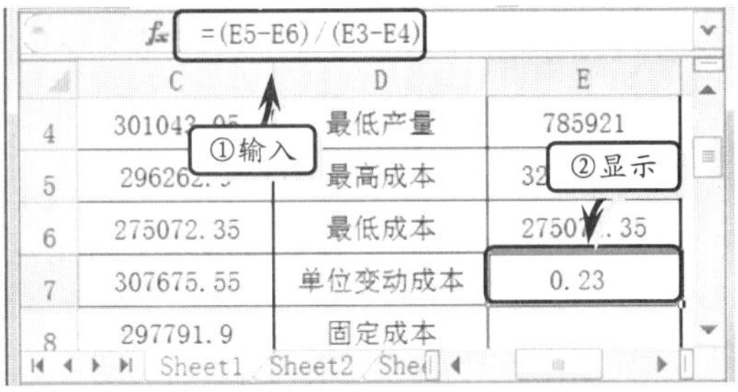

图 10-4　计算单位变动成本

选择单元格 E8，在编辑栏中输入计算公式，按下 Enter 键返回固定成本值，如图 10-5 所示。

选择单元格 E10，在编辑栏中输入计算公式，按下 Enter 键返回总成本值，如图 10-6 所示。

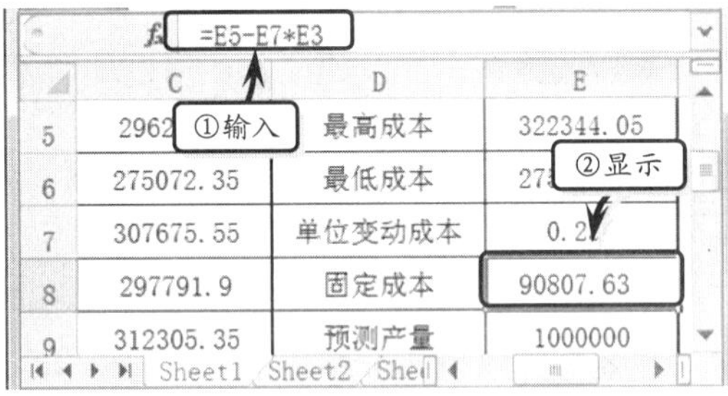

图 10-5　计算固定成本

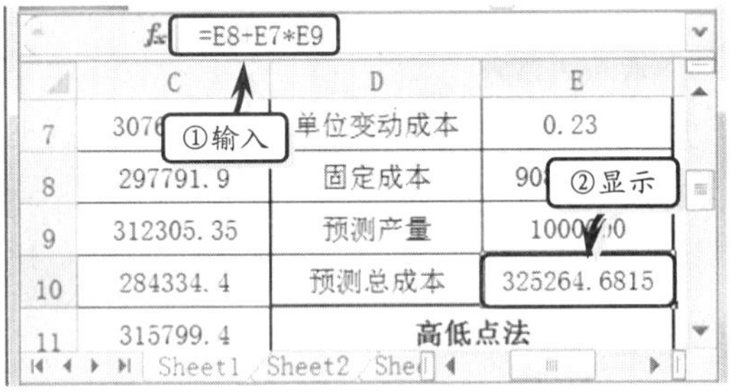

图 10-6　计算预测总成本值

**提　示**

计算完总成本值之后，还需要通过执行【开始】|【数字】|【减少小数位数】命令，来调整数值的小数位数。

### 2. 回归直线法

在 Excel 2010 中，可以运用 SLOPE 函数与 INTERCEPT 函数，及其他一些统计函数来预测未来成本。

❑ **构建回顾直线法表格**

合并单元格区域 D11:E11，输入表格标题并设置其字体格式。然后，在单元格区域 D12:E15 中输入表格内容，并在【字体】与【对齐方式】选项组中，设置表格的边框与对齐格式，如图 10-7 所示。

❑ **计算单位变动成本**

选择单元格 E12，在编辑栏中输入计算公式，按下 Enter 键返回单位变动成本值，如图 10-8 所示。

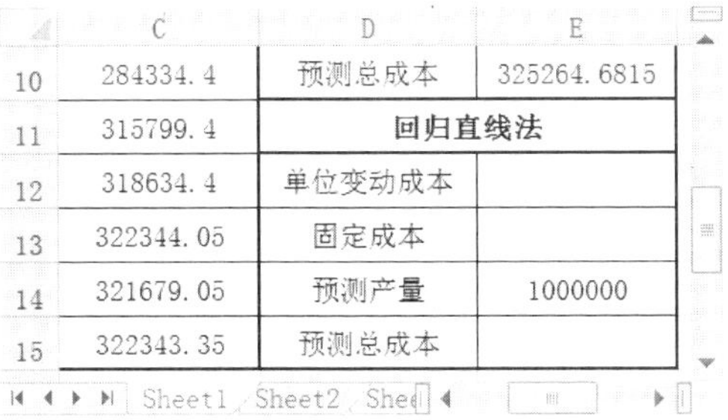

图 10-7　构建回归直线法表格

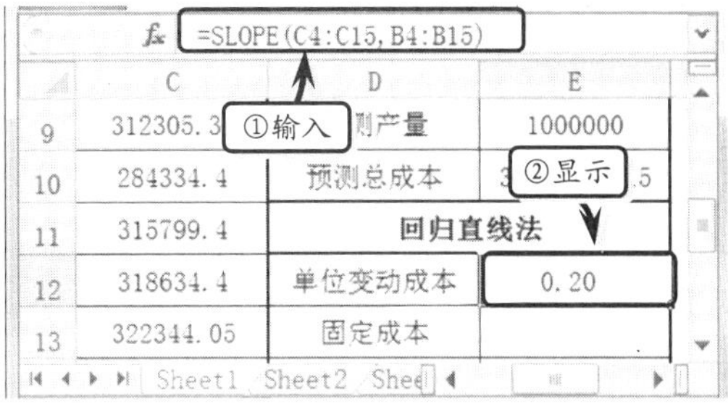

图 10-8　计算单位变动成本

其中，公式中的 SLOPE 函数表示根据 known_y's 与 known_x's 中的数据点拟合的线性回归直线的斜率。斜率为回归直线的变化率，即直线上任意两点的垂直距离与水平距离的比值。SLOPE 函数的表达式为"=SLOPE（known_y's,known_x's）"。其参数含义如下。

❑ 参数 known_y's：为数组单元格区域。
❑ 参数 known_x's：为自变量数据点集合。

**提　示**

在使用 SLOPE 函数时，如果 known_y's 和 known_x's 为空或其数据点个数不同，函数 SLOPE 返回错误值#N/A。

❑ 计算固定成本

选择单元格 E13，在编辑栏中输入计算公式，按下 Enter 键返回固定成本，如图 10-9 所示。

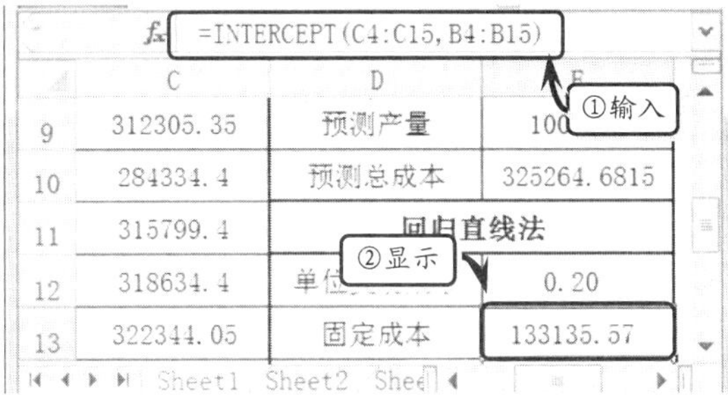

其中，公式中的 INTERCEPT 函数表示利用现有的 x 与 y 值，计算直线与 y 轴的截距。其中，截距为穿过已知的 known_x's 和 known_y's 数据点的线性回归线与 y 轴的交点。INTERCEPT 函数的表达式为"=INTERCEPT（known_x's, known_y's）"。其参数为：

图 10-9　计算固定成本

❑ 参数 known_x's：为因变的观察值或数据集合。
❑ 参数 known_y's：为自变的观察值或数据集合。

**提　示**

在使用 INTERCEPT 函数时，如果 known_y's 和 known_x's 所包含的数据点个数不相等或不包含任何数据点，则函数 INTERCEPT 返回错误值#N/A。

❑ 计算预测总成本

选择单元格 E15，在编辑栏中输入计算公式，按下 Enter 键，返回预测总成本，如图 10-10 所示。

## 10.2.2 因素成本法预测

因素分析法是通过上年的成本数据与影响成本的各种因素，对成本与上年相比的降低额与降低率进行分析，进而计算得出预测期的产品成本。

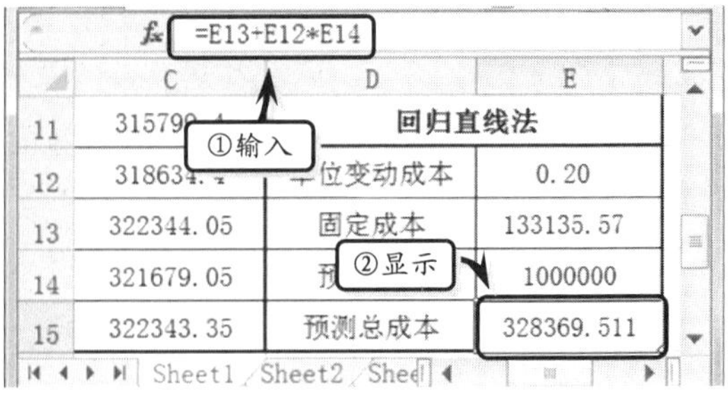

### 1. 成本项目概述

成本项目包括直接材料、直接人工和制造费用。

❑ **直接材料**

直接材料是指采购的原材料，成本额的高低取决于原材料的单价与原材料的消耗定额。其成本降低率的计算公式为：

$$成本降低率 = \left[1-(1-原材料消耗定额降低率)\times(1\pm原材料价格升降率)\right]\times$$

$$\left(\frac{原材料成本}{产品成本}\times100\%\right)$$

❑ **直接人工**

直接人工是支付给工人的工资，成本额的高低取决于工人的评价工资与劳动生产率。其计算成本降低率的公式为：

$$成本降低率 = 1-\left(\frac{1+生产工人平均工资增长率}{1+劳动生产率提高的百分比}\right)\times\left(\frac{直接人工}{产品成本}\times100\%\right)$$

❑ **制造费用**

制造费用是企业用于生产而耗费的各项间接费用，其成本降低率的公式为：

$$成本降低率 = \left(1-\frac{1+制造费用增长率}{1+产量增加的百分比}\right)\times\left(\frac{制造费用}{产品成本}\times100\%\right)$$

### 2. 构建因素成本法预测模型

在 Excel 2010 中，可以根据成本降低率公式与简单的四则运算，通过计算各项数值来预测总成本与总成本降低率。

❑ **构建模型框架**

首先，在单元格区域 A1:D1 中制作表格标题。并在单元格区域 A2:D10 单元格区域中设置实际数据与预测数据表格，并根据实际情况输入相应的基本数据。然后，在单元格区域 A12:D17 中设置因素分析表格。最后，选择所有的表格区域，在【字体】与【对齐方式】选项组中，设置边框与对齐格式，如图 10-11 所示。

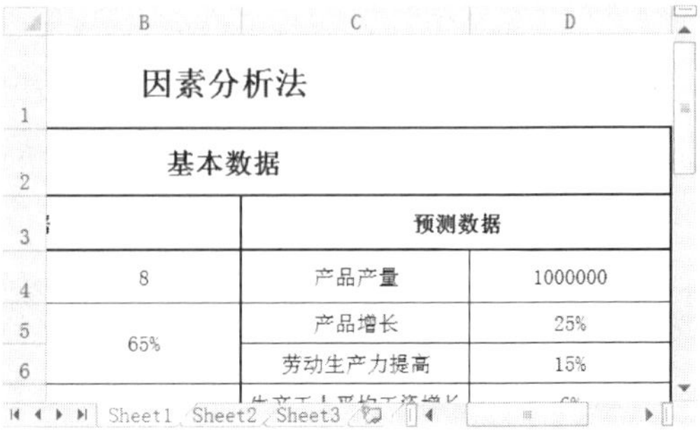

❑ **计算成本降低率**

选择单元格 B14，在编辑栏中输入计算公式，按下 Enter 键返回直接材料的成本降

图 10-10 计算预测总成本

图 10-11 构建模型框架

低率，如图 10-12 所示。

选择单元格 B15，在编辑栏中输入计算公式，按下 Enter 键返回直接人工的成本降低率，如图 10-13 所示。

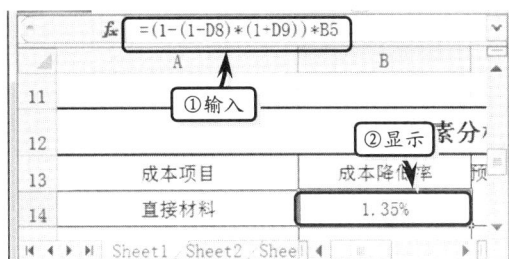

图 10-12　计算直接材料的成本降低率

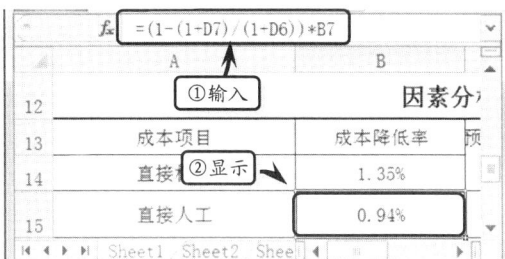

图 10-13　计算直接人工的成本降低率

选择单元格 B16，在编辑栏中输入计算公式，按下 Enter 键返回制造费用的成本降低率，如图 10-14 所示。

选择单元格 B17，在编辑栏中输入计算公式，按下 Enter 键返回产品成本总降低率，如图 10-15 所示。

图 10-14　计算制造费用的成本降低率

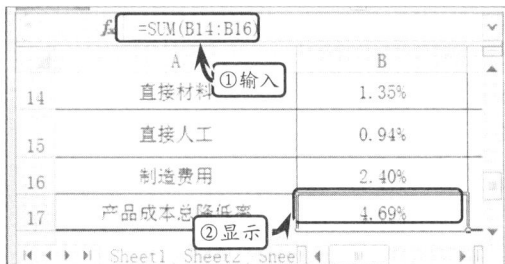

图 10-15　计算产品成本总降低率

**提　示**

在对数值进行求和时，可通过执行【开始】|【编辑】|【自动求和】命令，通过修改求和范围的方法，来对数值进行自动求和。

❑ 预测总成本

选择单元格 D13，在编辑栏中输入计算公式，按下 Enter 键返回预测产量按上年单位成本计算的总成本，如图 10-16 所示。

选择单元格 D15，在编辑栏中输入计算公式，按下 Enter 键返回产品总降低额，如图 10-17 所示。

选择单元格 D16，在编辑栏中输入计算公式，按下 Enter 键返回预测总成本，如图 10-18 所示。

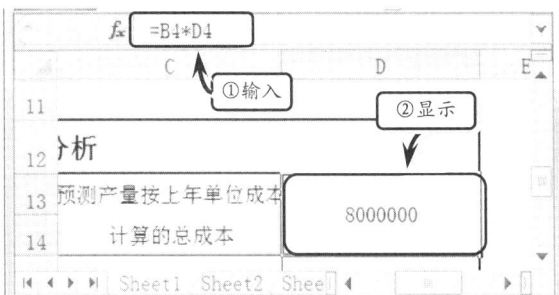

图 10-16　计算总成本

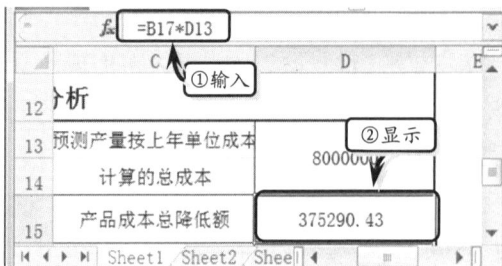

图 10-17　计算产品总降低额

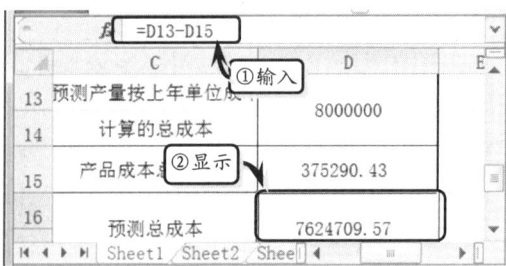

图 10-18　计算预测总成本

### 10.2.3　目标利润法预测

目标利润法是指在固定销售数量与价格的条件下，为达到目标利润而控制成本的一种预测方法。其计算公式为：

$$产品总成本 = 预测销售收入 \times (1 - 税率) - 目标利润$$

$$单位变动成本 = 单位 \times (1 - 税率) - \frac{目标利润}{预测销量}$$

#### 1．构建模型框架

新建工作表，合并单元格区域 A1:B1，输入标题文本并设置其字体格式。然后，在单元格区域 A2:B6 中制作预测数据表格，并在单元格区域 A7:B9 中制作目标利润法预测成本表格，如图 10-19 所示。

#### 2．计算单位成本与总成本

首先，选择单元格 B8，在编辑栏中输入计算公式，按下 Enter 键返回总成本，如图 10-20 所示。

选择单元格 B9，在编辑栏中输入计算公式，按下 Enter 键返回单位成本，如图 10-21 所示。

图 10-19　构建目标利润法预测表格

图 10-20　计算总成本

图 10-21　计算单位成本

## 10.2.4　生产预算（选读） downloads\选读\10.2.4 生产预算

　　生产预算是根据销售预算进行编制的一种预算报表，计划为满足预算期的销售量与期末存货所需要的资源。在计划期间内，除了需要考虑销量之外，还需要考虑计划期初和期末存货的预计水平，以防止存货过多造成货物积压或存货过少影响下期销售。具体内容参见本书配套光盘。

## 10.3　生产成本月汇总分析

　　月汇总分析是定期分析成本的一种方法，即根据一个月内的企业成本发生额，计算单位成本以及各种成本要素的比重情况。通过月汇总分析，可以分析成本项目的比重与成本结构情况，并可根据分析结果制定下一期的成本控制计划。

### 10.3.1　构建月汇总分析表

　　首先，合并单元格区域 A1:O1，输入标题文本并设置文本的字体格式。然后，在工作表的第 2 行中输入表头文本，并在单元格 B2 中输入计算公式，按下 Enter 键返回当前月份值，如图 10-22 所示。

**提　示**

MONTH 函数用于返回当前的月份值，而TODAY 函数则用于返回当前计算机中的日期值。MONTH 函数为嵌套函数，先使用 TODAY 函数计算当前计算机中的日期值，然后再使用MONTH 函数返回日期值内的月份值。

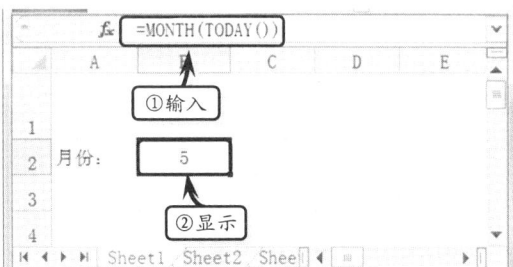

　　在单元格区域 A3:O3 中输入表格列标题字段，并根据列标题字段输入汇总表的基本数据。然后，选择列标题与基本数据所在的单元格区域，在【字体】选项组与【对齐方式】选项组中，设置其所有框线与居中格式，如图 10-23 所示。

图 10-22　返回月份

图 10-23　设置表格内容

### 10.3.2　计算分析表数据

　　分析表数据主要包括基础数据、比重值数据与结构排序数据，可运用 Excel 2010 中的 SUM 函数与 IF 函数来计算各项数据。

## 1. 计算基本数据

首先，计算成本总额。选择单元格F4，在编辑栏中输入计算公式，按下Enter键返回成本总额值，如图10-24所示。使用同样的方法，分别计算其他成本总额。

其次，计算单位成本。选择单元格I4，在编辑栏中输入计算公式，按下Enter键返回单位成本，如图10-25所示。使用同样的方法，分别计算其他单位成本。

**提 示**

计算单位成本公式的含义为：当单元格H4中的值为0时，系统自动返回空值。否则，返回单元格G4与H4的商。

然后，计算期末数。选择单元格J4，在编辑栏中输入计算公式，按下Enter键返回期末数，如图10-26所示。使用同样的方法，分别计算其他期末数。

最后，计算各项数值的合计值。选择单元格B10，在编辑栏中输入计算公式，按下Enter键返回期初数的合计值，如图10-27所示。使用同样的方法，分别计算其他合计值。

## 2. 计算比重值

首先，计算直接材料比重。选择单元格K4，在编辑栏中输入计算公式，按下Enter键返回直接材料比重，如图10-28所示。使用同样的方法，分别计算其他直接材料比重。

然后，计算直接人工比重。选择单元格L4，在编辑栏中输入计算公式，按下Enter键返回直接人工比重，如图10-29所示。使用同样的方法，分别计算其他人工比重。

**提 示**

除了SUM函数之外，Excel还提供了其他一些函数，可使用这些函数根据条件来分析数据。例如，若要计算某单元格区域内某个文本字符串或数字出现的次数，可使用COUNTIF或COUNTIFS工作表函数。若要计算基于某区域内一个文本字符串或一个数值的总和，可使用SUMIF或SUMIFS工作表函数。

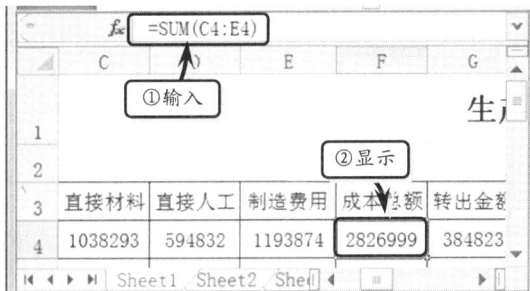

图 10-24　计算成本总额

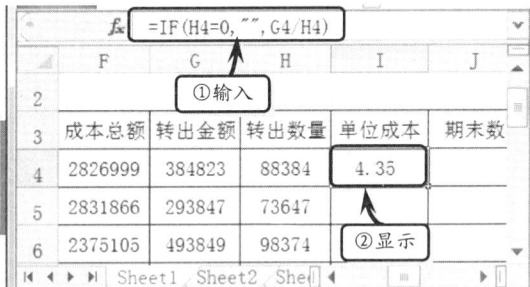

图 10-25　计算单位成本

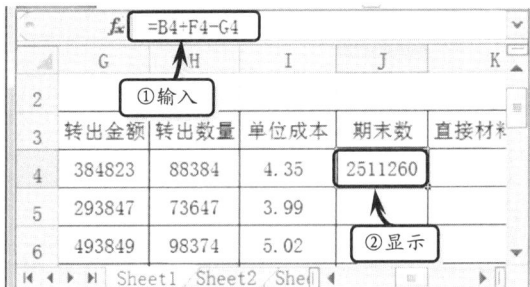

图 10-26　计算期末数

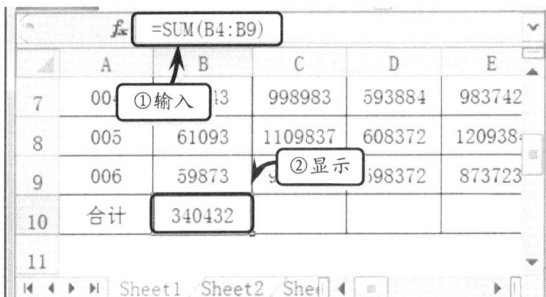

图 10-27　计算合计值

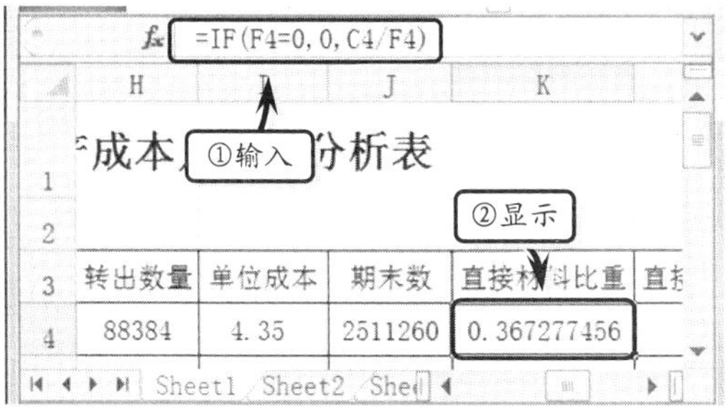

图 10-28 计算直接材料比重

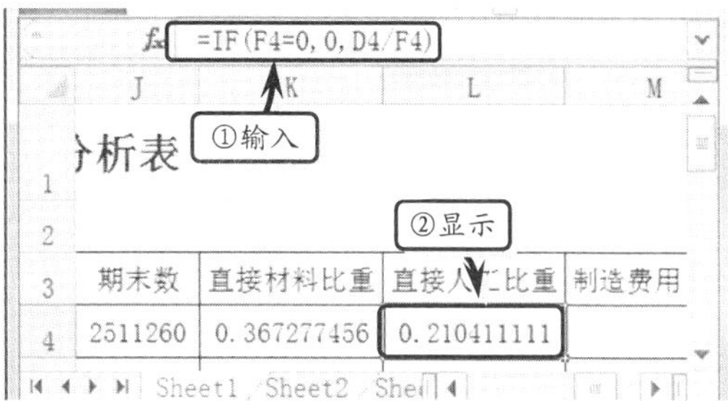

图 10-29 计算直接人工比重

最后，计算制造费用比重。选择单元格 M4，在编辑栏中输入计算公式，按下 Enter 键返回制造费用比重，如图 10-30 所示。使用同样的方法，分别计算其他制造费用比重。

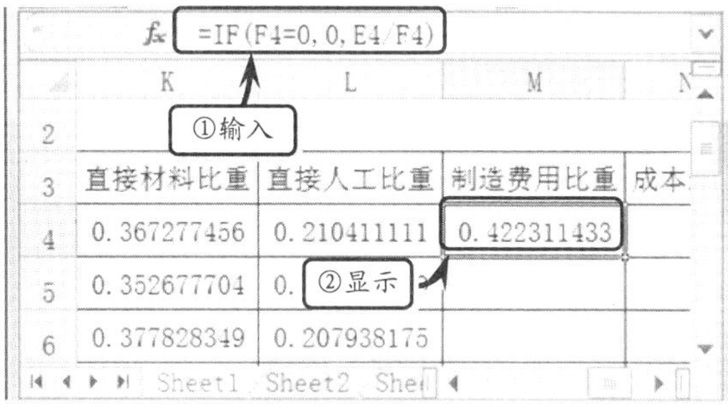

### 3. 计算结构与排序

首先，计算成本结构值。选择单元格 N4，在编辑栏中输入计算公式，按下 Enter 键返回成本结构值，如图 10-31 所示。使用同样的方法，分别计算其他成本结构。

图 10-30 计算制造费用比重

然后，计算结构排序。选择单元格 O4，在编辑栏中输入计算公式，按下 Enter 键返回结构排序，如图 10-32 所示。使用同样的方法，分别计算其他结构排序。

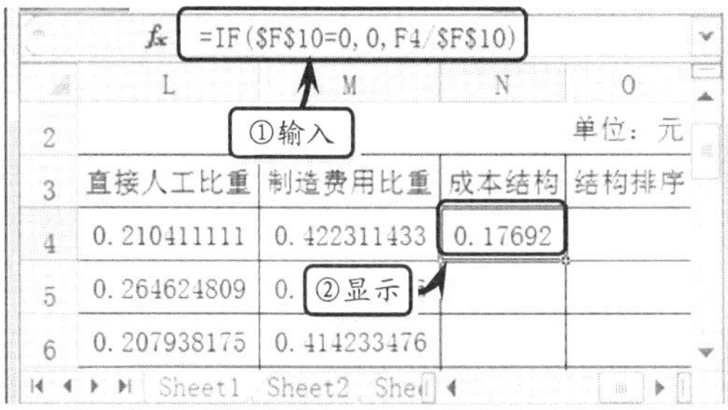

图 10-31 计算成本结构

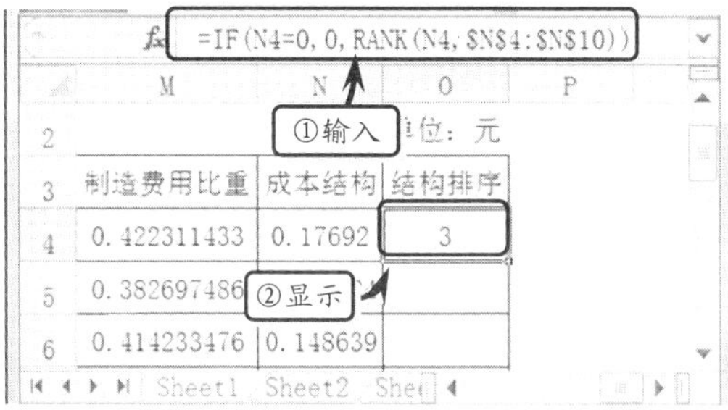

图 10-32 计算结构排序

**提 示**

函数 RANK 对重复数的排位相同。但重复数的存在将影响后续数值的排位。例如，在一列按升序排列的整数中，如果整数 10 出现两次，其排位为 5，则 11 的排位为 7（没有排位为 6 的数值）。

## 10.4 生产成本年汇总分析

本年汇总分析是以一年为期间，根据企业成本发生额，对各项成本数据进行总体分析。通过年汇总分析，可全面的观察一年内各项成本额的变化趋势，并根据成本结构值了解各项成本因素的具体情况。

### 10.4.1 构建年汇总分析表

成本统计分析表主要包括期初数、期末数、直接成本额、转出成本数据等内容，可以利用 Excel 2010 中的函数来计算各项成本额的合计值与比重值。

#### 1．构建生产成本统计分析表

首先，合并单元格区域 A1:O1，输入标题文本并设置文本的字体格式。然后，在工作表的第 2 行输入表头文本，并在单元格 B2 中输入计算公式，按下 Enter 键返回当前年份，如图 10-33 所示。

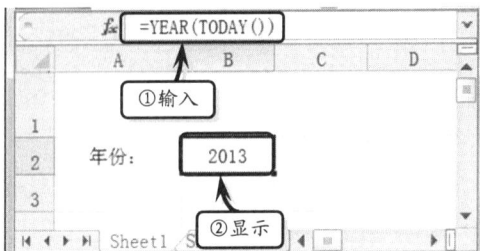

图 10-33　返回年份

**提 示**

YEAR 函数用来返回当前日期中的年份值，该函数为嵌套函数，首先使用 TODAY 函数计算当前计算机内的日期值，然后再使用 YEAR 函数返回日期值内的年份值。

在 A 列中输入项目名称，在单元格区域 B2:O2 中输入表格列标题。在工作表中输入基本数据，并选择单元格区域 A3:O15，在【字体】选项组与【对齐方式】选项组中，分别设置其所有框线与居中格式，如图 10-34 所示。

#### 2．计算基本数据

计算期初数。在单元格 B4 中输入 1 月份期初数，然后在单元格 B5 中输入计算公式，按下 Enter 键返回 2 月份期初数，如图 10-35 所示。使用同样的方法，分别计算其他月份期初数。

然后，计算成本合计值。选择单元格 B8，在编辑栏中输入计算公式，按下 Enter 键返回 1 月份的成本合计值，如图 10-36 所示。使用同样的方法，分别计算其他月份的成本合计值。

最后，计算期末数。选择单元格 B12，在编辑栏中输入计算公式，按下 Enter 键返回期末数合计值，如图 10-37 所示。使用同样的方法，分别计算其他月份期末数合计值。

#### 3．计算合计值与结构值

选择单元格 N4，在编辑栏中输入计算公式，按下 Enter 键返回期初数合计值，如图 10-38 所示。使用同样的方法，分别计算其他合计值。

图 10-34　设置表格内容

图 10-35　计算期初数

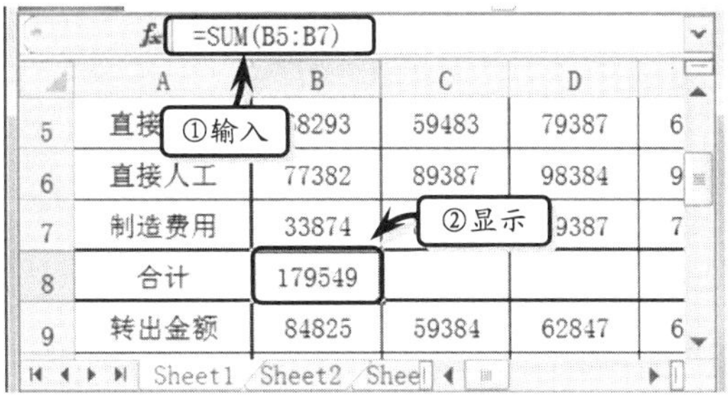

图 10-36　计算成本合计值

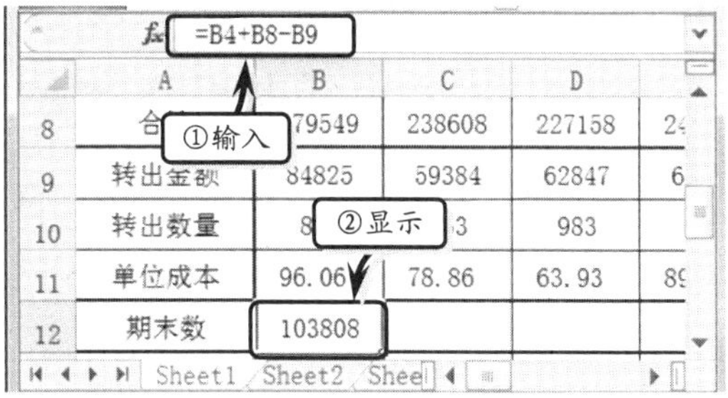

图 10-37　计算期末数

选择单元格 O5，在编辑栏中输入计算公式，按下 Enter 键返回直接材料结构值，如图 10-39 所示。使用同样的方法，分别计算其他结构值。

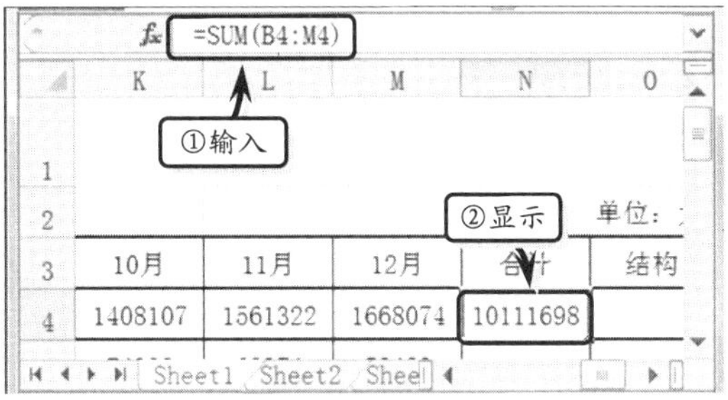

图 10-38　计算合计值

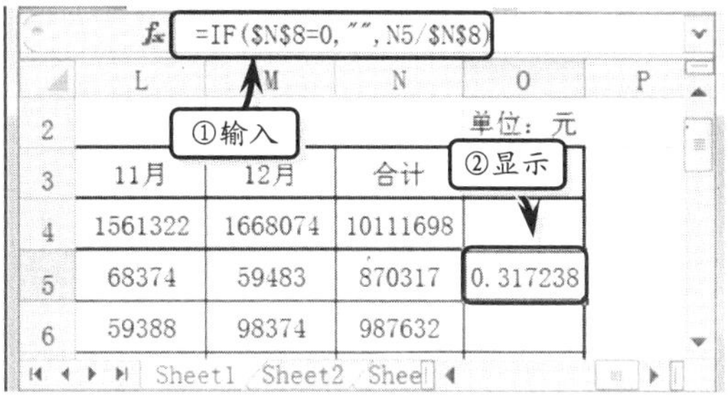

图 10-39　计算结构值

### 4．计算比重值

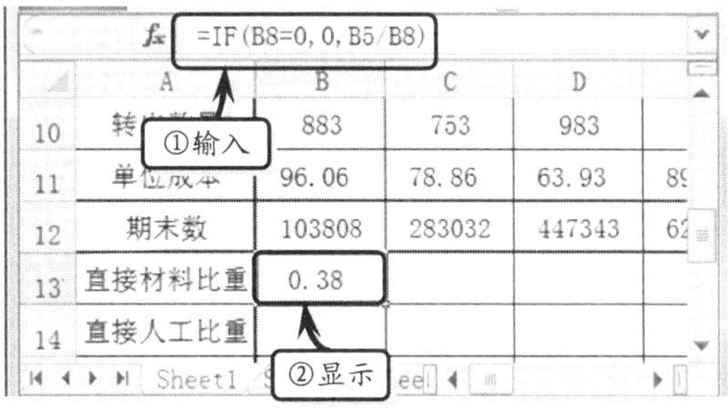

选择单元格 B13，在编辑栏中输入计算公式，按下 Enter 键返回直接材料比重值，如图 10-40 所示。使用同样的方法，分别计算其他直接材料比重值。

选择单元格 B14，在编辑栏中输入计算公式，按下 Enter 键返回直接人工比重值，如图 10-41 所示。使用同样的方法，分别计算其他直接人工比重值。

图 10-40　计算直接材料比重值

选择单元格 B15，在编辑栏中输入计算公式，按下 Enter 键返回制造费用比重值，如图 10-42 所示。使用同样的方法，分别计算其他制造费用比重值。

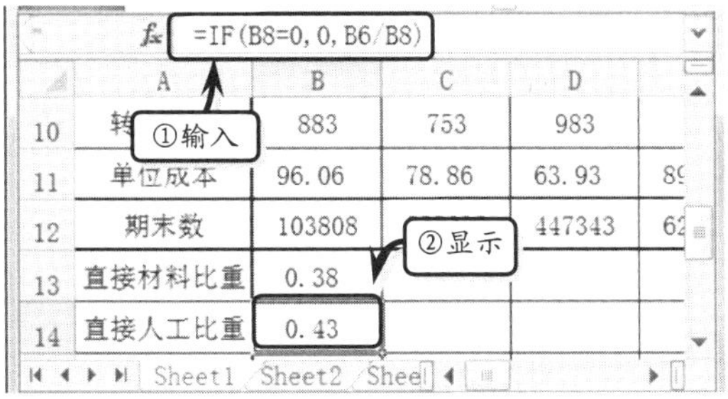

图 10-41　计算直接人工比重值

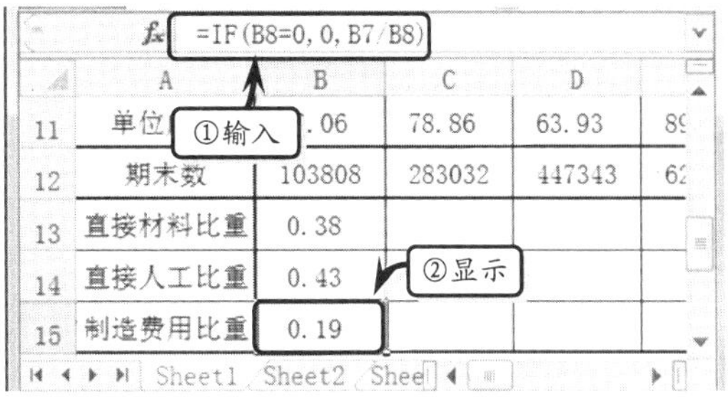

图 10-42　计算制造费用比重值

## 10.4.2 生产成本趋势分析

生产成本趋势分析即是利用 Excel 2010 中的图表功能，分析生产成本一年内变化的趋势线。

### 1. 折线图分析数据趋势

首先，选择单元格区域 B8:M8，执行【插入】|【图表】|【折线图】|【带数据标记的折线图】命令，为图表插入一个折线图，如图 10-43 所示。

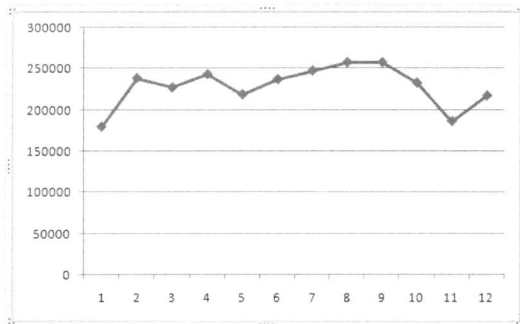

图 10-43　插入图表

**提　示**

在【插入】选项卡的【图表】选项组中，单击【对话框启动器】按钮，可在弹出的【插入图表】对话框中，选择相应的图表类型。

然后，执行【布局】|【分析】|【趋势线】|【线性预测趋势线】命令，为图表添加趋势线，如图 10-44 所示。

**提　示**

在为图表添加趋势线时，需要注意并不是所有的图表都可以添加趋势线。例如，柱形图便不可以添加趋势线。

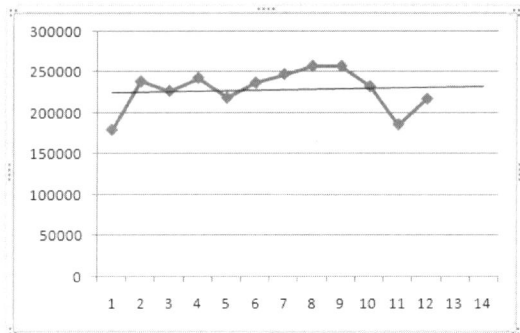

图 10-44　添加趋势线

### 2. 气泡图显示数据趋势

执行【设计】|【类型】|【更改图表类型】命令，在弹出的【更改图表类型】对话框中，选择【气泡图】选项中的【三维气泡图】选项，如图 10-45 所示。

然后，右击数据系列执行【设置数据系列格式】命令。在弹出的【设置数据系列格式】对话框中，将【将气泡大小缩放为】选项设置为"10"，如图 10-46 所示。

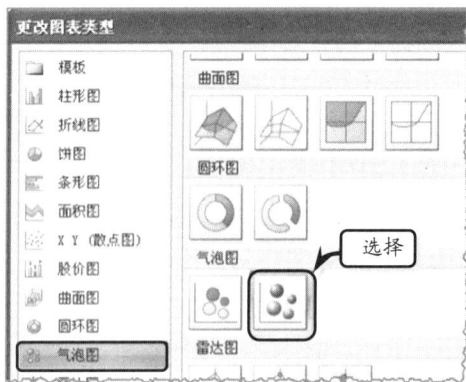

图 10-45　更改图表类型

**提　示**

在【设置数据系列格式】对话框中，还可以设置数据系列的颜色、样式、阴影与三维效果。

执行【布局】|【分析】|【趋势线】|【双周期移动平均】命令，为图表添加趋势线。最后，修改图表标题即可，如图 10-47 所示。

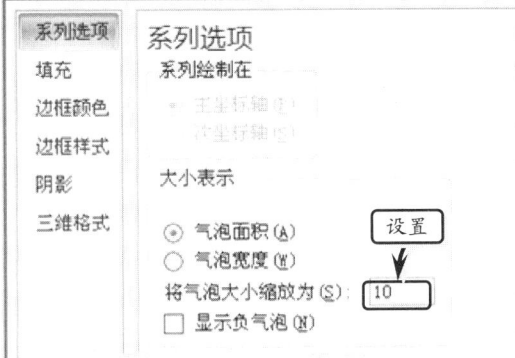

图 10-46　设置数据系列格式

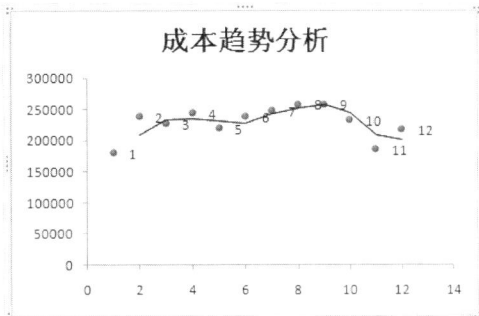

图 10-47　添加趋势线

## 10.4.3　生产成本结构分析

生产成本结构分析是利用 Excel 2010 中的饼图，来显示成本的结构分布情况。首先，同时选择单元格区域 A5:A7 与 O5:O7，执行【插入】|【图表】|【饼图】|【分离型三维饼图】命令，如图 10-48 所示。

执行【设计】|【图表布局】|【其他】|【布局 1】命令，更改图表的布局样式并修改图表标题，如图 10-49 所示。

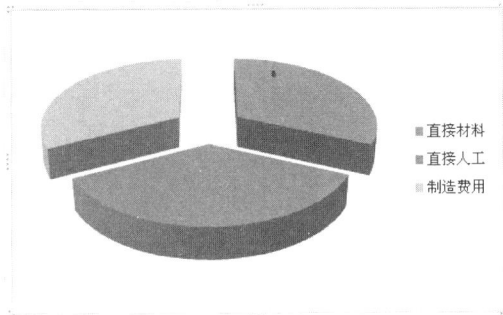

图 10-48　插入图表

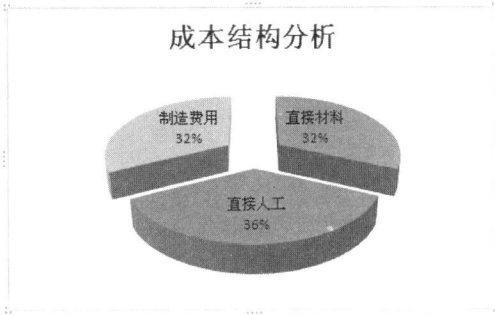

图 10-49　设置图表布局

**提　示**

可在【设计】选项卡【图表样式】选项组中，设置图表的内置样式。

## 10.4.4　生成成本年度分析（选读）downloads\选读\10.4.1 生产成本年度分析

生产成本年度分析是将本年的成本额与上年的成本进行对比分析，并计算其增减金额与增减比率。通过生产成本年度分析，可以查看两年内产品成本的发展趋势与结构分布情况，从而为管理者制定下一年的生产、营销与控制计划提供数据依据。具体内容参见本书配套光盘。

　　由于生产成本直接影响到企业的效益，所以企业管理者需要根据一年的生产成本额，详细观察与分析各项成本额以及成本结构的变化情况。在本练习中，将运用 Excel 2010 强大的函数与图表功能，计算并分析一年内成本发生额的比重、增减额及结构分配情况，如图 10-50 所示。

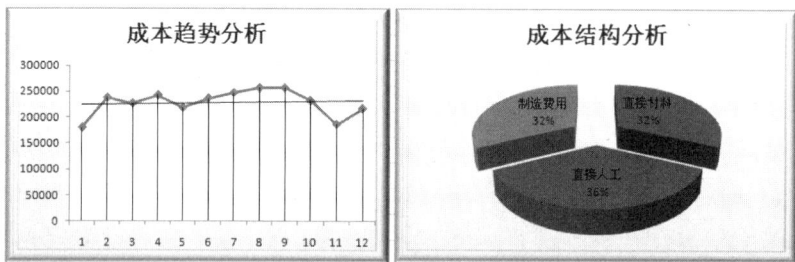

图 10-50　分析生产成本

### 操作步骤

**1** 制作表格标题。新建工作表，合并单元格区域 A1:O1，输入标题文本并设置文本的字体格式，如图 10-51 所示。

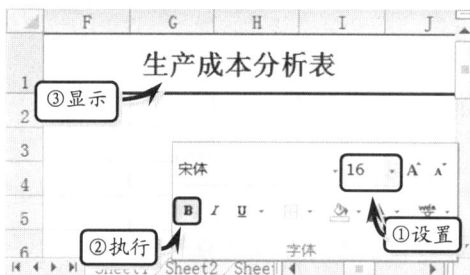

图 10-51　制作表格标题

**2** 制作表头。在工作表的第 2 行中输入表头文本，并在单元格 B2 中输入计算公式，按下Enter 键返回年份值，如图 10-52 所示。

图 10-52　计算年份

**3** 制作表格内容。在单元格区域 A3:O15 中制作表格内容，并在【字体】与【对齐方式】选项组中，设置【所有框线】与【居中】格式，如图 10-53 所示。

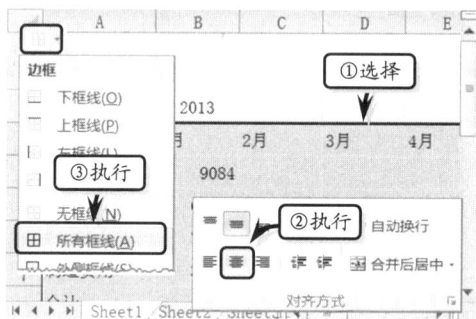

图 10-53　设置表格格式

**4** 选择单元格区域 A3:O3，执行【字体】|【边框】|【粗匣框线】命令，如图 10-54 所示。使用同样的方法，分别设置其他单元格区域的边框格式。

**5** 选择单元格区域 A3:O3，执行【字体】|【填充颜色】命令，选择相应的色块即可，如图 10-55 所示。使用同样的方法，分别设置其他单元格区域的填充颜色。

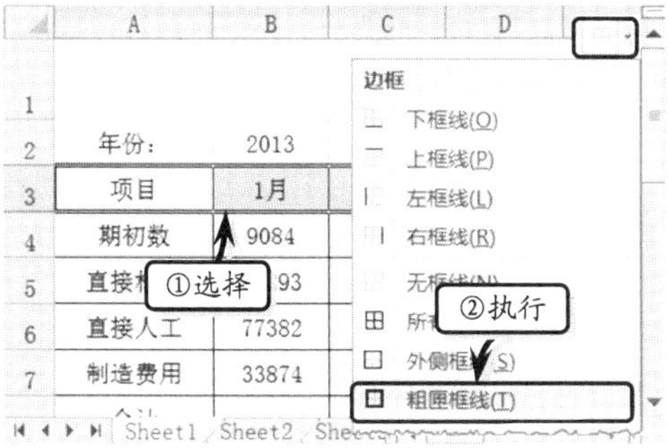

图 10-54　设置边框格式

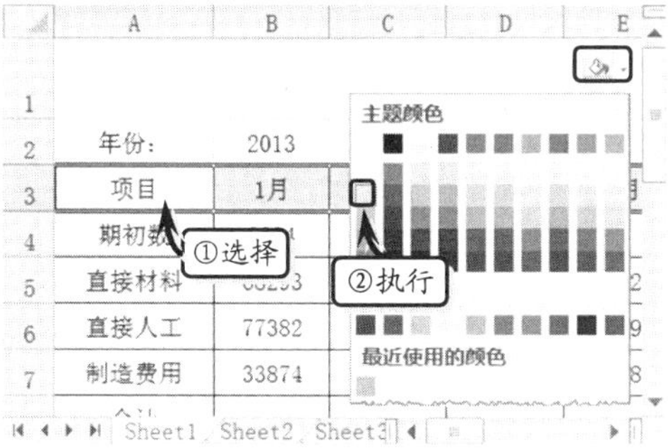

图 10-55　设置填充颜色

6　计算分析数据。在表格中输入基础数据，并在单元格 C4 中输入计算公式，按下 Enter 键返回 2 月份期初数，如图 10-56 所示。使用同样的方法，分别计算其他期初数。

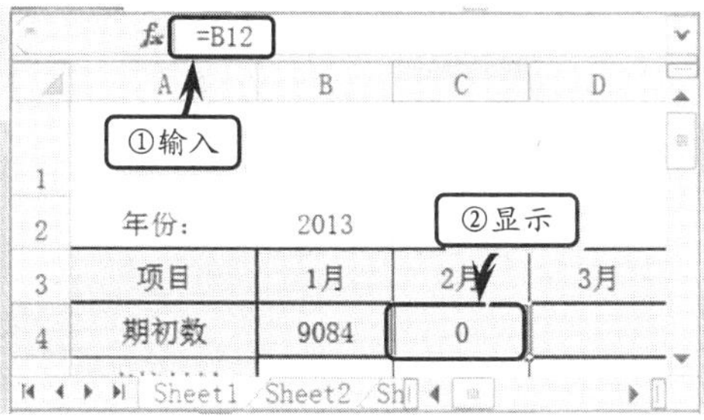

图 10-56　计算期初数

7　在单元格 B8 中输入计算公式，按下 Enter 键返回 1 月份成本合计值，如图 10-57 所示。使用同样的方法，分别计算其他月份的成本合计值。

8　在单元格 B12 中输入计算公式，按下 Enter 键返回 1 月份期末数，如图 10-58 所示。使用同样的方法，分别计算其他月份的期末数。

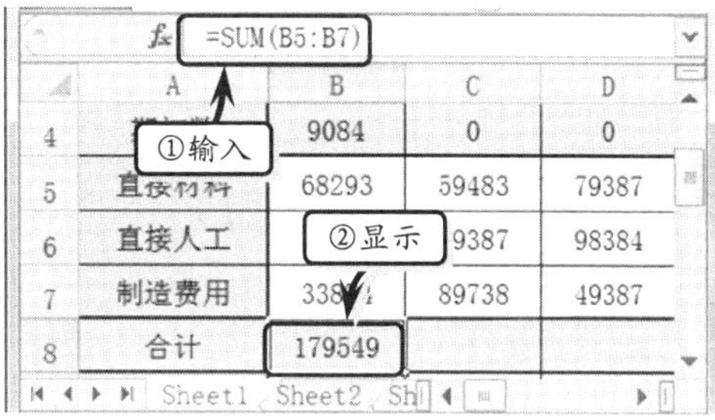

图 10-57　计算成本合计值

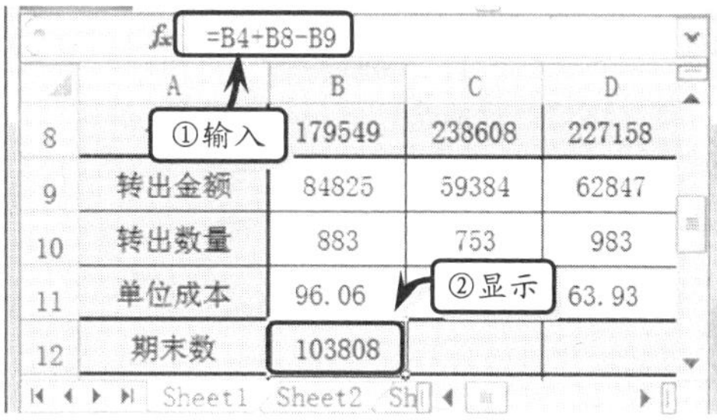

图 10-58　计算期末数

9　在单元格 B13 中输入计算公式，按下 Enter 键返回直接材料比重值，如图 10-59 所示。使用同样的方法，分别计算其他月份的直接材料比重值。

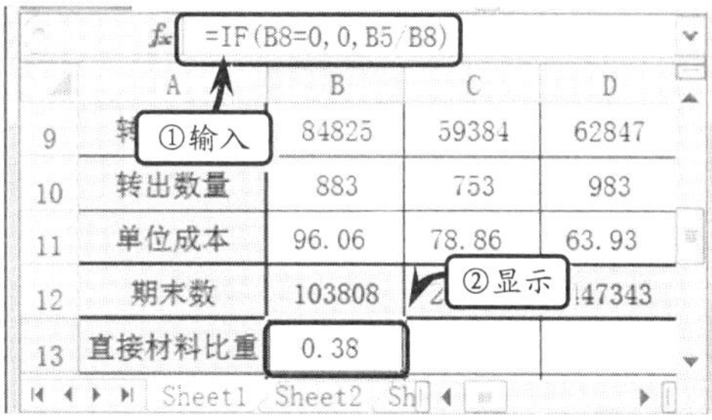

图 10-59　计算直接材料比重值

10　在单元格 B14 中输入计算公式，按下 Enter 键返回直接人工比重值，如图 10-60 所示。使用同样的方法，分别计算其他月份的人工比重值。

11　在单元格 B15 中输入计算公式，按下 Enter 键返回制造费用比重值，如图 10-61 所示。使用相同的方法，分别计算其他月份的制造费用比重值。

图 10-60 计算直接人工比重值

图 10-61 计算制造费用比重值

12 在单元格 N4 中输入计算公式，按下 Enter 键返回期初数的合计值，如图 10-62 所示。使用同样的方法，分别计算其他项目的合计值。

图 10-62 计算合计值

13 在单元格 O5 中输入计算公式，按下 Enter 键返回直接材料的结构值，如图 10-63 所示。使用相同的方法，分别计算其他成本的项目结构值。

14 分析成本结构。同时选择单元格区域 A5:A7 与 O5:O7，执行【插入】|【图表】|【饼图】|【分离型三维饼图】命令，为工作表插入一个饼图，如图 10-64 所示。

图 10-63 计算成本结构值

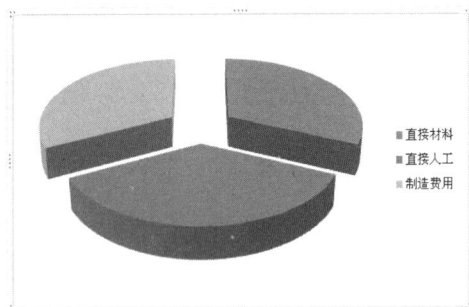

图 10-64 插入饼图

15 执行【设计】|【图表布局】|【布局 1】命令，并更改图表的标题，如图 10-65 所示。

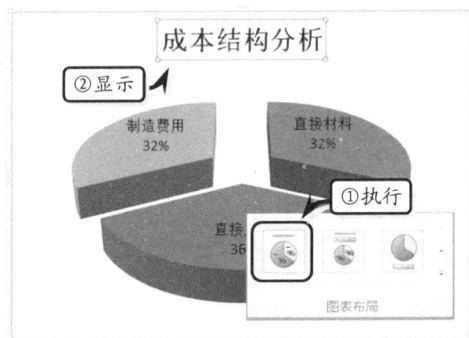

图 10-65 设置图表布局

16 执行【格式】|【图形样式】|【其他】|【细微效果–水绿色,强调颜色 5】命令，如图 10-66 所示。

17 执行【形状样式】|【形状效果】|【棱台】|【草皮】命令，如图 10-67 所示。

18 右击图表执行【设置图表区格式】命令，在【边框颜色】选项卡中，启用【实线】选项，并将【颜色】设置为"黑色"，如图 10-68

所示。

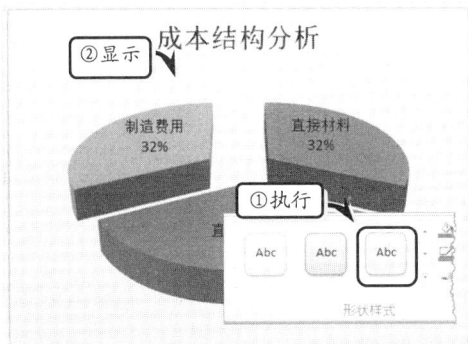

图 10-66　设置形状样式

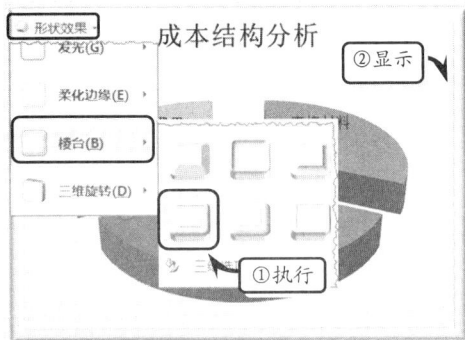

图 10-67　设置形状效果

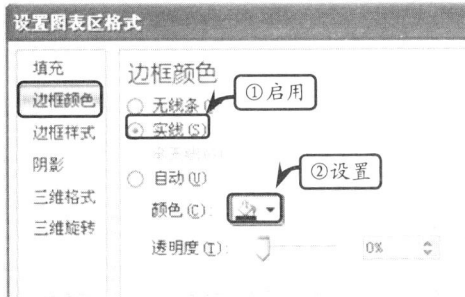

图 10-68　设置图表区格式

19　右击数据点执行【设置数据点格式】命令，在【填充】选项卡中选中【纯色填充】选项，并设置相应的颜色，如图 10-69 所示。使用同样的方法，分别设置其他数据点格式。

20　分析成本趋势。选择单元格区域 B8:M8，执行【插入】|【图表】|【折线图】|【带数据标记的折线图】命令，如图 10-70 所示。

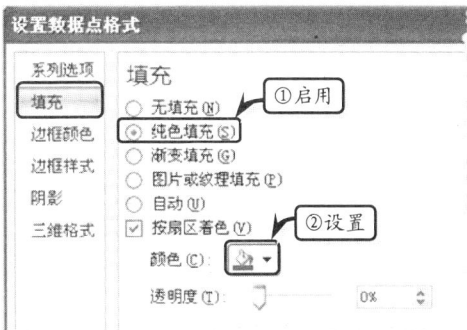

图 10-69　设置数据点格式

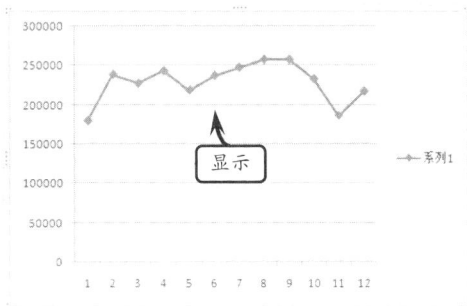

图 10-70　插入折线图

21　执行【格式】|【形状样式】|【其他】|【细微效果–强调颜色 5】命令，设置其形状样式，如图 10-71 所示。

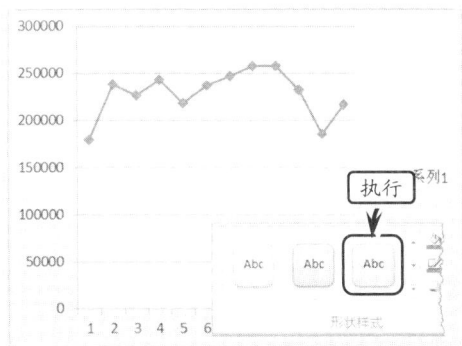

图 10-71　设置形状样式

22　执行【形状样式】|【形状效果】|【棱台】|【草皮】命令，设置其棱台效果，如图 10-72 所示。

23　执行【布局】|【标签】|【图例】|【无】命令，同时执行【图表标题】|【图表上方】命令，如图 10-73 所示。

图 10-72 设置形状效果

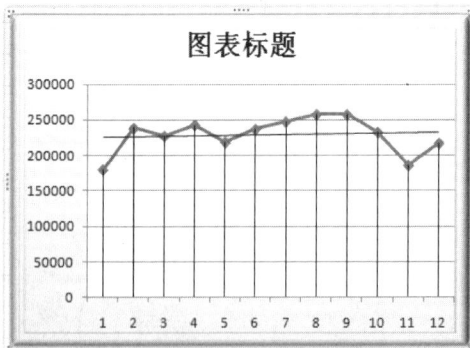

图 10-73 添加图表标题

24 执行【布局】|【分析】|【趋势线】|【线性趋势线】命令，同时执行【折线】|【垂直线】命令，如图 10-74 所示。

图 10-74 添加分析线

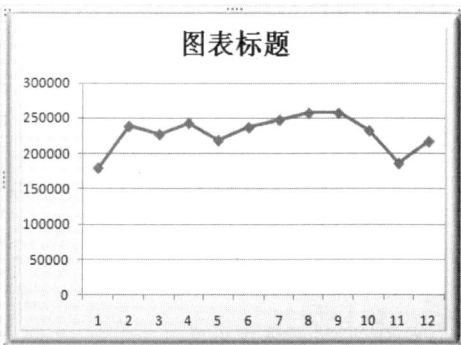

25 执行【布局】|【坐标轴】|【网格线】|【主要横网格线】|【无】命令，并更改图表标题，如图 10-75 所示。

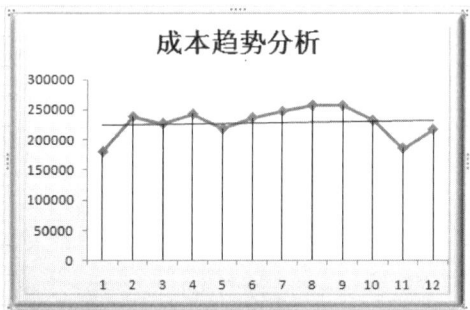

图 10-75 取消网格线

# 10.6 课堂练习：预测生产成本

在实际运作中，用户可以根据以往历史数据预测外来的总成本额，为减少决策的盲目性与选择最优成本方案提供了数据依据。在本练习中，将利用历史因素分析法，以及 Excel 2010 中的函数功能，预测高低点与回归线方法下的生产总成本值，如图 10-76 所示。

图 10-76 预测生产成本

**操作步骤**

1 制作表格标题。合并单元格区域 A1:E1，输入标题文本并设置文本的字体格式，如图 10-77 所示。

2 制作表格内容。合并相应的单元格区域，输入表格标题并设置其文本格式。然后，在单元格区域中，输入表格基本数据，如图

10-78 所示。

3 选择单元格区域 A2:E15，在【字体】选项组与【对齐方式】选项组中，设置其【所有框线】与【居中】格式，如图 10-79 所示。

4 选择单元格区域 A2，执行【字体】|【边框】|【粗匣框线】命令，如图 10-80 所示。使

Excel 财务与会计应用标准教程（第 2 版）

用同样的方法，分别设置其他单元格区域的边框格式。

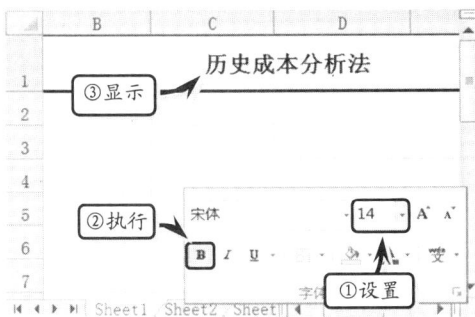

图 10-77　制作表格标题

图 10-78　制作历史数据表格

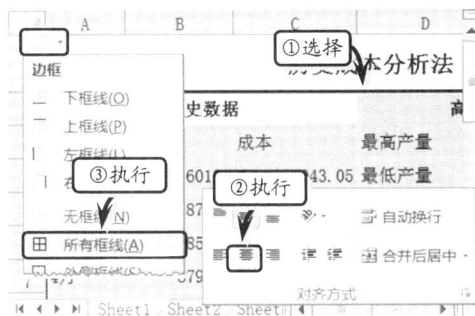

图 10-79　设置单元格格式

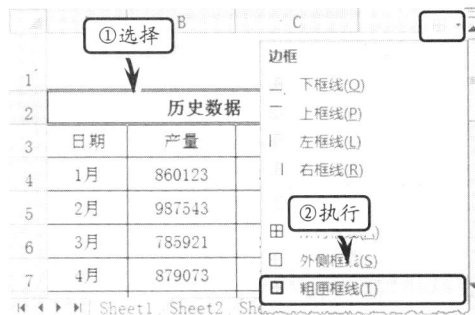

图 10-80　设置边框与填充色

**5** 选择单元格区域 A2:C3，执行【字体】|【填充颜色】命令，选择相应的色块即可，如图 10-81 所示。使用同样的方法，分别设置其他单元格区域的填充颜色。

图 10-81　设置填充颜色

**6** 高低点法分析总成本。选择单元格 E3，在编辑栏中输入计算公式，按下 Enter 键返回最高产量，如图 10-82 所示。

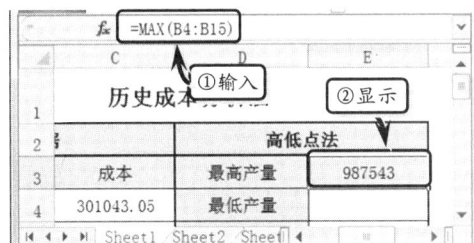

图 10-82　计算最高产量

**7** 选择单元格 E4，在编辑栏中输入计算公式，按下 Enter 键返回最低产量，如图 10-83 所示。

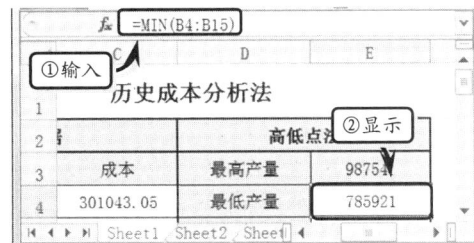

图 10-83　计算最低产量

**8** 选择单元格 E5，在编辑栏中输入计算公式，按下 Enter 键返回最高成本，如图 10-84 所示。

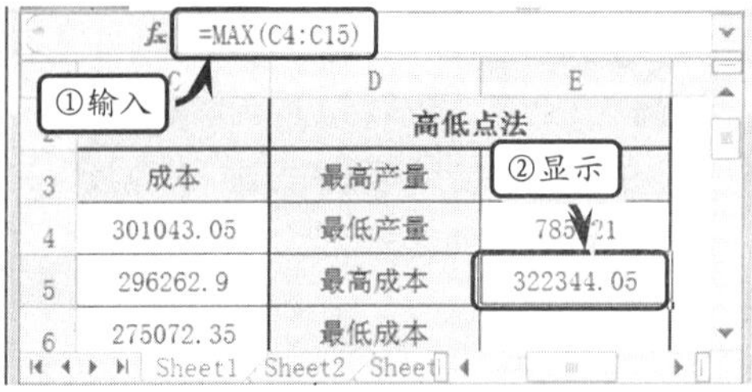

**图 10-84** 计算最高成本

9　选择单元格 E6，在编辑栏中输入计算公式，按下 Enter 键返回最低成本，如图 10-85 所示。

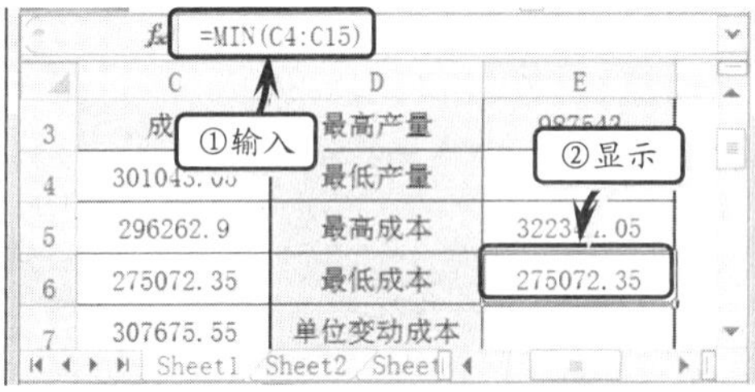

**图 10-85** 计算最低成本

10　选择单元格 E7，在编辑栏中输入计算公式，按下 Enter 键返回单位变动成本，如图 10-86 所示。

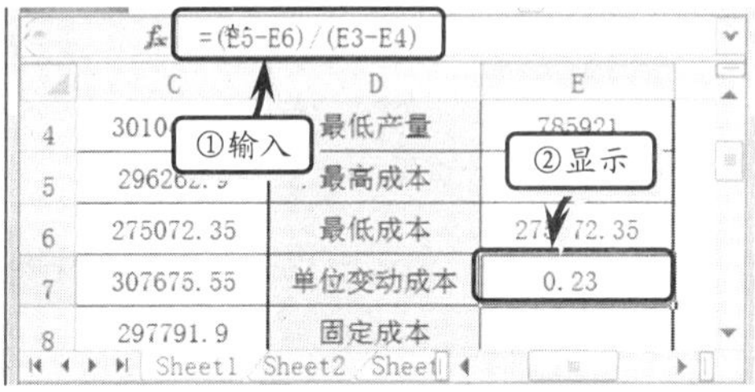

**图 10-86** 计算单位变动成本

11　选择单元格 E8，在编辑栏中输入计算公式，按下 Enter 键返回固定成本，如图 10-87 所示。

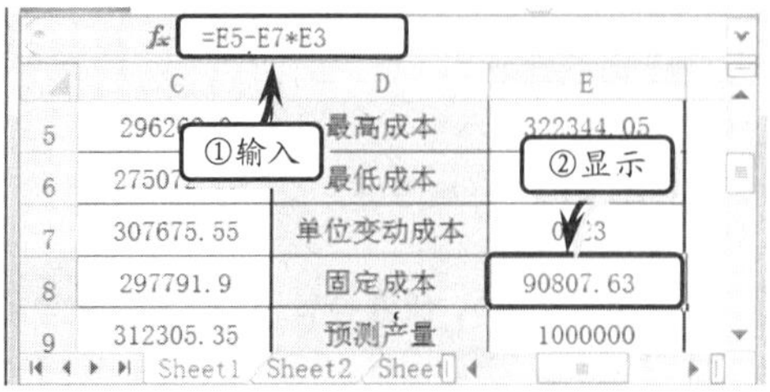

**图 10-87** 计算固定成本

12　选择单元格 E10，在编辑栏中输入计算公式，按下 Enter 键返回预测总成本，如图 10-88 所示。

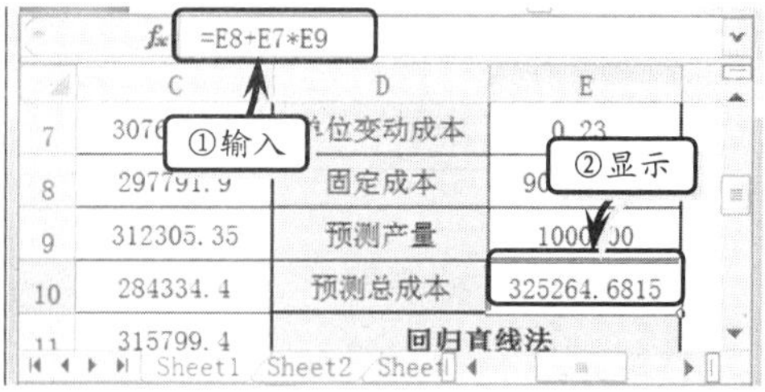

**图 10-88** 计算预测总成本

13　回归直线法分析总成本。选择单元格 E12，在编辑栏中输入计算公式，按下 Enter 键返回单位变动成本，如图 10-89 所示。

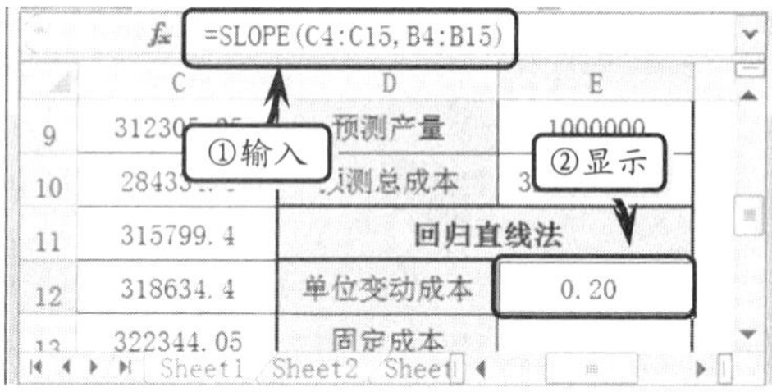

**图 10-89** 计算单位成本

14　选择单元格 E13，在编辑栏中输入计算公式，按下 Enter 键返回固定成本，如图 10-90 所示。

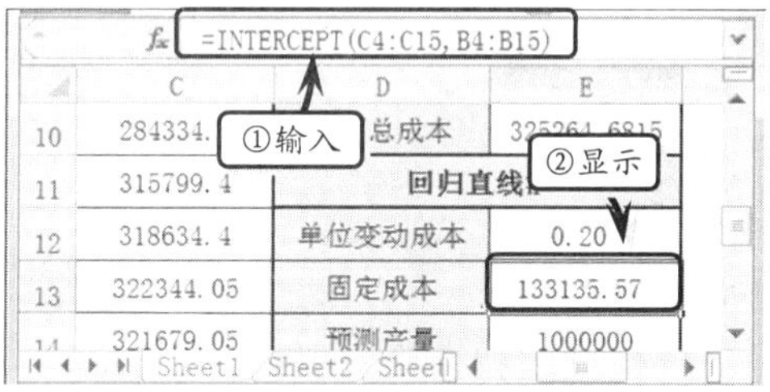

**图 10-90** 计算固定成本

15　选择单元格 E15，在编辑栏中输入计算公式，按下 Enter 键返回预测总成本，如图 10-91 所示。

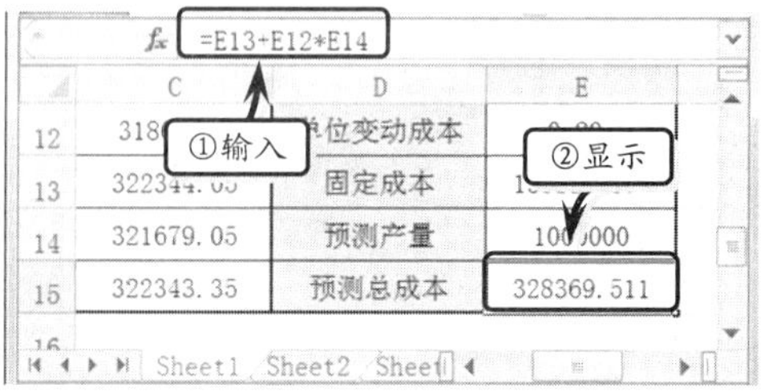

**图 10-91** 计算总成本

# 10.7 思考与练习

## 一、填空题

1. 成本是指为了达到特定目的所失去或放弃的_____，在企业会计中，成本是指_____。

2. 生产经营成本一般分为_____、_____和_____三大类。

3. 成本分析法主要包括_____分析法、_____分析法_____分析法与_____分析法等方法。

4. 对比分析法是将_____指标与_____的指标进行对比，从而揭示它们之间的差异，并分析差异产生的原因。

5. 因素分析法是将综合性指标分解成各个相互关联的_____，并通过测定这些因素对综合性指标的_____。

6. 相关分析法是在分析某个指标时，与_____的指标进行对比分析，从而得出其_____的一种分析方法。

7. 历史成本分析法是一种对_____数据进行分析的方法，主要依据以前各期_____与_____间的依存关系，来预测一定期间内固定成本与单位变动成本的平均值，并以此估算未来成本。

## 二、选择题

1. 高低点法是在历史成本数据中寻找最高产量与最低产量，并以此确定单位变动成本与固定成本，其计算公式为_____。

A. 单位变动成本 = $\dfrac{最高成本 - 最低成本}{最高产量 - 最低产量}$

B. 单位变动成本 = $\dfrac{最高成本}{最高产量 - 最低产量}$

C. 固定成本 = 最高成本 - 单位变动成本 × 最高产量

D. 单位变动成本 = 单位 × $(1 - 税率) - \dfrac{目标利润}{预测销量}$

2. 目标利润法是指在_____与价格的条件下，为达到目标利润而控制成本的一种预测方法。

A. 固定单位成本

B. 固定销售数据

C. 固定总成本

D. 固定单价

3. 因素分析法是通过上年的成本数据与影响成本的各种因素，对成本与上年相比的_____进行分析，进而计算得出预测期的产品成本。

A. 增加额与增加率

B. 降低额与降低率

C. 增减额与增减率

D. 比重与比率

4. 成本项目包括直接材料、直接人工和_____。

A. 直接工资

B. 直接费用

C. 制造成本

D. 制造费用

5. 直接材料是指采购的原材料，成本额的高低取决于原材料的单价与原材料的消耗定额。其成本降低率的计算公式为_____。

A. 成本降低率 $= 1 - \left(\dfrac{1 + 生产工人平均工资增长率}{1 + 劳动生产率提高的百分比}\right) \times \left(\dfrac{直接人工}{陈本成本} \times 100\%\right)$

B. 成本降低率 $= \left(1 - \dfrac{1 + 制造费用增长率}{1 + 产量增加的百分比}\right) \times \left(\dfrac{制造费用}{产品成本} \times 100\%\right)$

C. 成本降低率 $= \left[1 - (1 - 原材料消耗定额降低率) \times (1 \pm 原材料价格升降率)\right] \times \left(\dfrac{原材料成本}{产品成本} \times 100\%\right)$

$$D. \quad 成本降低率 = \left(1 - \frac{1 + 原材料消耗定额降低率}{1 + 产量增加的百分比}\right) \times \left(\frac{制造费用}{产品成本} \times 100\%\right)$$

### 三、问答题

1. 生产成本预测法包括哪几种方法？简述每种方法的预测步骤。

2. 什么是生产成本分析？其分析方法主要包括哪几种？

### 四、上机练习

#### 1. 目标利润法预测总成本

首先，合并单元格区域 A1:B1，输入标题文本并设置其字体格式。在单元格区域 A2:B9 中输入表格内容与基础数据，并设置其字体、边框与对齐格式。然后，在单元格 B8 中输入计算公式，计算总成本值。最后，在单元格 B9 中输入计算公式，计算单位成本值，如图 10-92 所示。

#### 2. 分析成本结构

首先，合并单元格区域 A1:F1，输入标题文本并设置其字体格式。然后，在单元格区域 A2:F9 中输入表格内容与基础数据，并设置其边框与对齐格式。最后，在单元格 B9 中输入计算公式，计算直接材料的合计值，同样方法计算其他合计值。在单元格 E3 中输入计算公式，计算成本总额，同样方法计算其他成本总额。在单元格 F3

中输入计算公式，计算成本结构值，同样方法计算其他成本结构值，如图 10-93 所示。

| 目标利润分析法 | |
|---|---|
| 预测数据 | |
| 产量 | 20000 |
| 单价 | 40 |
| 价内税及附加的平均税率 | 0.2 |
| 目标利润 | 500000 |
| 目标利润法预测成本 | |
| 总成本 | 140000 |
| 单位成本 | 7.00 |

**图 10-92** 预测总成本

| 成本结构分析表 | | | | | |
|---|---|---|---|---|---|
| 产品编码 | 直接材料 | 直接人工 | 制造费用 | 成本总额 | 成本结构 |
| 001 | 1038293 | 594832 | 1193874 | 2826999 | 17.69% |
| 002 | 998736 | 749382 | 1083748 | 2831866 | 17.72% |
| 003 | 897382 | 493875 | 983848 | 2375105 | 14.86% |
| 004 | 998983 | 593884 | 983742 | 2576609 | 16.12% |
| 005 | 1109837 | 608372 | 1209384 | 2927593 | 18.32% |
| 006 | 968732 | 598372 | 873723 | 2440827 | 15.28% |
| 合计 | 6011963 | 3638717 | 6328319 | 15978999 | |

**图 10-93** 成本结构分析表

# 第11章

## 利润分析

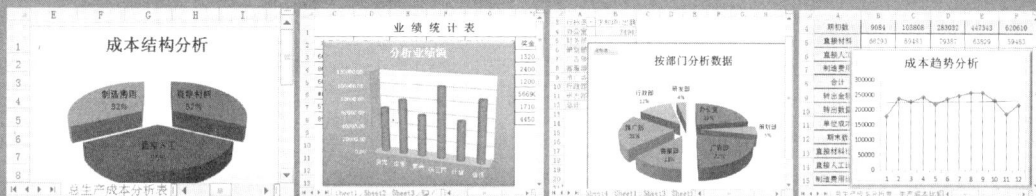

在财务管理中，利润反映了企业一定期间内的经营成果，是衡量企业综合性的经济指标。由于在利润的形成过程中，会存在许多影响利润的不确定因素，且各因素对利润影响程度和敏感度也各不相同。所以，为使企业获取最大利润，还需要运用 Excel 2010 中的函数、规划求解及各种分析工具对每种因素进行科学分析，从而正确地评估投资利润，预测销售额与预测最大化利润。

**本章学习目标：**

➤ 最大化利润分析
➤ 移动平均法预测
➤ 指数平滑法预测
➤ 函数法预测
➤ 分析售价与销量因素
➤ 分析成本与销量因素
➤ 单因素利润敏感性分析
➤ 多因素利润敏感性分析

## 11.1 最大化利润分析

最大化利润分析是对生产或投资方案进行分析，以期在有限的投资资源下，采取有效的生产分配方式，为企业获取最大的利润。在本小节中，将运用 Excel 2010 中的规划求解功能，根据多个约束条件进行假设分析，求解出最大利润。

### 11.1.1 准备工作

企业在进行投资时，往往会根据市场与企业环境设立多个投资条件，以便使新的项目获取最大的利润。在进行最大化利润分析之前，还需要做一些准备工作。

**1. 设置求解条件**

在进行规划求解最大利润之前，企业还需要根据市场需求量、生产能力等要素设置产品的投资条件。已知某公司生产一瓶 A 产品，需要消耗 3 克的成本，使用 4 分钟的生产时间，而每瓶所获得的利润为 32 元。生产一瓶 B 产品，需要消耗 3.8 克的成本，使用 3 分钟生产时间，而每瓶所获得的利润为 36 元。经财务人员分析决定，生产 A 与 B 产品每天总需成本应低于 1800 克，生产时间应低于 1720 分钟，而每种产品的生产总量必须在 100 瓶以上。在上述条件下，如何安排 2 种产品的生产才能使企业获取最大利润呢？

归纳上述已知条件，用于分析产品最大化利润的约束条件总结为以下几条。

❏ **生产成本**  生产成本被限制在 1800 克以内。
❏ **生产时间**  生产时间被限制在 1720 分钟内。
❏ **生产数量**  由于是瓶装产品，所以生产数量必须为整数，且数值必须大于或等于 100。

**2. 加载规划求解**

执行【文件】|【选项】命令，弹出【Excel 选项】对话框。在【Excel 选项】对话框中激活【加载项】选项卡，并单击【转到】按钮，如图 11-1 所示。

在弹出的【加载宏】对话框中，启用【规划求解加载项】复选框，如图 11-2 所示。单击【确定】按钮之后，系统会自动在【数据】选项卡【分析】选项组中显示【规划求解】选项。

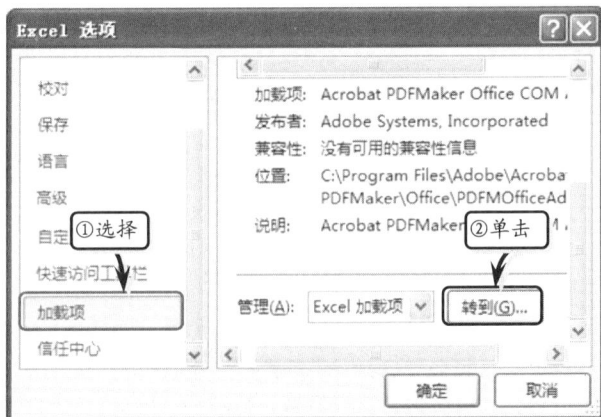

図 11-1  【Excel 选项】对话框

## 11.1.2 规划求解最大利润

做完准备工作之后，便可以根据已归纳的约束条件求解最大利润了。在进行规划求解之前，还需要在 Excel 2010 中构建求解表格。

### 1. 构建求解最大利润表

根据已知条件，在单元格区域 A2:E7 中输入已知条件数据。然后，合并单元格区域 A1:F1，输入标题文本并设置文本的字体格式。最后，分别选择单元格区域 A2:E4 与 A6:F7，在【字体】选项组与【对齐方式】选项组中，分别设置其边框、对齐与填充颜色等单元格格式，如图 11-3 所示。

由于在利用规划求解功能求解最大利润时，目标单元格中必须包含公式。所以，在单元格 D6 中输入计算公式，按下 Enter 键返回实际生产成本值，如图 11-4 所示。使用同样的方法，计算实际生产时间值。

> **提 示**
> 由于单元格 D6 与 D7 中的公式形式一致，所以可将鼠标置于单元格 D6 的右下角，当鼠标变为"十"字形状时，通过拖动鼠标的方法来填充公式。

选择单元格 E7，在编辑栏中输入计算公式，按下 Enter 键返回最大利润求解值，如图 11-5 所示。

### 2. 求解最大利润

执行【数据】|【分析】|【规划求解】命令，在弹出的【规划求解参数】对话框中，将【设置目标单元格】设置为"E7"，选中【最大值】选项，并将【通

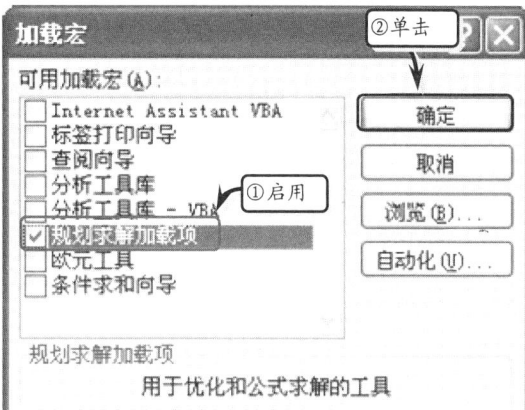

图 11-2　加载规划求解

图 11-3　构建基础表格

图 11-4　计算实际生产成本值

图 11-5　设置求解最大利润公式

过更改可变单元格】设置为"E3:E4"，如图 11-6 所示。

**提 示**

单击【选项】按钮，在弹出的【规划求解选项】对话框中可设置求解的最长运算时间、迭代次数、精度等参数。

单击【添加】按钮，在弹出的【添加约束】对话框中设置单元格的引用位置与约束条件，并执行【添加】选项，如图 11-7 所示。

依次添加所有的约束条件，最后单击【确定】按钮返回【规划求解参数】对话框中。在【约束】列表框中，查看各约束条件，如图 11-8 所示。如遇添加错误的约束条件，可单击【更改】按钮，在【更改约束】对话框中修改约束条件。

**提 示**

当用户不满意已设置的各项参数或约束条件时，可通过单击【全部重设】按钮，删除所有已设置的参数。

最后，单击【求解】按钮。弹出【规划求解结果】对话框。选中【保留规划求解的解】选项，并在【报告】列表框中选择报告类型，单击【确定】按钮即可显示最大利润值，如图 11-9 所示。

**提 示**

当约束条件中包含整数时，系统将无法生成敏感性报告。

## ● 11.1.3 不同约束条件下的最大利润

由于利润受到各种因素的印象，而各种因素则会随着市场的变化而自动改变。此时，为求解到比较准确

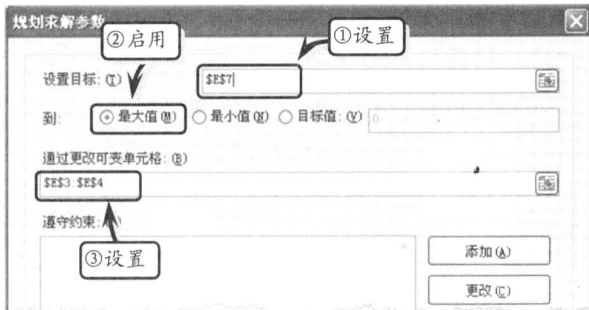

图 11-6　设置规划求解参数

图 11-7　添加约束条件

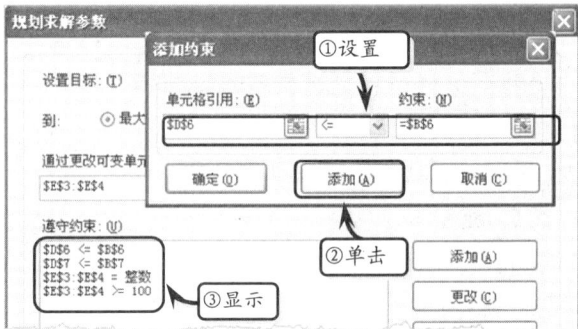

图 11-8　查看约束条件

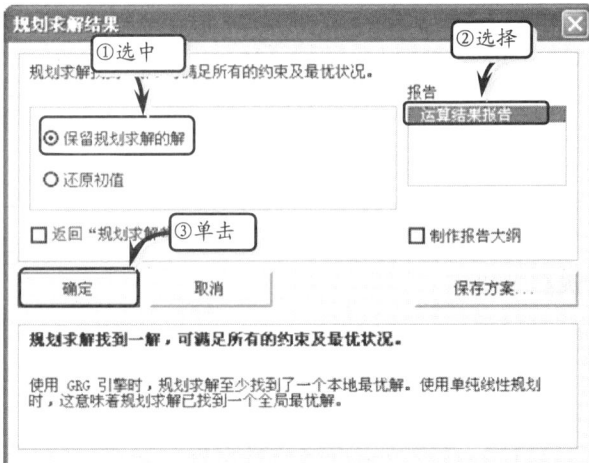

图 11-9　选择报告类型

的利润值，企业需跟随市场的变动与企业整体经济计划的改变而调整约束条件，从而获取不同约束件下的最大利润值。例如，将求解条件更改为：生产 A 与 B 产品每天总需成本应低于 2000 克，生产时间应低于 2000 分钟，每种药品的产品必须大于零。此时，需要修改约束条件，才能准确求解。

第 11 章 利润分析

图 11-10　更改生产限制

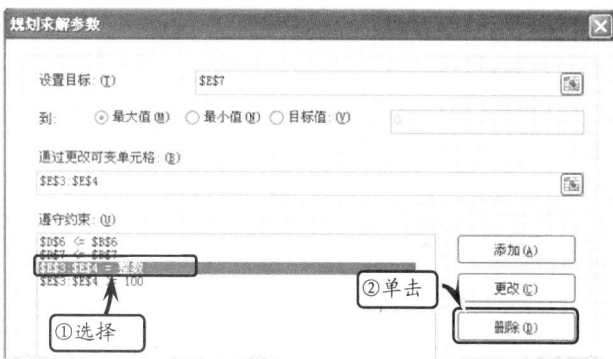

首先，修改"求解最大利润"表中的部分数据，如图 11-10 所示。

执行【数据】|【分析】|【规划求解】命令，在弹出的【规划求解参数】对话框中，选中【遵守约束】列表框中的第 3 个约束条件，单击【删除】按钮，删除该约束条件，如图 11-11 所示。

图 11-11　更改约束条件

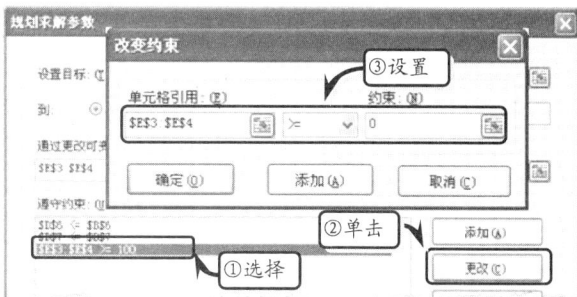

然后，选中最后一个约束条件，单击【更改】按钮。在弹出的【改变约束】对话框中，重新设置约束条件，并单击【确定】按钮，如图 11-12 所示。

最后，单击【求解】按钮，在弹出的【规划求解结果】对话框中，选择相应的报告类型，单击【确定】按钮即可在工作表中显示最大利润值。

图 11-12　更改约束条件

# 11.2　预测销售额

企业在实际运作过程中，在其生产量与生产成本保持不变的情况下，增加销售量与销售额、减低库存占用率，也是最大化利润的一种手段。在实际销售过程中，管理者可以根据已发生销售额来预测未发生销售额，以准确判断销售控制与销售计划的执行情况。

## 11.2.1　移动平均法预测

移动平均法是根据实际数据值预测未来一期或几期内产品的需求量、销售量等数据的一种常用方法。移动平均法适用于即期预测，其基本原理是通过移动平均消除时间序列中的变动，从而揭示出时间序列的长期趋势。

### 1. 移动平均法概述

移动平均法根据预测时使用元素的权重可以分为简单移动平均和加权移动平均法。

❑ **简单移动平均法**

简单移动平均法中各元素的比重都相等，其计算公式为：

$$预测值 = \frac{A_1 + A_2 + A_3 + \cdots + A_n}{n}$$

其中：$A_1$ 表示前期实际值；$A_2$、$A_3$ 与 $A_n$ 表示前两期、前三期直至到前 $n$ 期的实际值；$n$ 表示时期个数。

❑ **加权移动平均法**

加权移动平均法是根据各元素对预测值的影响程度，分别给予不同的权数，然后使用平均移动预测未来值的一种计算方法。对于权数，可以使用经验法与试算法来确定。加权移动平均法的计算公式为：

$$加权平均值 = \frac{\sum\limits_{i=1}^{n} Y_i \times X_i}{\sum\limits_{i=1}^{n} X_i}$$

其中，$Y_i$ 表示第 $i$ 期实际值；$X_i$ 表示第 $i$ 期的权数；$n$ 表示本期数。

> **提 示**
>
> 当存在明显季节性变化因素时，加权平均法的计算值存在不准确因素，最好不要使用该方法。

### 2. 使用移动平均法工具

在 Excel 2010 中，可以使用移动平均工具来预测销售额。在使用移动平均法工具之前，还需要加载分析工具。

❑ **加载分析工具库**

执行【文件】|【选项】命令，在弹出的【Excel 选项】对话框中，单击【加载项】选项卡中的【转到】按钮，如图 11-13 所示。

在弹出的【加载宏】对话框中，启用【分析工具库】复选框，并单击【确定】按钮，如图 11-14 所示。在工作表中的【数据】选项卡【分析】选项组中，将显示【数据分析】选项。

图 11-13 【Excel 选项】对话框

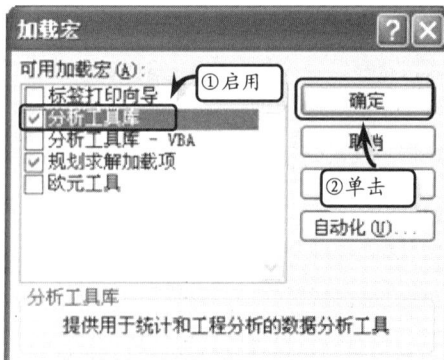

图 11-14 加载工具

❑ 预测销售额

新建工作表，合并单元格区域 A1:E1，输入标题文本并设置文本的字体格式。然后，在工作表中输入列标题字段与基础数据，并在【字体】选项组与【对齐方式】选项组中，设置其边框与居中格式，如图 11-15 所示。

执行【数据】|【分析】|【数据分析】命令，在弹出的【数据分析】对话框中，选择【移动平均】选项，并单击【确定】按钮，如图 11-16 所示。

在弹出的【移动平均】对话框中，设置其【输入区域】、【间隔】与【输出区域】选项，并启用【图表输出】与【标准误差】复选框，如图 11-17 所示。单击【确定】按钮，即可在指定的单元格区域中显示预测值。

| 提 示 |
| --- |

利用平均法预测数值时，其错误值"#N/A"表示没有用于计算初值平均值的数据点。

## 11.2.2 指数平滑法预测

指数平滑法是在移动平均法的基础上发展起来的一种时间序列分析预测法，主要以某种指标的本期实际数与预测数，运用平滑系数计算平均数，其平滑系数必须介于 0~1 之间。

### 1. 指数平滑法计算公式

根据平滑次数不同，指数平滑法又分为一次指数平滑法、二次指数平滑法与三次指数平滑法等。

❑ 一次指数平滑法

在预测数据时，当时间无明显变化时，可使用一次指数平滑法，其计算公式为：

预测值=实际值×平滑系数+预测值×（1-平滑系数）

❑ 二次指数平滑法

二次指数平滑是对一次指数平滑的再平滑，主要适用于具线性趋势的时间数列。其计算公式为：

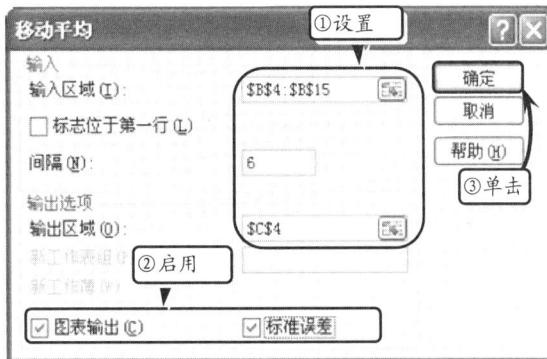

图 11-15　制作基础数据表

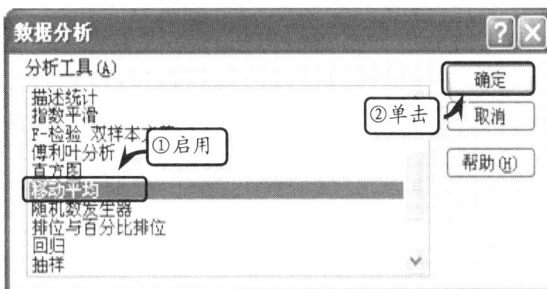

图 11-16　启用分析工具

图 11-17　设置选项

$$预测值 = \frac{(2 \times 预测值 - 实际值) + 期数 \times (预测值 - 实际值) \times 平滑系数}{1 - 平滑系数}$$

❑ 三次指数平滑法

三次指数平滑是对二次平滑的再平滑，其计算公式为：

$$预测值 = 3 \times 预测值 - 3 \times 实际值 + 实际值 +$$

$$\begin{bmatrix}(6 - 5 \times 平滑系数) \times 预测值 - (10 - 8 \times 平滑系数) \times \\ 实际值 + (4 - 3 \times 平滑系数) \times 实际值\end{bmatrix} \times 平滑系数 \times 期数 / 2 \times (1 - 平滑系数) \times 2 +$$

$$(预测值 - 2 \times 实际值 + 预测值) \times 2 \times 平滑系数 \times 2 \times 期数 / 2 \times (1 - 平滑系数) \times 2$$

### 2. 使用指数平滑法工具

在使用指数平滑法工具预测销售额时，首先需要构建预测表格框架。合并单元格区域 A1:F1，输入标题文本并设置其字体格式。然后在工作表中制作列标题并输入月份与销售额数据，最后设置其对齐、字体与边框格式即可，如图 11-18 所示。

图 11-18　构建预测表框架

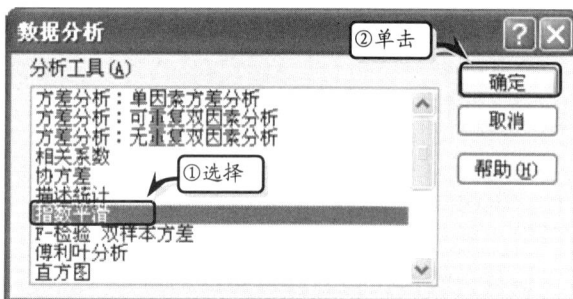

❑ 一次指数平滑预测

执行【数据】|【分析】|【数据分析】命令，在弹出的【数据分析】对话框中，选择【指数平滑】选项，并单击【确定】按钮，如图 11-19 所示。

在弹出的【指数平滑】对话框中，设置【输入区域】、【阻尼系数】与【输出区域】选项，如图 11-20 所示。单击【确定】按钮，即可在指定的单元格区域中显示预测值。

图 11-19　选择分析工具

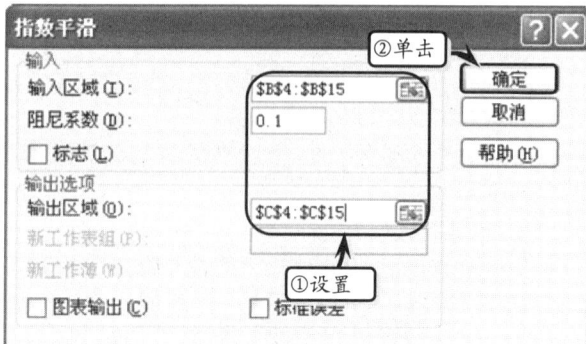

❑ 二次指数平滑预测

二次平滑是以一次平滑预测的数据为基础，再次进行指数平滑预测。执行【数据分析】命令，在【数据分析】对话框中选择【指数平滑】选项。然后，在【指数平滑】对话框中，更改其【输入区域】与【输出区域】选项，如图 11-21 所示。

❑ 三次指数平滑预测

三次指数平滑预测是以二次指

图 11-20　设置预测参数

数平滑预测值为基础数据，再次进行指数平滑预测。执行【数据分析】命令，在【数据分析】对话框中选择【指数平滑】选项。然后，在【指数平滑】对话框中，更改其【输入区域】与【输出区域】选项，并启用【图表输出】与【标准误差】选项，如图 11-22 所示。

图 11-21　设置二次平滑预测参数

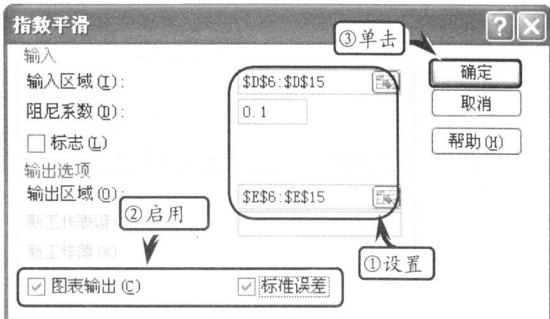

图 11-22　设置三次平滑预测参数

## 11.2.3 函数法预测

函数法预测即是运用 Excel 2010 中的统计函数，进行一元线性与多元线性回归预测。

### 1. 运用 GROWTH 函数

首先，合并单元格区域 A1:B1，输入标题文本并设置其字体格式。然后，在表格中输入月份与实际销售额，并设置其边框与对齐格式，如图 11-23 所示。

同时选择单元格区域 B13:B14，在编辑栏中输入计算公式，按下 Ctrl+Shift+Enter 组合键返回预测值，如图 11-24 所示。

其中，GROWTH 函数表示返回指数回归拟合曲线的一组纵坐标值；函数的表达式为 "=GROWTH（known_y's, known_x's,new_x's,const）"。其参数表述如下。

❑ **参数 known_y's** 为满足指数回归拟合曲线已知的 y 值。

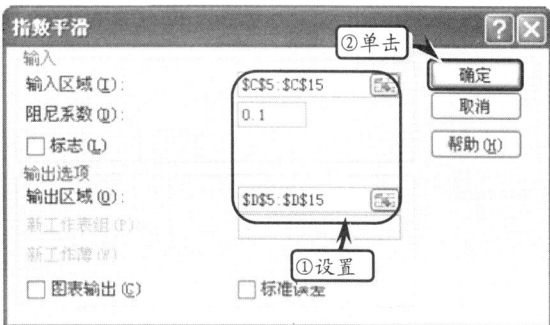

图 11-23　制作预测表格

图 11-24　计算预测值

- ❑ **参数 known_x's** 为满足指数回归拟合曲线已知的 x 值，个数与 y 值相同，为可选参数。
- ❑ **参数 new_x's** 为对应 y 值的一组新 x 值。
- ❑ **参数 const** 为逻辑值，指定是否将系数 b 强制设为 1。如为 True，b 值将按正常计算;如为 False，b=1。

**提 示**

对于返回结果为数组的公式，在选定正确的单元格个数后，必须以数组公式的形式输入。另外，当为参数（如 known_x's）输入数组常量时，应当使用逗号分隔同一行中的数据，用分号分隔不同行中的数据。

### 2．运用 LINEST 函数

由于一元线性回归方程为 Y=A+BX，所以在预测销售额时，需要先运用 LOGEST 函数计算方程中的 A 值与 B 值。

❑ **计算 A 值与 B 值**

首先，在工作表中制作表格标题，然后输入月份与实际销售额，并设置其边框与对齐格式，如图 11-25 所示。

选择单元格 F3，在编辑栏中输入计算公式，按下 Enter 键返回方程式中的 A 值，如图 11-26 所示。

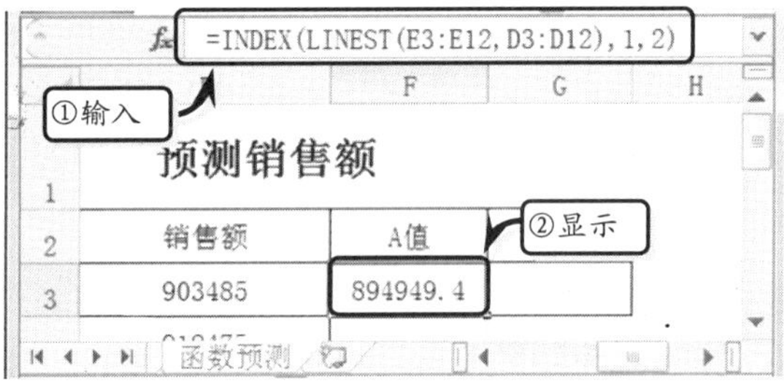

选择单元格 G3，在编辑栏中输入计算公式，按下 Enter 键返回方程式中的 B 值，如图 11-27 所示。

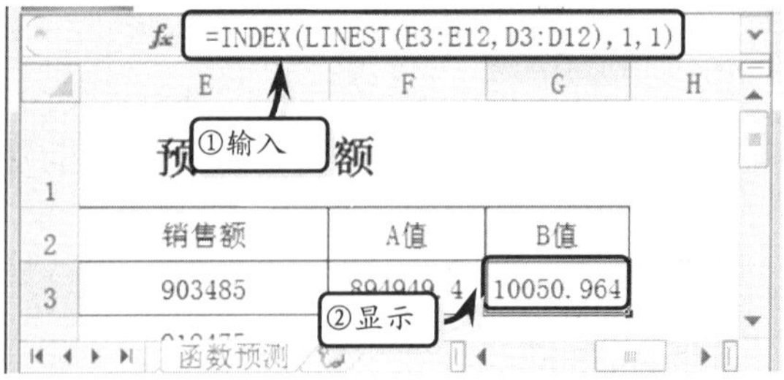

其中，LINEST 函数表示使用最小二乘法对已知数据进行最佳直线拟合，计算直线的统计值，然后返回描述此直线的数组。函数的表达式为 "=LINEST（known_y's,known_x's,const,stats）"，其参数表述如下。

图 11-25　制作预测表格

图 11-26　计算 A 值

图 11-27　计算 B 值

- ❑ **参数 known_y's** 为关系表达式 y=A+BX 中已知的 y 值集合。
- ❑ **参数 known_x's** 为关系表达式 y=A+BX 中已知的可选 x 值集合。
- ❑ **参数 const** 为逻辑值，用于指定是否将常量 A 设为 0，该参数为可选参数。
- ❑ **参数 stats** 为逻辑值，用于指定是否返回附加回归统计值，该函数为可选参数。

当参数为 True 时，返回附加回归统计值；当参数为 False 时，返回系数 B 和常量 A。

❑ **预测销售额**

预测销售额是根据 A 值与 B 值计算而来，选择单元格区域 E13:14，在编辑栏中输入计算公式，按下 Ctrl+Shift+Enter 组合键返回预测销售额，如图 11-28 所示。

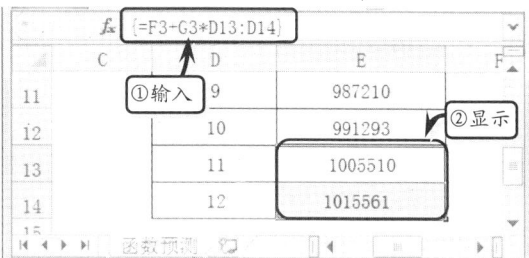

图 11-28　预测销售额

## 11.2.4　销售预算（选读）○downloads\选读\11.2.4 销售预算

除了可以利用 Excel 进行预测销售额之外，还可以进行销售预算。其中，销售预算是整个销售的编制起点，主要包括销售量、销售单价与销售收入等内容。另外，为了可以顺利地编制现金预算表，在销售预算中还需编制预计现金收入表。具体内容参见本书配套光盘。

# 11.3　分析利润因素

在企业经营中，产品的价格、单位成本、销量及固定成本等因素是影响利润高低的直接因素。任何一个因素的变化都会引起企业利润的波动。用户可运用 Excel 2010 中的公式与数组公式，可直接分析影响利润的因素，并通过不同的因素变化计算盈亏平衡点。

## 11.3.1　分析售价与销量因素

售价是影响产品利润的重要因素之一，产品售价定位过高会影响产品的销量，而定价过低则会直接影响到产品的利润。所以，在分析利润因素时，还需要根据将售价与销量因素组合分析，分析其在互相变动的情况下对利润的影响程度。

**1. 计算盈亏平衡点**

首先，在工作表中制作表格标题与基本数据表格，并设置其字体、边框与对齐格式。然后，选择单元格 D7，在编辑栏中输入计算公式，按下 Enter 键返回盈亏平衡点，如图 11-29 所示。

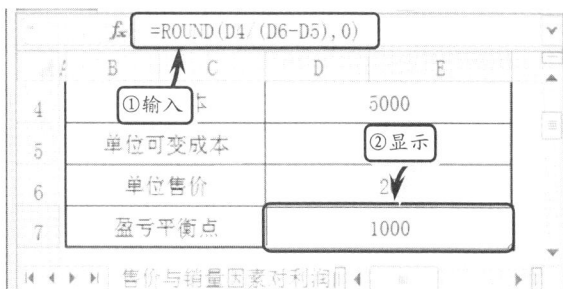

图 11-29　计算盈亏平衡点

其中，公式中的函数表示按指定的位数对数值进行四舍五入。该函数的表达式为"=ROUND(number,num_digits)"，各参数的含义表述如下。

❑ **参数 number** 表示需要四舍五入的数字。

❑ **参数 num_digits** 表示对数字进行四舍五入的位数。

**提 示**

如果 num_digits 大于 0（零），则将数字四舍五入到指定的小数位。如果 num_digits 等于 0，则将数字四舍五入到最接近的整数。如果 num_digits 小于 0，则在小数点左侧进行四舍五入。

**2．本量力分析**

在"基本数据"表格下方制作"本量力分析"表格，并设置其字体、对齐与边框格式。选择单元格 C11，在编辑栏中输入计算公式，按下 Enter 键返回在无销量情况下的成本额，如图 11-30 所示。

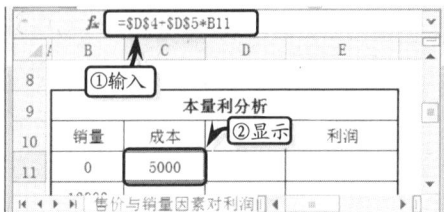
图 11-30 计算成本额

**技 巧**

公式中的"$"符号表示对单元格进行绝对引用，可通过按下 F4 键来增加或取消该符号。

选择单元格 D11，在编辑栏中输入计算公式，按下 Enter 键返回在无销量情况下的收入额，如图 11-31 所示。

选择单元格 E11，在编辑栏中输入计算公式，按下 Enter 键返回在无销量情况下的利润额，如图 11-32 所示。

最后，选择单元格区域 C11:E21，执行【开始】|【编辑】|【填充】|【向下】命令，如图 11-33 所示。

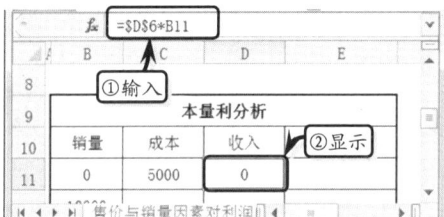
图 11-31 计算收入额

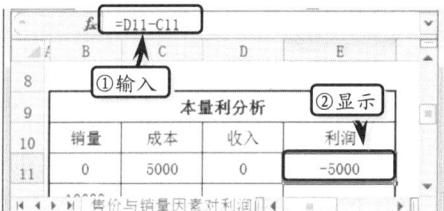
图 11-32 计算利润额

## 11.3.2 分析成本与销量因素

虽然售价与销量因素是影响利润的重要因素，但为了获取更准确的分析结果，还需要利用假设分析工具对成本与销量因素进行分析。

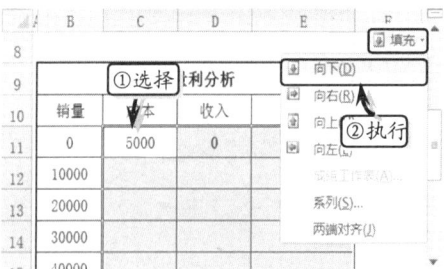
图 11-33 填充公式

**1．计算基本数据**

首先，在工作表中制作预测表格的标题与基本数据表格的标题与内容，并设置其字体、边框与对齐格式，如图 11-34 所示。

选择单元格 D5，在编辑栏中输入计算公式，按下 Enter 键返回销售收入额，如图 11-35 所示。

然后，利用简单的公式分别计算总成本与利润额，其具体公式表现如下。

❏ **总成本** 总成本＝固定成本＋单位可变成本×预计销量＝B4＋B5×D4

❏ **利润** 利润＝销售收入−销售成本
＝D5−D6

### 2．计算盈亏平衡销量

选择单元格 B7，在编辑栏中输入计算公式，按下 Enter 键，返回盈亏平衡销量，如图 11-36 所示。

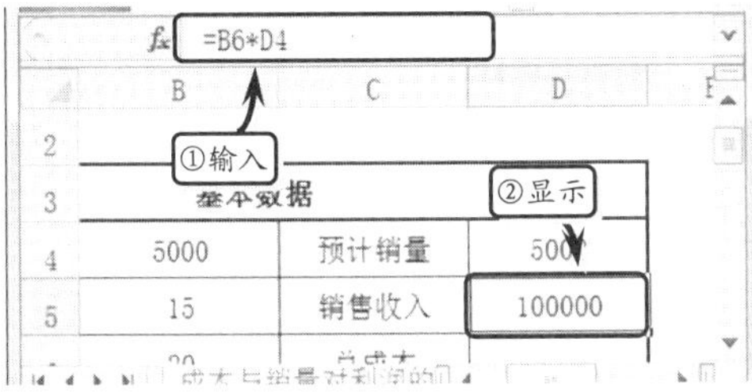

图 11-34 制作基本数据表

图 11-35 计算销售收入

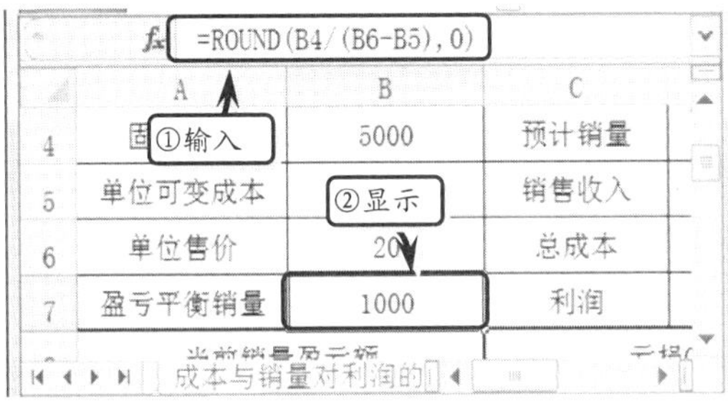

图 11-36 假设盈亏平衡销量

最后，选择单元格 C8，在编辑栏中输入计算公式，按下 Enter 键返回盈利或亏损的判断结果，如图 11-37 所示。

**提 示**

公式中的"&"符号表示连接数字的意思，即连接数字与数字或字母与数字。

### 3．本量力分析

本量力分析即通过运用 Excel 2010 中的【模拟运算表】功能，计算不同销量下的成本、收入与利润额。首先，在工作表中制作本量力分析表格，并在单元格 A12 中输入计算公式，按下 Enter 键返回销量值，如图 11-38 所示。使用同样的方法，分别引用"基本数据"表格中的成本、收入与利润值。

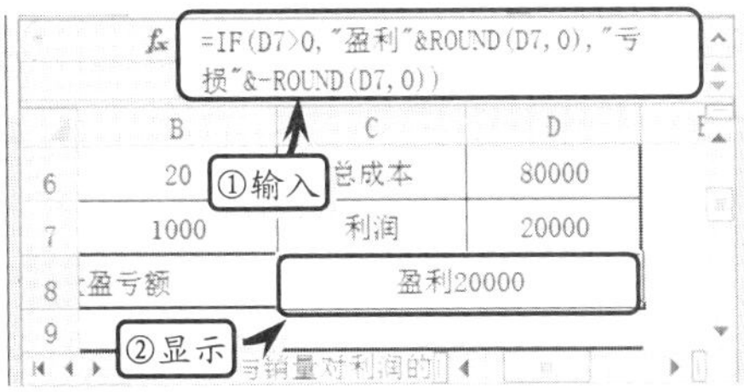

图 11-37 判断盈利或亏损

然后，选择单元格区域 A12:D22，执行【数据】|【数据工具】|【模拟分析】|【模拟运算表】选项。在弹出的【模拟运算表】对话

框中，将【输入引用列的单元格】设置为"D4"，如图 11-39 所示。单击【确定】按钮后，在单元格区域中将显示不同销量下的成本、收入与利润额。

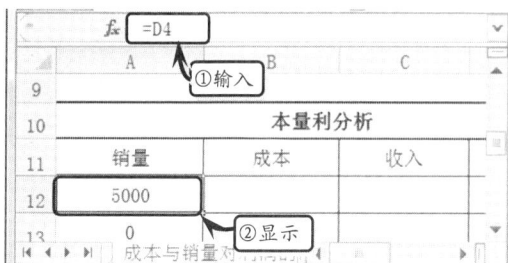

图 11-38　引用数据

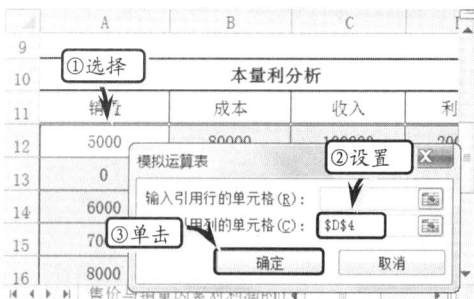

图 11-39　设置引用单元格

# 11.4　利润敏感性分析

利润敏感性分析是对影响利润因素发生变动时，分析其对利润预测结果所产生影响的一种定量分析方法。用户可以运用 Excel 2010 强大的数据处理功能，来制作利润敏感性分析模型。

## 11.4.1　构建利润敏感性分析表

由于利润敏感性分析模型包括基本数据、多因素利润敏感分析与单因素利润敏感分析 3 个列表，所以在进行利润敏感性分析之前，还需要构建分析表框架。

### 1．构建基本数据列表

首先，合并单元格区域 B1:G1，输入标题文本并设置文本的字体格式。然后，合并单元格区域 B2:E2，输入列表标题并设置其文本的字体格式。最后，输入列表字段与基本数据，并设置其对齐与居中格式，如图 11-40 所示。

### 2．计算变动后的数值

选择单元格 D4，在编辑栏中输入计算公式，按下 Enter 键返回变动后的固定成本，如图 11-41 所示。

图 11-40　构建基本框架

将鼠标移至单元格 D4 的右下角，当鼠标变为"十"字形状时，向下拖动鼠标即可填充公式，如图 11-42 所示。

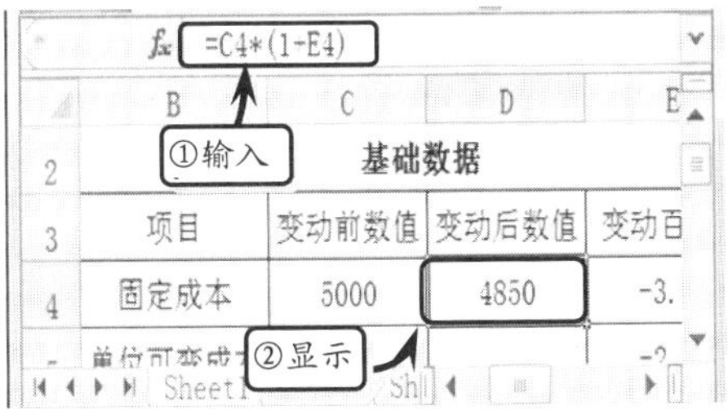

图 11-41 计算变动后的固定成本

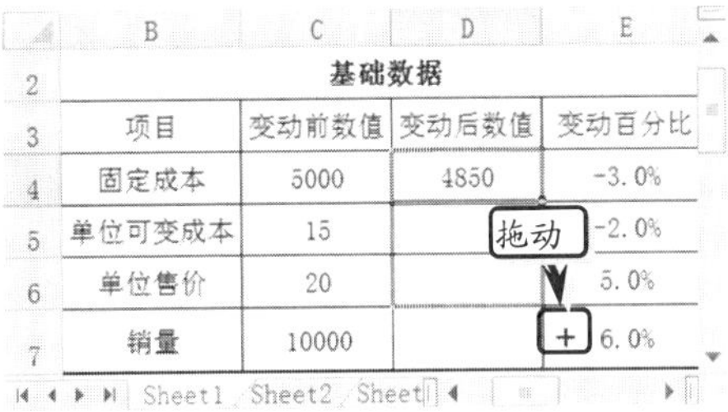

图 11-42 填充公式

**提 示**

用户也可以选择单元格区域D3:D7，执行【开始】|【编辑】|【填充】|【向下】命令，向下填充公式。

## 11.4.2 单因素利润敏感性分析

单因素敏感性分析是指在每次只变动一个因素，而其他因素保持不变的情况下，分析利润敏感性的一种分析方法。在分析过程中，当因素的敏感系数越大，说明该因素的变化对利润的影响越大。

### 1. 了解单因素利润敏感性分析公式

其中，单因素利润敏感性分析的计算公式，大体如下所述。

$$因素敏感性系数 = \frac{利润变动率}{因素变动率}$$

$$预计利润 = 销量 \times (单位售价 - 单位可变成本) - 固定成本$$

$$利润增长率 = 销量 \times 销售单价 \times 价格变化率$$

$$价格敏感系数 = \frac{利润变动率}{价格变动率}$$

$$销量敏感系数 = \frac{销量 \times (销售单价 - 单位变动成本)}{预计利润}$$

$$单位可变成本的敏感系数 = \frac{销量 \times 单位变动成本}{预计利润}$$

$$固定成本敏感系数 = \frac{固定成本}{预计利润}$$

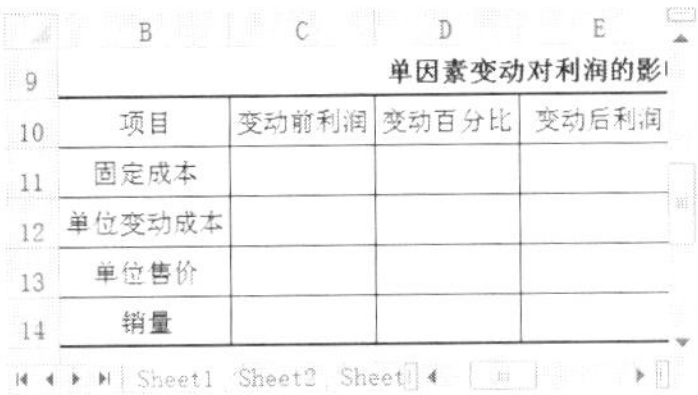

图 11-43 构建分析框架

### 2. 敏感性分析

首先，合并单元格区域 B9:G9，输入列表标题文本并设置其字体格式。输入列表内容，并设置其对齐与边框格式，如图 11-43 所示。

构建完基础框架之后，便可以根据列标题字段，运用单因素利润敏感性计算公式与 Excel 2010 中的公式功能，来计算相应的因素值。

❑ 计算变动前利润与变动百分比

选择单元格区域 C11:C14，在编辑栏中输入

图 11-44 计算变动前利润

计算公式，按下 Ctrl+Shift+Enter 组合键返回变动前利润，如图 11-44 所示。

选择单元格区域 D11:D14，在编辑栏中输入计算公式，按下 Ctrl+Shift+Enter 组合键返回变动百分比，如图 11-45 所示。

**提 示**

**在使用数组公式计算数据时，不能删除单个单元格内的计算结果，只能删除整个单元格区域的计算结果。**

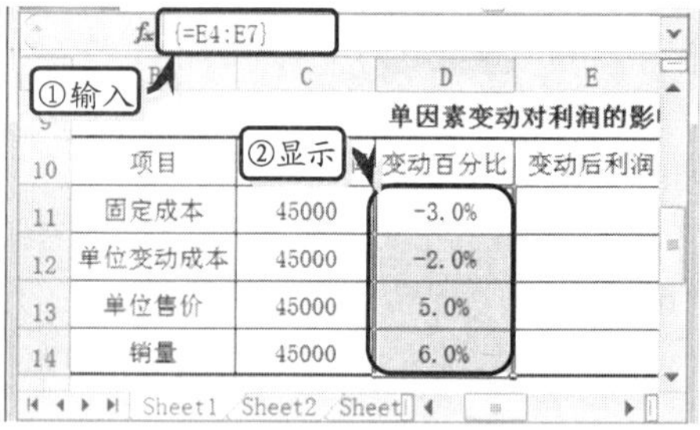


图 11-45 计算变动百分比

❑ **计算变动后的利润**

选择单元格 E11，在编辑栏中输入计算公式，按下 Enter 键返回固定成本变动下的变动后利润，如图 11-46 所示。

使用相同的计算方法，分别计算在单位变动成本、单位售价与销量变动下的利润。其计算公式分别为：

❑ **单位变动成本因素**

单元格 E12=销量×（单位售价-变动后的单位可变成本）-固定成本＝C7×(C6－D5)－C4

❑ **单位售价因素**

单元格 E13=销量×（变动后的单位售价-单位可变成本）-固定成本＝C7×(C6－D5)－C4

❑ **销量因素**

单元格 E14=变动后的销量×（单位售价-单位可变成本）-固定成本＝C7×(C6－D5)－C4

❑ **计算利润变动额与变动幅度**

选择单元格 F11，在编辑栏中输入计算公式，按下 Enter 键返回利润变动额，如图 11-47 所示。使用同样的方法，分别计算其他因素变动下的利润变动额。

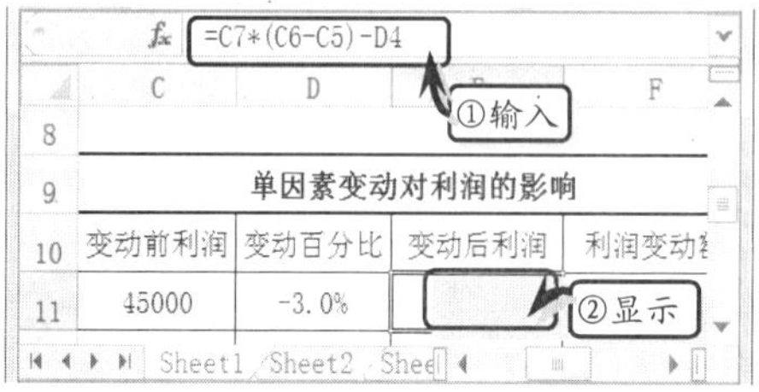


图 11-46 计算固定成本变动下的变动后利润

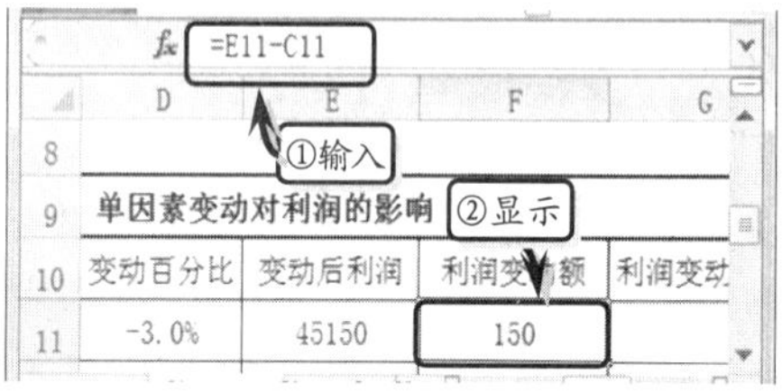


图 11-47 计算利润变动额

选择单元格 G11，在编辑栏中输入计算公式，按下 Enter 键返回利润变动幅度，如图 11-48 所示。使用同样的方法，分别计算其他因素变动下的利润变动幅度。

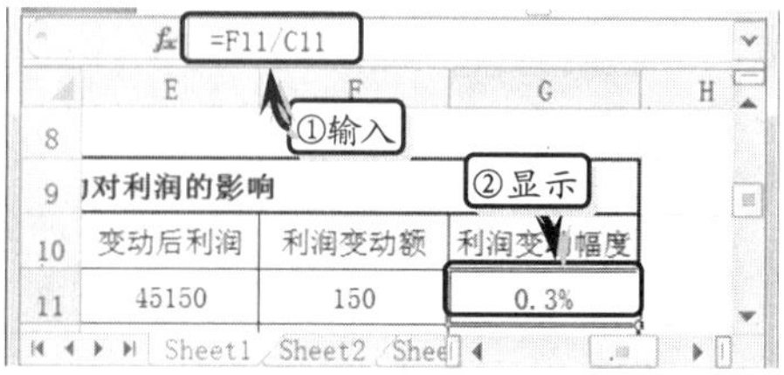


图 11-48 计算利润变动幅度

## 11.4.3 多因素利润敏感性分析

多因素利润敏感性分析是指在假定其他不确定性因素不变的条件下，分析多种不确定性因素同时发生变动对利润的影响程度。多因素敏感性分析一般建立在单因素敏感性分析的基础上，其分析方法大体一致，其区别在于多因素敏感性分析需要同时假定多个变动因素是相互独立，且具有相同的变化概率。

### 1．构建分析列表

合并单元格区域 F1:G1，输入列表标题并设置其字体格式。在单元格区域 F3:G7中，输入列表内容，并执行【开始】|【字体】|【边框】|【所有框线】与【粗匣框线】命令。同时执行【对齐方式】|【居中】命令，如图 11-49 所示。

### 2．敏感性分析

选择单元格 G3，在编辑栏中输入计算公式，按下 Enter 键返回预计利润额，如图 11-50所示。

选择单元格 G4，在编辑栏中输入计算公式，按下 Enter 键返回变动后利润，如图 11-51所示。

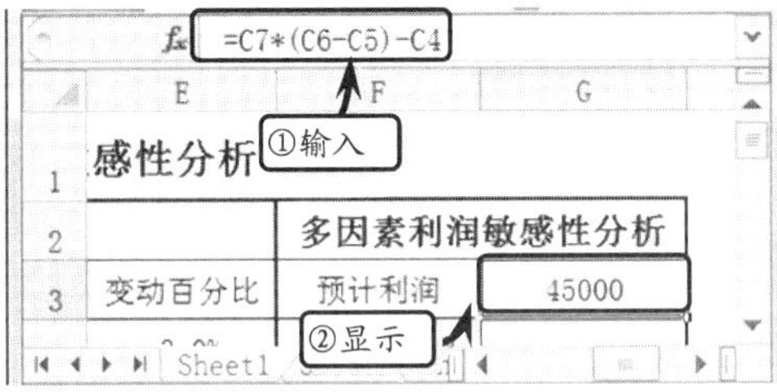

图 11-49　构建多因素分析列表

图 11-50　计算预计利润

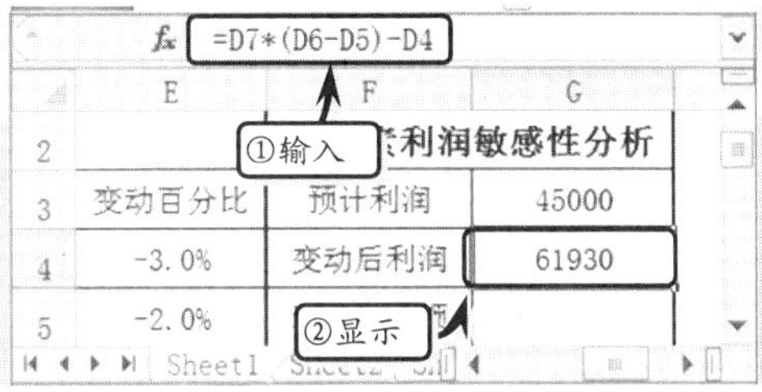

图 11-51　计算变动后利润

选择单元格 G5，在编辑栏中输入计算公式，按下 Enter 键返回利润变动额，如图 11-52所示。

选择单元格 G6，在编辑栏中输入计算公式，按下 Enter 键返回利润变动幅度值，如图 11-53 所示。

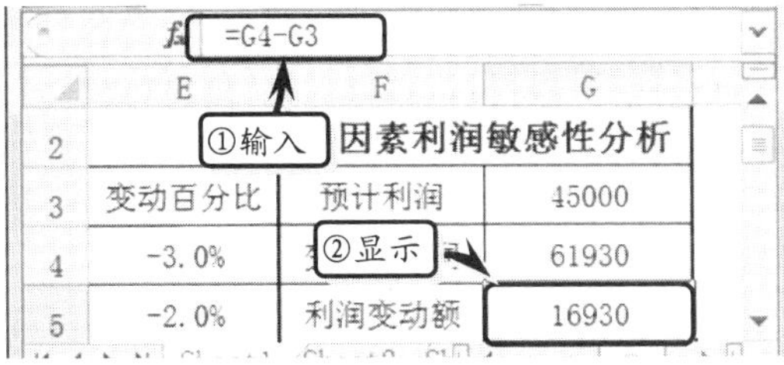

图 11-52　计算利润变动额

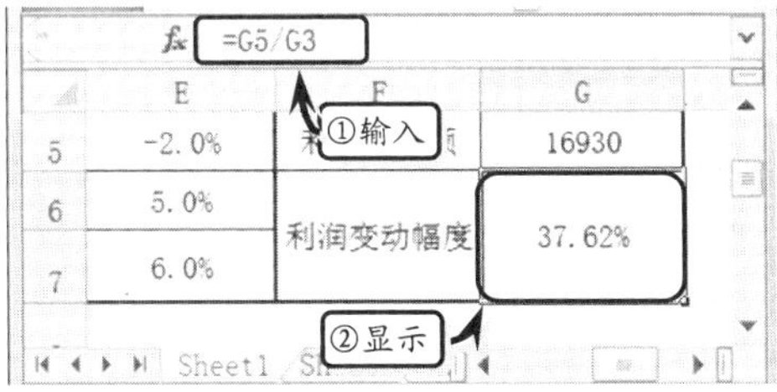

图 11-53　计算利润变动幅度

## 11.5　课堂练习：利润敏感性动态分析模型

企业在实际运作过程中，往往需要考虑到产品的固定成本、单位可变成本、单位售价与销售量等因素对产品利润的影响。此时，财务人员需要运用分析公式对影响产品利润的众多因素进行分析，以求获得最大化利润。在本练习中，将运用 Excel 2010 中的公式、数组公式与控件等功能，来构建利润敏感性动态分析模型，如图 11-54 所示。

## 利润敏感性动态分析

| 基础数据 | | | | |
|---|---|---|---|---|
| 项目 | 变动前数值 | 变动后数值 | 变动百分比 | 动态链接单元格 |
| 固定成本 | 5000 | 2500 | -50.0% ◀ ⬜ ▶ | 0 |
| 单位可变成本 | 15 | 7.5 | -50.0% ◀ ⬜ ▶ | 0 |
| 单位售价 | 20 | 10 | -50.0% ◀ ⬜ ▶ | 0 |
| 销量 | 10000 | 5000 | -50.0% ◀ ⬜ ▶ | 0 |
| 单因素分析 | | | | |
| 项目 | 变动前利润 | 变动百分比 | 变动后利润 | 利润变动额 | 利润变动幅度 |

**图 11-54** 利润敏感性动态分析模型

### 操作步骤

**1** 制作表格框架。新建工作表，将【行高】设置为"20"。合并单元格区域 A1:G1，输入标题文本并设置其字体格式，如图 11-55 所示。

**图 11-55** 制作表格标题

**2** 分别合并单元格区域 B2:G2、B8:G8 与 C14:F14，分别输入列表标题，并设置其字体格式，如图 11-56 所示。

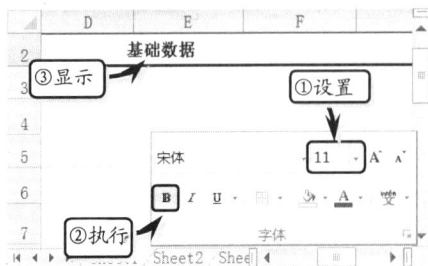

**图 11-56** 制作列表标题

**3** 在工作表中输入基础内容与基础数据，执行【字体】|【边框】|【所有框线】命令。同时，执行【对齐方式】|【居中】命令，如图 11-57 所示。

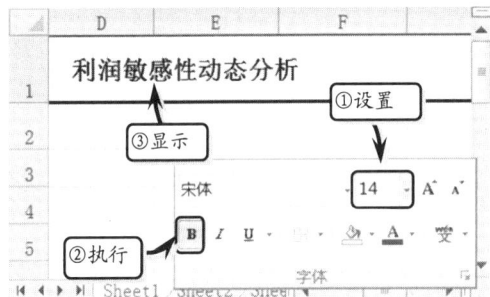

**图 11-57** 设置单元格格式

**4** 同时选择单元格 B2、B8 与 C14，与单元格区域 B3:G7、B9:G13、C15:F16、B14:B16 与 G14:G16，执行【边框】|【粗匣框线】命令，如图 11-58 所示。

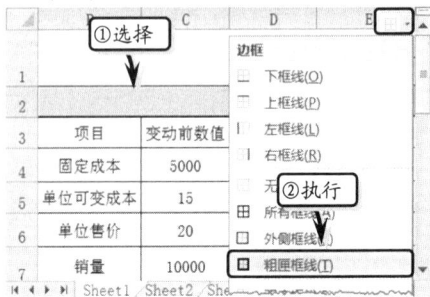

**图 11-58** 设置边框样式

**5** 选择单元格区域 B2:G16，执行【字体】|【填充颜色】命令，在其下拉列表中选择相应的色块，如图 11-59 所示。

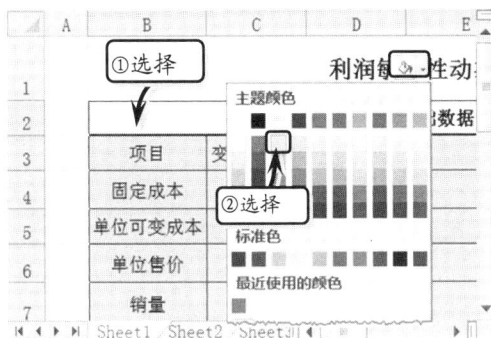

图 11-59 设置填充颜色

**6** 计算变动后数值。选择单元格 D4，在编辑栏中输入计算公式，按下 Enter 键返回变动后的固定成本，如图 11-60 所示。使用同样的方法，分别计算其他变动后的数据。

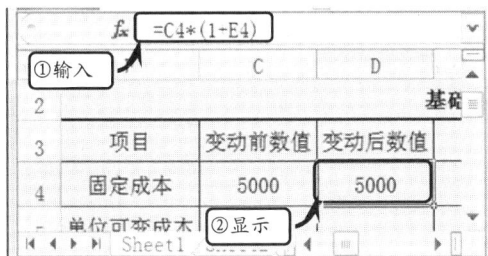

图 11-60 计算变动后的数据

**7** 计算变动百分比。选择单元格 E4，在编辑栏中输入计算公式，按下 Enter 键返回固定成本的变动百分比，如图 11-61 所示。使用同样的方法，计算其他成本的变动百分比。

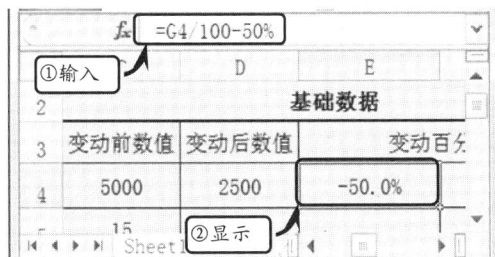

图 11-61 计算变动百分比

**8** 多因素分析。选择单元格 C16，在编辑栏中输入计算公式，按下 Enter 键返回预计利润，如图 11-62 所示。

图 11-62 计算预计利润

**9** 选择单元格 D16，在编辑栏中输入计算公式，按下 Enter 键返回变动后利润，如图 11-63 所示。

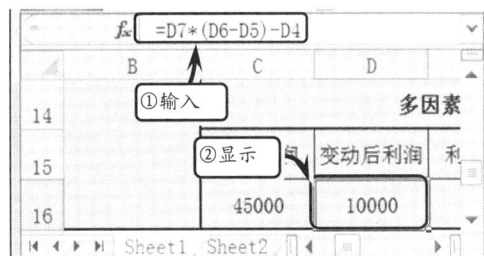

图 11-63 计算变动后利润

**10** 选择单元格 E16，在编辑栏中输入计算公式，按下 Enter 键返回利润变动额，如图 11-64 所示。

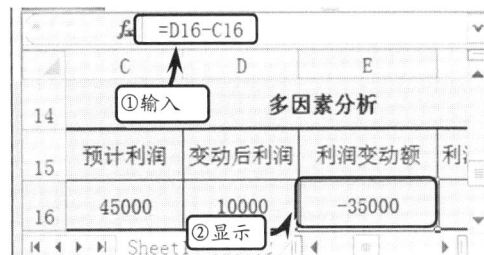

图 11-64 计算利润变动额

**11** 选择单元格 F16，在编辑栏中输入计算公式，按下 Enter 键返回利润变动幅度，如图 11-65 所示。

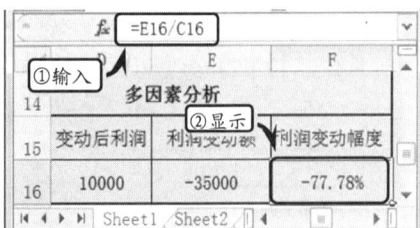

**图 11-65** 计算利润变动幅度

12　单因素分析。选择单元格区域 C10:C13，在编辑栏中输入计算公式，按下 Ctrl+Shift+Enter 组合键返回变动前利润，如图 11-66 所示。

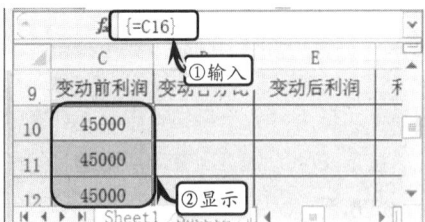

**图 11-66** 计算变动前利润

13　选择单元格区域 D10:D13,在编辑栏中输入计算公式，按下 Ctrl+Shift+Enter 组合键返回变动百分比，如图 11-67 所示。

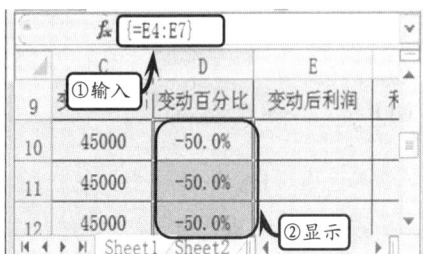

**图 11-67** 计算变动百分比

14　选择单元格 E10，在编辑栏中输入计算公式，按下 Enter 键返回固定成本变动下的利润，如图 11-68 所示。

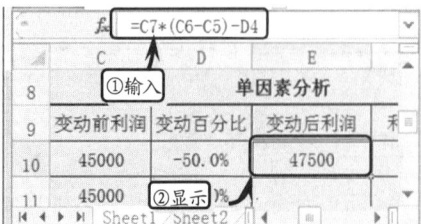

**图 11-68** 计算固定成本变动下的利润

15　选择单元格 E11，在编辑栏中输入计算公式，按下 Enter 键返回单位变动成本变动下的利润，如图 11-69 所示。

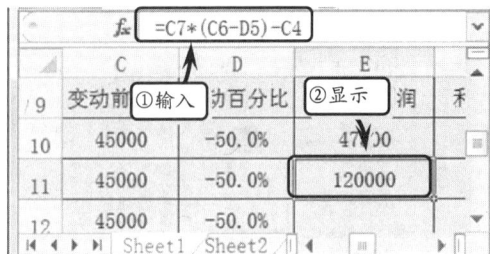

**图 11-69** 计算单位变动成本下的利润

16　选择单元格 E12，在编辑栏中输入计算公式，按下 Enter 键返回单位售价变动下的利润，如图 11-70 所示。

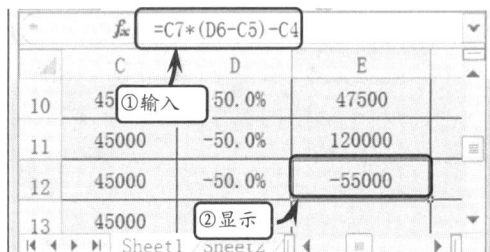

**图 11-70** 计算单位售价变动下的利润

17　选择单元格 E13，在编辑栏中输入计算公式，按下 Enter 键返回销量变动下的利润，如图 11-71 所示。

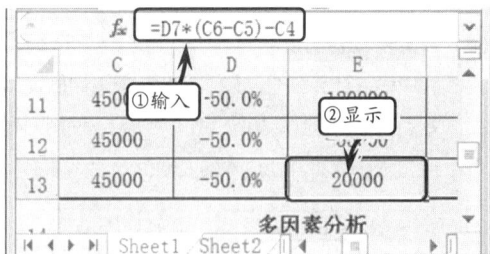

**图 11-71** 计算销量变动下的利润

18　选择单元格 F10，在编辑栏中输入计算公式，按下 Enter 键返回利润变动额，如图 11-72 所示。使用同样的方法，分别计算其他利润变动额。

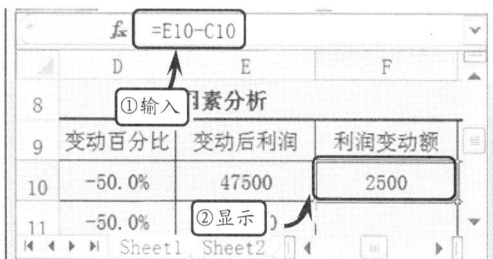

图 11-72 计算利润变动额

19 选择单元格 G10，在编辑栏中输入计算公式，按下 Enter 键返回利润变动幅度，如图 11-73 所示。使用同样的方法，分别计算其他利润变动幅度。

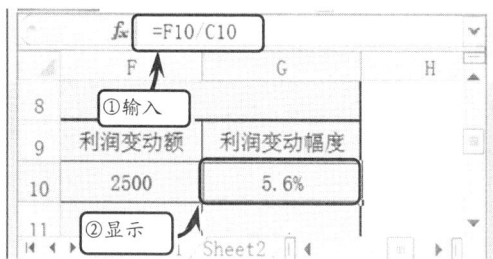

图 11-73 计算利润变动幅度

20 添加控件。执行【开发工具】|【控件】|【插入】|【滚动条（窗体控件）】命令，在工作表中绘制控件，如图 11-74 所示。使用同样的方法，绘制其他控件。

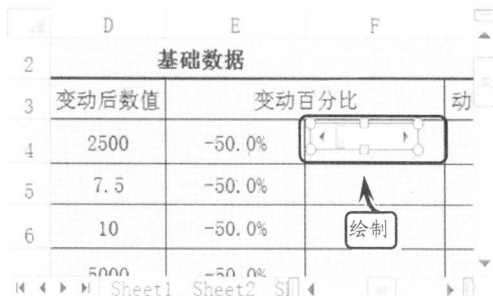

图 11-74 绘制控件

21 右击单元格 F4 中的控件，执行【设置控件格式】命令，在弹出的【设置控件大小】对话框中，设置相应的选项，如图 11-75 所示。

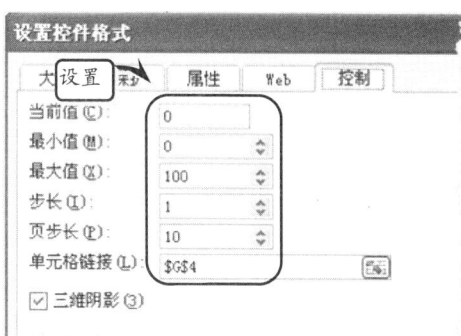

图 11-75 设置固定成本控件

22 右击单元格 F5 中的控件，执行【设置控件格式】命令，在弹出的【设置控件大小】对话框中，设置相应的选项，如图 11-76 所示。

图 11-76 设置单位可变成本控件

23 右击单元格 F6 中的控件，执行【设置控件格式】命令，在弹出的【设置控件大小】对话框中，设置相应的选项，如图 11-77 所示。

图 11-77 设置单位售价控件

24 右击单元格 F7 中的控件，执行【设置控件格式】命令，在弹出的【设置控件大小】对话框中，设置相应的选项，如图 11-78 所示。

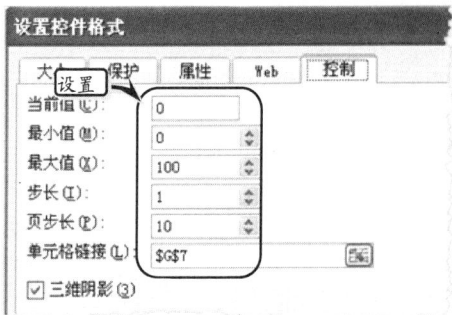

图 11-78　设置销量控件

25　最后，调整各因素对应的滚动条，查看不同因素下对利润的影响程度。

## 11.6　课堂练习：利润因素动态分析表

在实际运作中，平衡销量、成本与利润是企业永恒的目标。为追求利润的最大目标，财务人员需要在不同的产品销量、单位售价与单位可变成本数据中，分析产品的盈亏平衡销量与利润值。在本练习中，将运用 Excel 2010 中的函数与数据表等功能，分析在单因素与多因素变化下的产品本量力数据，如图 11-79 所示。

### 利润因素动态分析表

| 基本数据 | | | | 动态数据 | | |
| --- | --- | --- | --- | --- | --- | --- |
| 固定成本 | 5000 | 预计销量 | 5000 | 动态因素 | 变动数据 | 链接数据 |
| 单位可变成本 | 10 | 销售收入 | 80000 | 动态单位售价 | | 16 |
| 单位售价 | 16 | 总成本 | 55000 | 动态单位可变成本 | | 10 |
| 盈亏平衡销量 | 833 | 利润 | 25000 | 动态预计销量 | | 50 |
| 分析售价因素 | | | | 分析成本与销量因素 | | | |
| 销量 | 成本 | 收入 | 利润 | 销量 | 成本 | 收入 | 利润 |
| 0 | 5000 | 0 | −5000 | 5000 | 55000 | 80000 | 25000 |
| 10000 | 105000 | 160000 | 55000 | 0 | 5000 | 0 | −5000 |

图 11-79　利润因素动态分析表

### 操作步骤

1　制作表格框架。新建工作表，设置其行高，并在工作表中制作表格标题、列表标题与表格内容，如图 11-80 所示。

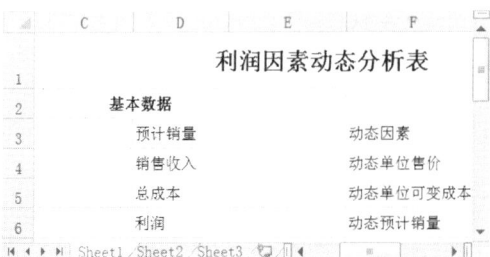

图 11-80　制作表格框架

2　选择单元格 B2:I19，执行【边框】|【所有框线】选项。同时，执行【对齐方式】|【居中】命令，如图 11-81 所示。

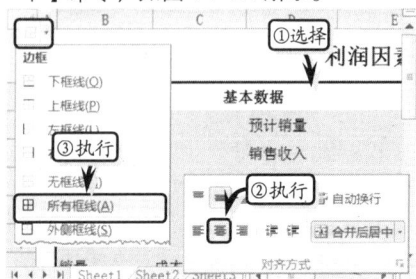

图 11-81　设置单元格格式

**3** 计算基本数据。在表格中输入基本数据，在单元格 C4 中输入计算公式，引用单位可变成本值，如图 11-82 所示。使用相同的方法，分别引用单位售价值。

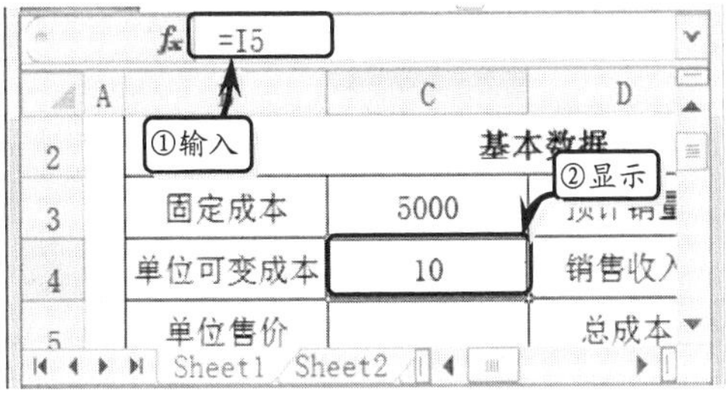

图 11-82 引用单位可变成本

**4** 选择单元格 C6，在编辑栏中输入计算公式，按下 Enter 键返回盈亏平衡销量，如图 11-83 所示。

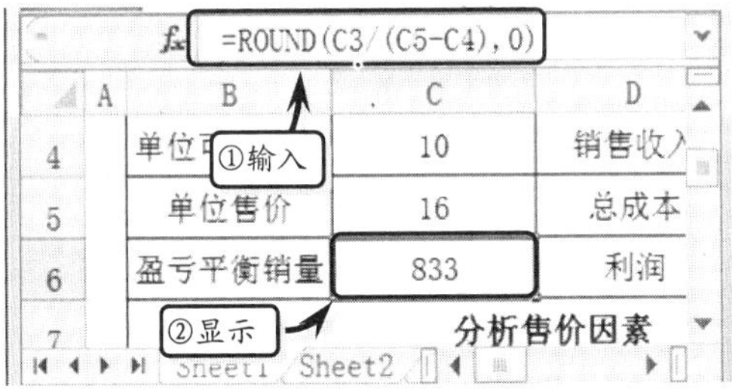

图 11-83 计算盈亏平衡销量

**5** 选择单元格 E3，在编辑栏中输入计算公式，按下 Enter 键返回预计销量值，如图 11-84 所示。

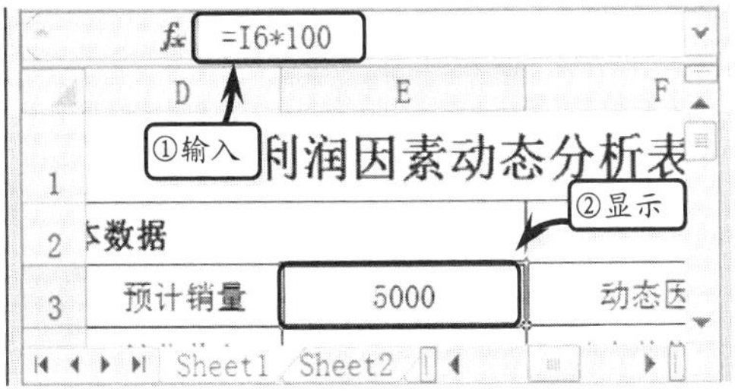

图 11-84 计算预计销量

**6** 选择单元格 E4，在编辑栏中输入计算公式，按下 Enter 键返回销售收入，如图 11-85 所示。

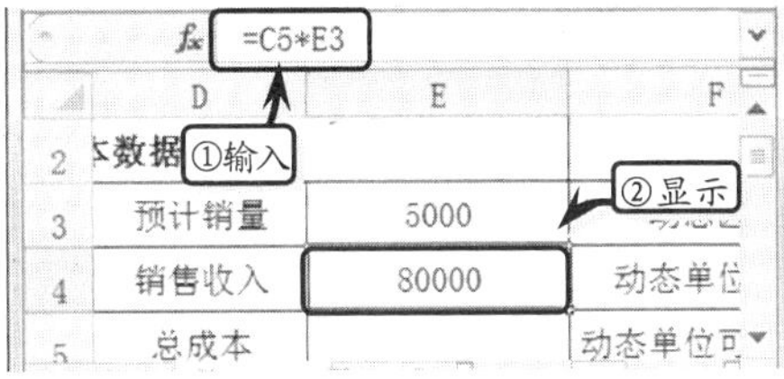

图 11-85 计算销售收入

**7** 选择单元格 E5，在编辑栏中输入计算公式，按下 Enter 键返回总成本，如图 11-86 所示。

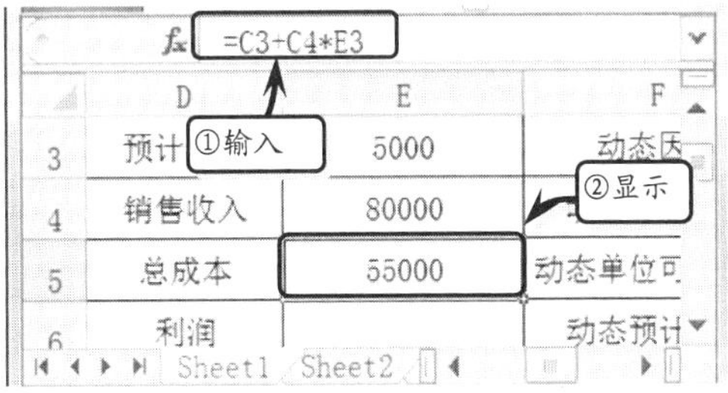

图 11-86 计算总成本

**8** 选择单元格 E6，在编辑栏中输入计算公式，按下 Enter 键返回利润，如图 11-87 所示。

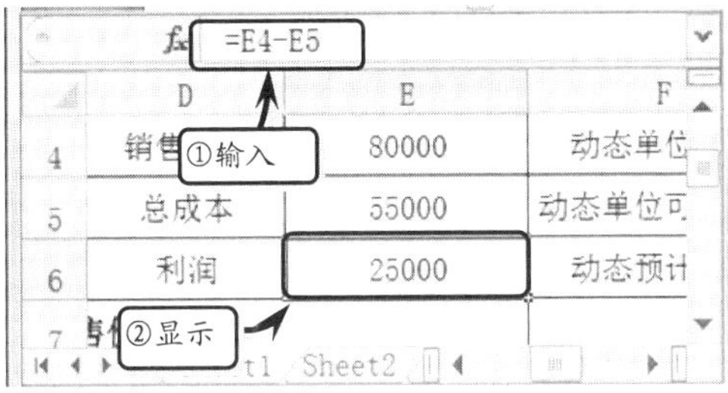

图 11-87 计算利润

**9** 分析售价因素。选择单元格 C9，在编辑栏中输入计算公式，按下 Enter 键返回成本额，如图 11-88 所示。

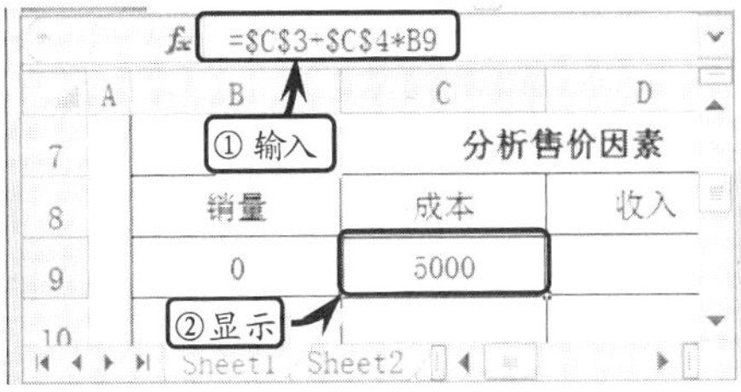

图 11-88 计算成本额

**10** 选择单元格 D9，在编辑栏中输入计算公式，按下 Enter 键返回收入额，如图 11-89 所示。

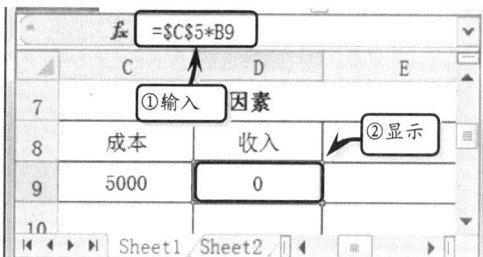

○ 图 11-89 计算收入额

**11** 选择单元格 E9，在编辑栏中输入计算公式，按下 Enter 键返回利润额，如图 11-90 所示。

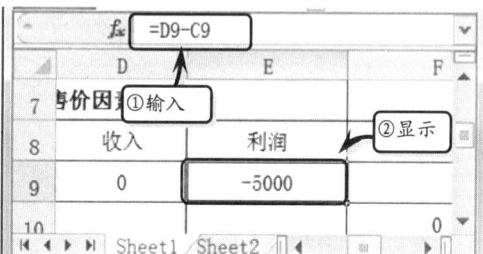

○ 图 11-90 计算利润额

**12** 选择单元格区域 C9:E19，执行【开始】|【编辑】|【填充】|【向下】命令，如图 11-91 所示。

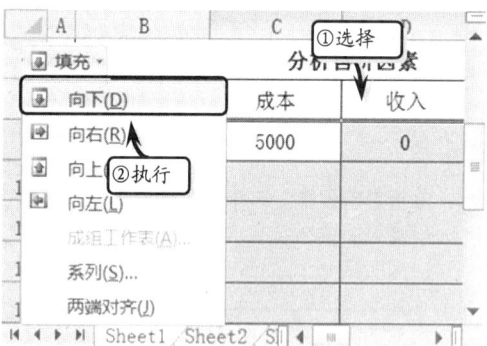

○ 图 11-91 填充公式

**13** 分析成本与销量因素。选择单元格 F9，在编辑栏中输入计算公式，按下 Enter 键返回销量，如图 11-92 所示。

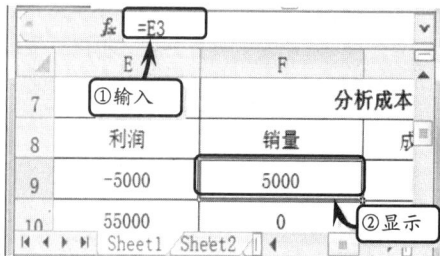

○ 图 11-92 引用销量额

**14** 选择单元格 G9，在编辑栏中输入计算公式，按下 Enter 键返回成本，如图 11-93 所示。

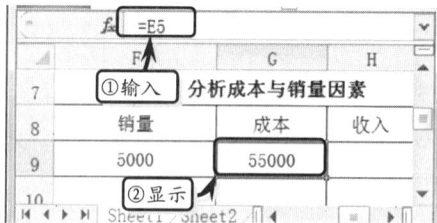

○ 图 11-93 引用成本额

**15** 选择单元格 H9，在编辑栏中输入计算公式，按下 Enter 键返回收入，如图 11-94 所示。

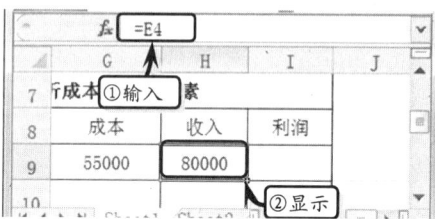

○ 图 11-94 引用收入额

**16** 选择单元格 I9，在编辑栏中输入计算公式，按下 Enter 键返回利润额，如图 11-95 所示。

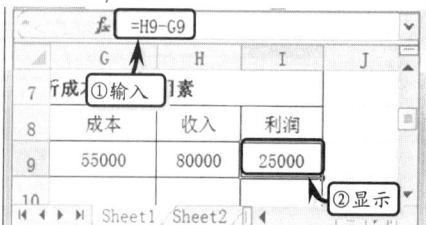

○ 图 11-95 计算利润额

**17** 选择单元格区域 E9:I19，执行【数据】|【数

据工具】|【模拟分析】|【模拟运算表】命令，设置相应的选项，如图 11-96 所示。

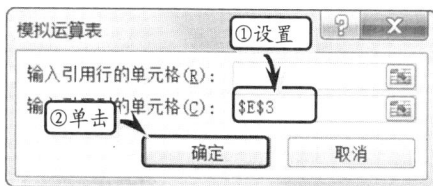

图 11-96 设置模拟运算参数

18 添加控件。执行【开发工具】|【控件】|【插入】|【滚动条（窗体控件）】命令，在工作表中绘制控件，如图 11-97 所示。

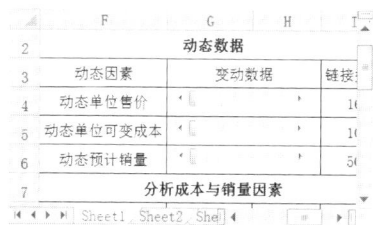

图 11-97 添加控件

19 右击单元格 G4 中的控件，执行【设置控件格式】命令，在弹出的【设置控件格式】对话框中设置各项选项，如图 11-98 所示。

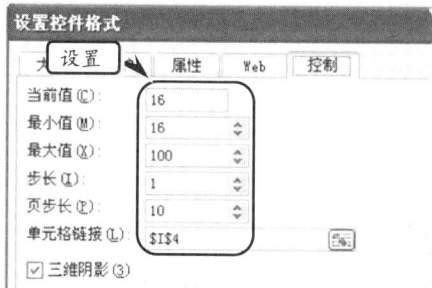

图 11-98 设置动态单位售价控件

20 右击单元格 G5 中的控件，执行【设置控件格式】命令，在弹出的【设置控件格式】对话框中设置各项选项，如图 11-99 所示。

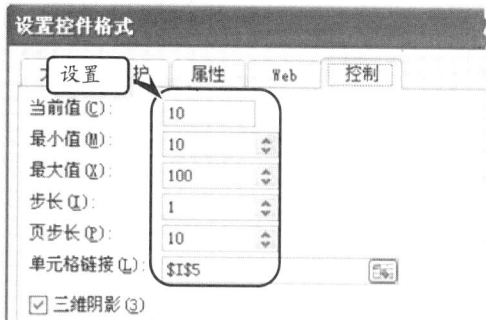

图 11-99 设置动态单位可变成本控件

21 右击单元格 G6 中的控件，执行【设置控件格式】命令，在弹出的【设置控件格式】对话框中设置各项选项，如图 11-100 所示。

图 11-100 设置动态预计销量控件

22 最后，单击单元格 G4 中的控件，可以查看在不同单位售价下的利润变化情况。单击单元格 G5 与 G6 中的空间，可以查看在不同销量与可变成本下的利润变化情况。

# 11.7 思考与练习

一、填空题

1. 移动平均法是根据_____预测未来一期或几期内产品的需求量、销售量等数据的一种常用方法。

2. 移动平均法根据预测时使用元素的_____可以分为简单移动平均和加权移动平均法。

3. 加权移动平均法是根据_____的影响程度，分别给予不同的权数，然后使用_____

预测未来值的一种计算方法。

4．当＿＿＿＿＿＿＿＿时，加权平均法的计算值存在不准确因素，最后不要使用加权平均法。

5．指数平滑法是以某种指标的本期实际数与预测数，运用平滑系数计算平均数，其平滑系数必须介于＿＿＿＿＿之间。

6．在进行单因素敏感分析时，当因素的敏感系数＿＿＿＿＿，说明该因素的变化对利润的影响越大。

7．多因素敏感性分析是指在＿＿＿＿＿其他不确定性因素不变的条件下，分析多种不确定性因素同时发生变动对利润的影响程度。

二、选择题

1．下列表示二次指数平滑法的计算公式，正确的为＿＿＿＿＿。

A．预测值＝实际值×平滑系数＋预测值×(1−平滑系数)

B．预测值＝$\dfrac{(2×预测值−实际值)+期数×\dfrac{(预测值−实际值)×平滑系数}{1−平滑系数}}{}$

C．预测值＝$\dfrac{实际值×平滑系数+预测值}{1−平滑系数}$

D．预测值＝$\dfrac{(预测值−实际值)+期数×\dfrac{(预测值−实际值)×平滑系数}{1−平滑系数}}{}$

2．函数法预测销售额，主要使用下列＿＿＿＿＿函数。

A．LNEST 函数

B．GORWTH 函数

C．FINV 函数

D．LARGE 函数

3．公式引用中的"$"符号表示＿＿＿＿＿。

A．相对引用

B．绝对引用

C．混合引用

D．货币符号

4．公式中的"&"符号表示＿＿＿＿＿。

A．单元格引用

B．数字引用

C．连接数据

D．字符符号

5．下列公式中，表示价格敏感性系数的为＿＿＿＿＿。

A．价格敏感性系数＝$\dfrac{利润变动率}{因素变动率}$

B．价格敏感性系数＝$\dfrac{利润变动率}{价格变动率}$

C．单价格敏感性系数＝$\dfrac{销量×单位变动成本}{预计利润}$

D．价格敏感性系数＝$\dfrac{销量×(销售单价−单位变动成本)}{预计利润}$

6．指数平滑法是在＿＿＿＿＿的基础上发展起来的一种时间序列分析预测法，主要以某种指标的本期实际数与预测数计算平均数。

A．加权平均法

B．移动平均法

C．回归法

D．协方差法

三、问答题

1．什么是利润敏感性分析？主要包括哪几种分析方法？

2．什么是移动平均法？简述移动平均法的计算公式。

四、上机练习

1．移动平均法预测销售额

首先，在工作表中制作表格标题、列标题与基础数据，并在【字体】与【对齐方式】选项组中设置其边框与对齐格式。然后，执行【数据】|【分析】|【数据分析】命令。在弹出的【数据分析】对话框中选择【移动平均】选项，并单击【确定】按钮。最后，在弹出的【移动平均】对话框中，将【输入区域】设置为"B4:B15"，将【间隔】设置为"5"，将【输出区域】设置为"C4:C15"，并启用【图表输出】与【标准误差】复选框。单击【确定】按钮后，便可以在指定的单元格区域中显示预测值，如图11-101所示。

Excel 财务与会计应用标准教程（第2版）

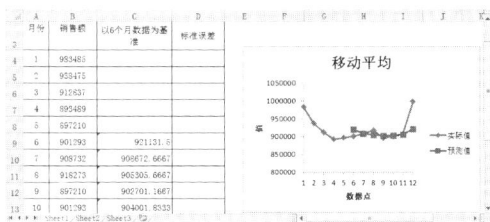

图 11-101 移动平均法预测销售额

### 2. 指数平滑法预测销售额

首先,在工作表中制作表格标题、列标题与基础数据,并在【字体】与【对齐方式】选项组中设置其边框与对齐格式。然后,执行【数据】|【分析】|【数据分析】命令。在弹出的【数据分析】对话框中选择【指数平滑】选项,并单击【确定】按钮。最后,在弹出的【指数平滑】对话框

中,将【输入区域】设置为"B3:B14",将【阻尼系数】设置为"0.2",将【输出区域】设置为"C3:C14",单击【确定】按钮后,便可以在指定的单元格区域中显示预测值,如图 11-102 所示。

| | A | B | C | D |
|---|---|---|---|---|
| 1 | 指数平滑法预测销售额 | | | |
| 2 | 月份 | 销售额 | 预测销售额 | |
| 3 | 1 | 983485 | | |
| 4 | 2 | 938475 | 983485 | |
| 5 | 3 | 912837 | 942976 | |
| 6 | 4 | 893489 | 915850.9 | |
| 7 | 5 | 897210 | 895725.19 | |

图 11-102 指数平滑法预测销售额

# 第 12 章

## 筹资决策分析

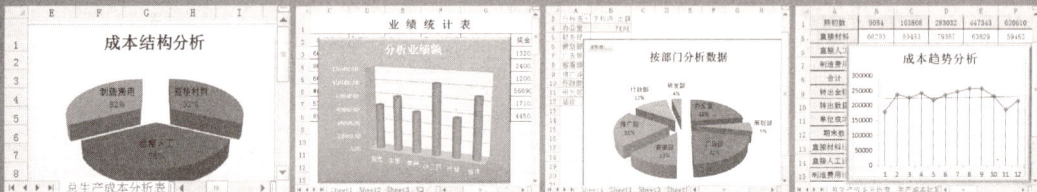

企业在运作过程中，会根据企业生产经营状态与投资需要，通过某种渠道或金融市场进行有效地筹资决策。筹资决策是财务管理中的一项重要内容，直接决定了企业的财务结构与资本结构。通过筹资决策分析，即能为企业提供良好的资金基础，又能为企业提供充足的经营资金，为保证企业的高速运转提供了资金基础。

**本章学习目标：**

➢ 长期借款筹资还款计划表
➢ 长期借款筹资决策分析
➢ 租赁筹资分析模型
➢ 租赁筹资摊销计划表
➢ 比较分析筹资方案

# 12.1 筹资决策分析概述

筹资决策是为满足企业融资需要，而对筹资的途径、数量、时间、成本与风险等筹资方案进行综合评价，以决定最优资金结构的一种分析方法。一般情况下，企业的筹资来源主要包括银行借款、其他企业资金、租赁、股票、债券等。而对于一般的中小企业而言，筹资的主要来源是长期借款与租赁筹资2种方式。

## 12.1.1 长期借款筹资概述

长期借款是指企业向银行或其他非银行金融机构借入的使用期超过1年的资金，主要用于构建固定资产与满足长期流动资金占用等投资性的需要。长期借款可一般包括下列几种类型。

- ❏ **按照用途分类**　可分为固定资产投资借款、更新改造借款和科技开发等。
- ❏ **按照提供贷款的机构**　可分为政策性银行贷款、商业银行贷款、信托投资公司或财务公司借款等。
- ❏ **按照有无担保**　可分为信用贷款与抵押贷款。其中，信用贷款指仅凭企业的信用或担保人信誉而发放的贷款；抵押贷款指以抵押品作为担保的贷款。长期贷款的抵押品经常为房屋、建筑物、其设备、股票或债券等。

长期借款筹资相对于其他筹资方案，具有以下特点。

- ❏ **筹资速度快**　由于其运行手续比发行债券要简单得多，所以获得借款所花费的时间相对较短。
- ❏ **借款弹性大**　由于借款筹资可以与银行等机构进行直接交涉，方便确定有关条件，所以在借款中协商改善筹资条件的可能性比较大，其弹性也相对较大。
- ❏ **成本较低**　由于在一般情况下，借款属于直接筹资，筹资费用小，并且利率低于债券利率，具有较低的成本。
- ❏ **限制性强**　长期借款的限制性条件比较多，制约着借款的使用。

## 12.1.2 租赁筹资概述

租赁是指资产的所有者（出租人）授予另一方（承租人）使用资产的专用权并获取租金报酬的一种合约。

### 1. 租赁类别

租赁一般可以分为经营租赁和融资租赁2大类，其每种类别的具体情况如下所述。

- ❏ **经营租赁**

经营租赁是指短期的、不完全补偿的、可撤销的毛租赁。经营租赁的主要外部特征是租期短。由于租期短，租赁资产的成本便得不到完全补偿，且承租人也不必担心资产的维修与保养问题。另外，由于合同可以撤销，所以经营租赁的租期会很短。

❑ 融资租赁

融资租赁是指长期的、完全补偿的、不可撤销的净租赁。融资租赁的主要外部特征是租期长。由于租期长，租赁资产的成本可以得到完全补偿。另外，由于合同不可以撤销，所以融资租赁的长期租赁期得到了保障。

### 2．租赁分析

租赁决策的全面分析涉及法律、金融、报销、税务、会计和财务管理等诸多方面，是一种比较复杂且具有争议的分析方法。由于各种教材对租赁的阐述不尽一致，在此将主要以承租人与出租人2方面进行讨论。

❑ 承租人的分析

承租人在决定是否租赁一项资产时，通常面临着该资产是自行购置还是租赁的问题。解决上述问题的关键是投资于该资产所获得的净现值。当假设自行购置的资金来源于借款时，租赁筹资与借款筹资的风险便具有相同性与可比性。典型的租金现金流出为年金形式的等额付款法，它与偿还债务本息的现金流相似。在进行租赁分析时，净现值的假设公式为：

$$NPV = 租凭资产成本 - 租凭期现金流量现值 - 期末资产现值$$

$$= 租赁资产成本 - \sum_{t=1}^{n} \frac{租赁期税后现金流量_t}{(1+负债税后成本)^t} - \frac{期末资产税后现金流量_n}{(1+项目必要报酬率)^n}$$

当净现值为正值时，租赁资产的购置成本大于租赁方案现金流量的现值，则租赁有利可图。反之，则购置无利可图。

❑ 出租人的分析

融资租赁是出租方一般为商业银行、保险公司、租赁公司等金融中介机构。对于出租人来讲，租赁是一种投资，其分析评价的净现值计算公式为：

$$NPV = 租赁期现金流量现值 + 期末资产现值 - 租赁资产购置成本$$

$$= \sum_{t=1}^{n} \frac{租赁期税后现金流量_t}{(1+税后借款成本)^t} + \frac{期末资产税后现金流量_n}{(1+项目资本成本)^n} - 租赁资产购置成本$$

其中，公式中的租赁期税后现金流量的公式为：

$$租赁期税后现金流量 = 租金收入 \times (1-税率) - 营业付现成本 \times (1-税率) + 折旧 \times 税率$$

## 12.2 长期借款筹资分析

企业在进行长期借款之前，为了决策借款额与偿还能力，需要根据不同的借款期限、借款利率与借款金额，运用Excel 2010中的函数与数据表等功能，分析年偿还额、利息额、净现值流量等数据，为管理者选择最有筹资方案提供数据依据。

### 12.2.1 长期借款筹资还款计划表

长期借款还款计划表主要包括等额摊还法与等额本金法还款计划，其中等额摊还法是指各期偿还额相同，且各期本金与偿还利息不同的还款分析方法。而等额本金还款法是指每年偿还本金相同，且偿还利息额不同的还款分析方法。

### 1．等额摊还法计划表

已知，某公司借款金额为50万元，借款期限为15年，借款年利率为7%，下面运用Excel 2010中的SUM函数、IF函数、PMT函数与IPMT函数等，来计算等额摊还法下的年偿还额、支付利息、偿还本金等数据额。

❏ **构建还款表框架**

首先，合并单元格区域，输入标题文本并设置文本的【字号】与【加粗】格式。然后，输入表格的基本数据，并设置其【所有框线】与【居中】格式，如图12-1所示。

❏ 图12-1 构建还款表框架

❏ **计算年偿还额**

构建完还款表框架之后，可以运用IF函数与PMT函数的嵌套函数，来计算等额摊还法各项数据的合计值。首先，可以运用Excel 2010的直接引用功能，来计算首个剩余年金。选择单元格F7，在编辑栏中输入计算公式，按下Enter键返回期初剩余本金，如图12-2所示。

❏ 图12-2 计算期初剩余本金

然后，选择单元格C8，在编辑栏中输入计算公式，按下Enter键返回第1年的年偿还额，如图12-3所示。使用相同的方法，分别计算其他期数的年偿还额。

❏ 图12-3 计算年偿还额

> **提示**
>
> 公式中的"$"符号表示对单元格进行绝对引用，在填充公式时，包含该符号的单元格或单元格区域将保持不变。

其中，公式中的PMT函数表示基于固定利率及等额分期付款方式，返回贷款额的每期付款额。该函数的表达式为"=PMT(rate,nper,pv,fv,type)"，函数中的参数表述如下。

❏ **参数 rate** 表示贷款利率。

❏ **参数 nper** 表示贷款付款总金额。

❏ **参数 pv** 表示现值。

❏ **参数 fv** 表示未来值。

❏ **参数 type** 表示期初与期末，0或省略表示期末，1表示期初。

❑ 计算支付利息额

在Excel 2010中可以运用IF函数与IPMT函数，来计算贷款还款的支付利息。选择单元格D8，在编辑栏中输入计算公式，按下Enter键返回支付利息额，如图12-4所示。使用相同的方法，分别计算其他期数的支付利息额。

其中，公式中的IPMT函数表示在固定利率及等额分期付款方式下，返回给定期数内对投资的利息偿还额。该函数的表达式为"=IPMT（rate,per,nper,pv,fv,type）"，函数中的参数表述如下。

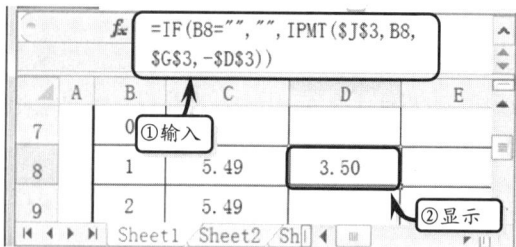

图 12-4　计算支付利息额

❑ 参数 rate　表示各期利率。

❑ 参数 per　表示用于计算利息数额的期数，取值范围介于 1~nper 之间。

❑ 参数 nper　表示总投资期。

❑ 参数 pv　表示现值。

❑ 参数 fv　表示未来值。

❑ 参数 type　表示用于指定各期付款时间为期初或期末，其中 0 或省略表示为期末，1 表示为期初。

提 示

对于所有参数，支出的款项，如银行存款，表示为负数；收入的款项，如股息收入，表示为正数。

❑ 计算偿还本金额

同样，在Excel 2010中，可以运用IF函数与PPMT函数，来计算偿还本金额。选择单元格E8，在编辑栏中输入计算公式，按下Enter键返回偿还本金额，如图12-5所示。使用相同的方法，分别计算其他期数的偿还本金额。

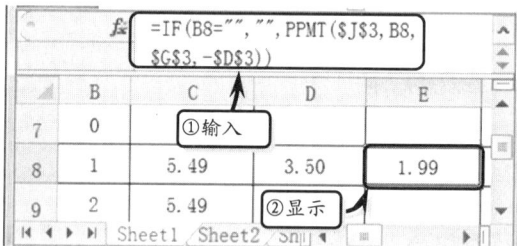

图 12-5　计算偿还本金额

其中，公式中的PPMT函数表示在固定利率及等额分期还款的方式下，返回投资在某期间内的本金偿还额。该函数的表达式为"=PPMT（rate,per,nper,pv,fv,type）"，函数中的参数表示为：

❑ 参数rate　表示各期利率。

❑ 参数 per　表示用于计算基本金额的期数，必须介于 1~nper 之间。

❑ 参数 nper　表示总投资期。

❑ 参数 pv　表示现值。

❑ 参数 fv　表示未来值。

❑ **参数 type** 表示用于指定各期付款时间为期初或期末，其中 0 或省略表示为期末，1 表示为期初。

❑ **计算剩余本金与总计额**

最后，为了查看偿还额的剩余本金与合计额，还需要运用IF函数与SUM函数，来计算等额摊还法各项数据的剩余本金与合计值。首先，选择单元格F8，在编辑栏中输入计算公式按下Enter键，返回剩余本金，如图12-6所示。使用相同的方法，分别计算其他期数的剩余本金额。

选择单元格C6，在编辑栏中输入计算公式，按下Enter键返回年偿还额的合计值，如图12-7所示。使用相同的方法，分别计算其他合计值。

### 2. 等额本金还款法计划表

等额本金还款法计划表主要运用 Excel 2010中的SUM函数与IF函数，来计算等额本金还款法下的年偿还额、支付利息、偿还本金等数据额。

❑ **计算年偿还额与支付利息额**

等额本金还款法的年偿还额的计算方法与等额摊还法的计算方法大不相同，只需运用IF函数即可。年偿还额的计算公式为"年偿还额=支付利息+偿还本金"。选择单元格G8，在编辑栏中输入计算公式，按下Enter键，返回年偿还额，如图12-8所示。使用相同的方法，分别计算其他期数的年偿还额。

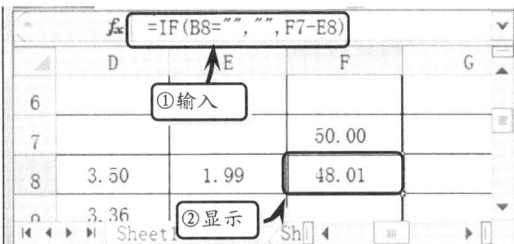

**图 12-6** 计算剩余本金

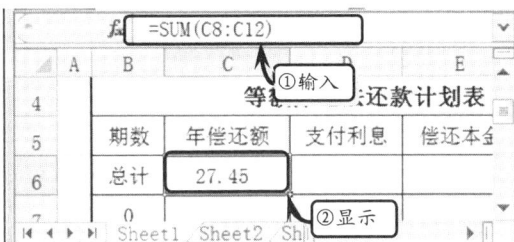

**图 12-7** 计算合计值

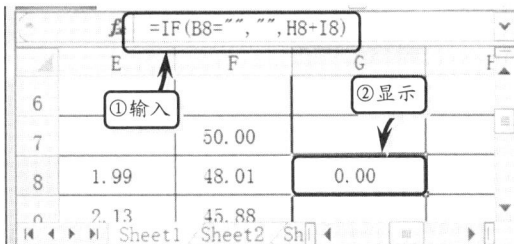

**图 12-8** 计算年偿还额

支付利息的计算公式为"支付利息=剩余本金×借款年利率"。选择单元格H8，在编辑栏中输入计算公式，按下Enter键返回支付利息额，如图12-9所示。使用相同的方法，分别计算其他期数的支付利息额。

❏ **计算偿还本金额剩余本金额**

偿还本金的计算公式为"偿还本金=偿还金额/借款期限"。选择单元格I8，在编辑栏中输入计算公式，按下Enter键返回偿还本金额，如图12-10所示。使用相同的方法，分别计算其他期数的偿还本金额。

剩余本金的计算公式为"剩余本金=上期剩余本金–本期偿还本金"。选择单元格J8，在编辑栏中输入计算公式，按下Enter键返回剩余本金额，如图12-11所示。使用相同的方法，分别计算其他期数的剩余本金额。

❏ **计算总计额**

选择单元格G6，在编辑栏中输入计算公式，按下Enter键返回年偿还额总计额，如图12-12所示。使用相同的方法，分别计算其他合计额。

## 12.2.2 长期借款筹资分析模型

长期借款筹资分析模型是根据基本数据，运用Excel 2010中的数据表功能，来计算不同借款额下及不同还款期数与

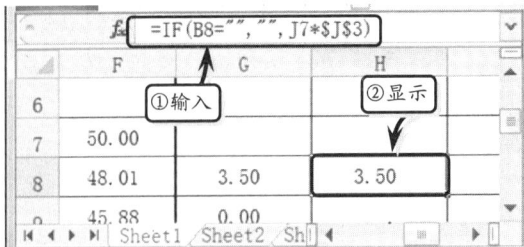
**图 12-9** 计算支付利息额

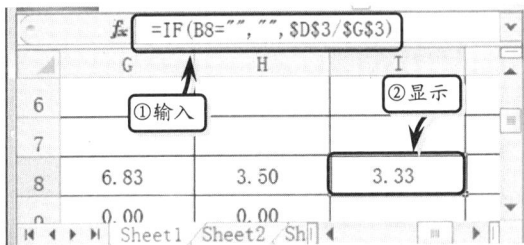
**图 12-10** 计算偿还本金额

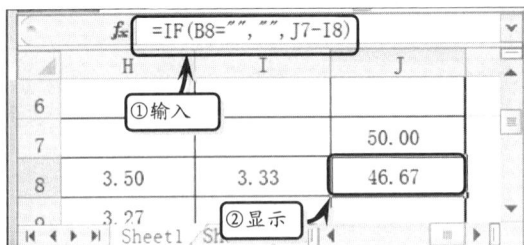
**图 12-11** 计算剩余本金额

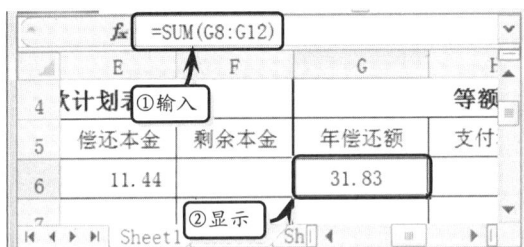
**图 12-12** 计算合计额

利率下的还款金额。其中，数据表是一组命令的组成部分。由于数据表中的命令被称作假设分析工具，所以使用数据表即意味着执行假设分析。而假设分析是指通过更改单元格中的值，来查看更改值对公式结果的影响过程。

### 1. 分析还款额

分析还款额之前，还需要构建基本信息表。首先，合并单元格区域A1:J1，输入标题

文本并设置其字体格式。然后，合并单元格区域A2:J2，输入基本信息表标题与设置其字体格式。最后，输入表格内容并设置其对齐与边框格式。并运用同样的方法，构建分析还款额及分析年利与期数表格，并设置其数字格式，如图12-13所示。

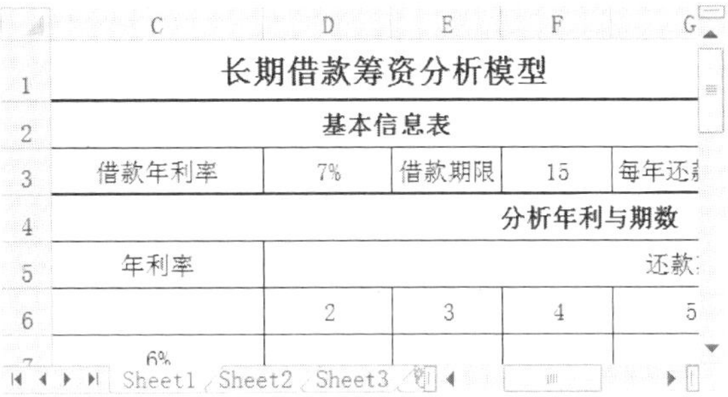

然后，选择单元格B6，在编辑栏中输入计算公式，按下Enter键返回还款金额，如图12-14所示。

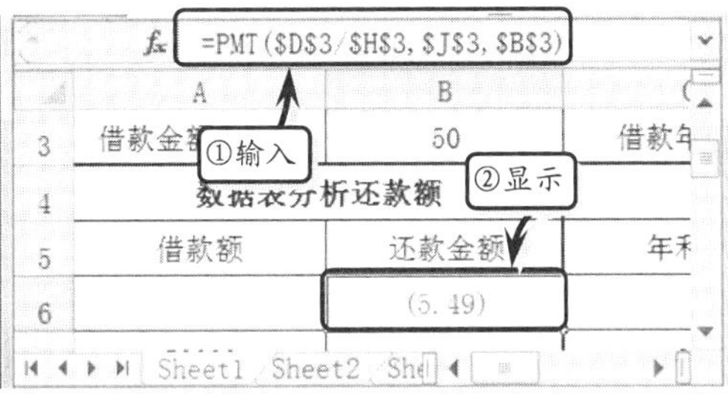

**提 示**

PMT 函数返回的支付款项包括本金和利息，但不包括税款、保留支付或某些与贷款有关的费用。

最后，选择单元格区域 A6:B11，执行【数据】|【数据工具】|【模拟分析】|【模拟运算表】选项。在弹出的【数据表】对话框中，将【输入引用列的单元格】设置为"B3"，如图 12-15 所示。

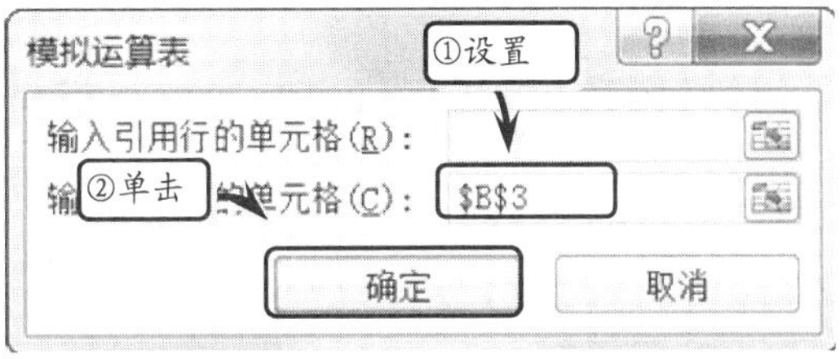

其中，【数据表】对话框中的【输入引用行的单元格】选项表示将以行的方式显示数值，而【输入引用列的单元格】选项表示将以列的方式显示数值。

### 2．分析年利与期数

首先，选择单元格 C6，在编辑栏中输入与单元格 B6 相同的公式，用来计算还款额。然后，选择单元格区域 C6:J12，执行【数据】|【分析工具】|【模拟分析】|【模拟运算表】命令，将【输入引用行的单元格】设置为"F3"，将【输入引用列的单元格】设置为"D3"，如图 12-16 所示。

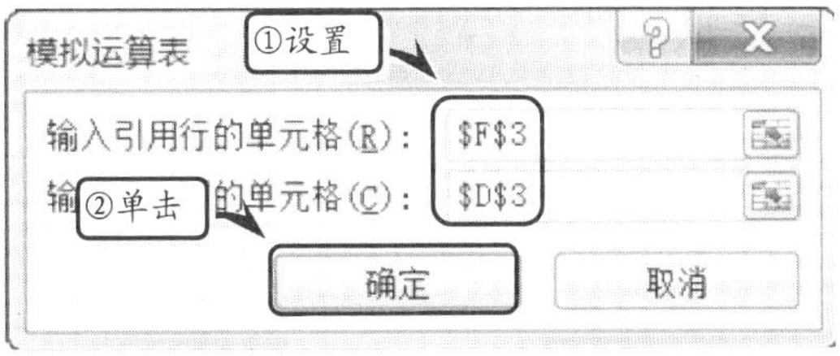

图 12-13　构建表格框架

图 12-14　计算还款金额

图 12-15　单变量数据表

图 12-16　双变数据表

**提 示**

单变量数据表用于查看一个或多个公式中某个变量的不同值对公式结果的影响，而双变量数据表用于查看一个公式中 2 个变量不同值对公式结果的影响。

### 12.2.3 长期借款筹资决策分析

长期借款筹资决策分析主要运用 Excel 2010 中的公式功能，根据借款期限计算等额还款额、偿还本金、期初尚欠本金、净现金流量等数据，以帮助管理者分析筹资方案的优劣。

#### 1．制作基本信息表

首先，在单元格区域 A1:H1 中制作表格标题，并在单元格区域 A2:H4 中制作基本信息表框架。然后，选择单元格 E3，在编辑栏中输入计算公式，按下 Enter 键返回还款总期数，如图 12-17 所示。

最后，选择单元格E4，在编辑栏中输入计算公式，按下Enter键返回分期等额还款金额，如图12-18所示。

#### 2．构建分析模型

构建完基本信息表之后，便可以运用公式分析筹资决策数据了。

❏ **计算等额还款金额与偿还本金额**

首先，引用基本信息表中的等额还款金额，即在单元格 B8 中输入计算公式，按下Enter键返回等额还款金额，如图 12-19 所示。使用相同的方法，分别计算其他期数的等额偿还金额。

然后，计算偿还本金额，即选择单元格C8，在编辑栏输入计算公式，按下Enter键返回偿还本金额，如图12-20所示。使用相同的方法，分别计算其他期数的偿还本金额。

**提 示**

在确保单元格A8中的数值非控制的情况下，可以取消IF函数，直接使用PPMT函数计算偿还本金额即可。

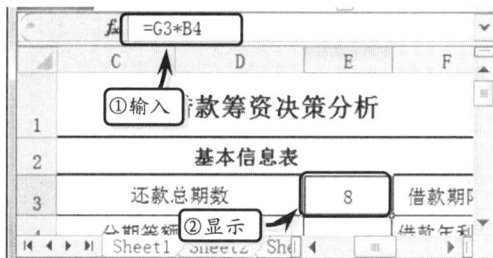

**图 12-17** 计算还款总期数

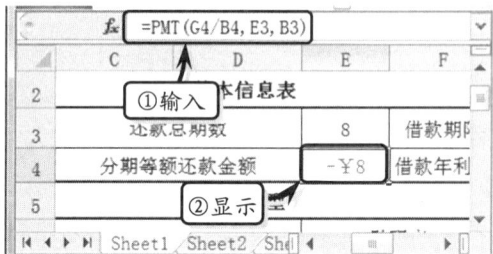

**图 12-18** 计算等额还款金额

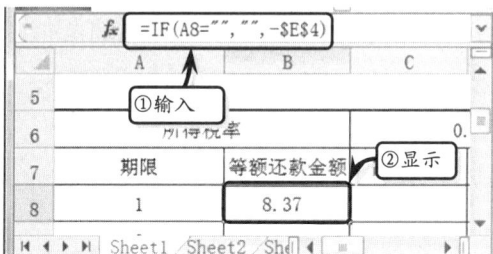

**图 12-19** 引用等额还款金额

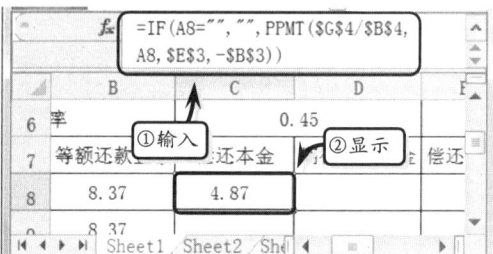

**图 12-20** 计算偿还本金额

❑ 计算期初尚欠金额

计算期初尚欠金额，其计算公式为"期初尚欠金额=上期期初尚欠金额-上期偿还本金"。其第1期的期初尚欠金额等于借款金额，首先选择单元格D8，在编辑栏中输入计算公式，按下Enter键返回第1期期初尚欠本金额，如图12-21所示。

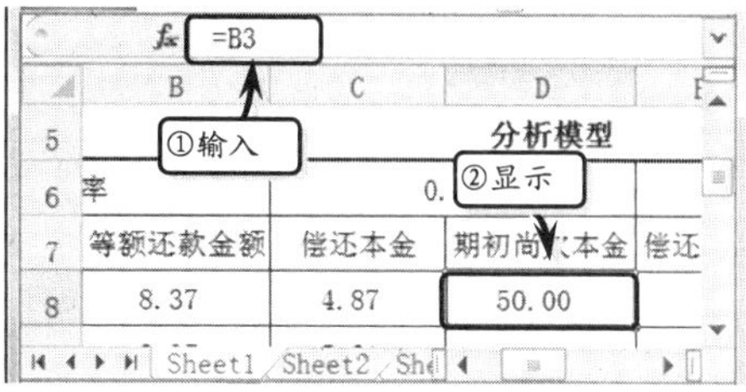

**图 12-21** 计算第 1 期期初尚欠本金额

选择单元格D9，在编辑栏中输入计算公式，按下Enter键返回第2期期初尚欠本金额，如图12-22所示。使用相同的方法，分别计算其他期数的期初尚欠本金额。

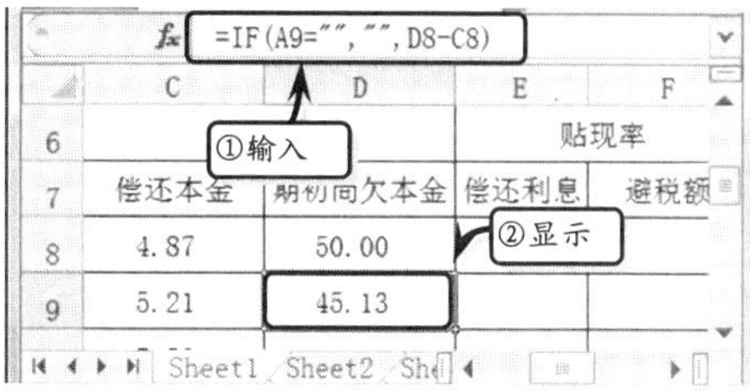

❑ 计算偿还利息与避税额

选择单元格E8，在编辑栏中输入计算公式，按下Enter键，返回偿还利息额，如图12-23所示。使用相同的方法，分别计算其他期数的偿还利息额。

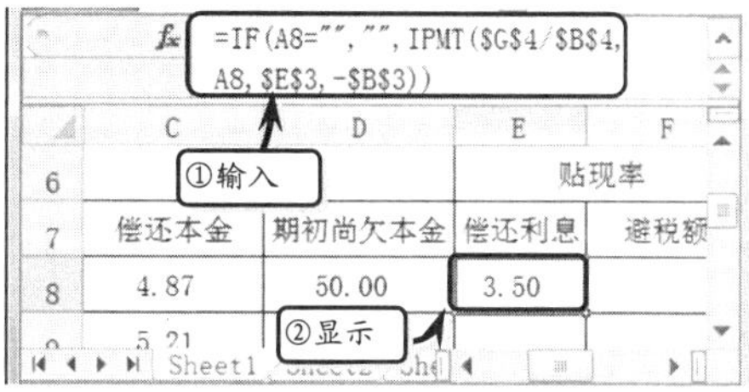

**图 12-22** 计算第 2 期期初尚欠本金额

计算避税额的公式为"避税额=偿还利息×所得税率"，即选择单元格F8，在编辑栏中输入计算公式，按下Enter键返回避税额，如图12-24所示。使用相同的方法，分别计算其他期数的避税额。

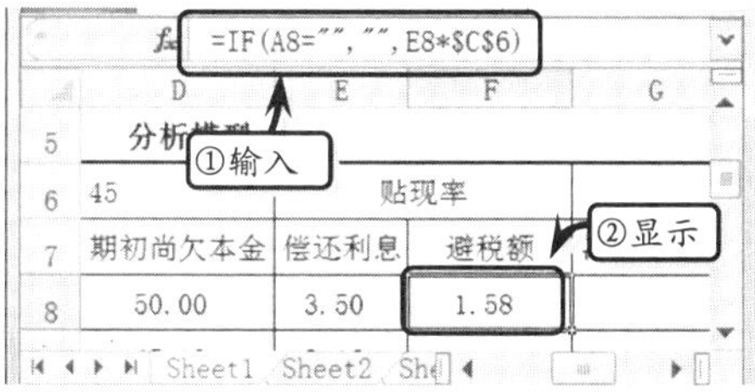

**图 12-23** 计算偿还利息额

**图 12-24** 计算避税额

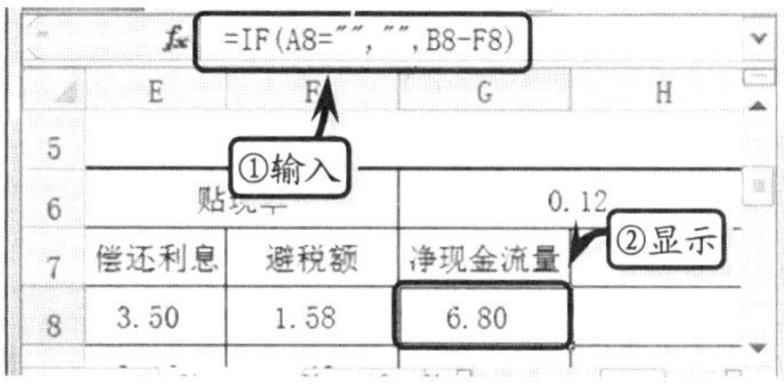

**图 12-25** 计算净现金流量

❑ 计算净现金流量与现值

净现金流量计算公式表示为"净现金流量=等额还款金额-比税额"，即选择单元格G8，在编辑栏中输入计算公式，按下Enter键返回净现金流量，如图12-25所示。使用相同的方法，分别计算其他期数的净现金流量。

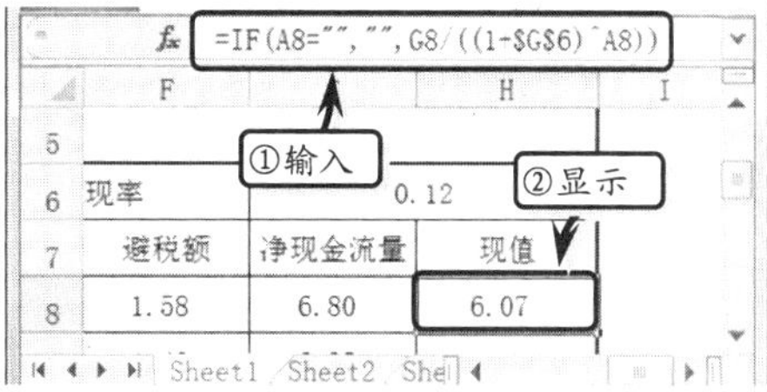

现值的计算公式表示为"现值 = 净现金流量/$(1+贴现率)^{期数}$"，即选择单元格H8，在编辑栏中输入计算公式，按下Enter键返回现值，如图12-26所示。使用同样的方法，分别计算其他期数的现值。

**图 12-26** 计算现值

## 12.3 租赁筹资分析

租赁筹资是以收取租金为条件，在合同规定的固定期限内将资产租给承租人使用的一种筹资方式。而租赁筹资分析是对租赁期数、年利率、应付租金等数据进行计算分析，从而为选择筹资决策提供数据依据。

### 12.3.1 租赁筹资分析模型

租赁筹资分析模型是根据租金、租期、年利率等数据计算每期应付租金的一种分析方法。

**1. 构建分析模型表**

在进行筹资分析之前，还需要筹集租赁筹资分析模型表格。首先，合并单元格区域A1:E1，输入标题文本并设置其【字号】与【加粗】格式。然后，合并单元格该区域A2:E2，输入列表标题并设置其【加粗】格式。最后，在表格中输入基本信息，并设置其【所有框线】与【居中】格式，如图12-27所示。

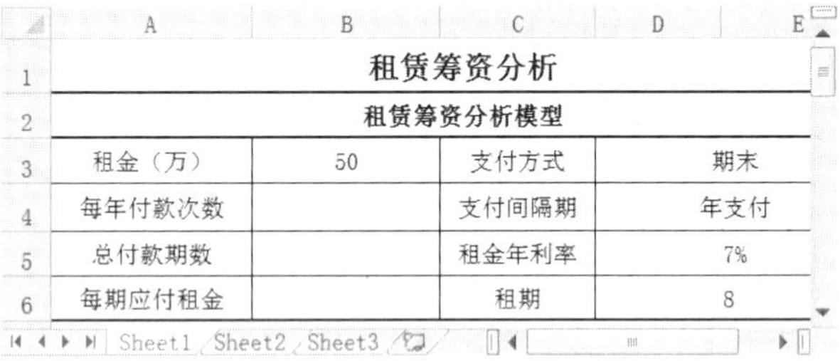

图 12-27 构建分析模型表

**2. 计算每期应付租金**

由于计算每期应付租金的公式中包含每年付款次数、总付款期数、租金年利率等数据，所以在计算每期应付租金额之前还需要计算每年付款次数与总付款期数。

首先，选择单元格B4，在编辑栏中输入计算公式，按下Enter键返回每年付款次数，如图12-28所示。

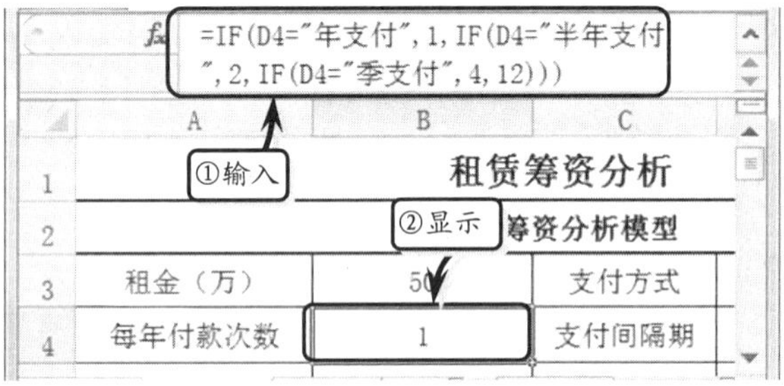

图 12-28 计算每年付款次数

然后，选择单元格B5，在编辑栏中输入计算公式，按下Enter键返回总付款期数，如图12-29所示。

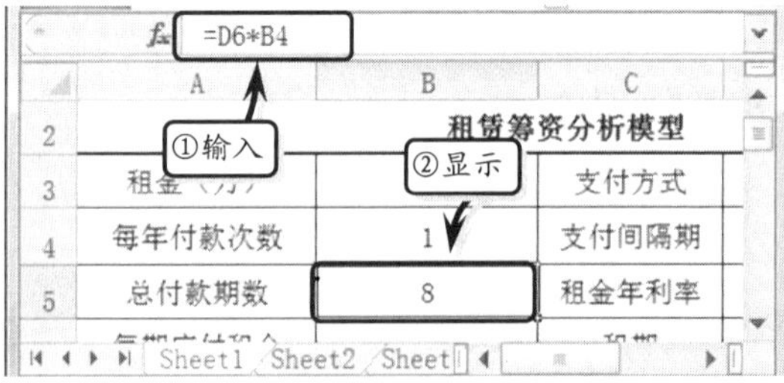

图 12-29 计算总付款期数

最后，选择单元格D6，在编辑栏中输入计算公式，按下Enter键返回每期应付租金额，如图12-30所示。

**提 示**

计算每期应付租金公式中PMT函数参数中的1表示期初支付租金。

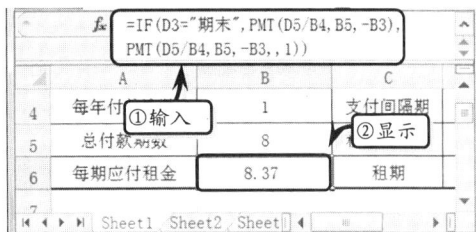

图 12-30 计算每期应付租金

## 12.3.2 租赁筹资摊销计划表

租赁筹资摊销计划表主要用来查看与分析租赁筹资时，所发生的支付租金、本金减少、未偿还本金等数据信息。

图 12-31 构建摊销计划表

### 1. 构建摊销计划表

首先，合并单元格区域A7：E7，输入计划表标题并设置其【加粗】格式。然后，在表格中输入基本信息，并在【开始】选项卡【字体】选项组中，设置【边框】格式。同时，在【对齐方式】选项组中设置其【对齐】格式，如图12-31所示。

### 2. 摊销计划分析

首先，引用期初未偿还本金额。选择单元格E10，在编辑栏中输入计算公式，按下Enter键返回期初未偿还本金额，如图12-32所示。

图 12-32 引用期初未偿还本金额

然后，计算摊销支付租金。选择单元格B11，在编辑栏中输入计算公式，按下Enter键返回支付租金额，如图12-33所示。使用相同的方法，分别计算其他支付租金额。

图 12-33 计算支付租金

**提 示**

如果要计算贷款期间的支付总额，请用 PMT 返回值乘以 nper。

计算摊销应计租金，其计算公式表现为"支付租金=期初未偿还金额×租金年利率"。选择单元格C11，在编辑栏中输入计算公式，按下Enter键返回应计租金额，如图12-34所示。使用相同的方法，分别计算其他应计租金额。

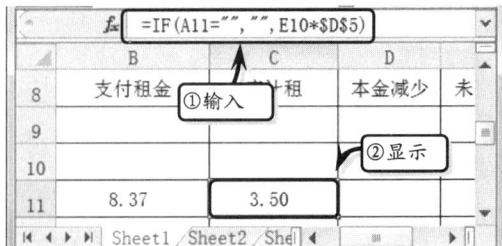

图 12-34 计算应计租金额

计算本金减少额，其计算公式表现为"本金减少=支付租金-应计租"。选择单元格D11，在编辑栏中输入计算公式，按下Enter键返回本金减少额，如图12-35所示。使用相同的方法，分别计算其他本金减少额。

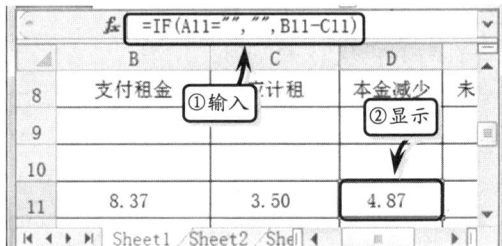

图 12-35 计算本金减少额

计算未偿还本金额，其计算公式表现为"未偿还本金额=期初未偿还本金-当前本金减少额"。选择单元格E11，在编辑栏中输入计算公式，按下Enter键返回未偿还本金额，如图12-36所示。使用相同的方法，分别计算其他未偿还本金额。

计算支付租金合计值，选择单元格B9，在编辑栏中输入计算公式，按下Enter键返回支付租金合计值，如图12-37所示。使用同样的方法，分别计算其他项目的合计值。

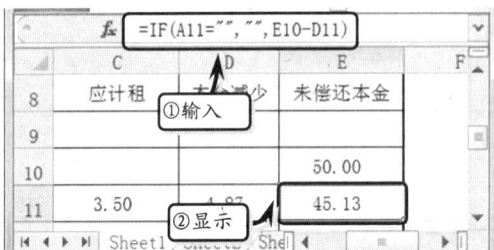

图 12-36 计算未偿还本金额

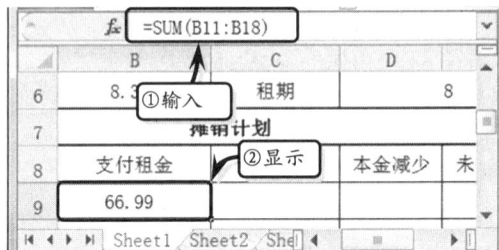

图 12-37 计算支付租金合计值

# 12.4 长期借款与租赁筹资比较分析

在众多的筹资方式中，长期借款与租赁筹资方式是企业中经常使用的筹资方案。为帮助企业管理者选择最优的筹资方案，需要运用Excel 2010中的函数功能，对上述2种筹资方案进行比较分析。

## 12.4.1 构建租赁款筹资方案

在对筹资方案比较分析之前，还需要依据已知条件计算租赁筹资的租金支付额、避税额、净现金流量，用计算出来的数值，来计算评价筹资方案的现值。

### 1. 计算每期偿还金额

首先，合并单元格区域A1:E1，输入标题文本并设置文本的【字号】与【加粗】格式。然后，合并单元格区域A2:E2，输入列表标题并设置文本的【加粗】格式。在单元格区域A3:E6中输入基本信息，并设置其【所有框线】与【对齐】格式，如图12-38所示。

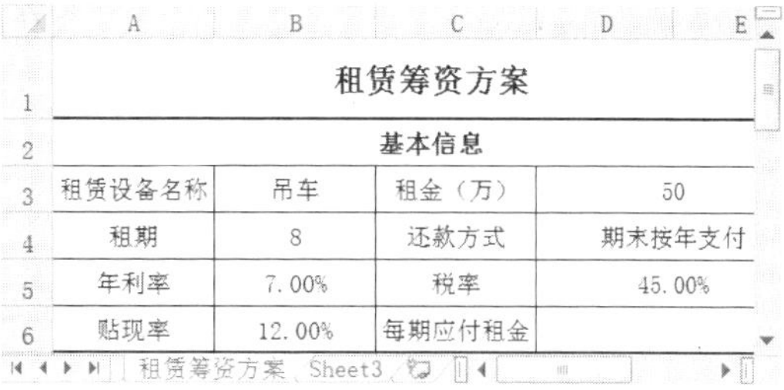

最后，选择单元格D6，在编辑栏中输入计算公式，按下Enter键返回每期应付租金，如图12-39所示。

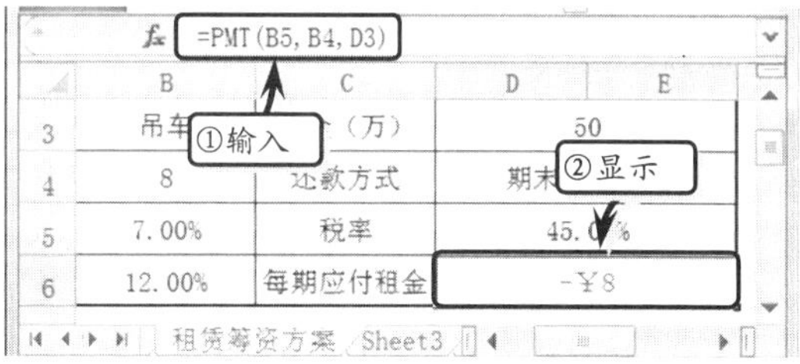

### 2. 现值计算

首先，合并单元格区域A7:E7，输入列表标题并设置其【加粗】格式。然后输入基本信息，并设置其【所有框线】与【对齐】格式。选择单元格区域B9:B15，在编辑栏中输入计算公式，按下Ctrl+Shift+Enter组合键返回租金支付金额，如图12-40所示。

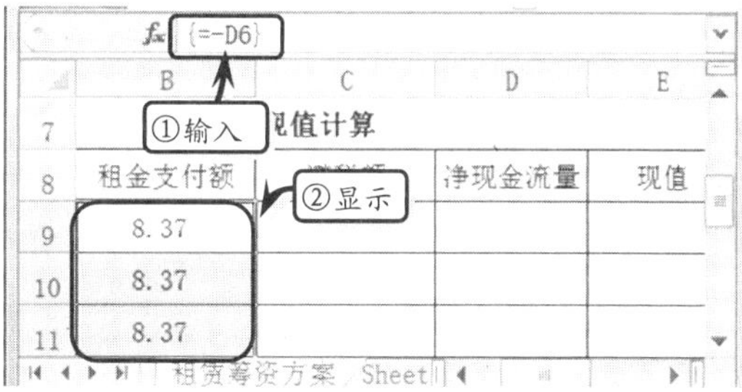

> **提 示**
>
> 在输入数组公式时，首先在编辑栏中输入"=-D6"公式，然后再按下Ctrl+Shift+Enter组合键，此时系统会自动在公式前后添加大括号。

图 12-38　构建基本信息表

图 12-39　计算每期应付租金

图 12-40　计算租金支付金额

计算避税额，其计算公式表现为"=租金支付额×税率"。选择单元格C9，在编辑栏中输入计算公式，按下Enter键返回避税额，如图12-41所示。使用同样的方法，计算其他期间的避税额。

选择单元格D9，在编辑栏中输入计算公式，按下Enter键返回净现金流量，如图12-42所示。使用相同的方法，计算其他期间的净现金流量。

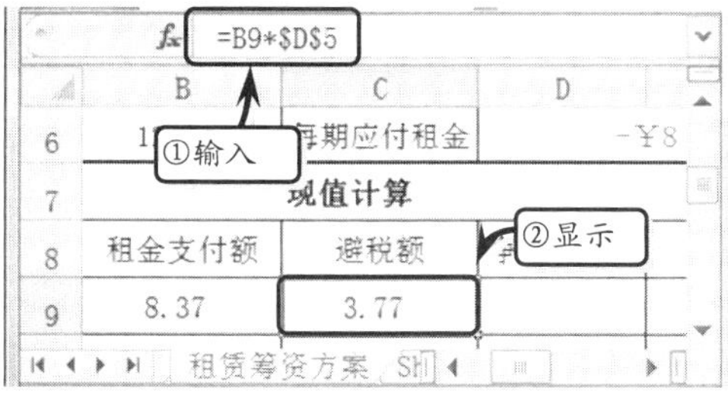

图 12-41　计算避税额

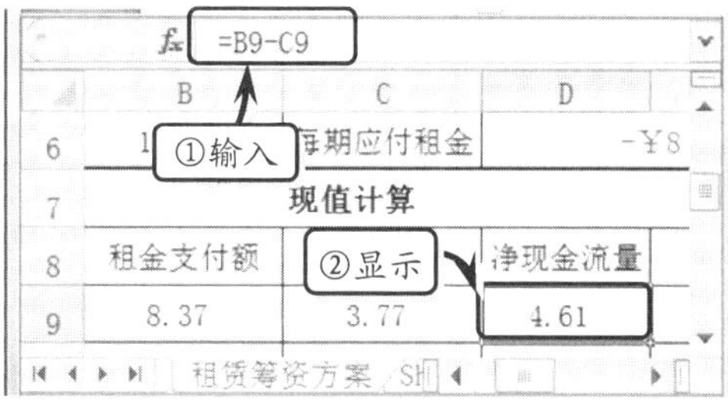

图 12-42　计算净现金流量

选择单元格E9，在编辑栏中输入计算公式，按下Enter键返回现值，如图12-43所示。使用相同方法，分别计算其他期间的净现金流量。

选择单元格E16，在编辑栏中输入计算公式，按下Enter键，返回现值的合计额，如图12-44所示。

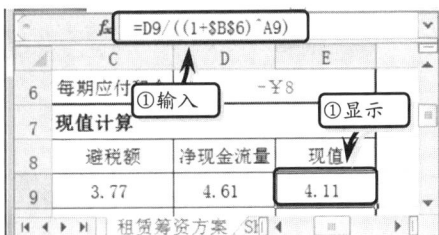

图 12-43　计算现值

## 12.4.2　构建长期借款筹资方案

同样，在比较分析方案之前，还需要对长期借款筹资方案比较分析，并根据2种方案的现值额，比较分析2种筹资方案的优劣，为选择最优筹资方案提供数据依据。

### 1．计算每期应付租金

首先，双击工作表标签，将其更改为"长期借款筹资方案"。然后，在工作表中制

作表格标题与基本信息，并设置其【居中】与【所有框线】格式。最后，选择单元格H4，在编辑栏中输入计算公式，按下Enter键返回每期偿还金额，如图12-45所示。

### 2．现值计算

首先，引用每期偿还金额。选择单元格区域C7:C13，在编辑栏中输入计算公式，按下Ctrl+Shift+Enter组合键，返回每期等额还款额，如图12-46所示。

然后，运用PPMT函数计算偿还本金额。选择单元格D7，在编辑栏中输入计算公式，按下Enter键返回偿还本金额，如图12-47所示。使用同样的方法，分别计算其他期间的偿还本金额。

下面，运用IPMT函数计算偿还利息

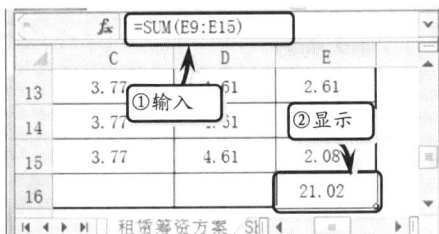

图 12-44　计算现值

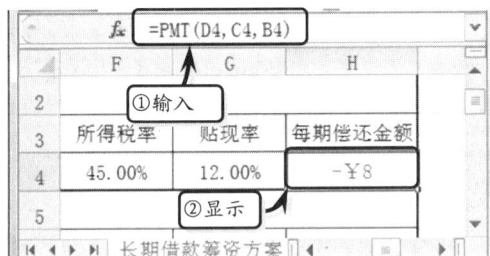

图 12-45　计算每期偿还金额

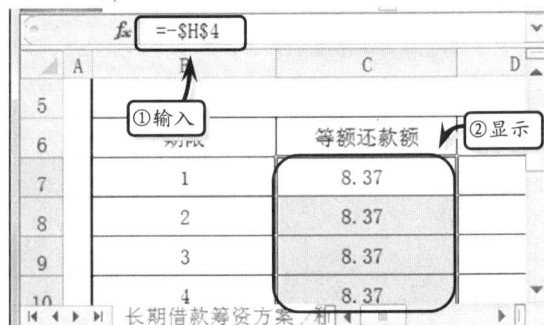

图 12-46　引用每期偿还金额

额。选择单元格E7，在编辑栏中输入计算公式，按下Enter键返回偿还利息额，如图12-48所示。使用同样的方法，计算其他期间的偿还本金额。

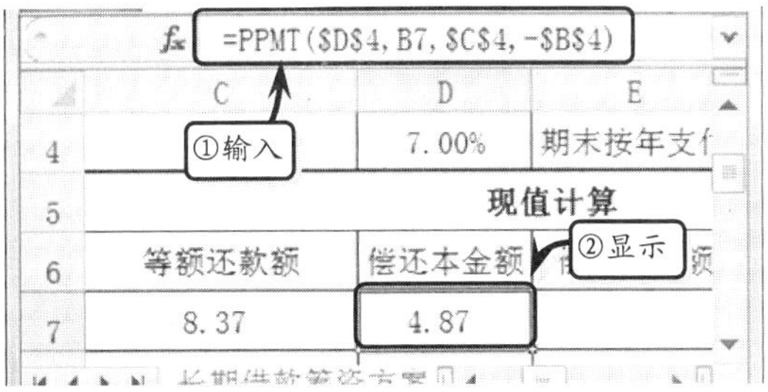

图 12-47　计算偿还本金额

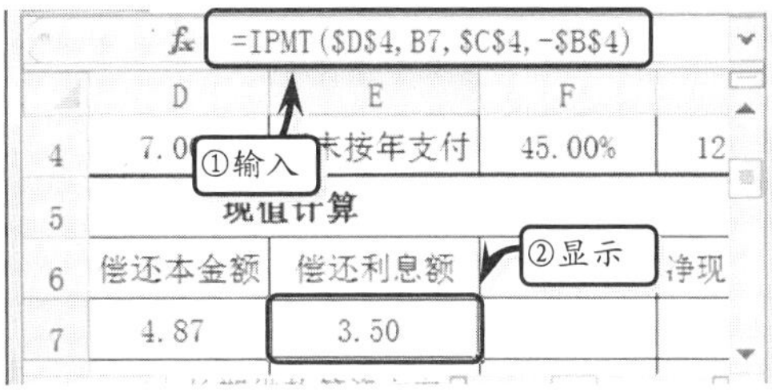

图 12-48　计算偿还利息额

**提　示**

IPMT 函数中的参数 type 包含数字 1 和 0，其中 1 表示期初，0 表示期末，当省略该参数时，系统自动假设其值为零。

选择单元格F7，在编辑栏中输入计算公式，按下Enter键返回避税额，如图12-49所示。使用同样的方法，分别计算其他期间的避税额。

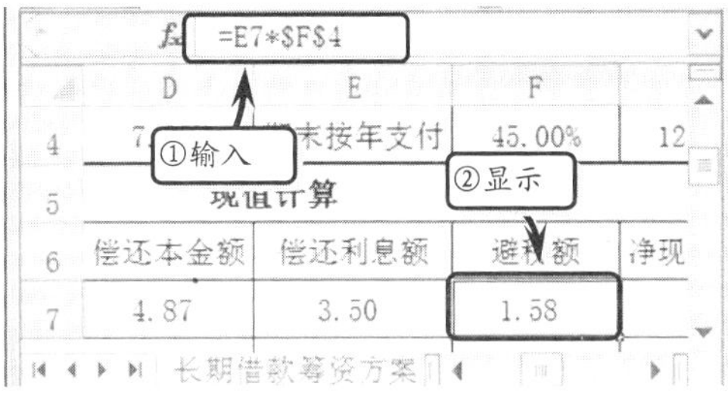

选择单元格G7，在编辑栏中输入计算公式，按下Enter键返回净现金流量值，如图12-50所示。使用同样的方法，分别计算其他期间的净现金流量值。

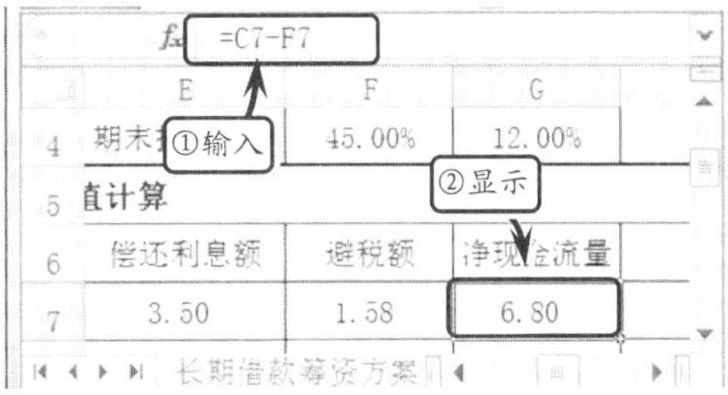

图 12-49　计算避税额

选择单元格H7，在编辑栏中输入计算公式，按下Enter键返回现值，如图12-51所示。使用同样的方法，分别计算其他期间的现值。

最后，还需要计算现值总额。选择单元格H14，在编辑栏中输入计算公式，按下Enter键返回现值总额，如图12-52所示。

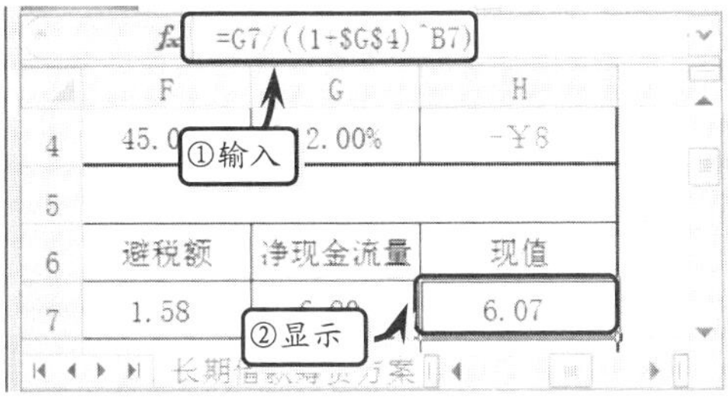

图 12-50　计算净现金流量值

图 12-51　计算现值

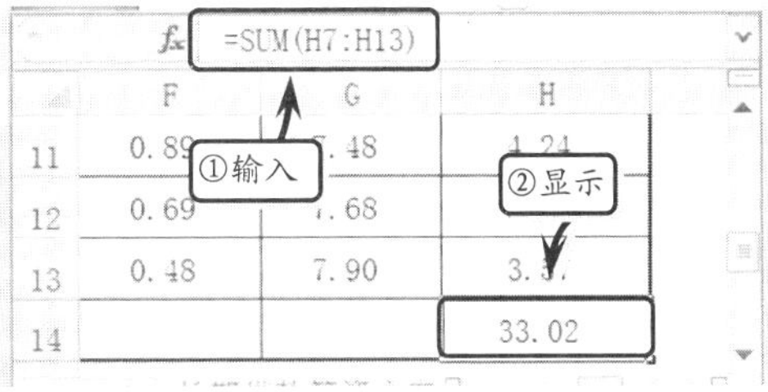

图 12-52　计算现值总额

### 12.4.3　比较分析筹资方案

比较分析筹资方案即是比较长期借款筹资方案与租赁筹资方案的现值合计额。首先，在工作表中制作比较分析表，并设置其单元格格式。然后，选择单元格C18，在编辑栏中输入计算公式，按下Enter键返回引用值，如图12-53所示。

选择单元格C19，在编辑栏中输入计算公式，按下Enter键返回租赁筹资现值总额，如图12-54所示。

选择单元格C20，在编辑栏中输入计算公式，按下Enter键返回分析结果，如图12-55所示。

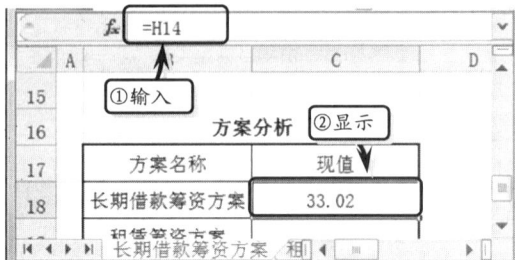

图 12-53　引用长期借款筹资现值

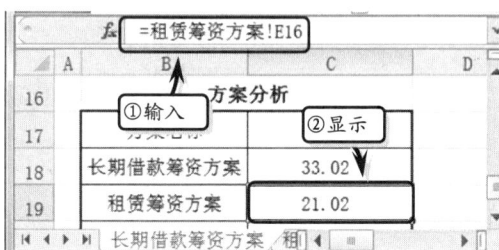

图 12-54　引用租赁筹资现值

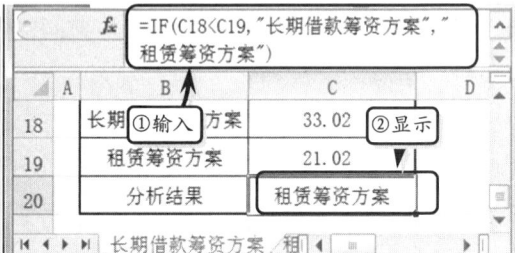

图 12-55　显示分析结果

## 12.5　课堂练习：构建租赁筹资分析模型

租赁分析是企业通过出租设备、房屋、机器等资产，来达到融资的一种筹资方法。在进行租赁筹资之前，需要运用Excel 2010中的函数与控件功能，详细分析不同支付方式、不同支付间隔期以及不同的租金年利率与租期下，对租赁筹资摊销计划的影响，如图12-56所示。

| 租赁筹资分析 | | | | |
|---|---|---|---|---|
| 租赁筹资分析模型 | | | | |
| 租金（万） | 50 | 支付方式 | 2 | 期末 |
| 每年付款次数 | 1 | 支付间隔期 | 1 | 按年支付 |
| 总付款期数 | 7 | 租金年利率 | 29% | |
| 每期应付租金 | 17.43 | 租期 | 7 | |
| 摊销计划 | | | | |
| 付款期数 | 支付租金 | 应计租 | 本金减少 | 未偿还本金 |
| 总计 | 122.03 | 72.03 | 50.00 | |
| 0 | | | | 50.00 |
| 1 | 17.43 | 14.50 | 2.93 | 47.07 |

图 12-56　租赁筹资分析模型

## 操作步骤

**1** 制作标题。首先,设置工作表的行高。然后,合并单元格区域 A1:E1,输入标题文本并设置其字体格式,如图 12-57 所示。

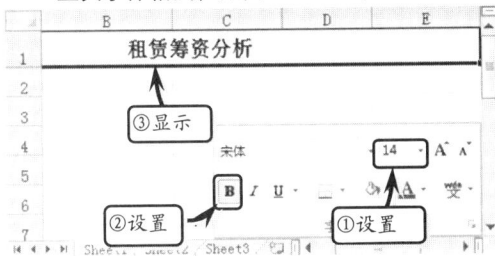

图 12-57　制作表格标题

**2** 制作基本信息表格。在工作表中输入表格标题和内容,并设置其【边框】与【对齐】格式,如图 12-58 所示。

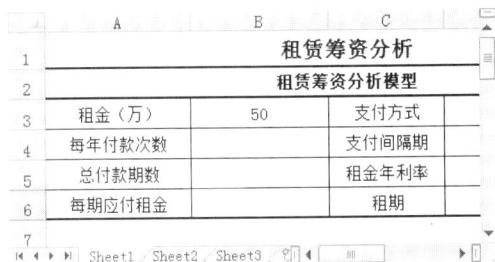

图 12-58　设置表格内容

**3** 制作辅助列表。在单元格区域 G3:H8 中输入用于控制支付方式与支付间隔期的列表。并在单元格区域 G10:H10 中,制作链接单元格列表,如图 12-59 所示。

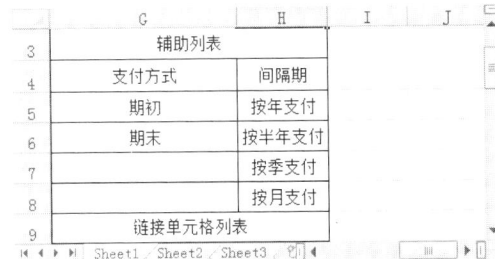

图 12-59　制作辅助列表

**4** 添加控件。执行【开发工具】|【控件】|【插入】|【组合框(窗体控件)】命令,在工作表中绘制组合框控件,如图 12-60 所示。

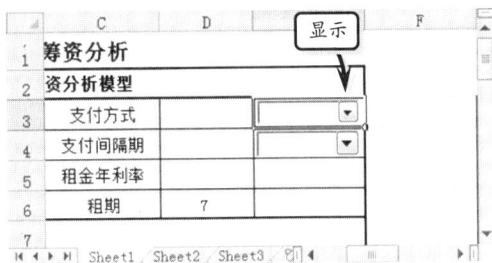

图 12-60　添加组合框控件

**5** 同时,执行【插入】|【滚动条(窗体控件)】命令,在工作表中绘制滚动条控件,如图 12-61 所示。

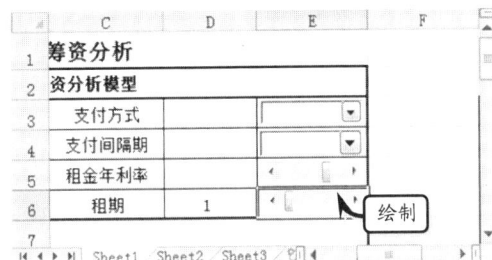

图 12-61　添加滚动条控件格式

**6** 设置控件格式。右击单元格 E3 中的空间,执行【设置控件格式】命令。在弹出的【设置控件格式】对话框中,设置相应的参数即可,如图 12-62 所示。

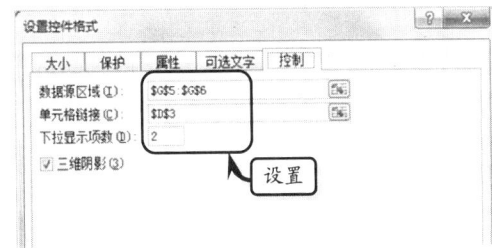

图 12-62　设置支付方式控件格式

**7** 设置控件格式。右击单元格 E4 中的空间,执行【设置控件格式】命令。在弹出的【设置控件格式】对话框中,设置相应的参数即可,如图 12-63 所示。

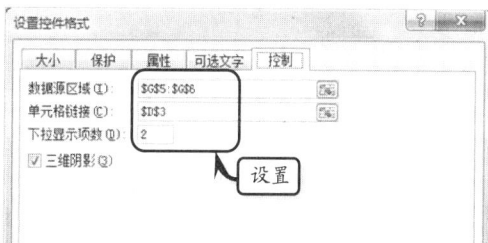

図 12-63　设置支付间隔期控件格式

8　设置控件格式。右击单元格 E5 中的空间，执行【设置控件格式】命令。在弹出的【设置控件格式】对话框中，设置相应的参数即可，如图 12-64 所示。

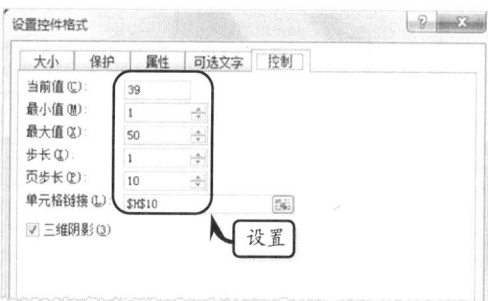

図 12-64　设置租金年利率控件格式

9　设置控件格式。右击单元格 E6 中的空间，执行【设置控件格式】命令。在弹出的【设置控件格式】对话框中，设置相应的参数即可，如图 12-65 所示。

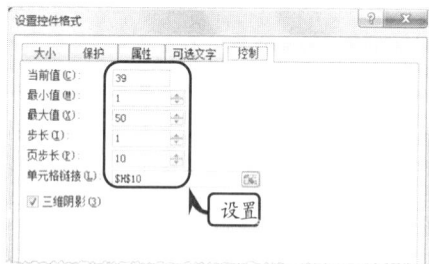

図 12-65　设置租期控件格式

10　为了显示变动租金年利率，还需要选择单元格 D5，在编辑栏中输入计算公式，按下 Enter 键返回链接单元格列表中的数据，如图 12-66 所示。

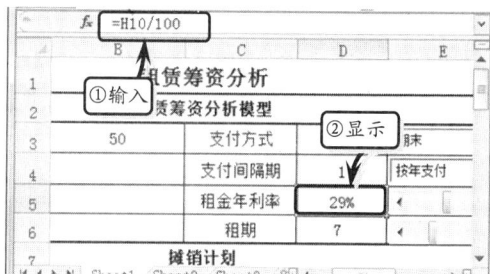

図 12-66　设置变动租金年利率

11　计算基本数据。选择单元格 B4，在编辑栏中输入计算公式，按下 Enter 键根据单元格 D2 中的数据返回每年付款次数，如图 12-67 所示。

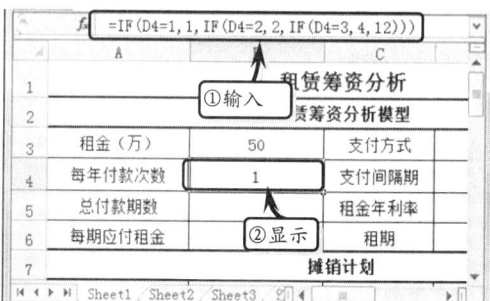

図 12-67　计算每年付款次数

12　选择单元格 B5，在编辑栏中输入计算公式，按下 Enter 键返回总付款期数，如图 12-68 所示。

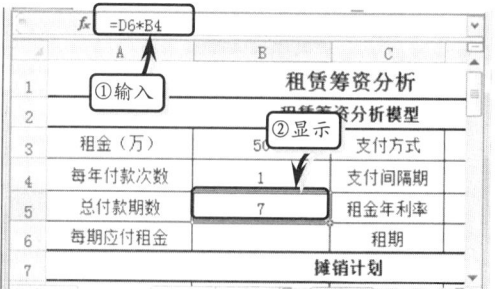

図 12-68　计算总付款期数

13　选择单元格 B6，在编辑栏中输入计算公式，按下 Enter 键返回每期应付租金，如图 12-69 所示。

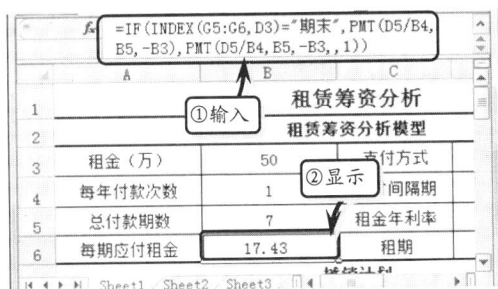

=IF(INDEX(G5:G6,D3)="期末",PMT(D5/B4,B5,-B3),PMT(D5/B4,B5,-B3,,1))

①输入
②显示

图 12-69 计算每期应付租金

14 分析摊销计划。合并单元格区域 A7:E7,输入列表标题并设置其【加粗】格式。然后,输入分析内容并设置其【边框】与【对齐】格式,如图 12-70 所示。

图 12-70 制作分析表格

15 选择单元格 A11,在编辑栏中输入计算公式,按下 Enter 键返回付款期数,如图 12-71 所示。

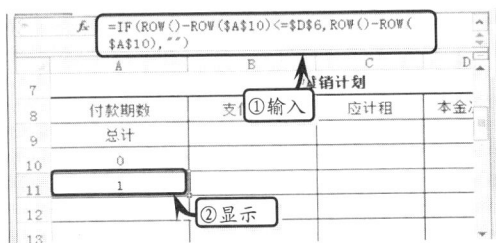

=IF(ROW()-ROW($A$10)<=$D$6,ROW()-ROW($A$10),"")

①输入
②显示

图 12-71 计算付款期数

16 选择单元格 A11,将鼠标移至单元格右下角,当鼠标变为"十"字形状时,向下拖动鼠标填充公式,如图 12-72 所示。

17 选择单元格 E10,在编辑栏中输入计算公式,按下 Enter 键返回期初未偿还本金额,

如图 12-73 所示。

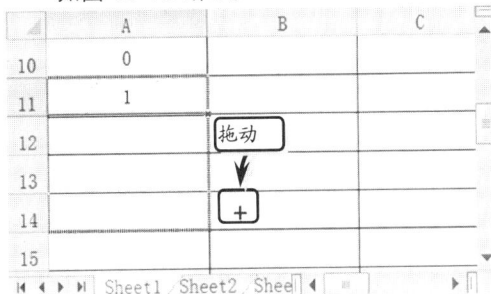

拖动

图 12-72 填充公式

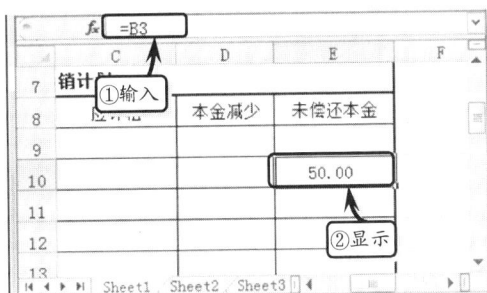

=B3

①输入
②显示

图 12-73 计算期初未偿还本金额

18 选择单元格 B11,在编辑栏中输入计算公式,按下 Enter 键返回第 1 期的支付租金额,如图 12-74 所示。

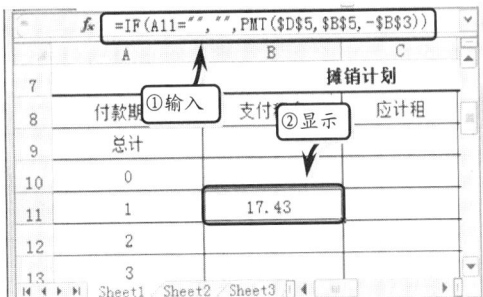

=IF(A11="","",PMT($D$5,$B$5,-$B$3))

①输入
②显示

图 12-74 计算支付租金额

19 选择单元格 C11,在编辑栏中输入计算公式,按下 Enter 键返回第 1 期的应计租额,如图 12-75 所示。

20 选择单元格 D11,在编辑栏中输入计算公式,按下 Enter 键,返回第 1 期的本金减少额,如图 12-76 所示。

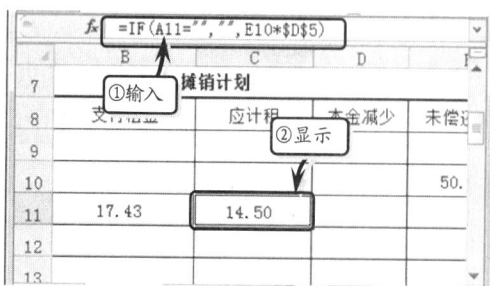

图 12-75 计算应计租额

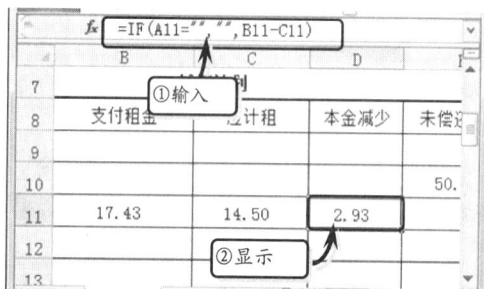

图 12-76 计算本金减少额

21 选择单元格 E11，在编辑栏中输入计算公式，按下 Enter 键返回第 1 期的未偿还本金额，如图 12-77 所示。

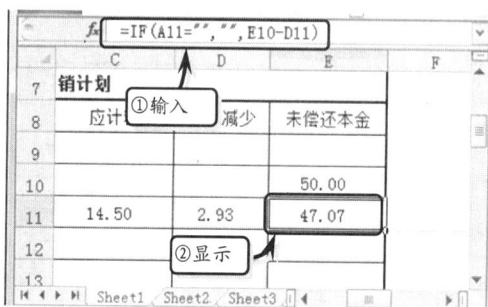

图 12-77 计算未偿还本金额

22 选择单元格区域 B11:E11，将鼠标移至单元格 E11 的右下角，当鼠标变为"十"字形状时，向下拖动鼠标填充公式，如图 12-78 所示。

23 选择单元格 B9，在编辑栏中输入计算公式，按下 Enter 键返回支付租金合计额，如图 12-79 所示。使用同样的方法，分别计算其他合计额。

24 同时选择单元格区域 A3:E6 与 A8:E30，及单元格 A2 与 A7，执行【边框】下拉列表中

的【粗匣框线】选项，设置其边框格式，如图 12-80 所示。

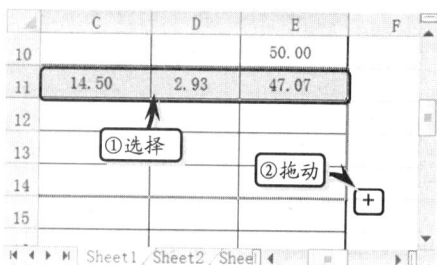

图 12-78 填充公式

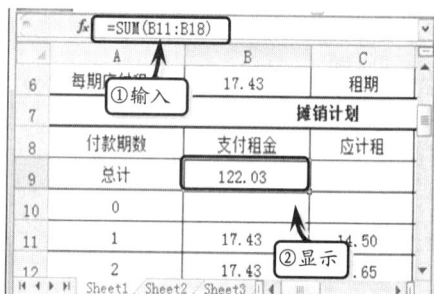

图 12-79 计算合计额

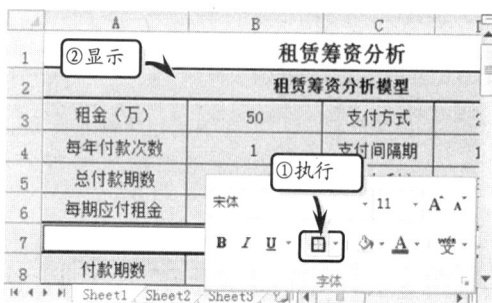

图 12-80 设置边框格式

25 最后，同时选择 G 列与 H 列，右击执行【隐藏】命令，隐藏辅助列表，如图 12-81 所示。

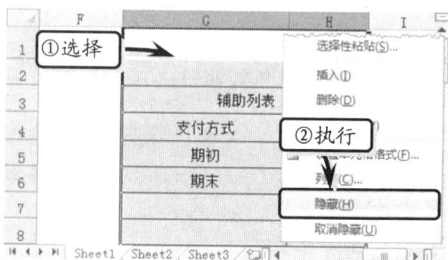

图 12-81 隐藏辅助列表

## 12.6 课堂练习：构建长期借款筹资分析模型

长期借款筹资分析是根据固定的所得税率、贴现率与变动的借款金额、借款期限、借款年利率等因素下，对不同期限下的等额还款金额、偿还金额、偿还利息等还款金额进行科学地分析，从而为管理者决策最优筹资方案提供数据依据。在本练习中，将运用Excel 2010中的函数与控件功能，制作一个长期借款筹资动态分析模型，如图12-82所示。

### 长期借款筹资决策分析

#### 基本信息表

| 借款金额（万） | 50 | ◄ | | ► | 还款总期数 | 8 | 借款期限 | 8 | ◄ | | ► |
| 每年还款期数 | 1 | | 分期等额还款金额 | | | -¥8 | 借款年利率 | 7% | ◄ | | ► |

#### 分析模型

| 所得税率 | | 0.45 | | 贴现率 | | 0.12 | |
|---|---|---|---|---|---|---|---|
| 期限 | 等额还款金额 | 偿还本金 | 期初尚欠本金 | 偿还利息 | 避税额 | 净现金流量 | 现值 |
| 1 | 8.37 | 4.87 | 50.00 | 3.50 | 1.58 | 6.80 | 6.07 |
| 2 | 8.37 | 5.21 | 45.13 | 3.16 | 1.42 | 6.95 | 5.54 |
| 3 | 8.37 | 5.58 | 39.91 | 2.79 | 1.26 | 7.12 | 5.07 |
| 4 | 8.37 | 5.97 | 34.33 | 2.40 | 1.08 | 7.29 | 4.63 |
| 5 | 8.37 | 6.39 | 28.36 | 1.99 | 0.89 | 7.48 | 4.24 |

**图 12-82** 长期借款筹资分析模型

### 操作步骤

**1** 制作工作表标题。合并单元格区域 B1:I1，输入工作表标题并设置其【字号】与【加粗】格式，如图 12-83 所示。

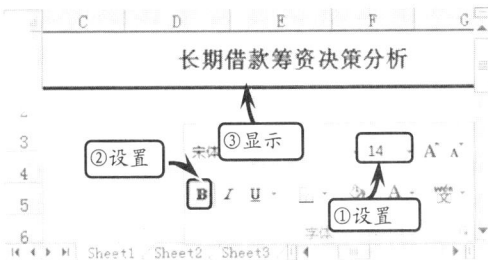

**图 12-83** 制作工作表标题

**2** 制作基本信息表。合并单元格 B2:I2，输入列表标题并设置【加粗】格式。然后，输入基本信息表内容，并设置其【对齐】与【边框】格式，如图 12-84 所示。

**图 12-84** 制作基本信息表

**3** 制作控件的链接单元格。在单元格区域 K4:L4 中输入链接单元格名称与数据，如图 12-85 所示。

**4** 添加控件。执行【开发工具】|【控件】|【插入】|【滚动条（窗体控件）】命令，在工作

表中绘制控件，如图 12-86 所示。

图 12-85 制作链接单元格

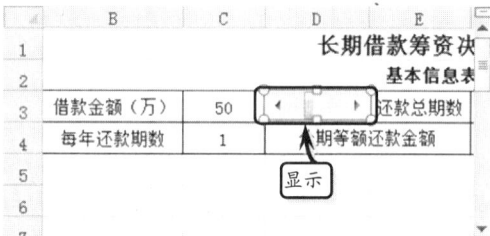

图 12-86 绘制控件

**5** 右击单元格 D3 中的控件，执行【设置控件格式】命令，在弹出的【设置控件格式】对话框中，设置相应的参数，如图 12-87 所示。

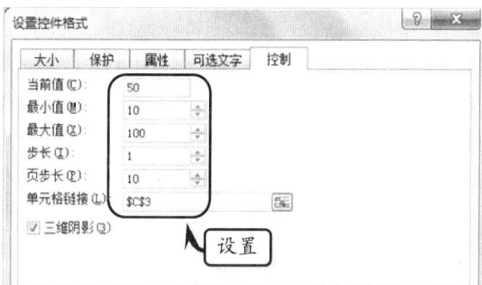

图 12-87 设置借款金额的控件格式

**6** 右击单元格 I3 中的控件，执行【设置控件格式】命令，在弹出的【设置控件格式】对话框中，设置相应的参数，如图 12-88 所示。

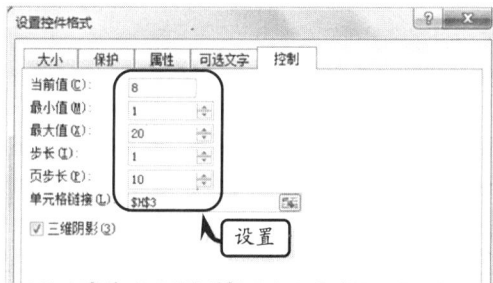

图 12-88 设置借款期限的控件格式

**7** 右击单元格 I4 中的控件，执行【设置控件格式】命令，在弹出的【设置控件格式】对话框中，设置相应的参数，如图 12-89 所示。

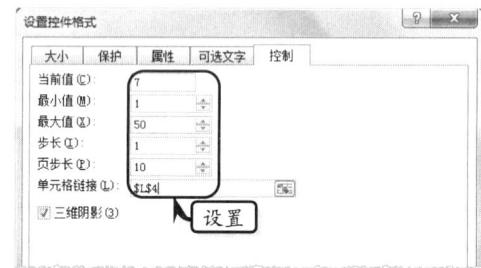

图 12-89 设置借款年利率控件格式

**8** 为了显示动态借款年利率，还需要在单元格 H4 中输入计算公式，按下 Enter 键返回借款年利率，如图 12-90 所示。

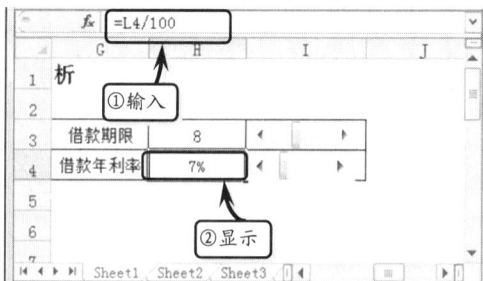

图 12-90 计算借款年利率

**9** 计算基本数据。选择单元格 F3，在编辑栏中输入计算公式，按下 Enter 键返回还款总期数，如图 12-91 所示。

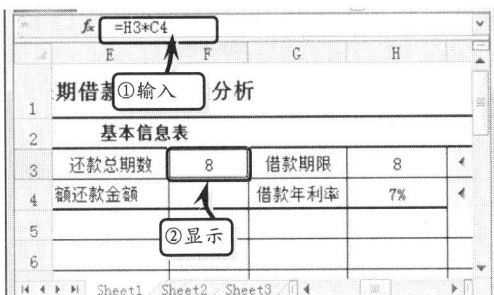

图 12-91 计算还款总期数

**10** 选择单元格 F4，在编辑栏中输入计算公式，按下 Enter 键返回分期等额还款金额，如图 12-92 所示。

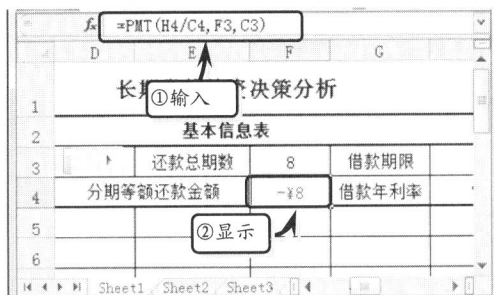

图 12-92 计算等额还款金额

**11** 构建分析模型表格。在单元格区域 B5:I16 中输入表格内容与标题，并设置其字体、对齐与边框格式，如图 12-93 所示。

图 12-93 构建分析模型表格

**12** 选择单元格 B8，在编辑栏中输入计算公式，按下 Enter 键返回期限数，如图 12-94 所示。使用同样的方法，分别计算其他期限数。

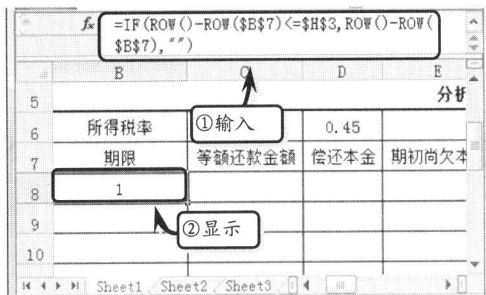

图 12-94 计算期限数

**13** 选择单元格 C8，在编辑栏中输入计算公式，按下 Enter 键返回等额还款金额，如图 12-95 所示。使用同样的方法，分别计算其他等额还款金额。

图 12-95 计算等额还款金额

**14** 选择单元格 D8，在编辑栏中输入计算公式，按下 Enter 键返回偿还金额，如图 12-96 所示。使用同样的方法，分别计算其他偿还金额。

图 12-96 计算偿还本金额

**15** 选择单元格 E8，在编辑栏中输入计算公式，按下 Enter 键返回首期期初尚欠本金额，如图 12-97 所示。

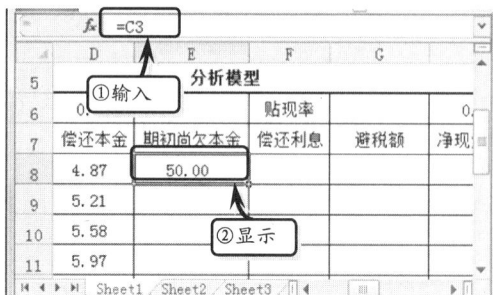

图 12-97 计算首期期初尚欠本金额

16 选择单元格 E9，在编辑栏中输入计算公式，按下 Enter 键返回第 2 期的期初尚欠本金额，如图 12-98 所示。使用同样的方法，分别计算其他期数的期初尚欠本金额。

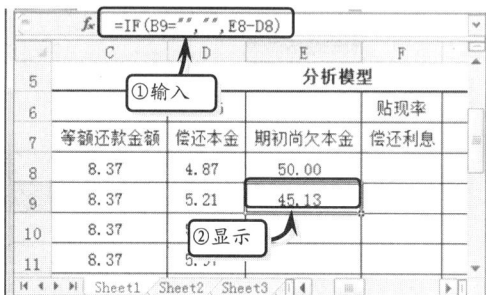

图 12-98 计算第 2 期期初欠本金额

17 选择单元格 F8，在编辑栏中输入计算公式，按下 Enter 键返回偿还利息，如图 12-99 所示。使用同样的方法，分别计算其他期数的偿还利息。

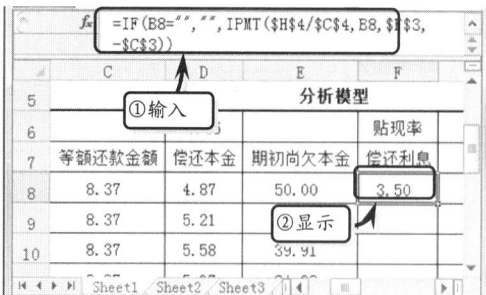

图 12-99 计算偿还利息

18 选择单元格 G8，在编辑栏中输入计算公式，按下 Enter 键返回避税额，如图 12-100 所示。使用同样的方法，分别计算其他期数的避税额。

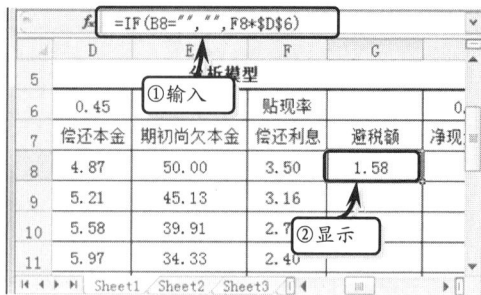

图 12-100 计算避税额

19 选择单元格 H8，在编辑栏中输入计算公式，按下 Enter 键返回净现金流量，如图 12-101 所示。用同样的方法，分别计算其他期数的净现金流量。

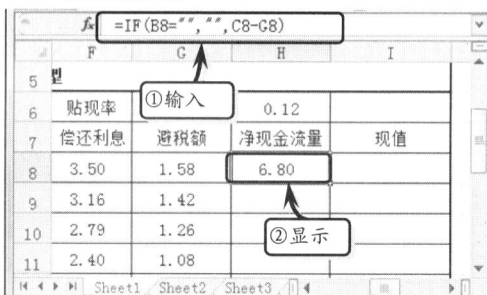

图 12-101 计算净现金流量

20 选择单元格 I8，在编辑栏中输入计算公式，按下 Enter 键返回现值，如图 12-102 所示。用同样的方法，分别计算其他期数的现值。

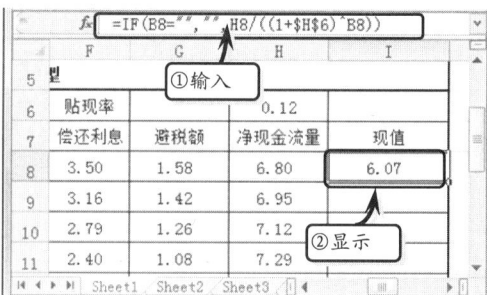

图 12-102 计算现值

21 选择单元格 C16，在编辑栏中输入计算公式，按下 Enter 键，返回等额还款金额的合计值，如图 12-103 所示。使用同样的方法，分别计算其他项目的合计值。

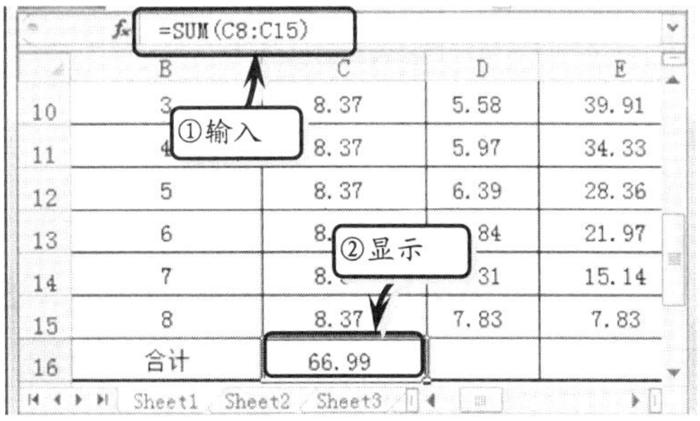

**图 12-103** 计算合计值

22 最后，调整各个项目后面的滚动条，即可查看动态因素下的借款筹资的净现金流量与现值。

# 12.7 思考与练习

## 一、填空题

1. 筹资决策是为满足企业融资需要，而对筹资的____、数量、时间、____与____等筹资方案进行综合评价，以决定最优资金结构的一种分析方法。

2. 长期借款是指企业向银行或其他非银行金融机构借入的使用期超过____的资金，主要用于构建_____与满足_____等投资性的需要。

3. 租赁是指资产的所有者（出租人）授予另一方（承租人）使用资产的_____并获取_____的一种合约。

4. 租赁一般可以分为_____和_____2大类。

5. 公式中的PPMT函数表示_____。该函数的表达式为_____。

6. 数据表是一组____的组成部分。由于数据表中的命令被称作假设分析工具，所以使用数据表即意味着执行_____。

7. 单变量数据表用于查看____或____公式中某个变量的不同值对公式结果的影响，而双变量数据表用于查看____中_____变量不同值对公式结果的影响。

8. 用于计算每期应付租金PMT函数中的参数"1"表示_____支付租金。

## 二、选择题

1. 长期借款筹资分析按照用途可分为科技开发、固定资产投资借款与_____。
   A. 信用贷款
   B. 抵押贷款
   C. 商业银行贷款
   D. 更新改造借款

2. 对于长期借款的优点，下列说法错误的为_____。
   A. 筹资速度快
   B. 借款弹性大
   C. 成本较低
   D. 限制性较低

3. 下列选项中，说法错误的为_____。
   A. 经营租赁是指短期的、不完全补偿的、可撤销的净租赁
   B. 经营租期的外部特征是租期短
   C. 融资租赁是指长期的、完全补偿的、不可撤销的净租赁
   D. 融资租赁主要的外部特征是租期长

4. 下列公式中，表现为承租人分析方法的净现值公式为_____。

   A. $NPV = 租凭资产成本 - \sum_{t=1}^{n} \frac{租凭期税后现金流量}{(1+负债税后成本)^t} - \frac{期末资产税后现金流量}{(1+项目必要报酬率)^n}$

317

B. $NPV = \sum\limits_{t=1}^{n} \dfrac{\text{租凭期税后现金流量}_t}{(1+\text{税后借款成本})^t} +$

$\dfrac{\text{期末资产税后现金流量}_n}{(1+\text{项目资本成本})^n} - \text{租凭资产购置成本}$

C. $NPV = \text{租凭资产成本} -$

$\sum\limits_{t=1}^{n} \dfrac{\text{租凭期税后现金流量}_t}{(1+\text{税后借款成本})^t} - \dfrac{\text{期末资产税后现金流量}_n}{(1+\text{项目必要报酬率})^n}$

D. $NPV = \sum\limits_{t=1}^{n} \dfrac{\text{租凭期税后现金流量}_t}{(1+\text{负债税后成本})^t} +$

$\dfrac{\text{期末资产税后现金流量}_n}{(1+\text{项目成本成本})^n} - \text{租凭资产购置成本}$

5．IPMT函数的表达式为"=IPMT(rate, per, nper,pv,fv,type)"，函数中的参数nper表示_____。

　　A．表示各期利率

　　B．表示利息数额的期数

　　C．表示总投资期

　　D．表示用于指定各期付款时间的期初或期末。

6．在筹资决策分析中，用于分析筹资方案的方法为_____。

　　A．比较筹资方案的净现金流量

　　B．比较筹资方案的现值

　　C．比较筹资方案的利率

　　D．比较筹资方案的每期偿还金额

### 三、问答题

1．什么是长期借款筹资？该筹资方案具有哪些优点？

2．什么是租赁筹资？简述该筹资方案的分析方法。

### 四、上机练习

#### 1．计算借款的每期还款金额

已知某公司为购买设备向银行贷款 50 万元，其贷款年限为 5 年，贷款利率为 5%，每年还款一次。使用 Excel 2010 中的数据表功能，计算不同还款期数与利率下的每期还款金额。其操作步骤为：首先构建表格框架，并设置其对齐与

边框格式。然后，在单元格 A6 中输入 "=PMT (D3/F3,H3,B3)" 公式，按下 Enter 键，计算年利率。最后，选择单元格区域 A6:H11，执行【数据】|【数据工具】|【模拟分析】|【模拟运算表】命令。将【输入引用行的单元格】设置为"H3"，将【输入引用列的单元格】设置为"D3"，单击【确定】按钮即可，如图 12-104 所示。

| 长期借款还款分析表 | | | | | | | |
|---|---|---|---|---|---|---|---|
| 借款金额（万） | 50 | 借款年利率 | 7% | 每年还款期数 | 1 | 还款总期数 | 15 |
| 分析年利与期数 | | | | | | | |
| 年利率 | 还款期数 | | | | | | |
| | 2 | 3 | 4 | 5 | 6 | 7 | 8 |
| 6% | (27.57) | (18.71) | (14.43) | (11.87) | (10.17) | (8.96) | (8.06) |
| 7% | (27.63) | (19.05) | (14.76) | (12.19) | (10.49) | (9.28) | (8.37) |
| 8% | (28.04) | (19.46) | (15.10) | (12.52) | (10.82) | (9.60) | (8.70) |
| 9% | (28.42) | (19.76) | (15.43) | (12.85) | (11.15) | (9.93) | (9.03) |
| 10% | (28.81) | (20.11) | (15.77) | (13.19) | (11.49) | (10.27) | (9.37) |

**图 12-104** 设置符号与编号

#### 2．计算租赁筹资中的每期应付租金

已知某厂房的租金为 100 万元，其租金支付方式为期末支付，支付间隔期为年支付，租金利率为 7%，租期为 8 年，运用 Excel 2010 中的函数功能计算每期应付租金额。首先，构建基本表格，输入内容与基本数据并设置其对齐与边框格式。然后，在单元格 B3 中输入 "=IF(D3="年支付",1,IF(D3="半年支付",2,IF(D3="季支付",4,12)))" 公式，按下 Enter 键返回每年付款次数。在单元格 B4 中输入 "=D5*B3" 公式，按下 Enter 键返回总付款期数。最后，在单元格 B5 中输入 "=IF(D2="期末",PMT(D4/B3,B4,-B2),PMT(D4/B3, B4,-B2,1))" 公式，按下 Enter 键返回每期应付租金额，如图 12-105 所示。

| 租赁筹资分析 | | | |
|---|---|---|---|
| 租金（万） | 100 | 支付方式 | 期末 |
| 每年付款次数 | 1 | 支付间隔期 | 年支付 |
| 总付款期数 | 8 | 租金年利率 | 7% |
| 每期应付租金 | 16.75 | 租期 | 8 |

**图 12-105** 设置符号与编号

# 第13章

## 投资决策分析

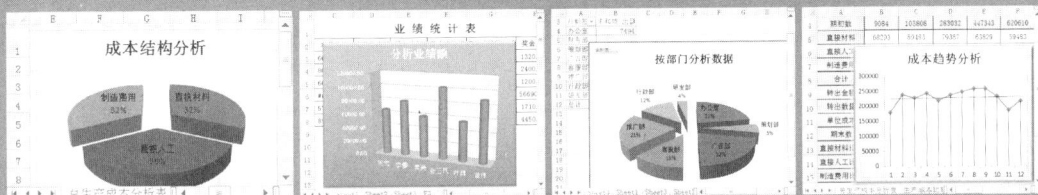

投资决策是财务决策中最重要的决策，也是企业获取利润的一个重要途径。一个良好的投资，不仅决定了企业日常经营活动的特点与方式，而且还决定了筹资的规模和时间。企业在进行投资之前，为了保证投资的获利指标，也为了决策最优的投资方案，还需要运用不同的决策方案进行投资分析。

**本章学习目标:**

- ➢ 投资回收期法
- ➢ 净现值法
- ➢ 内含报酬率法
- ➢ 净现值系数法
- ➢ 固定资产折旧分析
- ➢ 固定资产更新决策

## 13.1 投资决策概述

财务管理中的投资又称为资本投资，是指企业进行的生产性资本投资。资本投资又称为资本预算与投资项目分析评价，其主要内容是通过投资预算的分析与编制对投资项目进行评价。在对投资项目进行投资决策分析之前，还应了解一下资本投资的概念、基本原理与基本方法。

### 13.1.1 资本投资的概念

资本投资是指为了在将来获取更多的现金流入而现在付出现金的行为。企业的生产性资本投资与其他类型的投资相比，主要有以下 2 个特点。

#### 1. 投资的主体是企业

财务管理中的投资主体是企业，企业是金融市场中获取资金的一方，其投资的报酬必须超过金融市场中所提供资金者所要求的报酬率，只有超过该报酬率才可以为企业增加价值。

个人投资者是金融市场中提供资金的一方，其投资的目的是通过放弃现在的消费而换取将来更高的消费，属于"投资学"研究的内容。政府投资是不以盈利为目的，而专业投资结构是一种中介机构，其投资目的是将众多投资者的资金集中起来投资于证券，并收取相应的服务费，也属于"投资学"研究的内容。

#### 2. 资本投资的对象是生产性资本资产

资本投资按其对象可分为生产性资产投资与金融性资产投资 2 种类型。

生产性资产投资是指企业用于生产经营活动所需要的资产，是企业进行生产经营活动的基础条件。生产性投资是一种直接投资，是投资在企业内部的保持其控制权的投资。另外，生产性资产又可分为营运资产与资本资产。资本资产是指企业的长期资产，因其对企业的影响设计时间长，又被称为长期投资。营运资产是指企业的流动资产。因其对企业的影响涉及时间短，又称为短期投资。金融资产又称为证券，是一种间接投资，其典型的表现形式是所有权凭证。

生产性资本资产投资项目可分为以下 5 类。

❑ **新产品开发或现有产品扩展**  表现为企业所需添置新的固定资产，并增加企业的营业现金流入。

❑ **设备或厂房更新**  表现为企业所需更换固定资产，但不改变企业的营业现金收入。

❑ **研究与开发**  表现为不直接产生现实的收入，而得到是否投产新产品的选择权。

❑ **勘探**  可以使企业获得有价值的信息。

❑ **其他**  表现为劳动保护设置建设、购置污染控制装置不直接产生营业现金流入的项目。

Excel 财务与会计应用标准教程（第 2 版）

## 13.1.2 资产投资的基本原理

资本投资项目评价的基本原理是当投资项目的收益率超过资本成本时，企业的价值将增加，反之企业的价值将减少。该原理直接涉及资本成本、项目收益与股价的关系。收益率的计算公式表现为：

收益率=债务比重×利率×（1-所得税）+所有者权益比重×权益成本

收益率也称为"资本成本"，是投资人的一种机会成本，是投资人可以赚取的收益，也是评价项目能否为股东创造价值的标准。

## 13.1.3 投资评价的基本方法

投资项目评价时使用的指标分为折现指标与非折现指标 2 类，折现指标是考虑时间价值因素的指标，主要包括净现值、现值指数、内含报酬率等。非折现指标为不考虑时间价值的指标，主要包括回收期、会计收益率等。根据分析评价指标的分类，其投资项目评价分析的方法可分为折现的分析评价方法与非折现的分析评价方法。

### 1．折现的分析评价方法

折现的分析评价方法是指考虑货币时间价值的分析评价方法，又被称作折现现金流量分析技术。

❑ 净现值法

净现值法使用了净现值作为评价方案优劣的指标，是指特定方案未来现金流入的现值与未来现金流出的现值之间的差额。其计算净现值的公式表现为：

$$净现值 = \sum_{k=0}^{n} \frac{I_k}{(1+i)^k} - \sum_{k=0}^{n} \frac{Q_K}{(1+i)^k}$$

公式中的字母含义如下。

❑ $n$　表示投资涉及的年薪。

❑ $I_k$　表示第 $k$ 年的现金流入量。

❑ $Q_k$　表示第 $k$ 年的现金流出量。

❑ $i$　表示预定的折现率。

当净现值为正数时，表示该投资项目的报酬率大于预定的折现率。当净现值为零，表示该投资项目的报酬率相当于预定的折现率。当净现值为负数时，表示该投资项目的报酬率小于预定的折现率。

净现值法具有广泛的实用性，在使用过程中可以根据企业要求的最低资金利润率与资金成本来确定折现率。

❑ 现值指数法

现值指数法使用了现值指数作为评价方案的指标。而现值指数又称为现值比率，是未来现金流入现值与现金流出现值的比率，其计算公式表现为：

$$现值指数 = \sum_{k=0}^{n} \frac{I_k}{(1+i)^k} \div \sum_{k=0}^{n} \frac{Q_K}{(1+i)^k}$$

现值指数可以进行独立投资机会获利能力的比较，其中当现值指数大于 1 时，表示投资报酬率超过预定的折现率。当现值小于 1 时，表示其报酬率没有达到预定的折现率。当现值指数为 1 时，表示投资的报酬率与预定的折现率相同。

❏ 内含报酬率法

内含报酬率法是根据本身内涵报酬率评价方案优劣的一种方法，是指能够使未来现金流入量现值等于未来现金流出量现值的折现率，或是使投资方案净现值为零的折现率。当内含报酬率大于最低报酬率，表示该投资项目可行。当内含报酬率小于最低报酬率，表明该项目不可取。

内含报酬率法是根据方案的现金流量计算而来的，是方案本身的真实投资报酬率。其计算方法需要使用"逐步测试法"。即先计算估计一个折现率，用来计算净现值。当该净现值为正数时，表明报酬率超过折现率，应当提高折现率进一步测试。当净现值为负数时，表明报酬率低于折现率，应当降低折现率进一步测试。直到寻找出使净现值接近于零的折现率，该折现率即为内含报酬率。

### 2．非折现的分析评价方法

非折现的方法为不考虑时间价值的一种分析方法，是将不同时间的货币收支看成是等效的。

❏ 回收期法

回收期是指投资引起的现金流入累计到与投资额相等所需要的时间，代表收回投资所需要的年限。其回收年限越短，方案则越有利。当每年现金流入量相等时，回收期的计算公式表现为：

$$回收期 = \frac{原始投资额}{每年现金净流入量}$$

当每年现金流入量不等时，或原始投资是分年投入时，回收期的计算公式表现为：

$$\sum_{k=0}^{n} I_k = \sum_{k=0}^{n} Q_K$$

❏ 会计收益率法

会计收益率法在计算时使用会计报表上的数据，以及普通会计的收益和成本观念，由于具有计算简便的优点，所以被广泛应用。其会计收益率的计算公式表现为：

$$会计收益率 = \frac{年平均净收益}{原始投资额} \times 100\%$$

## 13.2 投资决策模型

企业在运作过程中，往往需要根据筹资的规模与时间，来决定投资的类别。另外，还需要运用科学的分析方法，来决定投资的可行性。分析投资可行性的方法主要包括投资回收期、净现值、内含报酬率等方法。

Excel 财务与会计应用标准教程（第 2 版）

## 13.2.1 投资回收期法

投资回收期法使用的经济指标包括投资回收期与投资收益等。已知，某公司初期投资额为 50 万元，第 1 年至第 5 年的净收入分别为 15 万元、18 万元、20 万元、24 万元与 27 万元，运用 IF 函数计算回收期。

### 1. 构建回收期法分析表

首先，合并单元格区域 B1:H1，输入标题文本并设置文本的【字号】与【加粗】格式。然后，在单元格区域 B2:H8 中输入表格内容与基础数据，并在【字体】与【对齐方式】选项组中，设置其单元格格式，如图 13-1 所示。

图 13-1　构建分析表

### 2. 计算回收期

选择单元格 D3，在编辑栏中输入计算公式，按下 Enter 键返回现值，如图 13-2 所示。使用同样的方法，分别计算其他现值。

选择单元格 E3，在编辑栏中输入计算公式，按下 Enter 键返回期初现值累计值，如图 13-3 所示。

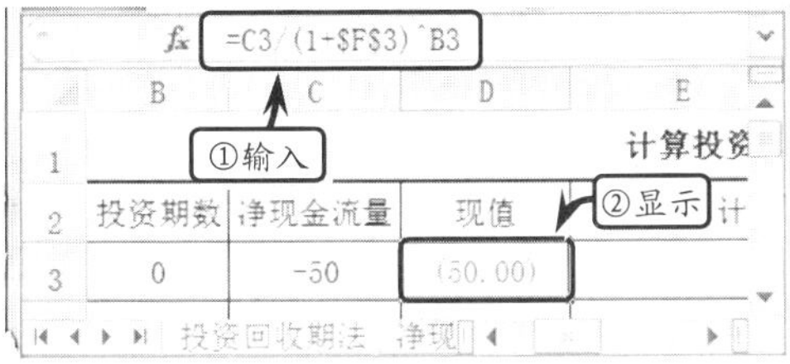

图 13-2　计算现值

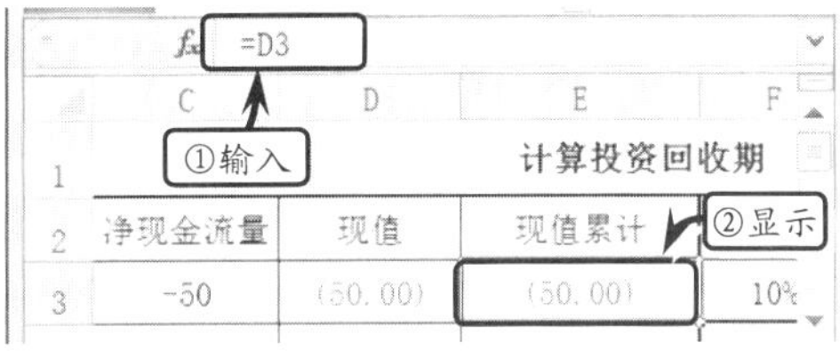

图 13-3　计算期初现值累计值

选择单元格 E4，在编辑栏中输入计算公式，按下 Enter 键返回现值累计值，如图 13-4 所示。使用同样的方法，分别计算其他现值累计值。

选择单元格 G5，在编辑栏中输入计算公式，按下 Enter 键返回投资回收期数，如图 13-5 所示。

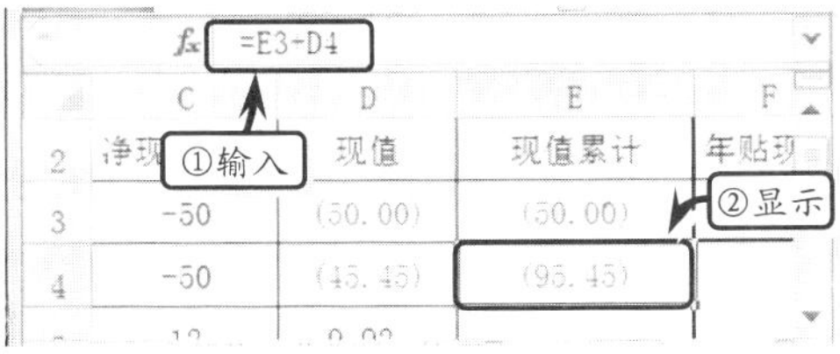

图 13-4　计算现值累计值

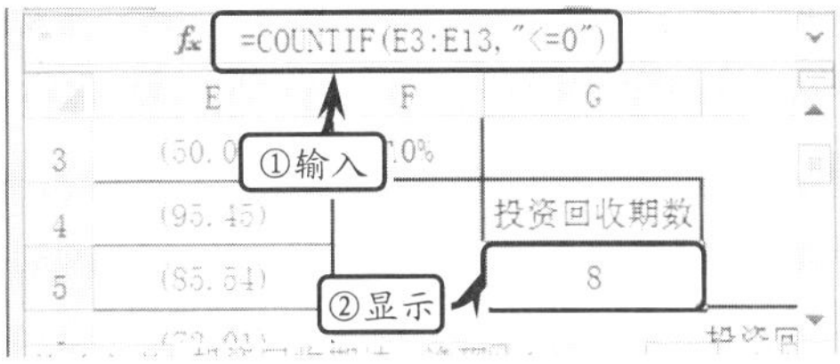

图 13-5　计算投资回收期数

**提 示**

COUNTIF 函数用于计算某个区域中满足给定条件的单元格数目。

选择单元格 H7，在编辑栏中输入计算公式，按下 Enter 键返回投资回收期，如图 13-6 所示。

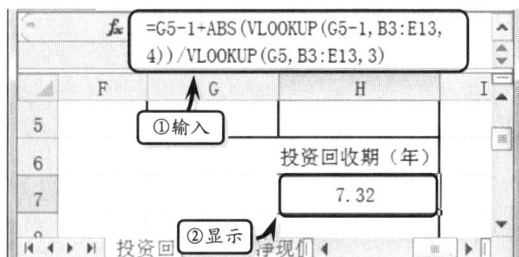

① 输入

投资回收期（年）

7.32

② 显示

**图 13-6** 计算投资回收期

**提 示**

在使用 VLOOKUP 函数搜索数字或日期值时，请确保 table_array 第一列中的数据存储为文本值。否则，VLOOKUP 可能返回不正确或意外的值。

### 13.2.2 净现值法

净现值法使用了净现值作为评价方案优劣的指标。已知某公司第 1 年的初期投资额为 20 万元，年贴现率为 7%，其第 1 至第 3 年的收益分别为 7 万元、10 万元与 15 万元，利用上述已知条件计算投资项目的净现值。

首先，合并单元格 B1:C1，输入标题文本并设置其字体格式。然后，在单元格区域 B2:C7 中输入表格内容与基础数据，并设置其边框与对齐格式，如图 13-7 所示。

| 净现值法 | |
|---|---|
| 年贴现率 | 7% |
| 一年期的初期投资（万） | -20 |
| 第一年的收益 | 7 |
| 第二年的收益 | 10 |
| 第三年的收益 | 15 |
| 净现值 | |

**图 13-7** 构建分析表格

最后，选择单元格 C7，在编辑栏中输入计算公式，按下 Enter 键返回净现值，如图 13-8 所示。

其中，NPV 函数表示通过使用贴现率以及一系列未来支出和收入值，返回投资的净现值。该函数的表达式为"=NPV(rate,value1,value2,….)"，其参数的含义表述如下。

=NPV(C2, C3:C6)

① 输入

② 显示

净现值 ￥7.03

**图 13-8** 计算净现值

❏ 参数 rate: 表示贴现率，为固定值。

❏ 参数 value1,value2,….: 表示支出或收入的 1~254 个参数。

**提 示**

函数 NPV 假定投资开始于 value1 现金流所在日期的前一期，并结束于最后一笔现金流的当期。函数 NPV 依据未来的现金流来进行计算。如果第一笔现金流发生在第一个周期的期初，则第一笔现金必须添加到函数 NPV 的结果中，而不应包含在 values 参数中。

## 13.2.3  内含报酬率法

内含报酬率法是根据初期投资额与每年的净收入额，计算投资四年与五年的内部收益率。首先，合并单元格区域 A1:B1，输入标题文本并设置其【字号】与【加粗】格式。然后，在工作表中输入表格内容与数据，并设置其【边框】与【对齐】格式，如图 13-9 所示。

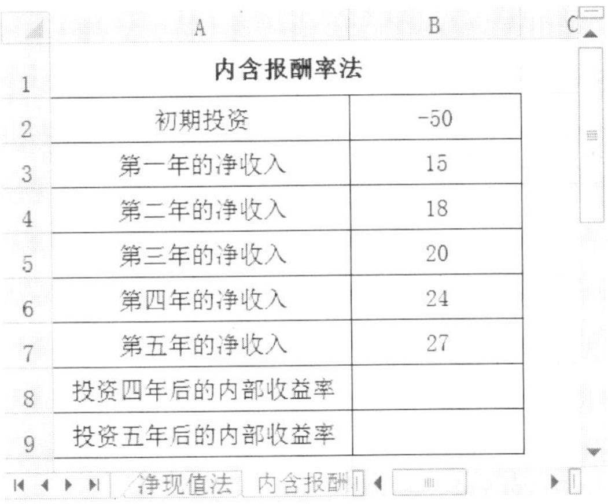

选择单元格 B8，在编辑栏中输入计算公式，按下 Enter 键返回投资四年后的内部收益率，如图 13-10 所示。

选择单元格 B9，在编辑栏中输入计算公式，按下 Enter 键返回投资五年的内部收益率，如图 13-11 所示。

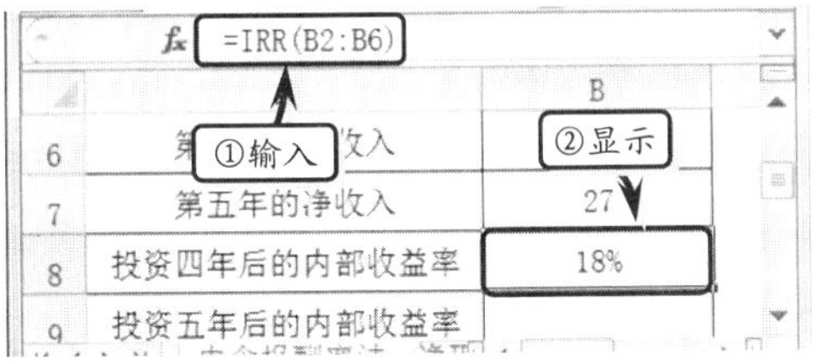

| | 内含报酬率法 | |
|---|---|---|
| | A | B |
| 1 | 内含报酬率法 | |
| 2 | 初期投资 | -50 |
| 3 | 第一年的净收入 | 15 |
| 4 | 第二年的净收入 | 18 |
| 5 | 第三年的净收入 | 20 |
| 6 | 第四年的净收入 | 24 |
| 7 | 第五年的净收入 | 27 |
| 8 | 投资四年后的内部收益率 | |
| 9 | 投资五年后的内部收益率 | |

图 13-9　构建分析表

图 13-10　计算投资四年后的内部收益率

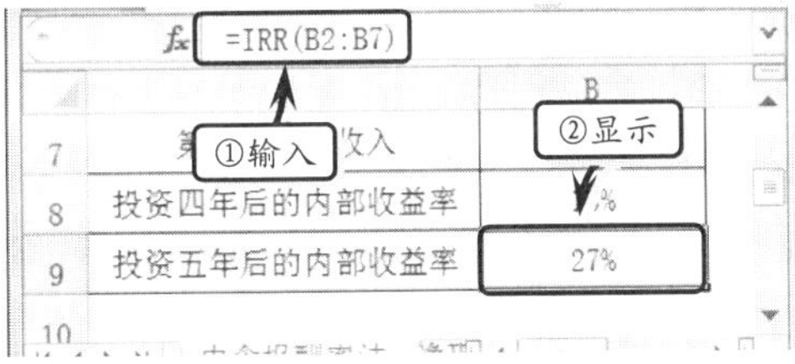

图 13-11　计算投资五年的内部收益率

其中，公式中的 IRR 函数表示返回一系列现金流的内部收益率。该函数的表达式为"=IRR(values,guess)"，其参数的含义表述如下。

❑ 参数 values：表示数组或单元格的引用。

❑ 参数 guess：表示对函数 IRR 计算结果的估计值。

**提　示**

函数 IRR 与函数 NPV（净现值函数）的关系十分密切。函数 IRR 计算出的收益率即净现值为 0 时的利率。

## 13.2.4  净现值系数法

净现值系数法是根据期初投资额、资金成本与每年的净收入额，来计算投资的净现值系数。首先，合并单元格区域 A1:B1，输入标题文本并设置其【字号】与【加粗】格式。然后，在工作表中输入表格内容与数据，并设置其【边框】与【对齐】格式，如图 13-12 所示。

最后，选择单元格 B9，在编辑栏中输入计算公式，按下 Enter 键返回净现值系列，如图 13-13 所示。

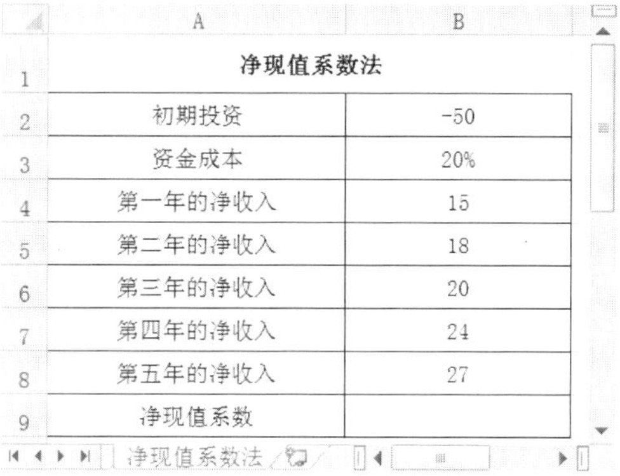

| | A | B |
|---|---|---|
| 1 | 净现值系数法 | |
| 2 | 初期投资 | -50 |
| 3 | 资金成本 | 20% |
| 4 | 第一年的净收入 | 15 |
| 5 | 第二年的净收入 | 18 |
| 6 | 第三年的净收入 | 20 |
| 7 | 第四年的净收入 | 24 |
| 8 | 第五年的净收入 | 27 |
| 9 | 净现值系数 | |



图 13-12 构建分析表

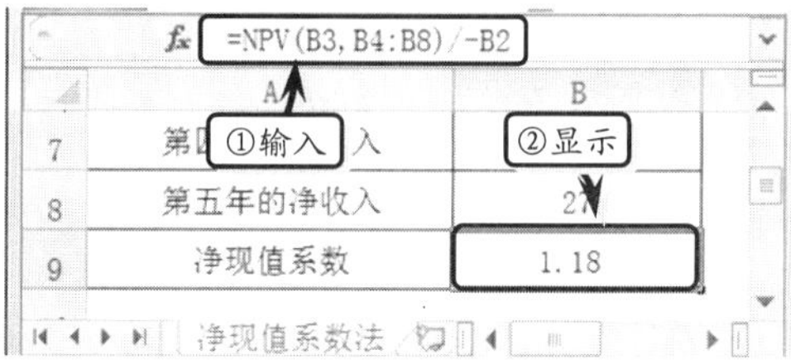


图 13-13 计算净现值系数

## 13.3 固定资产折旧分析

企业在进行投资时，需要明确固定资产的折旧方法，并对不同的设备资产、企业的性质及税务规定，采用不同的折旧方法。在本小节中，将运用直线法与余额递减法分析固定资产的折旧数据。

### 13.3.1 直线折旧法分析

直线折旧法也称为平均年限法，是将固定资产的价值平均分摊到每期中。使用该分析方法，其每年提取的折旧金额相等。直线折旧法的计算公式表现为：

$$\text{年折旧金额} = \frac{\text{设备资产原值} - \text{预计净残值}}{\text{折旧年限}}$$

在 Excel 2010 中，用户可以运用折旧函数中的 SLN 函数计算资产的线性折旧值。

#### 1. 构建直线折旧法分析表

首先，合并单元格 A1:K1，输入表格标题并设置其【字体】与【加粗】格式。然后，在表格中输入表头、表格内容与基本数据，并设置其【边框】与【居中】格式。最后，在【字体】选项组中，执行【填充颜色】命令，为单元格区域 A3:K3 设置填充颜色，如图 13-14 所示。

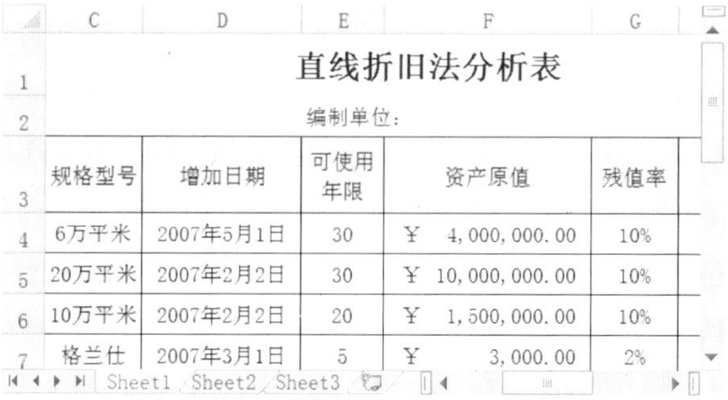

| | C | D | E | F | G |
|---|---|---|---|---|---|
| 1 | 直线折旧法分析表 | | | | |
| 2 | 编制单位: | | | | |
| 3 | 规格型号 | 增加日期 | 可使用年限 | 资产原值 | 残值率 |
| 4 | 6万平米 | 2007年5月1日 | 30 | ￥ 4,000,000.00 | 10% |
| 5 | 20万平米 | 2007年2月2日 | 30 | ￥ 10,000,000.00 | 10% |
| 6 | 10万平米 | 2007年2月2日 | 20 | ￥ 1,500,000.00 | 10% |
| 7 | 格兰仕 | 2007年3月1日 | 5 | ￥ 3,000.00 | 2% |



图 13-14 设置表格框架

选择单元格 B2，在编辑栏中输入计算公式，按下 Enter 键返回当前日期，如图 13-15 所示。

## 2. 计算分析数据

选择单元格 H4，在编辑栏中输入计算公式，按下 Enter 键返回月折旧额，如图 13-16 所示。

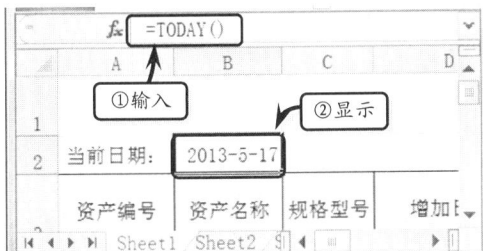

图 13-15　返回当前日期

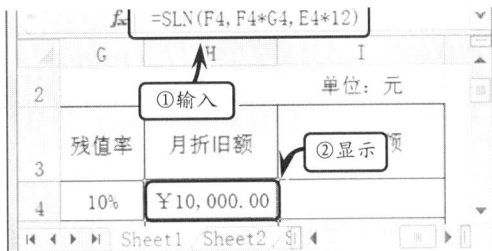

图 13-16　计算月折旧额

**提 示**

SLN 函数用来返回某项资产在一个期间中的线性折旧值，主要包含 cost（资产原值）、salvage（资产在折旧期间的价值）和 life（资产的折旧期数）3 个参数。

选择单元格 I4，在编辑栏中输入计算公式，按下 Enter 键返回年折旧额，如图 13-17 所示。

最后，选择单元格区域 H4:I20，执行【开始】|【编辑】|【填充】|【向下】命令，向下填充公式，如图 13-18 所示。

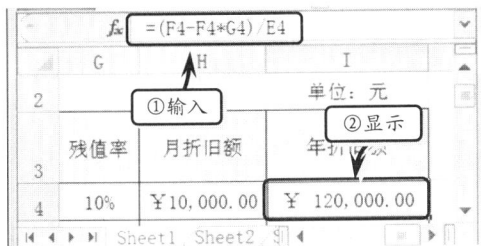

图 13-17　计算年折旧额

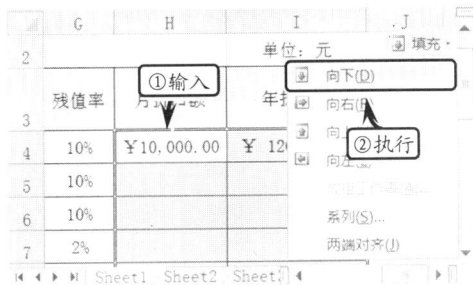

图 13-18　填充公式

## 13.3.2 余额递减法分析

余额递减法是一种加速折旧法，该折旧方法采用固定折旧率与资产初期账目值之商而得到的折旧金额。

### 1. 构建基本信息表

首先，合并单元格 B1:E1，输入工作表标题并设置其【加粗】与【字号】格式。然后，合并单元格区域 B2:E2，输入表格标题并设置【加粗】命令。最后，输入表格基本信息并设置其对齐、边框与填充格式，如图 13-19 所示。

选择单元格 E5，在编辑栏中输入计算公式，按下 Enter 键返回本年应折旧金额，如图 13-20 所示。

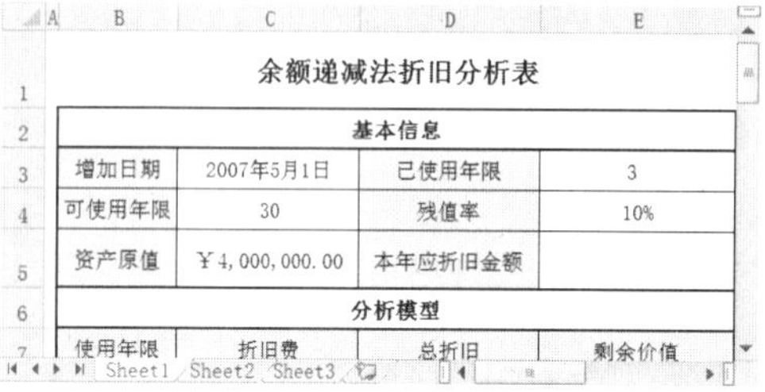

图 13-19　构建基本信息表

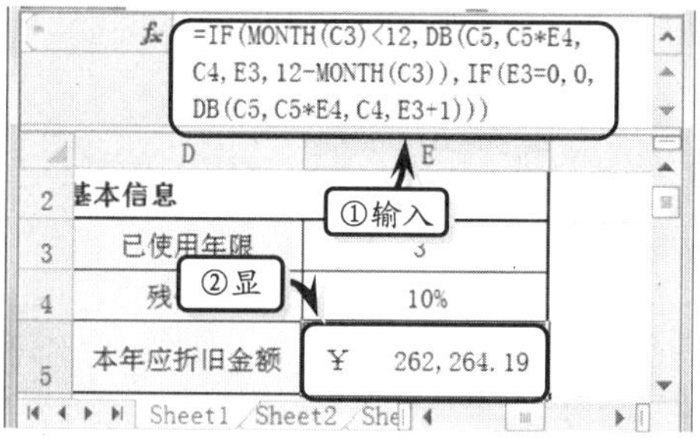

图 13-20　计算本年应折旧金额

**提　示**

DB 函数是使用固定余额递减法，计算资产在给定期间内的折旧值。

### 2．计算分析数据

首先，需要计算期初剩余价值。选择单元格 E8，在编辑栏中输入计算公式，按下 Enter 键返回期初剩余价值，如图 13-21 所示。

其次，开始计算第 1 年的折旧费。选择单元格 C9，在编辑栏中输入计算公式，按下 Enter 键返回第 1 年的折旧额，如图 13-22 所示。

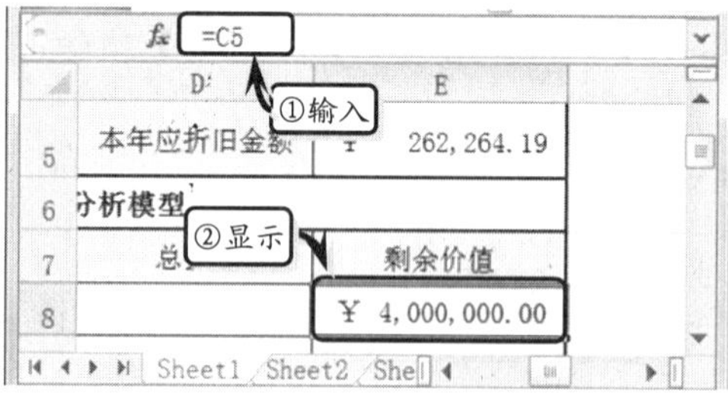

图 13-21　计算期初剩余价值

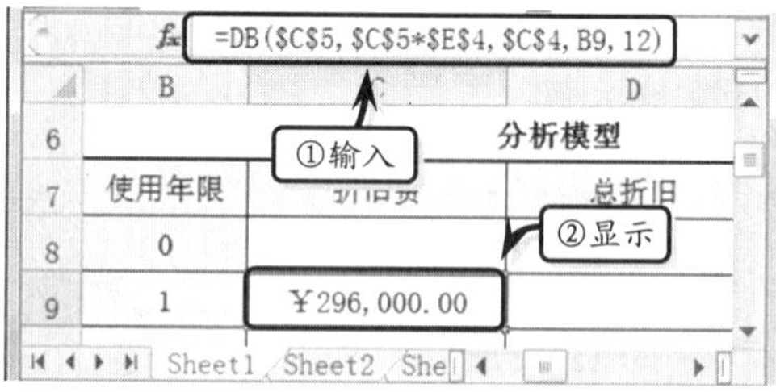

图 13-22　计算折旧额

再次，开始计算第 1 年的总折旧额，其计算公式表现为"总折旧额=期初总折旧额+第 1 年的折旧费"。选择单元格 D9，在编辑栏中输入计算公式，按下 Enter 键返回第 1 年的总折旧额，如图 13-23 所示。

最后，开始计算第 1 年的剩余价值，其计算公式变现为"剩余价值=期初剩余价值-第 1 期的总折旧额"。选择单元格 E9，在编辑栏中输入计算公式，按下 Enter 键返回第 1 年的剩余价值，如图 13-24 所示。

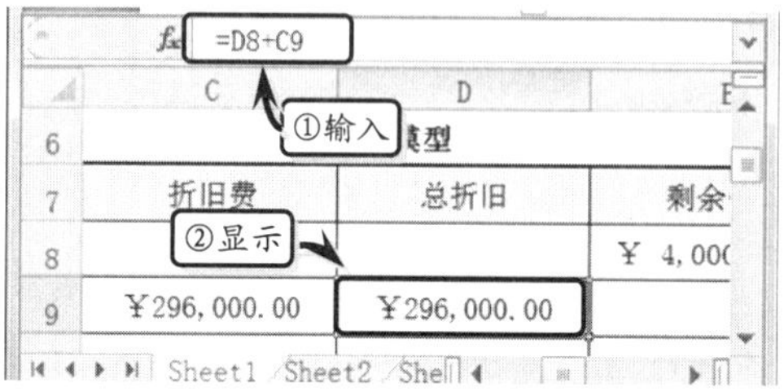

图 13-23　计算总折旧额

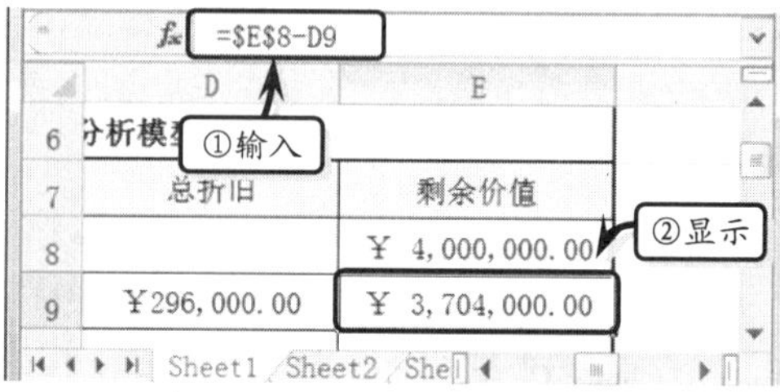

图 13-24　计算剩余价值

## 13.4 固定资产更新决策

企业在运作过程中，会因为技术上或经济上的原因对陈旧设备进行更新，或对原有设备进行改造的决策方法，被称为固定更新决策。用户可运用 Excel 2010 中的函数功能，计算旧资产与新资产的净现值，并通过比较净现值来选择最优方案。

### 13.4.1 构建更新决策模型

更新决策模型主要包括基本信息与分析模型 2 部分内容，其中基本信息部分为固定资产的基础数据，为分析模型部分提供数据基础。

#### 1. 构建更新决策模型框架

首先，制作决策模型标题。合并单元格区域 B1:H1，输入标题文本并设置其【加粗】与【字号】格式。合并单元格区域 B2:D2，输入表格标题并设置其【加粗】格式。同样，合并单元格区域 B13:H13，输入标题文本并设置字体格式，如图 13-25 所示。

图 13-25　构建表格标题

然后，制作决策模型内容。在工作表中输入项目名称与基本数据，并执行【开始】|【字体】|【边框】|【所有框线】命令，同时执行【开始】|【对齐方式】|【居中】命令，如图 13-26 所示。

#### 2. 计算旧设备折旧数据

选择单元格 E16，在编辑栏中输入计算公式，按下 Enter 键返回期初年净现金流量，如图 13-27 所示。

图 13-26　设置决策模型内容

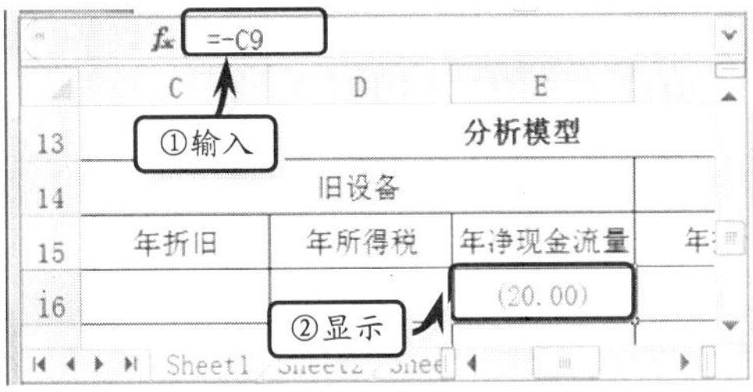

图 13-27　计算期初年净现金流量

选择单元格 C17，在编辑栏中输入计算公式，按下 Enter 键返回第 1 年的年折旧额，如图 13-28 所示。使用同样的方法，分别计算其他年限的折旧额。

计算年所得税。其计算公式为"年所得税=（年销售收入–年付现成本–年折旧额）×

所得税税率"。选择单元格 D17，在编辑栏中输入计算公式，按下 Enter 键返回第 1 年的年所得税，如图 13-29 所示。使用同样的方法，分别计算其他年限的年所得税。

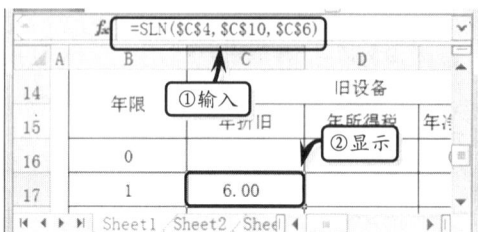

图 13-28　计算年折旧额

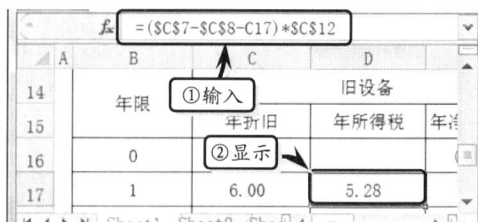

图 13-29　计算所得税

计算年净现金流量。其计算公式为"年净现金流量=年销售收入−年付现成本−年所得税"。选择单元格 E17，在编辑栏中输入计算公式，按下 Enter 键返回第 1 年的年净现金流量，如图 13-30 所示。使用同样的方法，分别计算其他年限的年净现金流量。

最后，计算期末年净现金流量。其计算公式为"期末年净现金流量=年销售收入−年付现成本−年所得税+最终残值"。选择单元格 E20，在编辑栏中输入计算公式，按下 Enter 键返回期末年净现金流量，如图 13-31 所示。

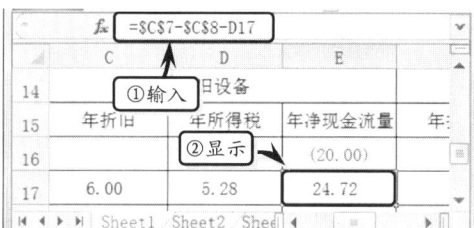

图 13-30　计算年净现金流量

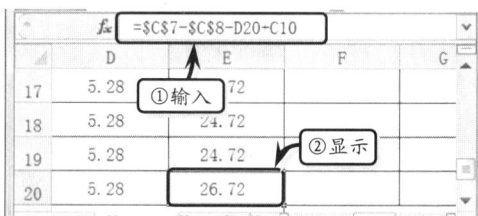

图 13-31　计算期末年净现金流量

### 3．计算新设备折旧数据

选择单元格 H16，在编辑栏中输入计算公式，按下 Enter 键返回期初年净现金流量，如图 13-32 所示。

**提　示**

在计算期初年净现金流量值时，还需要先设置单元格的数字格式，否则将显示负值。

选择单元格 F17，在编辑栏中输入计算公式，按下 Enter 键返回第 1 年的年折旧额，如图 13-33 所示。使用同样的方法，分别计算其他年限的折旧额。

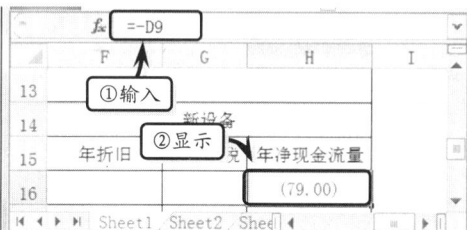

图 13-32　计算期初年净现金流量

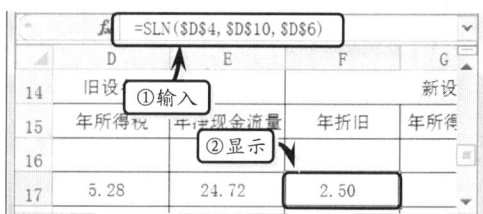

图 13-33　计算年折旧额

选择单元格 G17，在编辑栏中输入计算公式，按下 Enter 键返回第 1 年的年所得税，如图 13-34 所示。使用同样的方法，分别计算其他年限的年所得税。

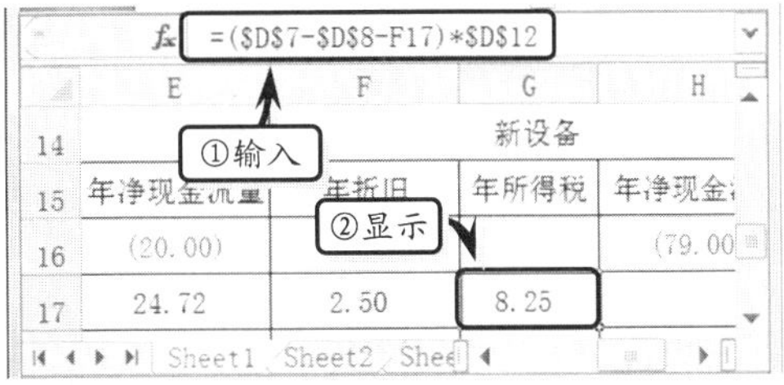

**提　示**

在输入公式时，先输入普通公式，然后选择单元格 D7，按下 F4 键，即可为其添加绝对引用符号"$"，同时再次按下 F4 键则可以取消该符号。

图 13-34　计算所得税

选择单元格 H17，在编辑栏中输入计算公式，按下 Enter 键返回第 1 年的年净现金流量，如图 13-35 所示。使用同样的方法，分别计算其他年限的年净现金流量。

选择单元格 H20，在编辑栏中输入计算公式，按下 Enter 键返回最后 1 年的年净现金流量，如图 13-36 所示。

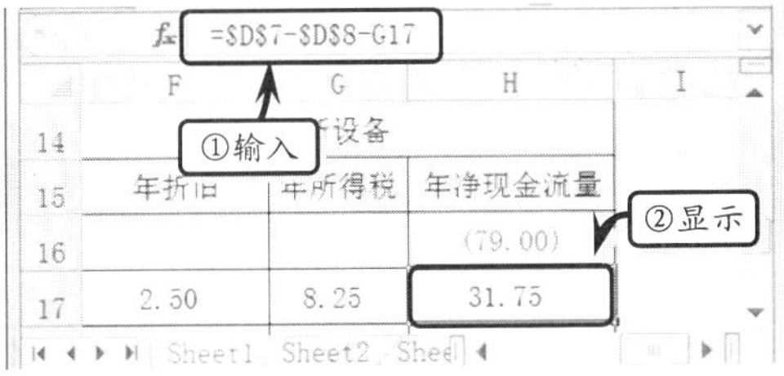

图 13-35　计算年净现金流量

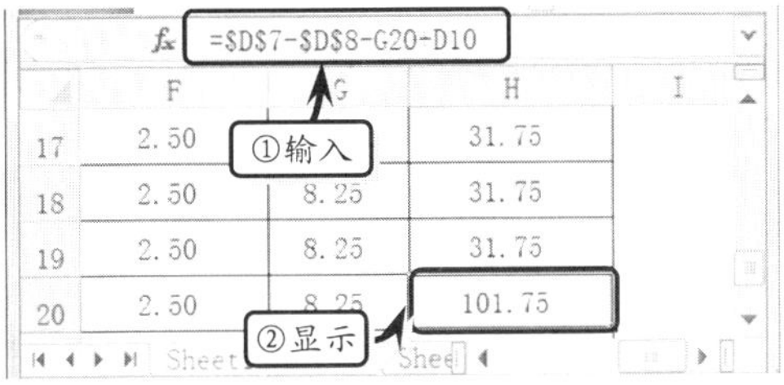

图 13-36　计算最后 1 年的年净现金流量

## 13.4.2　比较分析决策

比较分析决策是通过计算资产的净现值，并比较新旧资产净现值的大小，以选择最优方案。

### 1. 计算新旧设备的净现值

首先，计算旧设备的净现值。选择单元格 C21，在编辑栏中输入计算公式，按下 Enter 键返回旧设备净现值，如图 13-37 所示。

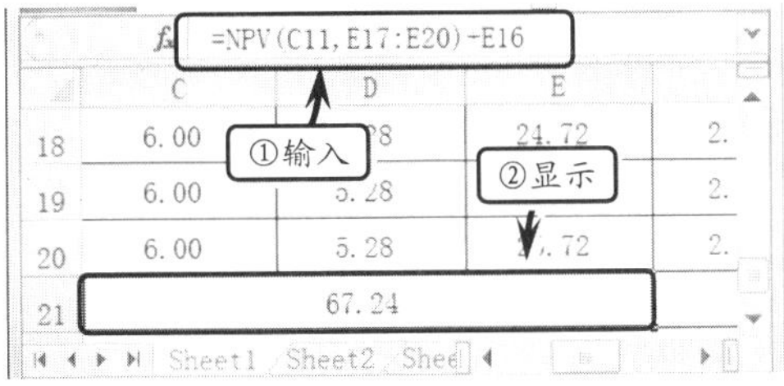

图 13-37　计算旧设备净现值

**提　示**

函数 NPV 与函数 PV（现值）相似。PV 与 NPV 之间的主要区别在于：函数 PV 允许现金流在期初或期末开始。与可变的 NPV 的现金流数值不同，PV 的每一笔现金流在整个投资中必须是固定的。

选择单元格 F21，在编辑栏中输入计算公式，按下 Enter 键返回新设备净现值，如图 13-38 所示。

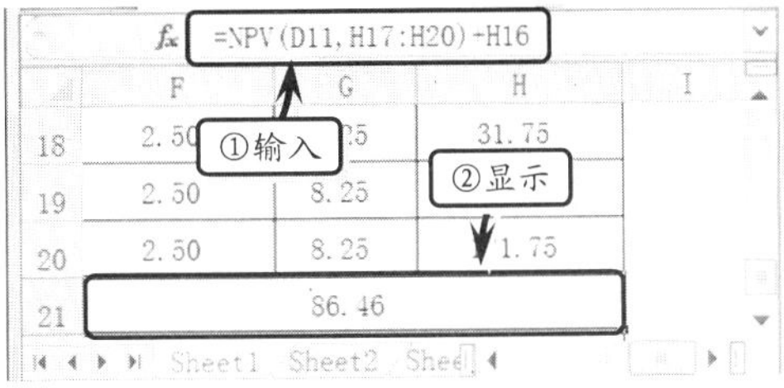

图 13-38　计算新设备净现值

## 2．显示最终结论

最后，可以运用 Excel 2010 中的 IF 函数，判断新旧设备净现值的大小，并返回相应的结论。选择单元格 C22，在编辑栏中输入计算公式，按下 Enter 键返回判断结论，如图 13-39 所示。

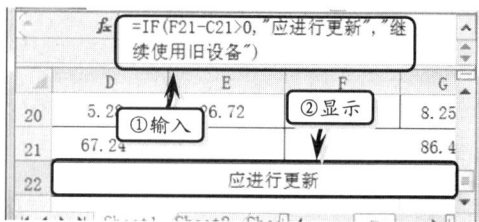

图 13-39　显示判断结论

# 13.5　课堂练习：构建投资评估决策表

企业在进行投资之前，为谨慎投资还需要运用科学且专业的分析方法，分析投资项目的回收期、净现值、内含报酬率与净现值系数等一系列的投资数据。在本练习中，将运用 Excel 2010 中的数据处理功能，构建一份投资评估决策表，如图 13-40 所示。

### 投 资 评 估 决 策 表

部门：　财务部　　　　　　　　　　　　　　　　日期：2010-8-1

| 项目 | 评 估 方 法 | | | |
|---|---|---|---|---|
| | 回收期法 | 净现值法 | 内含报酬率法 | 净现值系数法 |
| 方案A | 2.56 | 40.25 | 35.19% | 1.89 |
| 方案B | 2.91 | 32.58 | 30.38% | 1.72 |
| 方案C | 2.83 | 30.54 | 29.83% | 1.67 |
| 方案D | 2.58 | 34.64 | 33.17% | 1.76 |
| 决策分析 | 方案A | | | |

图 13-40　投资评估决策表

### 操作步骤

**1** 制作回收期法评估表。首先，更改工作表标签"Sheet2"的名称。然后，制作表格标题，如图 13-41 所示。

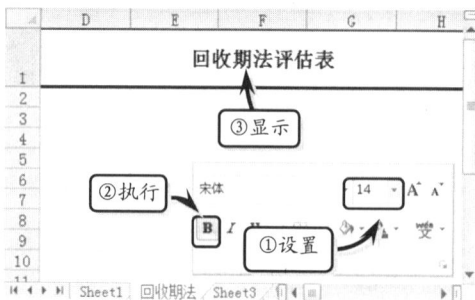

图 13-41　制作表格标题

**2** 在表格中输入表头、表格内容与分析数据等表格内容，设置表格边框与对齐格式，如

图 13-42 所示。

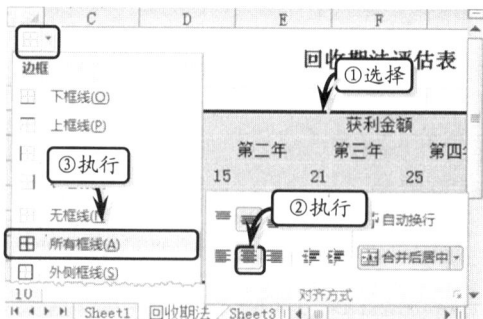

图 13-42　设置表格格式

**3** 同时选择单元格区域 B3:B8 与 B3:J3，执行【开始】|【字体】|【填充颜色】命令，在其下拉列表中选择相应的色块，如图 13-43 所示。

Excel 财务与会计应用标准教程（第2版）

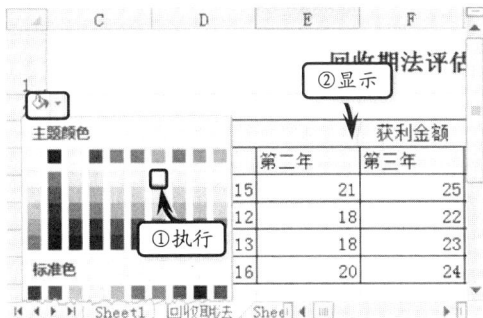

図 13-43　设置填充颜色

**4** 选择单元格 I5，在编辑栏中输入计算公式，按下 Enter 键，返回方案 A 的回收期，如图 13-44 所示。使用同样的方法，分别计算其他方案的回收期。

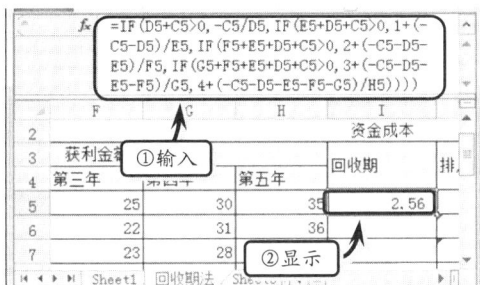

図 13-44　计算回收期

**5** 选择单元格 J5，在编辑栏中输入计算公式，按下 Enter 键返回方案 A 的排序，如图 13-45 所示。使用同样的方法，分别计算其他方案的排序。

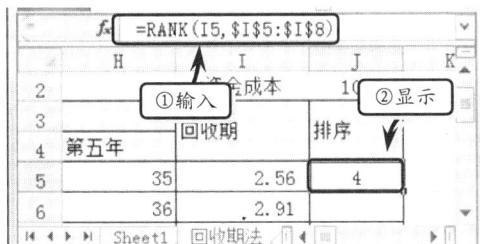

図 13-45　计算排序

**6** 选择单元格 C2，在编辑栏中输入计算公式，按下 Enter 键返回最优方案，如图 13-46 所示。

**7** 制作净现值法评估表。双击工作表标签"Sheet3"，重命名工作表。复制"回收期法"工作表中的内容，更改标题与列标题，并删除相应的数据，如图 13-47 所示。

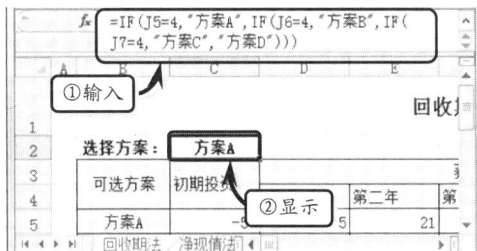

図 13-46　选择最优方案

図 13-47　复制表格

**8** 选择单元格 I5，在编辑栏中输入计算公式，按下 Enter 键返回方案 A 的净现值，如图 13-48 所示。使用同样的方法，分别计算其他净现值。

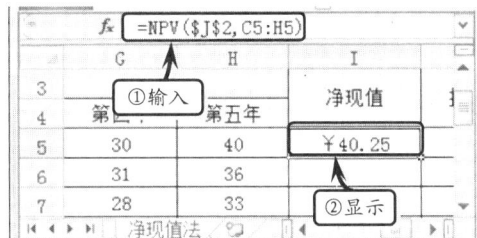

図 13-48　计算净现值

**9** 选择单元格 C2，在编辑栏中输入计算公式，按下 Enter 键返回最优方案，如图 13-49 所示。

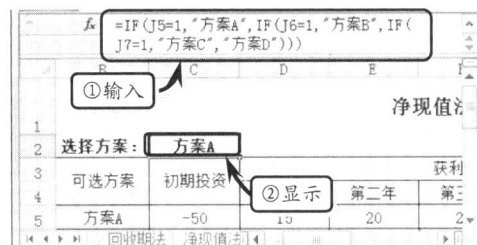

図 13-49　显示最优方案

10 制作内含报酬率法评估表。新建工作表，并更改工作表的名称。然后，复制"净现值法"工作表，更改标题与列标题，并删除多余的数据，如图 13-50 所示。

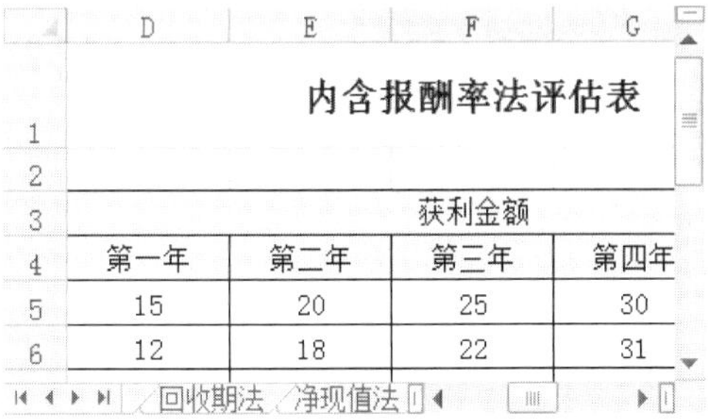

图 13-50 复制工作表

11 选择单元格 I5，在编辑栏中输入计算公式，按下 Enter 键返回方案 A 的内部收益率，如图 13-51 所示。使用同样的方法，分别计算其他方案的内部收益率。

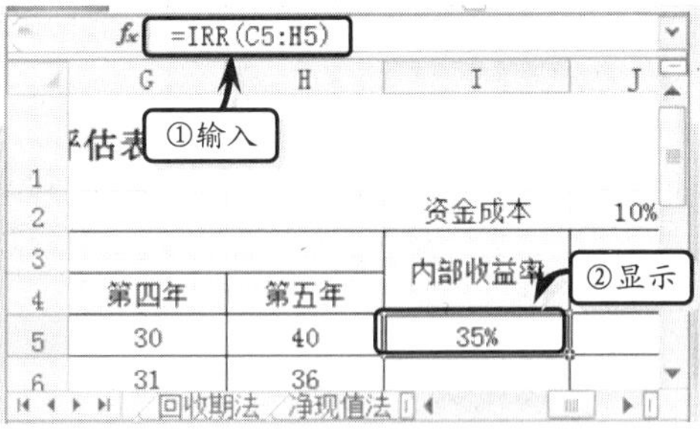

图 13-51 计算内部收益率

12 制作净现值系数法评估表。新建工作表，并更改工作表的名称。然后，复制"净现值法"工作表，更改标题与列标题，并删除多余的数据，如图 13-52 所示。

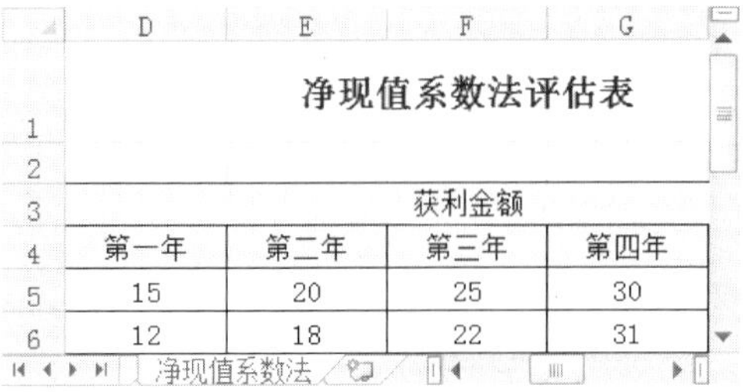

图 13-52 复制工作表

13 选择单元格 I5，在编辑栏中输入计算公式，按下 Enter 键返回方案 A 的净现值系数，如

图 13-53 所示。使用同样的方法，分别计算其他方案的净现值系数。

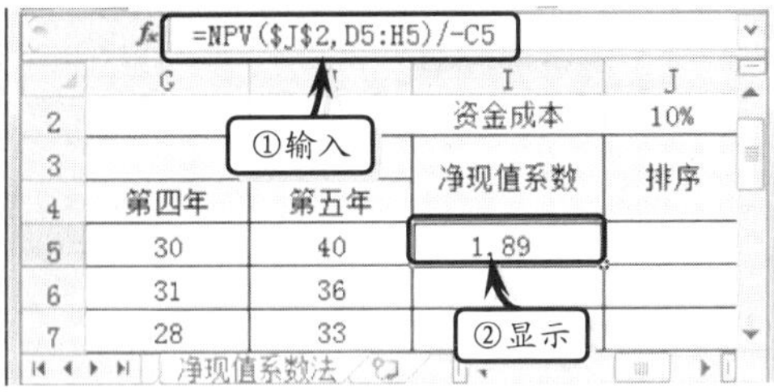

图 13-53 计算净现值系数

14 制作投资评估决策表。双击工作表标签"Sheet1"，更改工作表的名称。然后，合并单元格区域 B1:F1，输入标题文本并设置文本的字体格式，如图 13-54 所示。

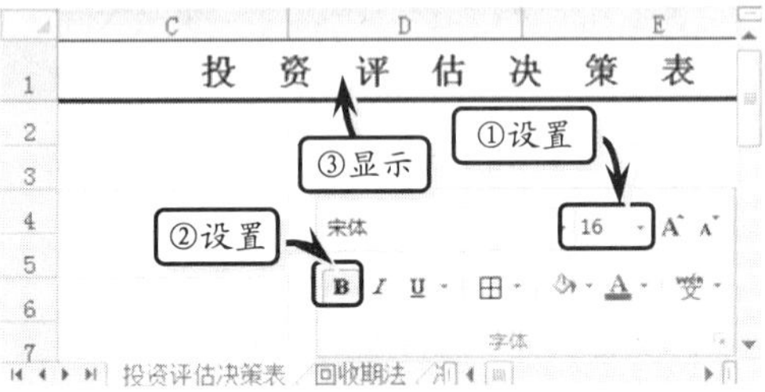

图 13-54 制作表格标题

15 在工作表中输入表格内容，合并相应的单元格区域，设置其【边框】与【居中】格式，并设置部分单元格区域的填充颜色，如图 13-55 所示。

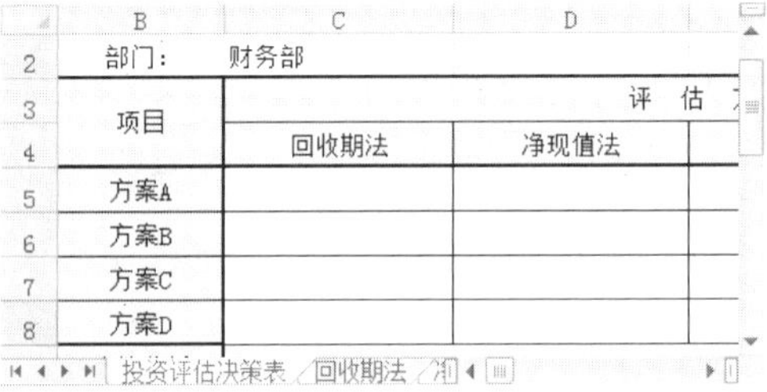

图 13-55 设置单元格格式

16 选择单元格 C5，在编辑栏中输入计算公式，按下 Enter 键返回方案 A 的回收期值，如图 13-56 所示。

17 选择单元格 D5，在编辑栏中输入计算公式，按下 Enter 键，返回方案 A 的净现值，如图 13-57 所示。

图 13-56　引用回收期值

图 13-58　引用内含报酬率

图 13-57　引用净现值

图 13-59　引用净现值系数

18　选择单元格 E5，在编辑栏中输入计算公式，按下 Enter 键返回方案 A 的内含报酬率值，如图 13-58 所示。

19　选择单元格 F5，在编辑栏中输入计算公式，按下 Enter 键返回方案 A 的净现值系数，如图 13-59 所示。

20　选择单元格区域 C8:F8，执行【开始】|【编辑】|【填充】|【向下】命令，如图 13-60 所示。

图 13-60　填充公式

# 13.6　课堂练习：构建固定资产分析表

　　企业在进行固定资产投资时，需要根据不同的折旧方法，不同的设备资产、企业的性质及税务规定，运用 Excel 2010 中的折旧函数，分析固定资产的折旧额与剩余价值，如图 13-61 所示。

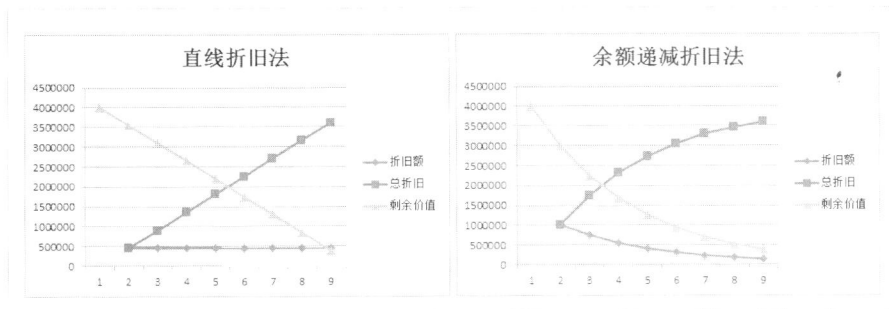

图 13-61　固定资产分析表

**操作步骤**

**1** 构建分析表框架。合并单元格区域 B1:J1，输入标题文本，制作表格标题，如图 13-62 所示。

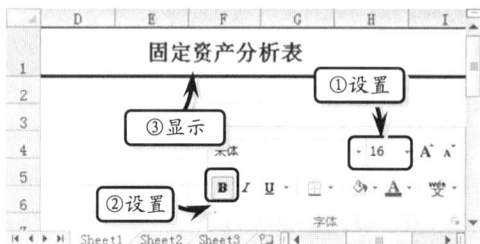

图 13-62 制作分析表标题

**2** 分别合并单元格区域 B2:E2 与 B3:E3，输入表格标题，并设置其【加粗】格式。然后，执行【开始】|【字体】|【边框】|【粗匣框线】命令，如图 13-63 所示。

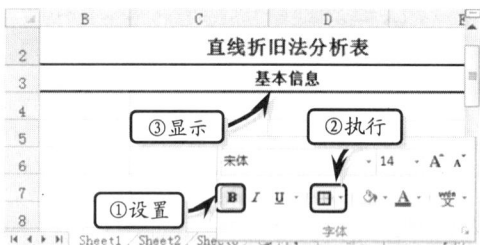

图 13-63 设置表格副标题

**3** 在工作表中输入固定资产的基本信息与分析模型表格内容，设置其【边框】与【居中】格式，并设置部分单元格的填充颜色，如图 13-64 所示。

图 13-64 设置单元格格式

**4** 将"直线折旧法分析表"表格复制到单元格区域 G2:J17 中，更改表格标题并调整其列宽，如图 13-65 所示。

图 13-65 制作余额递减法折旧分析表

**5** 计算直线折旧法分析数据。选择单元格 E6，在编辑栏中输入计算公式，按下 Enter 键返回月折旧额，如图 13-66 所示。

图 13-66 计算月折旧额

**6** 选择单元格 E9，在编辑栏中输入计算公式，按下 Enter 键返回期初剩余价值，如图 13-67 所示。

图 13-67 计算期初剩余价值

**7** 选择单元格区域 C10:C17，在编辑栏中输入计算公式，按下 Ctrl+Shift+Enter 组合键返回折旧额，如图 13-68 所示。

图 13-68 计算折旧额

8 选择单元格 D10，在编辑栏中输入计算公式，按下 Enter 键返回总折旧额，如图 13-69 所示。使用同样的方法，计算其他期年限的总折旧额。

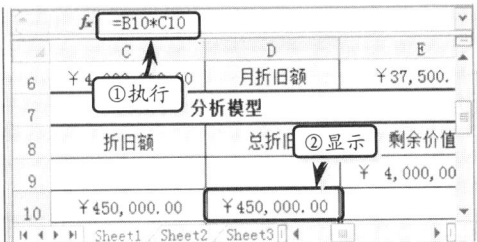

图 13-69 计算总折旧额

9 选择单元格 E10，在编辑栏中输入计算公式，按下 Enter 键返回剩余价值，如图 13-70 所示。使用同样的方法，计算其他年限剩余价值。

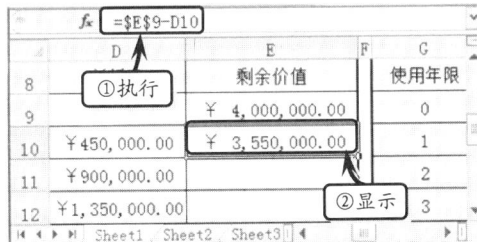

图 13-70 计算剩余价值

10 计算余额递减法折旧分析表。选择单元格 J6，在编辑栏中输入计算公式，按下 Enter 键返回本年应折旧金额，如图 13-71 所示。

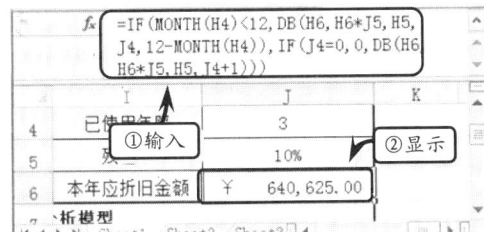

图 13-71 计算本年应折旧额

11 选择单元格 J9，在编辑栏中输入计算公式，按下 Enter 键返回期初剩余价值，如图 13-72 所示。

12 选择单元格 H10，在编辑栏中输入计算公

式，按下 Enter 键返回折旧额，如图 13-73 所示。使用同样的方法，计算其他年限的折旧额。

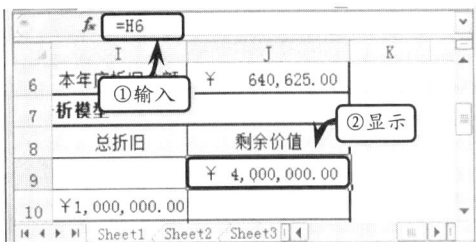

图 13-72 计算期初剩余价值

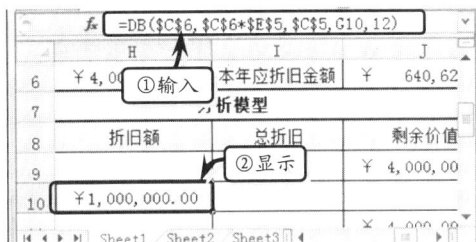

图 13-73 计算折旧额

13 选择单元格 I10，在编辑栏中输入计算公式，按下 Enter 键返回总折旧额，如图 13-74 所示。使用同样的方法，计算其他年限的总折旧额。

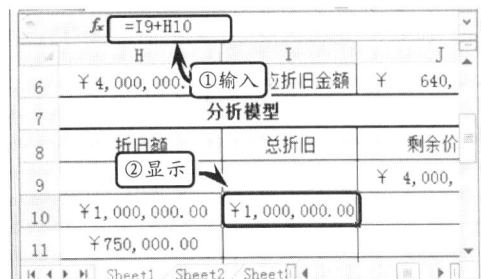

图 13-74 计算总折旧额

14 选择单元格 J10，在编辑栏中输入计算公式，按下 Enter 键返回剩余价值，如图 13-75 所示。使用同样的方法，计算其他年限的剩余价值。

15 图表分析折旧额。选择单元格区域 C8:E17，执行【插入】|【图表】|【折线图】|【带数据标记的折线图】命令，如图 13-76 所示。

**图 13-75　计算剩余价值**

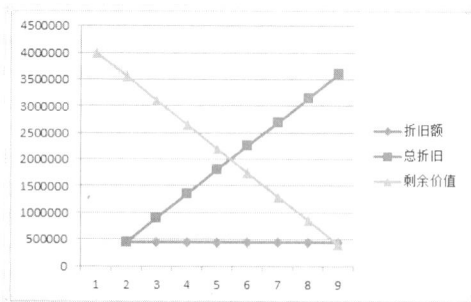

**图 13-76　折线图分析直线折旧数据**

16 执行【布局】|【标签】|【图表标题】|【图表上方】命令。然后，更改图表标题，如图 13-77 所示。

17 图表分析余额递减法折旧额。选择单元格区域 H8:J17，执行【插入】|【图表】|【折线图】|【带数据标记的折线图】命令，如图 13-78 所示。

18 执行【布局】|【标签】|【图表标题】|【图表上方】命令。然后，更改图表标题，如图 13-79 所示。

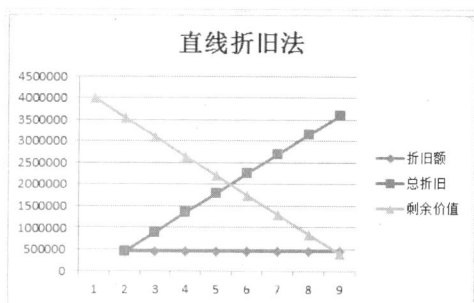

**图 13-77　设置图表标题**

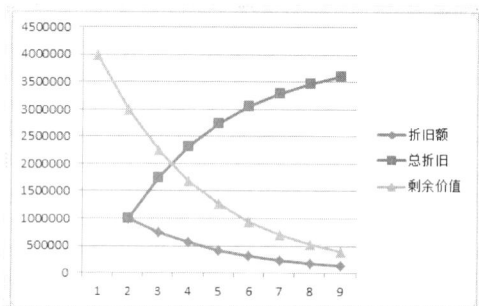

**图 13-78　折线图分析余额递减法折旧额**

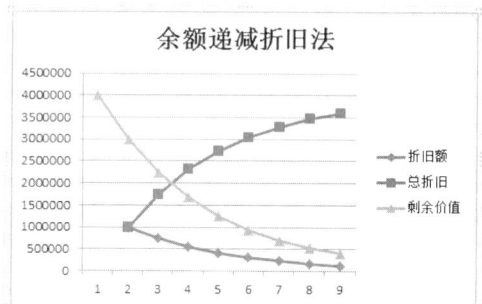

**图 13-79　设置图表标题**

# 13.7　思考与练习

## 一、填空题

1．企业的生产性资本投资与其他类型的投资相比，主要有_____和_____2 个特点。

2．资本投资按其对象可分为_____与_____2 种类型。

3．资本资产是指企业的长期资产，因其对企业的影响设计时间长，又被称为_____。

4．资本投资项目评价的基本原理是当投资项目的收益率超过资本成本时，企业的价值将_____，反之企业的价值将_____。

5．投资项目评价时使用的指标分为_____与_____2 类。

6．折现的分析评价方法是指考虑货币时间

价值的__________，又被称作__________量分析技术。

7．现值指数法使用了现值指数作为评价方案的指标。而现值指数又称为______________，是______________与______________的比率。

8．回收期是指投资引起的________累计到与_________所需要的时间，代表收回投资所需要的年限。其回收年限越短，方案则越有利。

9．直线折旧法也称为__________，是将固定资产的价值平均分摊到每期中。使用该分析方法，其每年提取的________相等。

## 二、选择题

1．余额递减法是一种____________，该折旧方法采用固定折旧率与资产初期账目值之商而得到的折旧金额。

A．年限折旧法　　B．减速折旧法

C．加速折旧法　　D．平均折旧法

2．生产性投资是一种直接投资，是投资在企业内部的保持其控制权的投资，可分为__________与资本资产。

A．经营资产　　B．固定资产

C．流动资产　　D．营运资产

3．下列说法错误的为_____。

A．营运资产是指企业的流动资产

B．营运资产又称为短期投资

C．金融资产又称为股票

D．金融资产是一种间接投资，其表现形式是所有权凭证

4．折现的分析评价方法是指考虑货币时间价值的分析评价方法，下列选项中不属于折现分析法的为_____。

A．净现值法　　B．现值指数法

C．内含报酬率法　　D．回收期法

5．下列公式中，用于计算直线折旧法中的年折旧金额的为_____。

A. $年折旧金额=\dfrac{设备资产原值-预计净残值}{折旧年限}$

B．$年折旧金额=\dfrac{销售收入-折旧总额}{折旧年限}$

C．$年折旧金额=\dfrac{设备资产原值-折旧总额}{折旧年限}$

D．$年折旧金额=\dfrac{销售收入-年支付额}{折旧年限}$

6．下列公式中，用于计算净现值的为_____。

A．$净现值=\dfrac{原始投资额}{每年现金净流入量}$

B．$净现值=\sum_{k=0}^{n}\dfrac{I_k}{(1+i)^k}\div\sum_{k=0}^{n}\dfrac{Q_K}{(1+i)^k}$

C．$\sum_{k=0}^{n}I_k=\sum_{k=0}^{n}Q_K$

D．$净现值=\sum_{k=0}^{n}\dfrac{I_k}{(1+i)^k}-\sum_{k=0}^{n}\dfrac{Q_K}{(1+i)^k}$

## 三、问答题

1．简述投资分析的基本原理。

2．简述投资分析的基本方法。

3．投资决策模型主要包括哪几种投资方法？

## 四、上机练习

### 1．计算投资项目的内含报酬率

已知，企业期初投资为50万元，第1年至第3年的净收入分别为15万元、20万元与28万元，运用IRR函数计算第2年后与第3年后的内部收益率。首先，在单元格C6中输入“=IRR(C2:C4)”公式，计算第2年后的内部收益率。然后，在单元格C7中输入“=IRR(C2:C5)”公式，计算第3年后的内部收益率，如图13-80所示。

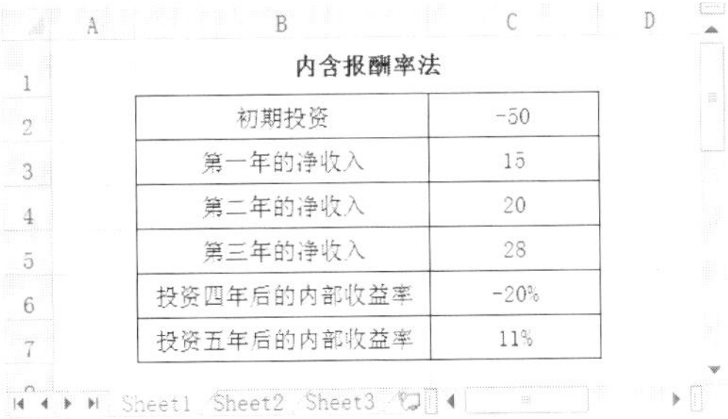
内含报酬率法

| | |
|---|---|
| 初期投资 | -50 |
| 第一年的净收入 | 15 |
| 第二年的净收入 | 20 |
| 第三年的净收入 | 28 |
| 投资四年后的内部收益率 | -20% |
| 投资五年后的内部收益率 | 11% |

图13-80　计算内含报酬率

### 2．计算投资项目的净现值

已知，企业投资的年贴现率为 5%，期初投资额为 10 万元，第 1 年至第 3 年的收益分别为 3 万元、5 万元与 10 万元，运用 Excel 2010 中的 NPV 函数计算投资的净现值。首先，在工作表中输入已知条件，并设置表格的标题与单元格格式。然后，选择单元格 C7，在编辑栏中输入"=NPV(C2,C3:C6)"公式，计算净现值，如图 13-81 所示。

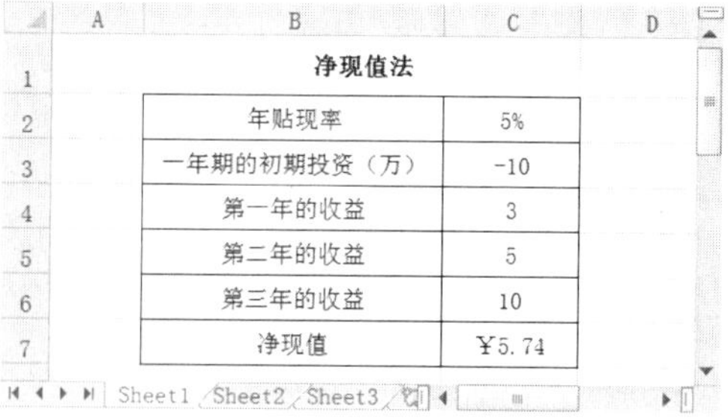

| | 净现值法 | |
|---|---|---|
| | 年贴现率 | 5% |
| | 一年期的初期投资（万） | -10 |
| | 第一年的收益 | 3 |
| | 第二年的收益 | 5 |
| | 第三年的收益 | 10 |
| | 净现值 | ￥5.74 |

图 13-81　计算净现值系数

Excel 财务与会计应用标准教程（第 2 版）